FOSSILIEN IM VOLKSGLAUBEN UND IM ALLTAG

Bedeutung und Verwendung vorzeitlicher
Tier- und Pflanzenreste
von der Steinzeit bis heute

von

Erich Thenius & Norbert Vávra

Mit 197 Abbildungen

Senckenberg-Buch 71

Verlag Waldemar Kramer · Frankfurt am Main

Die Deutsche Bibliothek – CIP-Einheitsaufnahme

Fossilien im Volksglauben und im Alltag / Bedeutung
und Verwendung vorzeitlicher Tier- und Pflanzenreste von der
Steinzeit bis heute. E. Thenius & N. Vávra. – Frankfurt am Main:
Kramer, 1996
    (Senckenberg-Buch; 71)
    ISBN 3-7829-1144-X
NE: Thenius, Erich & Vávra, Norbert; Bedeutung und Verwendung
vorzeitlicher Tier- und Pflanzenreste von der Steinzeit bis heute <1996,
Frankfurt, Main>; Senckenbergische Naturforschende Gesellschaft;
Fossilien im Volksglauben und im Alltag; GT

Senckenberg-Buch 71

Herausgegeben von der Senckenbergischen Naturforschenden
Gesellschaft zu Frankfurt am Main
durch Prof. Dr. Friedrich F. Steininger.

Alle Rechte vorbehalten!
© 1996 Verlag Waldemar Kramer, Frankfurt am Main
ISBN 3-7829-1144-X
Einbandgestaltung: Hermann Schäfer
Lithographie: Volkmar Thier
Satz: Thomas Jellinek
Druck und Einband: Werbedruck Schreckhase, Spangenberg

Inhaltsverzeichnis

1. Einleitung 7
2. Der Fossilbegriff - einst und jetzt 8
2.1. Entstehung und Erhaltungszustände von Fossilien 8
2.2. Vorkommen und erdgeschichtliches Alter von Fossilien 12
2.3. Fossilien als Sammelobjekte und ihre Deutung - von den Anfängen bis heute 14
   Paläo- und Neolithikum – Altertum – Mittelalter - „Diluvianer" – Petrefakten als Zeitmarken – Fossilien und Evolution – Amateursammler
3. Versteinerungen im Mythos und im Volksglauben 17
3.1. Fossilien als Grundlage für Sagen und Legenden 17
   Riesen: *Gigantopithecus* – Riesenmenschen – „Chiriten" – Polyphem der Odyssee – „Donnerpferde" – – „Scrotum humanum" – – Lindwürmer – Drachen – Basilisk – – „Fliegende Schlangen": Fabelwesen mit teilweise realem Hintergrund – – Das Einhorn - kein Fabelwesen – – „Greif" und Vogel „Rock" – – Der Riesenhirsch als historische Tierart? – – Das Loch Ness-"Monster" - kein überlebender „Saurier" – – Die „großen Seeschlangen" – „Versteinerte Kuhtritte" – „Wilde Frauen" – – „Versteinerte Ziegenklauen" – – „Versteinerte Münzen" – „Versteinerte Linsen" – – „Luchssteine" – „Donnerkeile" – „Blitzsteine" – „Albschoße" – „Donnersteine" – „Sonnenradsteine" – „Bonifatiuspfennige" – – „Astroiten" – „Sternsteine" – „Schlangensteine" – „Ophiten" – „Büffelsteine" – – „Glossopetren" – „Natternzungen" – Zähne vom „Mondwolf" – „Tenguklauen" – – „Die Heinzelmännchen von Köln" – – Bernstein – „Gold des Nordens" – – Volkstümliche Bezeichnungen für Versteinerungen
3.2. Fossilreste und ihre Derivate in Magie und Aberglaube, Religion, Volksmedizin und als Meditationsobjekte 55
   Bernstein – „Gold des Nordens" – – Gagat („schwarzer Bernstein") – fossile Hölzer – – Rohöl – Steinöl („Schieferöl") – – Seeigel: „Schlangeneier"– „Drudensteine" – Muscheln: „Truttensteine" – – Nochmals Seeigel: „Drudensteine" – „Siegsteine" – „Göttersteine" – „Seelensteine" – „Duchaneks" – „Donnersteine" – „Judensteine" – „Milchsteine" – – Ammoniten: „Schlangensteine" – „Drachensteine" – Suisekis – „Götterräder" – Saligrame – „Büffelsteine" – – Belemniten: „Donnerkeile" – „Lynkurium" – „Albschoß" – „Schrecksteine" – – Brachiopoden: „Hysterolithen" – „Muttersteine" – – Muscheln: „Venus-" und „Schamsteine" – – Nochmals Brachiopoden: „Täubli" – „Taubensteine" – „Heiligen-Geist-Schnecken" – „Schwalbensteine" – „Totenköpfchen" – – Seelilien: „Trochiten" – „Sternsteine" oder „Astroiten" – „Nonnenfürzchen" – „Fieberbrote" – – Korallen: „Sternsteine" – „Spinnensteine" („Arachneolithen") – „Verschreiherzen" – – Schnecken: „Wirfelsteine" – – Dreilapper: Trilobiten (*Calymene, Dalmanites, Phacops* etc.) – – Foraminiferen: „Maria-Ecker-Pfennige" – „Venusbergpfennige" – – Haizähne: „Glossopetren" – „Natternzungen" – „Nazhis" – „Tenguklauen" – – Fischzähne: „Krötensteine" oder „Bufoniten" – „Schlangenaugen" – – Säugetiere und „Saurier": „Drachenknochen" und -"zähne" – Einhorn (Unicornu verum, U. falsum etc.)
4. Fossilien im Alltag - von den Anfängen bis zur Gegenwart 77
4.1. Fossilien als Schmuck sowie ihre Verwendung in Kunstgewerbe und Kunsthandwerk 77
   Fossilien als Schmuck: Paläolithikum – Neolithikum – Bronzezeit – – Ichnofossilien als Schmuck (-vorlage) – – Versteinerungen und fossilführende Gesteine in Kunsthandwerk bzw. -gewerbe – Hallstätter Kalke – „Actaeonellen"-Kalke – Orthoceren-Kalke – Bleiberger „Muschelmarmor" – Zogelsdorfer Stein – Leithakalk – Adneter Kalke – – Fossiles Elfenbein als Grundlage für das Kunsthandwerk – – Bernstein als Material für Schmuck und Kunsthandwerk – – Gagat als Ausgangsprodukt für die Schmuckherstellung
4.2. Fossilien als (Vorlage für) Gebrauchs- und Ziergegenstände 89
   Definition und Abgrenzung – – Werkzeuge aus Fossilien – – Rohöl als Wagenschmiere – – Gebrauchsgegenstände aus Fossilien und fossilreichen Gesteinen – – Schreibkreide – Glas- und Porzellanprodukte mit Fossilmotiven – Bernstein – – Freizeitindustrie und Fossilien – – Souvenir-Industrie und Versteinerungen – – Textil- und Lederbranche – Nahrungs- und Genußmittelindustrie – – Graphit – – Produkte aus Erdöl und Kohle
4.3. Fossilien als Ausstellungs- und Unterrichtsobjekte und in der Wissenschaft............ 93
   Museale Expositionen – – Wander- und Sonderausstellungen – – „Saurierparks" – – Steinbrüche und Sandgruben für Hobbypaläontologen – Schau-"Bergwerke" und -steinbrüche – Freilichtmuseen – – „Geo-Trails" und „Geo-Parks" – – Unterricht über Fossilien – – Bedeutung von Fossilien für die Wissenschaft: Nachweis vorzeitlichen Lebens – Fossilien als einzige realhistorische Belege für die

Evolution – „connecting links" – Funktionswechsel – – Herkunft der Wale und des Menschen – – Gradualismus und Punktualismus – – Paläogenetik – – Paläophysiologie – – Paläoskatologie – – Paläobiochemie – Paläoklimatologie – – Paläoneurologie – Paläopathologie – – Fossilien und angewandte Erdwissenschaften

4.4. Fossilien in den Medien und in der Kunst 104
Definitionen – – Tagespresse – – Monats-Zeitschriften – – Populärwissenschaftliche Literatur (Sachbuch) – – Science fiction-Literatur – – Bilderbücher – – Film – Video – Fernsehen – – Wissenschaftssendungen – Multimedia-Shows – – Computerwelt – – Plakate – – Comics – – Cartoons und Karikaturen – – Dichtkunst – – Musicals, Rock- und Pop-Szene – – Bildende Kunst – – Tätowierungen – – Darstellende Kunst

4.5. Fossilien und Fossilrekonstruktionen auf Briefmarken und Telefonwertkarten.
Die Paläontologie in der (Geo-) Philatelie 116
Motivsammeln Erdwissenschaften – – 1. Marken mit Fossilien bzw. Fossilrekonstruktionen – von Einzellern über Pflanzen und Tiere zum vorzeitlichen Menschen – – Dinosaurier als beliebtestes Motiv – – (Sonder-) Stempel – – Telefonwertkarten

4.6. Versteinerungen und „lebende Fossilien" auf Münzen, Banknoten und Medaillen 120

4.7. Fossilien auf Wappen – Paläontologie und Heraldik 121

4.8. Fossilien auf Emblemen und Logos 122

5. Fossilien in Technik, Industrie und Wirtschaft 124

5.1. Fossilien und fossilführende Gesteine als Bau- und Rohstoffe 124
Definition – – Fossilien als Material für Haus- und Straßenbau – – Diatomit – – Adneter „Marmor" – – Hallstätterkalke – – „Schwarzenseer Marmor" – – „Gutensteiner Kalk" – – Leithakalk und Zogelsdorfer Stein – – „Karstmarmore" – – Nummulitenkalke und andere Foraminiferenkalke – – „Lumachella" – – Bitumen

5.2. Fossilien als Rohstoffe der Chemie 128
Rohöl und „molekulare Fossilien" („biological markers" = Chemofossilien) – – Erdöl und Erdgas in der antiken Welt – – Verwendung von Erdgas, Erdöl und Erdölprodukten – – Verwendung von Ölschiefern – – Fossile Pflanzen: Inkohlungsvorgänge – Kohlelagerstätten – – Steinkohlen-"wälder" – – Braunkohlenwälder – – Verwendung von Kohle; Steinkohlenteer – – Fraktionierte Destillation – Ausgangsprodukte zur Synthese von Arzneimitteln – „Pech" – – „Kohleverflüssigung" und „Kohlevergasung" – – Verwendung von Bernstein – Kopale (Firnisproduktion)

5.3. Fossilien und Landwirtschaft 135
„Hühnerbergwerke" – – Braunkohletagebaue und deren Rekultivierung

6. Fossilien und Kriminalität 138

6.1. „Wissenschaftliche" Fossilfälschungen 138
BERINGER's Figurensteine – – „Gliptolitos" – – Der „Piltdown-Mensch" – – Der „Calaveras-Schädel" – – *Eurhinosaurus* – – „Brontosaurus" – – Belemnitenfälschungen – – Prof. GUPTA und die marokkanischen Trilobiten aus dem Himalaya – – Der „neugeborene" *Leptopterygius* – – Federn vom Urvogel als angebliche Fälschungen – – DEPRAT's Fossilien aus Südostasien – – *Pithecanthropus*-"Industrie" von Sangiran

6.2. „Gewerbsmäßige" Fossilfälschungen 143
Angebliche Bernstein-Inklusen – – Öhninger Fossilien – – KOCH's biblische „Monster" – – (Ver-)Fälschungen von Santana-Fossilien, von Trilobiten und Ammoniten – – „Duchaneks" – – *Receptaculites*-Fälschung – – Fossilschmuggel und verbotener Fossilhandel

7. Fossilien als Kriegsbeute 146
Der *Mosasaurus*-Schädel von Maastricht – – Das Bernsteinzimmer – – „*Pithecanthropus*" erectus als Aphrodisiakum?

8. „Lebende Fossilien" – Reliktformen in der heutigen Tier- und Pflanzenwelt und ihre Bedeutung 147
Definition – – *Latimeria chalumnae*, der Quastenflosser – – *Nautilus pompilius*, das Perlboot – – *Limulus polyphemus*, der Schwertschwanz – – *Ginkgo biloba*, der chinesische Tempelbaum

9. Danksagung 154

10. Glossar (Erklärung von Fachausdrücken) 155

11. Literaturverzeichnis 161

12. Quellenverzeichnis der Abbildungen 169

13. Übersicht über das System der Organismen 170

14. Register 172

Vorwort

Das allerdings vom damaligen Zeitgeist geprägte klassische Standardwerk von OTHENIO ABEL über „Vorzeitliche Tierreste im deutschen Mythos, Brauchtum und Volksglauben" (Jena 1939) ist seit langem vergriffen. Da der Verlag Gustav Fischer (Jena) aus verlegerischen Gründen weder an einem Neudruck noch an einer Neuauflage interessiert war, hat sich Herr Prof. Dr. WILLI ZIEGLER als (vormaliger) Direktor vom Forschungsinstitut und Naturmuseum Senckenberg in Frankfurt/M. in dankenswerter Weise bereit erklärt, eine völlig neu gestaltete und thematisch erweiterte, dem heutigen Wissensstand entsprechende Publikation über dieses Thema im Rahmen der Reihe „Senckenberg-Bücher" herauszubringen. Dafür sei Herrn Prof. Dr. W. ZIEGLER auch an dieser Stelle herzlichst gedankt.

Mit der Herausgabe dieses Buches wird einem langjährigem Wunsch einer großen Zahl von Interessenten nach einer zusammenfassenden Darstellung dieses Themas entsprochen. Einzelne Beiträge dazu sind in den letzten Jahren wiederholt in deutsch- und englischsprachigen Zeitschriften publiziert worden, doch sind diese den Interessenten, zu denen meist auch Hobbypaläontologen und Volkskundler zu zählen sind, nicht bekannt oder nicht zugänglich. Die nicht nur für Hobbypaläontologen interessante Zeitschrift „Fossilien" (Goldschneck-Verlag; Korb) widmete vor Jahren eine ganze Artikelserie diesem Thema (NEIL 1984-86). Diese und die in einzelnen Bestimmungs- oder Lehrbüchern der Paläontologie den Fossilien im Volksglauben gewidmeten Kapitel reichen allerdings nicht aus.

Das einzige, übrigens reich illustrierte Buch über dieses Thema, das von dem italienischen Paläontologen ENRICO ANNOSCIA unter dem Titel „Fossils, unknown companions" im Jahr 1981 erschienen ist, blieb bedauerlicherweise fast völlig ohne Beachtung. Von einer Erdölfirma finanziert, wurde es als Geschenk an die Kunden der Firma und Freunde des Autors verteilt.

Sehr wertvoll sind auch das „Lexikon der Zaubersteine aus ethnologischer Sicht" von CHRISTIAN RÄTSCH & ANDREAS GUHR (Graz 1989), das 1992 in einer Lizenzausgabe des VMA-Verlages in Wiesbaden neu erschienen ist sowie die Übersicht von NORBERT VÁVRA (1987).

In Anbetracht des zur Verfügung stehenden Raumes muß verschiedentlich auf das viel ausführlichere und auch heute noch in einzelnen Kapiteln sehr empfehlenswerte Werk von O. ABEL (1939) verwiesen werden, dessen besonderer Wert in der Berücksichtigung der historischen Literatur liegt. Es ist noch heute als Quelle und Fundgrube, v.a. für den deutschen Sprachraum, unübertroffen.

Die Fülle des Stoffes macht es verständlich, daß hier keine Vollständigkeit erwartet werden kann. Es ist kein Handbuch, sondern ein für breite, interessierte Leserkreise bestimmtes Buch. Darüber hinaus Interessierten dient das Literaturverzeichnis als Hinweis auf weitere Literaturangaben. Für die Verständlichkeit und die bessere Benutzbarkeit sind ein Glossar und ein Sachregister vorgesehen. Gelegentlich nicht vermeidbare Überschneidungen im Text sind durch Kapitelverweise gekennzeichnet.

Das vorliegende Buch ist zwar im wesentlichen eine Kompilation, doch dürften auch einige – u.E. bisher nicht in Erwägung gezogene – Deutungen hinsichtlich der „Drachen" und auch des Einhorns neu sein. Das Loch Ness-"Monster" ist jedenfalls kein überlebender „Saurier".

Die wissenschaftlichen Namen sind kursiv gedruckt; Anführungszeichen bedeuten bei diesen Namen, daß der Name (Art oder Gattung) nomenklatorisch nicht gültig oder fraglich ist. Die Nomenklatur als Namengebung ist keine Wissenschaft, sondern eine Technik zur Erfassung von Namen fossiler und rezenter Lebewesen. Sie geht im Prinzip auf den großen schwedischen Naturforscher CARL VON LINNÉ zurück, der die binominale (= binäre) Nomenklatur für die lebenden Pflanzen und Tiere eingeführt hat (Gattungs- und Artname; z.B. *Homo sapiens* für den Menschen). Zum Gattungs- und Artnamen kommen noch der Name der Autors und die Jahreszahl (Jahr der Veröffentlichung) hinzu. Die binominale Nomenklatur wurde später auch auf fossile Organismen angewandt. Das wichtigste Prinzip bei dieser Namengebung ist die Priorität, wonach dem ältesten Namen die Gültigkeit zukommt. Als Stichjahr, ab der die Priorität gültig ist, gilt 1758, das Jahr des Erscheinens der 10. Auflage der „Systema Naturae" von LINNÉ. D.h., ältere Namen, die bereits vor 1758 in Veröffentlichungen verwendet wurden, werden nicht berücksichtigt. Jüngere Namen für eine bereits beschriebene Art fallen in die Syn-onymie und sind daher ungültig. Ausnahmen für seit langem gebräuchliche und daher eingeführte Namen, denen nach der Prioritätsregel keine Gültigkeit zukäme, können auf Beschluß der Internationalen Nomenklaturkommission als „nomina conservanda" weiterhin verwendet werden und damit ihre Gültigkeit behalten (z.B. *Nummulites* LAMARCK 1801, anstelle von *Camerina* BRUGUIÈRE 1789).

Weiters wurden in den einzelnen Abschnitten die größeren systematischen (= taxonomischen) Kategorien der betreffenden fossilen Lebewesen in Klammer angeführt, die der mit dem zoologischen oder botanischen System weniger oder nicht vertraute Leser in der Übersichtstabelle über das System der Organismen wiederfindet.

Eine gegenüber O. ABEL (1939) wesentliche Erweiterung betrifft die Bedeutung von Fossilien im Alltag, Industrie, Technik und Wirtschaft, wobei nicht nur Versteinerungen im herkömmlichen Sinn berücksichtigt wurden, sondern auch Derivate vorzeitlicher Organismen.

Da Fossilien weltweit verbreitet sind und dies auch im Alltagsgeschehen zum Ausdruck kommt, berührt die Thematik des vorliegenden Buches sämtliche Kontinente (einschließlich der Antarktis), wenngleich die Schwerpunkte Europa gelten. Die zeitliche Spanne umfaßt das gesamte Phanerozoikum (Erdaltertum, Erdmittelalter und Erdneuzeit) und reicht vereinzelt bis ins Präkambrium zurück (vgl. Zeittabelle). Vom systematischen Gesichtspunkt aus gesehen, reicht die Palette von winzigen Mikroorganismen (z.B. Kalkalgen [Coccolithophorida] als „Produzenten" der Schreibkreide) bis zu Riesenschachtelhalmen und Dinosauriern.

Paläontologische Objekte und Begriffe sind heute – und das wird oft genug nicht zur Kenntnis genommen – aus dem Alltag nicht mehr wegzudenken. Das gilt für die fossilen Kohlenwasserstoffprodukte (z.B. Erdöl, Kerosin, Benzin) und die festen fossilen Brennstoffe (Stein- und Braunkohle) als fossile Energieträger ebenso wie für Berichte in den Massenmedien, wobei nicht nur an den jüngsten Medienrummel um die „Dinosaurier" gedacht sei, sondern auch an die ursprünglich als Deponiestandorte vorgesehenen „Fossillagerstätten" (z.B. Grube Messel, Holzmaden und Ohmden), die nunmehr als Schutzgebiete ausgewiesen sind. Als nicht immer ganz erfreulicher Nebeneffekt erscheinen zunehmende Publizität und Interesse an Fossilien für den Vertreter des zuständigen Wissenschaftszweiges, nämlich für die Paläontologie. Es sei hier nur die oft rücksichtslose, z.T. gewerbsmäßige Ausbeutung von Fossilfundstätten erwähnt, die meist zu deren Zerstörung führt. In manchen Ländern sind daher Fossilien und ihre Fundstätten unter Schutz gestellt, um sie so der Nachwelt zu erhalten.

Zur besseren Verwendbarkeit des Buches – vor allem durch den paläontologisch nicht geschulten Leser – finden sich an den Buchdeckelinnenseiten Tabellen über die erdgeschichtlichen Zeitalter und ihrer Gliederung (samt „absoluten" Altersdaten) sowie über die Datierung und Gleichsetzung (vor-)geschichtlicher Zeitspannen. Außerdem gibt es eine Übersicht über das System der Tier- und Pflanzenwelt (Kap. 13.).

Für die Abfassung der Kap. 1, 2, 3, 6, 7 und 8 sowie 4.2., 4.3., 4.4. und 5.3. zeichnet der Erstautor, für jene der Kap. 4.1., 4.5., 4.6., 4.7., 4.8., 5.1. und 5.2. ist der Zweitautor verantwortlich. Die in den Abbildungslegenden verwendeten Abkürzungen bedeuten: IGUW = Institut für Geologie der Universität Wien, IPUW = Institut für Paläontologie der Universität Wien, NHMB = Naturhistorisches Museum Basel, NHMW = Naturhistorisches Museum Wien, PIMUZ = Paläontologisches Institut und Museum der Universität Zürich, SMF = Senckenbergmuseum Frankfurt/M.

Die Autoren hoffen auf eine geneigte Aufnahme und sind für sachliche Kritik und Anregungen sehr dankbar.

Wien, im Frühjahr 1996   E. Thenius & N. Vávra

1. Einleitung

Fossilien, d.h. Reste vorzeitlicher Organismen, haben bereits frühzeitig die Aufmerksamkeit von Menschen auf sich gezogen, auch wenn ihre wahre Natur nicht erkannt wurde. Bereits der paläolithische (altsteinzeitliche) Mensch wurde mit Versteinerungen konfrontiert, die ihm als Werkzeug oder zu Schmuckzwecken dienten. Vor allem Massenvorkommen, also gehäuftes Auftreten von Fossilien, erregten immer wieder die Aufmerksamkeit und waren wiederholt Anlaß zu bestimmten Vorstellungen, die oft mit Sagen und Legenden, mit der Volksmedizin, mit dem Aberglauben und magischen Deutungen verbunden waren; Fossilien dienten aber auch als Meditationsobjekte. Nicht zuletzt waren und sind Versteinerungen Sammelobjekte – und der Beginn solcher Sammlungen läßt sich bis in die Steinzeit zurückverfolgen. Heute zählen Fossilien häufig zu Handels- und Tauschobjekten, die nicht nur auf Mineralien- und Fossilienbörsen, wie etwa in Tucson/Arizona oder in München alljährlich angeboten, sondern weltweit gehandelt werden. Angebot und Nachfrage bestimmen hier den Preis, eine Tatsache, die bereits dazu geführt hat, daß seltene und wissenschaftlich wertvolle Fossilien nicht außer Landes gebracht bzw. verkauft werden dürfen, wie dies nicht nur für Australien und Brasilien gilt. Auch die im Rahmen internationaler Expeditionen aufgesammelten oder ausgegrabenen Fossilien werden meist zur Gänze vom Ursprungsland beansprucht.

Versteinerungen oder deren Abformungen dienen als Schmuckgegenstände und werden im Kunstgewerbe als Motive genützt. Fossilien sind heute in den Medien präsent, besondere Funde finden nicht nur ein lokales, sondern manchmal sogar ein weltweites Echo. Das gilt nicht nur für die populären Dinosaurier, die als Rekonstruktionen heute bereits jedem Volksschüler namentlich ein Begriff sind. Die Industrie, angefangen von der Spielzeugsparte über die Nahrungs- und Genußmittelindustrie bis zur Textil- und Lederindustrie, bedient sich immer mehr und mehr dieser Objekte. Ganz zu schweigen von der Philatelie, für die Fossilien und deren Rekonstruktionen ein immer umfangreicheres Reservoir an Motiven abgeben. Dabei sind meist Postverwaltungen von jenen Staaten am rührigsten, in deren Ländern die auf den Briefmarken als Rekonstruktionen dargestellten ausgestorbenen Organismen gar nicht vorkommen.

Für den Unterricht an Schulen und für die Museumspädagogik bieten sich zwar nach wie vor die Dinosaurier als besondere Zugpferde an, doch waren und sind Versteinerungen, die im Volksglauben eine besondere Rolle spielen, schon immer bestens geeignet – neben „lebenden Fossilien" – dem Nichtfachmann den Zugang zur Paläontologie bzw. deren Objekten zu öffnen.

Wie weit Begriffe wie Mammut oder fossil in die Alltagssprache eingeflossen sind braucht kaum weiter erläutert zu werden. Es hat sich zwar gezeigt, daß das **jungeiszeitliche** Mammut (*Mammuthus primigenius*) nicht größer war als der heutige afrikanische Elefant, dennoch werden auch heute noch Begriffe wie Mammut-Projekt für besonders große Unternehmungen verwendet. Auch Begriffe wie „Mammut-Pech" (zum Abdichten von Bierfässern), „Mammut-Pulver" (grobkörniges Schießpulver) und „Mammut-Bronze" (als sogen. „Sondermessinge"; s. NEUMÜLLER 1981) gehören in diese Kategorie. Gleiches gilt für die Werbung mit Riesensauriern (z.B. „*Brontosaurus*") für schwere Maschinen. In der Umgangssprache sind Begriffe wie Fossil oder fossile Strukturen meist für gänzlich veraltete, um nicht zu sagen, versteinerte Ansichten u. dgl,. längst gebräuchlich.

Auch der Begriff Dinosaurier gilt im normalen Sprachgebrauch immer noch für etwas längst Überholtes. So etwa ist der Begriff Polit-Dinosaurier für nicht mehr zeitgemäße Politiker zu verstehen. Der im Büro des Republikaners NEWT GINGERICH, dem Sprecher des US-Repräsentantenhauses seit 1995, aufgestellte Kopf eines *Tyrannosaurus rex* in Lebensgröße dient als Mahnung, daß auch die mächtigsten Kreaturen einmal aussterben. Umgekehrt dient der oben zitierte größte Raub-Dinosaurier aller Zeiten (*Tyrannosaurus rex*) auch als Ehrentitel, wie etwa der Name *Clintosaurus rex* für den Schauspieler CLINT EASTWOOD zeigt.

In neuerer Zeit kommt dem Begriff Fossil in Form von „Fossil-Shops" ein gänzlich neuer Sinn zu. In derartigen Läden werden einfach originalrestaurierte Gebrauchsgegenstände aus früheren Jahren, etwa den „50"-er Jahren angeboten.

Eher als Kuriosität zu werten ist das angeblich aus uralter Hefe – vermutlich angeregt durch Berichte über lebende Bakterien aus tertiärzeitlichen Harzen und dem Film „Jurassic Park" (vgl. Kap. 4.4.) – hergestellte „Jurassic Amber Beer" in England.

Und was wäre die Paläontologie als Wissenschaft, gäbe es nicht auch Fossilfälschungen, und sei es auch nur um für ein Land den ältesten menschlichen Fossilfund zu reklamieren, wie es beim „Piltdown-Menschen" in England der Fall war (vgl. Kap. 6.1.). War dies ein Fall mit wissenschaftlichem Hintergrund, so entstehen die heutigen Fossilfälschungen hauptsächlich gewerbsmäßig, wird doch die Zahl der Hobbypaläontologen und sonstigen Interessenten immer größer. Dabei sind mehrere Kategorien von Fälschungen zu unterscheiden, die von der bloßen Ergänzung (um das Fossil attraktiver zu machen) und von der Zusammensetzung aus etlichen Fossilresten bis hin zur „echten" Fälschung reichen.

Aber auch die – erst in jüngster Zeit – (wieder) aktuell gewordene Frage, lassen sich ausgestorbene Organismen wieder zum Leben „erwecken", d.h. durch genetische Manipulation als lebensfähige Lebewesen „rückzüchten", muß in diesem Rahmen – in Zusammenhang mit „Science fiction"-Filmen – kurz gestreift werden.

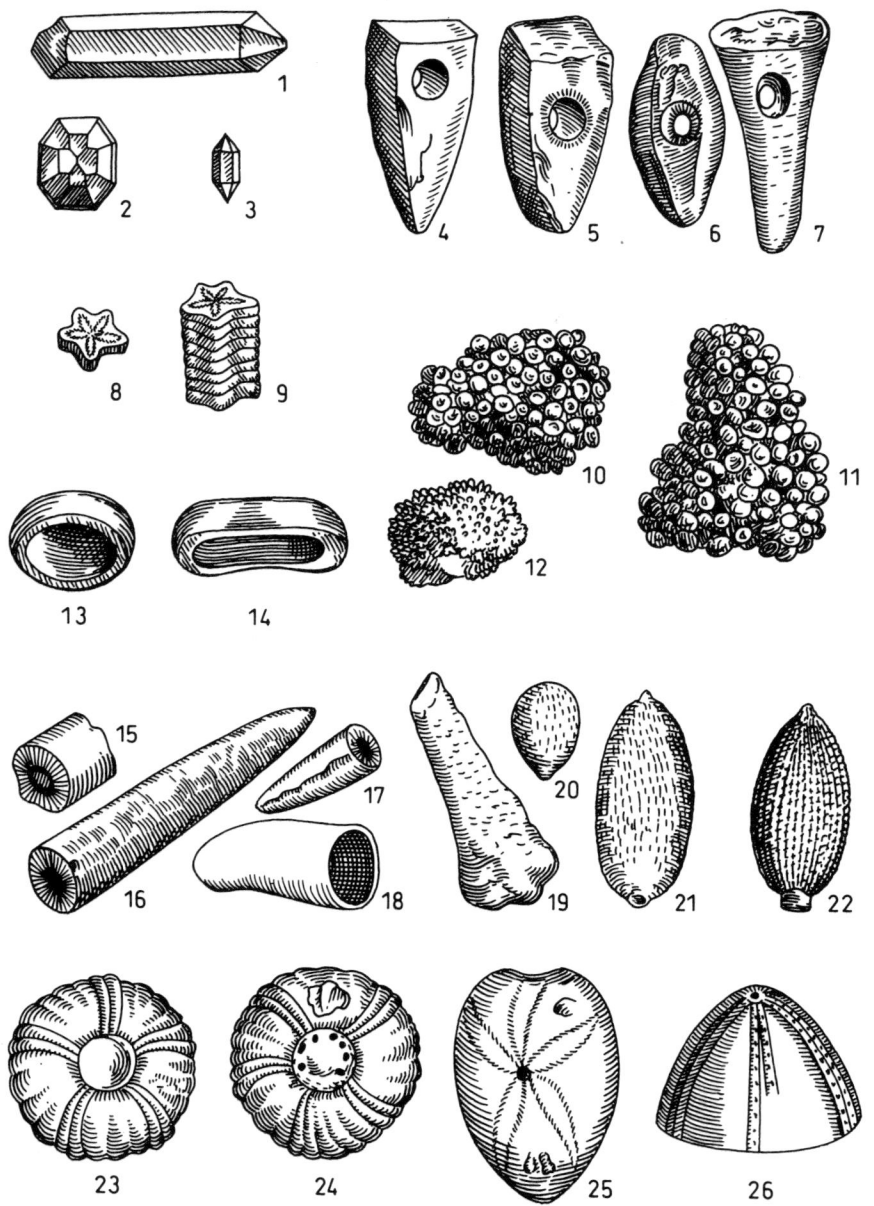

Abb. 2.1.
Fossilien im Sinne von AGRICOLA (1546), dem Begründer der Mineralogie und Bergbaukunde in Deutschland: 1-3 Mineralien, 4-7 Artefakte, 10-11 Oolithe, 8-9, 12-26 Versteinerungen (Seelilien-Stielglieder, Kalkalgen, Fischzähne, Belemniten und Seeigel). Nach C. GESNER (1565), umgezeichnet.

Es ist hier also nicht an die Kultivierung von „fossilen" Bakterien aus jungpaläozoischen oder mesozoischen Steinsalzen gedacht (vgl. DOMBROWSKI 1962).

Wie bereits im Vorwort betont, ist eine Vollständigkeit in der Darstellung nicht nur aus Raumgründen nicht beabsichtigt. Sollte das Buch neue Interessenten für Fossilien und damit letztlich für die Paläontologie gewinnen helfen, ist ein zusätzlicher Effekt erreicht. Primär soll es jedoch Prähistorikern, Archäologen, Historikern, Volkskundlern und Museumsleuten entsprechende Grundlagen zum Verständnis der obigen Thematik und dem Hobbypaläontologen bzw. Laien die vielfältige Bedeutung vorzeitlicher Lebewesen und ihrer Derivate auch im Alltag aufzeigen.

2. Der Fossilbegriff - einst und jetzt

2.1. Entstehung und Erhaltungszustände von Fossilien

Fossilien sind Reste vorzeitlicher Organismen und deren Lebensspuren, wobei unter Vorzeit die Zeit vor dem Holozän (= geologische Gegenwart, die vor etwa 10.000 Jahren begann) zu verstehen ist. Diese Definition ist eine rein praktische, um fossile von rezenten (= holozänen) Tieren und Pflanzen zu unterscheiden. Dabei ist weder der Erhaltungszustand des Fossils noch die Tatsache entscheidend, ob es sich um ausgestorbene oder nicht ausgestorbene Arten handelt. Fossil bedeutet nicht ausgestorben, wie etwa der Braunbär (*Ursus arctos*), der sowohl fossil als auch rezent bekannt ist.

Andererseits können sogar rezente Arten ausgestorben sein, wie etwa der Riesenalk (*Pinguinus impennis*) der nördlichen Hemisphäre oder das südafrikanische Quagga (*Equus* [*Hippotigris*] *quagga*) als Zebra. Beide, Riesenalk und Quagga, sind vom Menschen im 19. Jahrhundert ausgerottet worden, d.h. sie sind zwar als Art ausgestorben, dennoch als rezent zu bezeichnen.

Der Begriff Fossil (vom latein. fodere = [aus] graben) geht auf AGRICOLA (= GEORG BAUER, 1494-1555), dem „Vater" der Mineralogie und Begründer des Bergbaues, zurück. AGRICOLA bezeichnet in seinem 1546

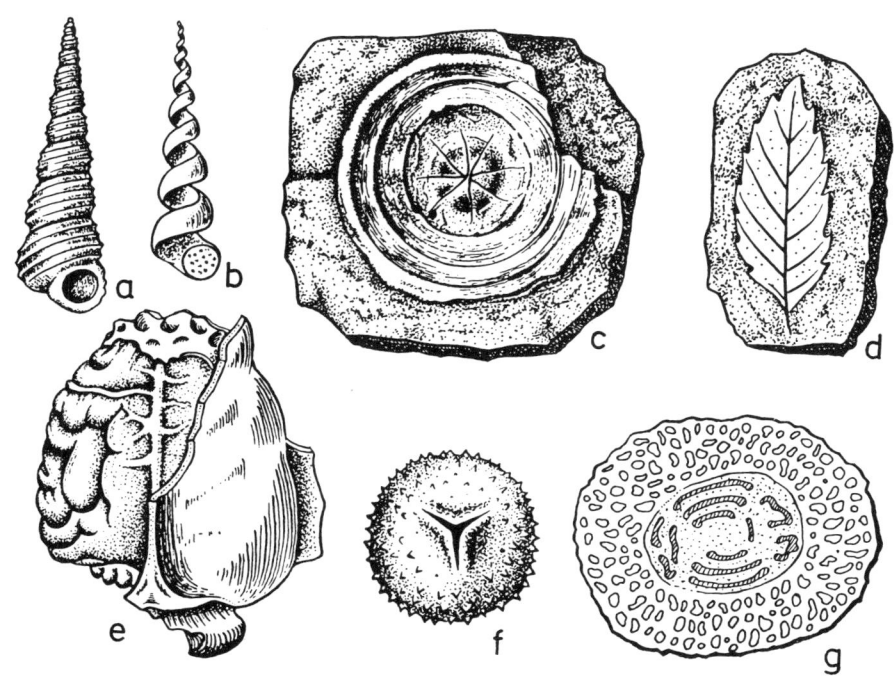

Abb. 2.2.
Erhaltungszustände von Fossilien. – a) Schnecke, echte Versteinerung; b) Schnecke, Steinkern; c) Qualle, Abdruck; d) Blatt, Inkohlung; e) Schädelrest mit natürlicher Schädelhöhlenausfüllung (= „fossiles Gehirn"); f) Megaspore, Inkohlung; g) Farnstamm (*Psaronius*) im Querschnitt, Verkieselung.

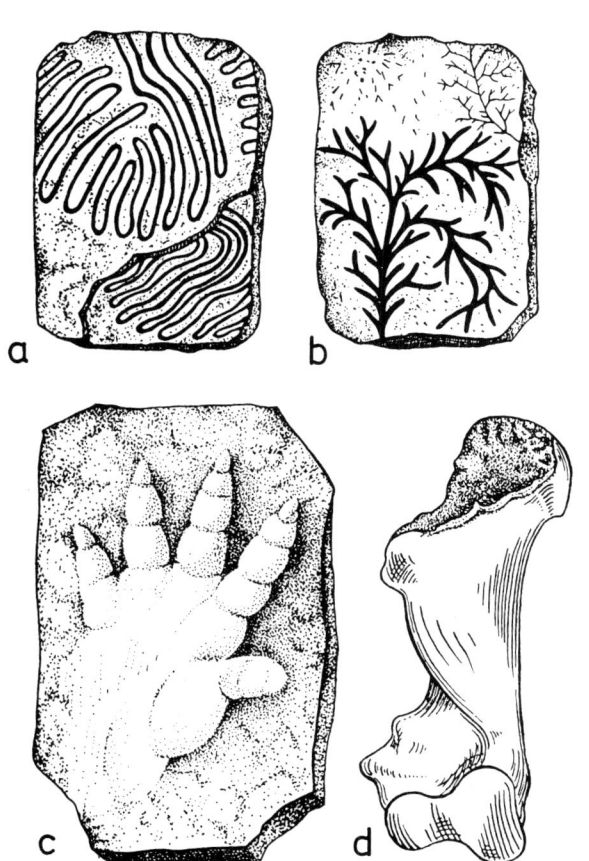

Abb. 2.3.
Ichnofossilien (= fossile Lebensspuren) als Tätigkeitsspuren vorzeitlicher Lebewesen. – a) Weidespur (*Helminthoida*); b) Freßbauten (*Chondrites*); c) Fährte (*Chirotherium*); d) Fraßrest der eiszeitlichen Höhlenhyäne (Oberarmknochen vom Fellnashorn).

veröffentlichtem Werk „De natura fossilium" auch Mineralien, Artefakte (vom Menschen hergestellte Geräte, z.B. Faustkeile) und Pseudofossilien (z.B. Dendriten) als Fossilien (Abb. 2.1). Die Bezeichnung Fossil ist dem Begriff Versteinerung vorzuziehen, da nicht jeder vorzeitliche Rest eines Organismus in Form einer Versteinerung erhalten ist.

Von Fossilien sind in der Regel nur die Hartteile (z.B. Knochen und Zähne von Wirbeltieren, Schalen von Muscheln und Schnecken, Panzer von Krebsen, Äste und Stämme von Baumgewächsen) erhalten, da diese widerstandsfähiger sind als die sogen. Weichteile. Dies bedeutet, daß letztere fossil meist unbekannt sind, doch bestätigen Ausnahmen die Regel.

Wie entstehen Fossilien? Eine der wichtigsten Voraussetzungen ist die möglichst rasche Einbettung des Lebewesens nach seinem Tode. Unter Einbettung ist meist die Bedeckung mit Sedimenten, also Ablagerungen (z.B. Schlamm, Sand, Torf) zu verstehen. Da Sedimente Abtragungsprodukte darstellen, die durch die Erosion bzw. Abtragung entstanden sind, bieten sich für die Fossilwerdung vor allem Seen und (Flach-)Meere an. Eine rasche Einbettung verhindert nicht nur die Zerstörung durch Aasfresser (von Hyänen und Aasgeiern bis zu Insekten), sondern auch Verwesungsvorgänge, die nur bei Luftzutritt vor sich gehen. Fäulnisprozesse, die ohne Sauerstoffzufuhr stattfinden, werden dadurch allerdings nicht verhindert (vgl. Abb. 2.7).

Wie bereits oben angedeutet, lassen sich grundsätzlich **Körper-** und **Spurenfossilien** unterscheiden. Dazu kommen noch die **Chemofossilien**, bei denen es sich um organische Substanzen handelt (z.B. Aminosäuren, Kohlenwasserstoffe, Abbauprodukte des Chlorophylls, Farbstoffe usw.), wie sie fallweise in Gesteinen, Fossili-

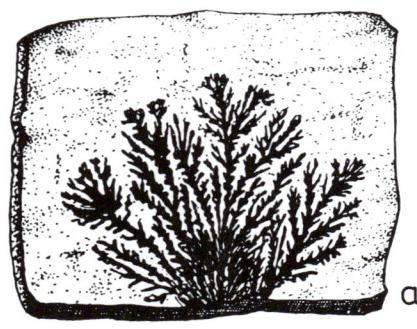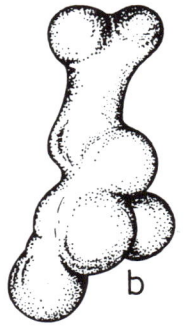

Abb. 2.4. Pseudofossilien (= Scheinfossilien). – a) Dendrit als Ausfällung mineralischer Lösungen; b) und c) Konkretionen („Lößkindl'n").

en oder „organischen Mineralien" vorkommen. Dank ihrer Widerstandsfähigkeit finden sich Chemofossilien, deren Nachweis und Untersuchung zum Aufgabenbereich der Paläobiochemie zählen, auch in präkambrischen Gesteinen, die älter als 600 Millionen Jahre sind.

Bei Körperfossilien sind verschiedene Erhaltungszustände zu unterscheiden: **„Echte" Versteinerung** mit ursprünglicher Strukturerhaltung der Hartteile, **Steinkern** als Ausfüllung von einstigen (Schalen-) Hohlräumen, **Pseudomorphose** mit Veränderung der ursprünglichen Struktur der Hartteile und **Abdruck**, bei dem der einstige Organismus selbst nicht überliefert ist (Abb. 2.2). Viele Spurenfossilien, wie etwa Fährten und Kriechspuren, sind als Abdrücke überliefert (Abb. 2.3). Aber auch fossil nicht oder kaum erhaltungsfähige Reste, wie (Vogel-) Federn können als Abdruck vorliegen, wie vom Urvogel (*Archaeopteryx lithographica*) oder „Haare" von Flugsauriern (*Rhamphorhynchus*) aus den Solnhofener Plattenkalken. Steinkerne kennt man nicht nur von Schnecken, Muscheln und Armfüßern (Brachiopoden), sondern auch als „fossile Gehirne" von Wirbeltieren. Letztere sind im Prinzip natürliche Ausgüsse, also Ausfüllungen des Endocraniums durch ein „weiches" Sediment. Solche „fossilen Gehirne" können besonders bei Säugetieren außer dem Volumen wertvolle Hinweise auf den Bau des Gehirnes (Anteil der einzelnen Abschnitte, ferner der Verlauf von Furchen und die Ausdehnung der einzelnen Lappen) geben. Auch fossile Eier, Eikapseln und Koprolithen (versteinerter Kot) zählen zu Lebensspuren i.w.S. Dagegen sind manche rein anorganisch entstandene Gebilde, wie etwa Ausfällungen mineralischer Lösungen oder Konkretionen, die oft fossilen Knochen ähnlich sind, als Pseudofossilien zu bezeichnen (Abb. 2.4).

Bei „echten" Versteinerungen kommt es im Prinzip zum Ersatz der organischen Substanz in den Hartteilen durch anorganische Stoffe, wie etwa Kalziumkarbonat ($CaCO_3$), Kieselsäure (SiO_2), Schwefeleisen (Pyrit: FeS_2), Limonit (Gemisch aus Goethit FeOOH und ähnlichen Eisenverbindungen) usw. Dabei kann es auch zu einer chemischen Umwandlung (z.B. Aragonit in Kalzit) oder zu einer Umkristallisierung kommen. Diese Vorgänge, die zur Fossilisation führen, werden als Diagenese bezeichnet. Sie entsprechen praktisch jenen Vorgängen, die vom unverfestigten Sediment zum Gestein führen. Bei pflanzlichen Resten kann es bei der sogen. Inkohlung während der Diagenese zu einer Anreicherung organischer Stoffe kommen, die gegenwärtig als fossile Brennstoffe (z.B. Braun- und Steinkohle) große wirtschaftliche Bedeutung besitzen (s. Kap. 5.2.). Manche pflanzliche „Hartteile", wie etwa Sporopollenine, Bestandteile der Hüllen von Sporen und Pollenkörnern, sind derart widerstandsfähig, daß sie nicht nur diagenetische Prozesse mehr oder weniger unverändert überdauern, sondern auch durch eine geringe (Gesteins-) Metamorphose nicht völlig zerstört werden und somit oft die einzigen Zeugen fossiler Pflanzenreste im Gestein darstellen.

Als seltene Ausnahme ist die sogen. Weichteilerhaltung anzusehen. Am bekanntesten sind die Kadaver jungeiszeitlicher Mammute (*Mammuthus primigenius*)

Abb. 2.5.
Bernstein-Inkluse als Beispiel für eine weitgehend vollständige Erhaltung. Termiten-"Nasensoldat" (*Nasutus*) aus dem Dominikanischen Bernstein. Alter: Oligozän-Miozän. Nach D. SCHLEE & W. GLÖCKNER (1978).

Abb. 2.6.
Sogen. „Weichteilerhaltung" bei einem Säugetier (*Pholidocercus hassiacus*) aus dem M-Eozän der Grube Messel bei Darmstadt. Haare und Stacheln sind durch Biomineralisation überliefert. Orig. SMF. Kopf-Rumpf-Länge 19 cm. Foto S. Tränkner.

aus dem Frostboden Sibiriens, von denen neben Knochen und Zähnen auch Haut, Haare und Weichteile, wie etwa Blutkörperchen, Muskel- und Bindegewebe sowie Gehirninhaltsstoffe überliefert sind. Diese geben dadurch Aufschluß über das einstige Aussehen der Tiere, über die Art und Zusammensetzung des Fells (Woll- und Grannenhaare, deren Länge und Färbung), über die Größe der Ohren sowie Länge und Ausbildung des Rüssels usw. Erst dadurch ist eine exakte Habitus-Rekonstruktion dieser ausgestorbenen Elefantenart möglich geworden. Außer dem Mammut kennt man aus dem Frostboden Sibiriens und Alaskas auch Reste vom Fellnashorn (*Coelodonta antiquitatis*), vom Bison und Ziesel sowie anderen jungeiszeitlichen Säugetieren. Als weitere Beispiele von Weichteilerhaltung werden stets Bernstein-Inklusen (Abb. 2.5), also Einschlüsse in Bernstein, einem fossilen Harz (z.B. Succinit aus dem Baltikum) angeführt. Solche Lebewesen (meist Insekten, aber auch Spinnen, Tausendfüßer, Kleinkrebse, ferner Vogelfedern und Säugetierhaare sowie Reste von Pflanzen, einschließlich Pilze), die einst von einem Baumharz umschlossen und dadurch oft vollständig erhalten sind, haben in den letzten Jahren dank der sogen. PCR-Methode (PCR = „polymerase chain reaction"; die eine Amplifizierung, also eine Vervielfältigung kleinster Mengen von Erbmaterial ermöglicht) den Nachweis von DNA (= DNS, Desoxyribonukleinsäure), d.h. von Erbsubstanz aus tertiärzeitlichen und zuletzt auch aus kreidezeitlichen Bernsteinen möglich gemacht (vgl. KÖTHE 1994). Sie haben gezeigt, daß organische Substanz im Bernstein oft noch nach Jahrmillionen unverändert überliefert sein kann (DESALLE, GATESY, WHEELER & GRIMALDI 1992).

Nicht immer liegt eine „echte" Weichteilerhaltung vor. Aus bituminösen Ablagerungen, wie etwa den Posidonienschiefern von Holzmaden (Württemberg) aus der älteren Jurazeit (Lias) oder aus den Tonsteinen („Ölschiefer") der Grube Messel bei Darmstadt aus dem mittleren Eozän sind zahlreiche Fossilien mit „Weichteilerhaltung" überliefert. In den Posidonienschiefern des Lias von Holzmaden zählen die Ichthyosaurier (Fischsaurier) zu den bekanntesten Fossilfunden. Manche sind nicht nur vollständig im natürlichen Skelettverband erhalten, sondern zeigen als sogen. Hautexemplare den einstigen Körperumriß samt den Flossen und damit auch Rücken- und Schwanzflosse, die nicht oder nur teilweise durch Skelettelemente gestützt werden. Bei den Funden aus Messel sind oft Fellschatten und Haare bei Säugetieren sowie Federn bei Vögeln erhalten geblieben (Abb. 2.6). Allerdings liegt bei diesen Funden keine eigentliche Weichteilerhaltung vor, da diese „Weichteile" durch bakteriellen Stoffwechsel in Eisenkarbonat und zwar in Siderit ($FeCO_3$) umgewandelt und erst dadurch fossil erhalten wurden (WUTTKE 1983, 1988), so daß man in diesen Fällen heute von Biomineralisation spricht. Die Einbettung in den Faulschlamm des ehemaligen Messeler Sees erfolgte bei (weitgehend) sauerstoffreien Bedingungen. Ähnliches gilt für die „Weichteilerhaltung" im Bundenbacher Schiefer des Unter-Devon des Hunsrück, in dem es zur Pyritisierung von Weichteilen im einstigen Faulschlamm gekommen ist. Dadurch ist eine Untersuchung mit Röntgenstrahlen möglich, die nicht nur für die Wissenschaft wichtig ist, sondern auch oft Voraussetzung für die einwandfreie Präparation der Fossilien bildet. Röntgenstrahlen führten auch wiederholt zum Nachweis bislang unbekannter Organismen.

Im Gegensatz dazu ist die Weichteilerhaltung aus den annähernd gleichaltrigen Braunkohlen des Geiseltales bei Halle a.d. Saale erst durch die Verhinderung bakterieller Abbauprozesse ermöglicht worden. Bei Fossilien aus dem Geiseltal konnte E. VOIGT 1935 erstmalig Weichteile, wie fossile Muskulatur, Bindegewebe, Blutkörperchen, aber auch ursprüngliche Farbpigmente der Haut nachweisen. Der eigentlichen Fossilisation der Weichteile ist nach VOIGT eine erste Konservierung durch eine Art von Gerbstoffen in sauren Humuswässern des einstigen Geiseltalmoores vorausgegangen, wie sie bei menschlichen prähistorischen Moorleichen belegt ist. Auch in Konkretionen, wie etwa den Sideritknollen aus dem Karbon vom Mazon Creek (Illinois, USA), können Fossilien nicht verformt, sondern körperlich erhalten und durch Mikroorganismen in Eisenkarbonat umgewandelt sein. Auch die Einbettung von Lebewesen in stark übersalzenen (hypersalinaren) Gewässern kann zur Weichteilüberlieferung führen, indem gleichfalls Bakterien zur Biomineralisation führen, wie es etwa im Voltziensandstein der Unter-Trias der Fall ist. Auch hier stehen Bakterien im Dienst der Paläontologie (vgl. GALL & KRUMBIEGEL 1992).

Zu den ältesten Fossilien mit sogen. Weichteilerhaltung zählen auch jene aus den Burgess shales in den Rocky Mountains von Britisch Kolumbien in Kanada. Diese Organismen sind in Schlammstromablagerungen (Turbiditen) des damaligen mittelkambrischen Meeres außerordentlich rasch eingebettet worden. Dadurch sind die sonst nicht überlieferten Weichteile erhalten geblieben. Ähnliches gilt für die Chengjiang-Fauna des Unter-Kambriums von Yünnan (China) und für die Orsten-Fauna aus dem Ober-Kambrium von Schweden. Bei diesen kam es zur Phosphatisierung von „Weichteilen" (WALOSSEK 1993).

Zwar keine Weichteilerhaltung, aber doch ein besonderer Erhaltungszustand, liegt bei den sogen. Perlmutt-Ammoniten vor, wie sie etwa aus dem Lias (U-Jura) der Ahrensburger-Geschiebe bei Hamburg (*Amaltheus*, *Dactylioceras*, *Harpoceras*) oder aus dem opalinus-Ton (nach dem Leit-Ammoniten *Leioceras opalinum*) des M-Jura (Dogger α) von Schwaben (z.B. Ottenbach, Heiningen) bekannt sind (vgl. HEGELE 1991). Die als weißer Aragonit mit sogen. Milchglaseffekt erhaltene Perlmuttschicht des Ammonitengehäuses leuchtet durch die Streuung des Lichtes in allen Regenbogenfarben auf (= „opalisierend", daher der Art-Name *opalinum*). Ein derartiger Erhaltungszustand ist nur durch die rasche Einbettung der Gehäuse nach dem Tod der Ammoniten in wasserundurchlässigen Ton gegeben.

2.2. Vorkommen und erdgeschichtliches Alter von Fossilien

Die Art des Vorkommens von Fossilresten (Lage der Reste zueinander und im Gestein; vollständig, gehäuft, vereinzelt u. dgl.) ist für deren Auswertung in altersmäßiger und ökologischer Hinsicht wichtig. Der Wissenschaftszweig, der sich mit den Vorgängen vom Tod der Lebewesen bis zu seiner endgültigen Einbettung befaßt, ist die Taphonomie (EFREMOV 1940), die im Prinzip WEIGELT (1927) als Biostratinomie (als ein Teilgebiet der Aktuopaläontologie) bezeichnet hatte. Diese Arbeitsrichtung erlaubt aufgrund heutiger Beobachtungen nicht nur Aussagen über die Art des Vorkommens und damit des einstigen Lebensraumes der betreffenden Organismen, sondern u.U. auch über die Todesursache, wie etwa Ersticken durch tödlich wirkende Gase, wie sie nicht nur an Messelfossilien beobachtet werden konnten (vgl. FRANZEN & KÖSTER 1994).

Grundsätzlich unterscheidet man **autochthone** und **allochthone** Vorkommen. Bei der **Autochthonie** (= Vorkommen auf primärer Lagerstätte) entspricht der Grabesraum dem einstigen Lebensraum. Eine Einbettung in Lebensstellung (z.B. bei fixosessilen Organismen wie etwa Korallen, Austern und Rudisten, ferner bei grabenden, doppelklappig erhaltenen Muscheln, aufrecht stehenden Baumstämmen samt Wurzelstock in „versteinerten Wäldern" usw.) läßt – zusammen mit weiteren Befunden – Rückschlüsse auf den einstigen Lebensraum zu. Bei der **Allochthonie** (= Vorkommen auf sekundärer Lagerstätte) entspricht der Grabesraum **nicht** dem einstigen Lebensraum, da eine Verlagerung der Reste stattgefunden hat. Wichtig ist der Zeitpunkt des Transportes (meist durch strömendes Wasser). Ein Transport **vor** der Fossilisation führt zu einer **synchronen Allochthonie**, ein Transport **nach** der Fossilisation zu einer **heterochronen Allochthonie** (Abb. 2.7.). Da die Fossilisation als diagenetischer Vorgang eine (geologisch) faßbare Zeitspanne benötigt, sind Fossilien eines heterochron allochthonen Vorkommens zur altersmäßigen Datierung der Fundschichten, wie sie durch Leitfossilien in der Biostratigraphie üblich ist, ungeeignet. Derartige Fossilien sind durch die Erosion (= Abtragung) in erdgeschichtlich jüngere Sedimente umgelagert und neuerlich eingebettet worden.

Ein allochthones Vorkommen erkennt man meist am Erhaltungszustand der einzelnen Fossilreste sowie (bei Massenvorkommen) an kennzeichnenden Einregelungserscheinungen oder an der sogen. Frachtsonderung, wie sie bei ungleichklappigen, nunmehr voneinander getrennten Muschelschalen oder bei Trilobitenpanzern, wo das Pygidium (= Schwanzschild) isoliert wurde, zu beobachten ist. Ein Transport (durch Wasserströmung in Flüssen, Seen oder im Meer) führt zur Trennung ursprünglich im Verband befindlicher Hartteile sowie zu charakteristischen Beschädigungen, wie etwa Abrollungsspuren.

Massenvorkommen können – wie bereits oben angedeutet – durch ursprüngliche Häufigkeit autochthoner Entstehung (z.B. doppelklappig erhaltene Megalodonten in Triasgesteinen) oder durch Zusammenschwemmung

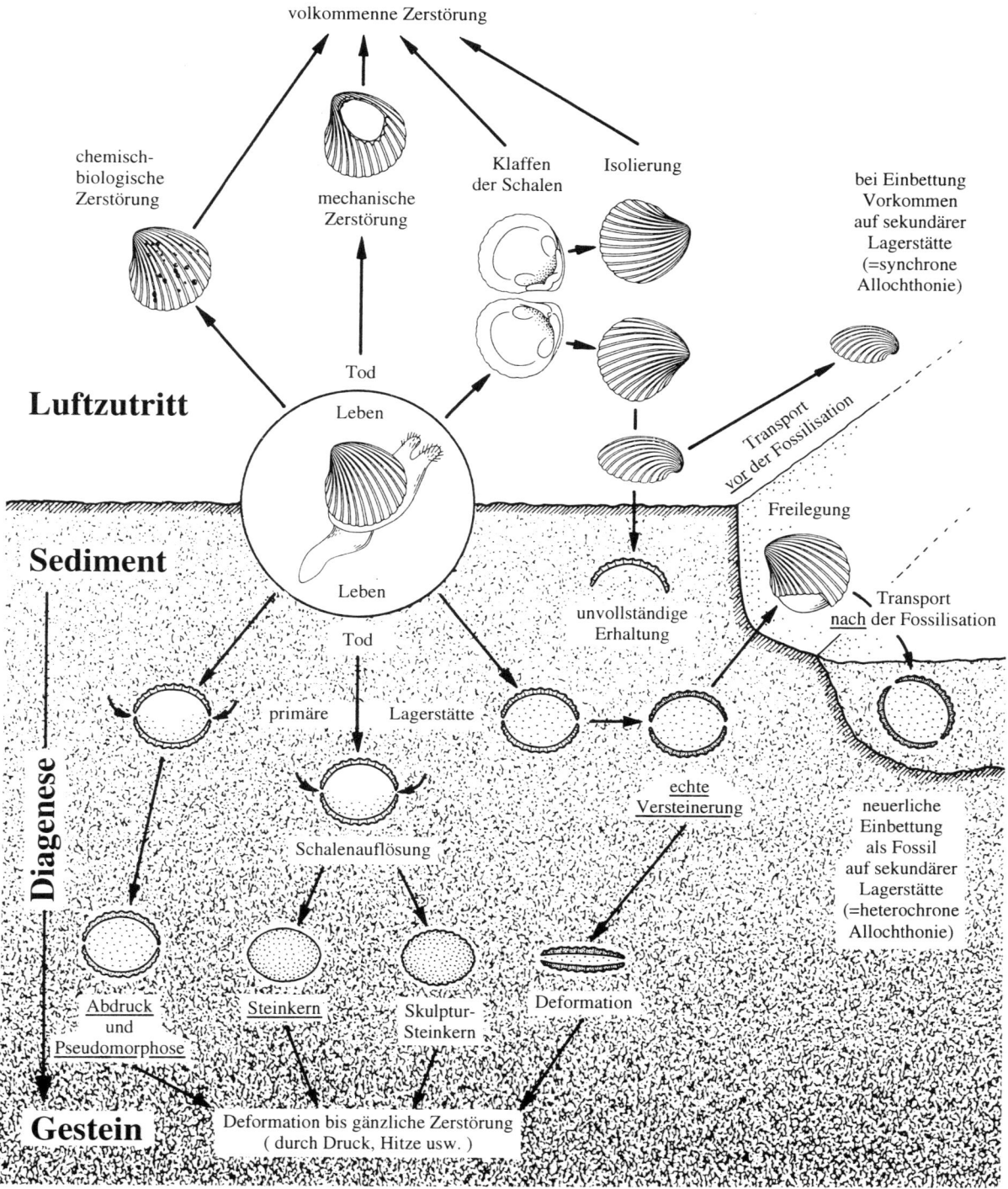

Abb. 2.7. Entstehung und Vorkommen von Fossilien am Beispiel einer Muschel (*Cerastoderma edule*), die im lockeren Sediment lebt, wodurch eine Einbettung nach dem Tod gegeben ist. Man beachte die Unterscheidung von primärer (in Lebensstellung) und sekundärer Lagerstätte (bei Transport **vor** oder **nach** der Fossilisation Trennung in synchrone bzw. heterochrone Allochthonie möglich). Nach E. THENIUS (1976), ergänzt umgezeichnet.

allochthoner Herkunft sein (z.B. abgerollte Schalenreste von Congerien aus dem Jung-Miozän vom Plattensee; vgl. Kap. 3.1.).

Massenvorkommen bilden sich auch immer wieder in Karstspalten von Kalkgesteinen, die über lange Zeit hinweg als sogen. „Fossilfallen" wirken und gegenwärtig in Spaltenfüllungen als Knochenbreccien überliefert sein können. Oft sind es auch Eulenvögel, deren Gewölle (= Speiballen) zu derartigen Knochenanhäufungen führen. Als „Fossilfallen" wirken auch natürliche Austrittsstellen von Erdöl in Form von Asphaltsümpfen („Tar pools"), wie sie nicht nur von der berühmten Lokalität Rancho La Brea im Hancock Park in Los Angeles in Kalifornien bekannt sind. Diese hat seit ihrer Entdeckung im Jahr 1769 hunderttausende von fossilen Wirbeltierresten geliefert. Derartige Fundstellen sind richtige Fossillagerstätten. Die artliche Zusammensetzung derartiger Fossilfaunen entspricht allerdings keineswegs der ursprünglichen, da die in den Asphaltsümpfen verendeten Tiere (in Rancho La Brea meist „Huftiere" vom Bison über Kamele, Hirsche und Gabelbock bis zum Mammut) im Todeskampf zahlreiche Raubtiere und -vögel (Säbelzahnkatzen, Wölfe, Schakale, Bären, Marder, Aasgeier) angelockt haben. Dadurch überwiegen in der fossilen Fauna von Rancho La Brea zahlenmäßig die Überreste von Raubtieren, obwohl diese zu Lebzeiten viel seltener waren als ihre Beutetiere.

2.3. Fosilien als Sammelobjekte und ihre Deutung - von den Anfängen bis heute

Versteinerungen haben bereits die Aufmerksamkeit des prähistorischen Menschen auf sich gezogen. Sammler (im Sinne eines Hobbys) hat es praktisch schon immer unter den Menschen gegeben.

Paläo- und Neolithikum

Als vermutlich älteste Belege für das (gelegentliche) Sammeln von Fossilien durch den Menschen dürften zwei Jura-Versteinerungen aus dem Mousterien bei Arcy-sur-Cure (Yonne, Frankreich, Schicht 15) gelten. Der damalige Mensch, der Neandertaler (*Homo sapiens neanderthalensis*) hat die ortsfremden Fossilreste (*Chemnitzia* als Schnecke und eine Scleractinie als Koralle) bewußt aufgesammelt. Ähnliches gilt für die Fossilfunde (z.B. *Coroniceras* als Ammonit und *Glycymeris* als Muschel) aus der etwa 30.000 Jahre alten, jungpaläolithischen Jagdstation des Mittel-Aurignacien (benannt nach der Aurignac-Höhle in den Pyrenäen, Haute Garonne, Frankreich) vom Vogelherd bei Stetten im Lonetal (Württemberg). Das war bereits die Zeit des „modernen" Menschen (*Homo sapiens sapiens*), der als Cro-Magnon-Mensch (nach Cro-Magnon bei Les Eyzies in Frankreich) bezeichnet wird. Von einem etwas älteren, nämlich altpaläolithischen Rastplatz von Stuttgart-Untertürkheim, stammen ortsfremde Fossilreste (z.B. „*Terebratula*" als Armfüßer aus dem Jura), die K. D. ADAM (1984) beschrieben hat. Diese Terebratel wurde direkt neben zwei Artefakten, welche die Paläolithjäger hinterließen, im Travertin gefunden. Damit ist nach ADAM & BERCKHEMER (1983) der 1. Fossilsammler aus dem Schwabenland dokumentiert.

Aus der Gegend des Ladogasees (Rußland) hat R. HECKER (1934) eine Sammlung paläozoischer Fossilien (Cystoidea als Stachelhäuter, Nautiloidea als Kopffüßer und Tabulata als Korallen) eines Neolithikers bekannt gemacht. Von den sonstigen zahlreichen Versteinerungen aus prähistorischer Zeit, die etwa aus Frankreich, England, der Schweiz, Deutschland, Tschechien, Österreich und den Mittelmeerländern bekannt geworden sind, soll hier nicht die Rede sein, da es sich fast durchwegs um Fossilien handelt, die vermutlich Schmuckzwecken dienten. Sie werden im Kapitel 4.1. berücksichtigt. Damit ist jedoch die Problematik aufgezeigt, die sich aus der Frage ergibt, ob die Versteinerungen einst nur als Sammelobjekte Beachtung fanden oder nicht. Ob die wahre Natur dieser Versteinerungen dem damaligen Menschen bewußt war, muß gleichfalls dahingestellt bleiben.

Dies trifft auch für jene Fossilien zu, die in altpaläolithischen Faustkeilen des Acheuléen (benannt nach dem Fundort St. Acheul in Frankreich) eingeschlossen sind. Diese aus Flint oder Feuersteinbrocken vom damaligen Menschen (*Homo erectus*) vor fast 200.000 Jahren hergestellten Werkzeuge enthalten nämlich gelegentlich Versteinerungen der Oberkreide, wie etwa *Spondylus spinosus*, eine Muschel, aus West Tofts in Norfolk oder den Seeigel *Conulus* aus Swanscombe in Kent (HALSTEAD 1983) (Abb. 2.8).

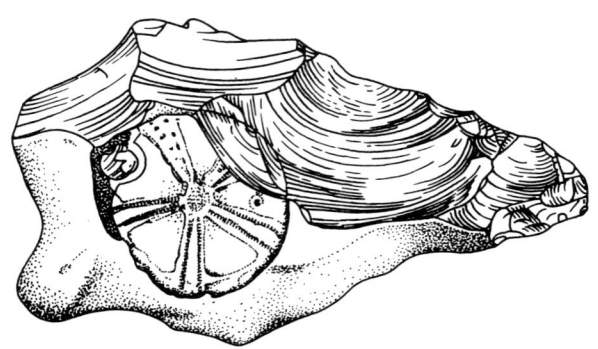

Abb. 2.8.
Faustkeil aus Feuerstein aus dem Paläolithikum (Acheuléen) mit eingeschlossenem Seeigel (*Conulus* sp. aus der O-Kreide). Swanscombe in Kent (England). Länge ca. 10 cm. Nach K. P. OAKLEY (1965), umgezeichnet.

Altertum

Demgegenüber ist es sicher, daß die wahre Natur von Fossilien bereits in früher historischer Zeit, nämlich in der Antike, also im klassischen Altertum, vielfach erkannt worden war. Fossile Meeresmuscheln und -schnecken, Haizähne und dgl., die in Sand- und Kiesgruben oder in Steinbrüchen gefunden wurden, sind richtig als Zeugen einstiger Meeresüberflutungen gedeutet worden (z.B. XENOPHANES 614 v.Chr., HERODOT 500 v.Chr. und ERATOSTHENES 275-195 v.Chr. als Griechen, STRABO 63 v.Chr. bis 20 n.Chr. als Römer).

Auch der griechische Naturphilosoph EMPEDOKLES von Agrigent (492-432 v.Chr.) wäre hier insofern zu nennen, als er eiszeitliche, auf Sizilien gefundene Elefantenknochen als Reste verstorbener „Riesenmenschen" und damit als einstige Lebewesen klassifizierte (vgl. Kap. 3.1.).

Demgegenüber vertrat ARISTOTELES (383-322 v.Chr.), der große Naturforscher des Altertums, in dieser Hinsicht völlig rückständige Ansichten, obwohl er durchaus mit dem Vorkommen von Versteinerungen vertraut war. Seine Vorstellung von der Urzeugung übertrug er auch auf Fossilien. Diese Auffassung bedeutete nicht nur einen Rückschritt, sondern übte auch einen überaus verhängnisvollen Einfluß auf die Entwicklung der Ansichten über Versteinerungen bis in das 16. Jahrhundert aus.

Auf PLINIUS dem Älteren (23-79 n.Chr.), der bekannte Polyhistor, der beim Ausbruch des Vesuvs ums Leben kam, gehen verschiedene, vereinzelt noch heute gebräuchliche Namen von Versteinerungen zurück, wie etwa Ammoniten (Ammonshörner), Ostraciten (austernähnliche Muschelschalen), Spongiten (schwammartige Fossilreste) und „Glossopetren" (Gesteinszungen). Wie M. MERCATUS (1574), A. CESALPINUS (1596), F. COLONNA (1616) und N. STENO (1666) erst später erkannten, sind „Glossopetren" fossile Haizähne. Die Ammoniten verdanken angeblich ihren Namen dem Sonnengott Amun der alten Ägypter (= Gott Ammon der Griechen und Römer). Dem Sonnengott, dessen Tempel sich in der ihm geweihten Oase Ammonium (= jetzt Siwa) westlich von Memphis befand, war der Widder heilig. Daher wurde Amun mit einem Widdergehörn dargestellt, das an Ammonitengehäuse erinnert. Nach KIRCHHEIMER (1977) sind es Steinkerne alttertiärer Schnecken (*Natica*). Der Name hat sich jedoch für die fossilen Kopffüßer (Cephalopoda) eingebürgert (s. Kap. 3.1.).

Mittelalter – „Diluvianer"

Die „Glossopetren" von PLINIUS wurden somit – wie bereits im Altertum – richtig als Reste einstiger Meeresorganismen erkannt. Vorstellungen, wie sie – seiner Zeit weit voraus – der Italiener G. H. FRACASTORA (1483-1553) im Jahr 1517 bereits als Argumente gegen eine Deutung als Reste der biblischen Sintflut ins Treffen führte. Seiner Meinung nach müßten die durch eine Sintflut umgekommenen Tiere vornehmlich Land- und Süßwasserorganismen und nicht Meerestiere gewesen sein. Dennoch deutete man Versteinerungen bis anfangs des 18. Jahrhunders meist als Naturspiele, die nicht organischen Ursprungs seien, selbst wenn man sie mit rezenten Lebewesen verglich.

Daher war es ein bedeutender Fortschritt als die Anhänger der Sintflutlehre, die sogen. „Diluvianer" (lat. Diluvium = Überschwemmung) die Fossilien wohl richtig als Reste einstiger Lebewesen erkannten. Als bedeutendster Vertreter der Diluvianer gilt der Zürcher Naturforscher und Arzt JOHANN JAKOB SCHEUCHZER (1672-1733), der Versteinerungen zunächst als Lusus naturae (Naturspiele) betrachtete, sie dann aber unter dem Einfluß von J. WOODWARD (1695) als Zeugen der Sintflut systematisch sammelte. So deutete er 1706 bzw. 1726 das Skelett eines Riesensalamanders aus dem Miozän von Öhningen am Bodensee (Baden) als eines durch die Sintflut umgekommenen armen Sünders („Homo diluvii tristis testis") (vgl. Abb. 6.6). Bereits früher hatte er einen Rückenwirbel eines fossilen Fischsauriers (Ichthyosaurier) als versteinerten Menschenwirbel angesehen. Im Jahr 1709 gab er mit seinem „Herbarium diluvianum" das erste gut illustrierte Werk über fossile Pflanzen (einschließlich Pseudofossilien: Dendriten) heraus. Auch der Engländer WILLIAM BUCKLAND versuchte noch im Jahr 1823 in seinen „Reliquiae diluvianae" die biblische Sintfluttheorie durch Versteinerungen zu stützen. Und in jüngster Zeit (1993) haben A. & E. TOLLMANN aus Wien als Geologen und Paläontologen dies neuerlich versucht.

Petrefakten als Zeitmarken

Im Jahr 1565 hatte bereits CONRAD GESNER die Bezeichnung Petrefakten für Fossilien eingeführt (vgl. Abb. 2.1.), was – zusammen mit der Erkenntnis von WILLIAM SMITH im Jahr 1799, daß derartige Petrefakten für bestimmte Schichten kennzeichnend sind – zu einem wahren Sammlerboom führte, als dessen Ergebnis in Europa zahlreiche zusammenfassende Werke über Fossilien in der ersten Hälfte des 19. Jahrhunderts veröffentlicht wurden. Zu den bekanntesten Autoren dieser Werke zählen E. F. VON SCHLOTHEIM, G. A. GOLDFUSS, A. BRONGNIART, A. E. DESMAREST, G. B. BROCCHI, J. B. DE LAMARCK, J. SOWERBY, A. D'ORBIGNY, J. BARRANDE und G. H. BRONN.

Die Versteinerungen wurden vornehmlich als Zeitmarken verwendet, die Petrefaktenkunde war somit eine Hilfswissenschaft der Geognosie, wie die Geologie damals genannt wurde. Sie beruhte im Prinzip auf dem Lagerungsgesetz von NIELS STENSEN (= NICOLAUS STENO), der zunächst als Arzt und Naturforscher in Kopenhagen und Padua tätig war, dann jedoch als Leibarzt an den Hof des Toskanischen Großherzogs Ferdinand II von Medici nach Florenz, dem damaligen Zentrum von Kunst und Wissenschaft, berufen wurde. Er konnte unter der Schirmherrschaft des Fürstengeschlechtes forschen ohne Gefahr zu laufen als Ketzer am Scheiterhaufen zu enden. Daher ist er auch zum Katholizismus übergetreten und nannte sich fortan NICOLAUS STENO. Er erkannte 1669 als erster, daß sich bei ungestörter Schichtfolge im Profil die ältesten Ablagerungen an der Basis befinden. Diese Entwicklung, und damit auch die rege Sammeltätigkeit, beruhte auf der Erkenntnis von W. SMITH, daß – wie bereits oben angedeutet – viele Versteinerungen für bestimmte Zeithorizonte kennzeichnend sind. Leitfossilien (ein Begriff, den der bekannte Geologe LEOPOLD VON BUCH 1810 als „Leitmuscheln" einführte) sind für die Biostratigraphie und damit für die relative Alterseinstufung unentbehrlich.

Erst später wandelten sich die Anschauungen, indem Fossilien nicht nur als Zeitmarken benützt, sondern auch als Reste einstiger Organismen angesehen wurden und man ihre Lebensweise und damalige Umwelt (samt dem einstigen Klima, wie etwa der englische Naturforscher ROBERT HOOKE [1635-1703], als Begründer der Paläoklimatologie) zu rekonstruieren versuchte. Dazu kamen die Vorstellungen über die stammesgeschichtliche Entwicklung der Lebewesen, die mit dem Werk von CHARLES DARWIN „The origin of species" (1859) einen entscheidenden Impuls erfuhren.

Fossilien und Evolution

Fossilien wurden demnach nicht nur nach biostratigraphischen Gesichtspunkten gesammelt, taxonomisch benannt und in ein System eingeordnet, man versuchte sie auch als Belege für die Evolution heranzuziehen bzw. begann sogen. „missing links", wie DARWIN die damals noch fehlenden Glieder nannte, die zwischen höheren systematischen Einheiten vermitteln, systematisch zu suchen. So wurden die ersten Reste des berühmt gewordenen Urvogels (*Archaeopteryx lithographica*) in den Solnhofener Plattenkalken des Ober-Jura (Schwäbische Alb) erst nach dem Erscheinen von DARWIN's Werk in den Jahren 1860 (Feder) und 1861 („Londoner Exemplar") gefunden. Allerdings lag seit 1859 ein als Flugsaurier (*Pterodactylus crassipes*) beschriebener Rest eines Urvogels bereits im Teyler Museum von Haarlem (Niederlande). Er wurde erst 1970 von dem US-Paläontologen J. H. OSTROM als Urvogelrest erkannt. Der Urvogel kann auch heute noch – mit gewissen Einschränkungen – als Beispiel für ein „connecting link", in diesem Fall als Bindeglied zwischen Reptilien und Vögeln, angesehen werden. *Archaeopteryx lithographica* vereint als sogen. Mosaiktypus Reptil- und Vogelmerkmale, weshalb seine Stellung nicht nur im System, sondern auch als Ahnenform erdgeschichtlich jüngerer Vögel immer wieder diskutiert wird. Kreationisten, die strikt den Schöpfungsgedanken vertreten und eine Evolution der Organismen leugnen, sind derartige „connecting links" naturgemäß ein Dorn im Auge, weshalb die Funde vom Urvogel von den Kreationisten auch als Fälschungen (zumindest was die Federn betrifft) hingestellt werden (vgl. Kapitel 6).

Amateursammler

Außer Wissenschaftern waren es schon immer Amateure, Hobbypaläontologen wie man heute sagt, die Versteinerungen nicht nur als Andenken sammelten. Manche dieser Amateure, deren Fossilsammlung oft nur lokale Bedeutung hat, haben der Wissenschaft neue und wichtige Funde beschert. Einer der vielleicht bekanntesten ist der bisher einzige Fund eines Skelettes eines Ameisenbären aus dem M-Eozän der Grube Messel bei Darmstadt. Dieser Fund wurde von dem Privatsammler GERHARD JORES aus Darmstadt in der Grube Messel zu einer Zeit geborgen, als diese Grube noch nicht für die Allgemeinheit gesperrt war. Er gelangte später zur Untersuchung in das Senckenbergmuseum in Frankfurt/M., wo er von G. STORCH (1981) als Ameisenfresser erkannt und beschrieben wurde. Bisher wurde in Messel kein weiterer Rest dieser als *Eurotamandua joresi* (benannten Art gefunden. Die Einmaligkeit von *Eurotamandua* liegt darin, daß Ameisenbären sonst ausschließlich auf Süd- und Mittelamerika beschränkt sind.

Etliche Fossilsammlungen von „Amateuren" bilden den Grundstock musealer Bestände, wie etwa die mit 30.000 Objekten einst größte Naturaliensammlung der Welt (Mineralien, Gesteine, Versteinerungen und zoologische Sammlungsstücke) des Ritters JOHANN VON BAILLOU, die 1748 durch Kaiser FRANZ I STEPHAN VON LOTHRINGEN als Basis für das spätere Naturhistorische Museum in Wien angekauft wurde (HAMANN 1976). Als weitere derartige Sammlungen seien jene von KNER im Paläontologischen Institut der Universität Wien oder die Sammlungen von GEORG GRAF ZU MÜNSTER, J. ROTH, K. HAEBERLEIN, J. PAUER und des Herzogs MAXIMILIAN VON LICHTENBERG in der Bayerischen Staatssammlung für Paläontologie und historische Geologie in München sowie jene des Arztes GIDEON A. MANTELL aus Lewes in Südengland (dem Beschreiber des 1. Dinosaurierfundes, nämlich *Iguanodon* im Jahr 1825) im British Museum in London, erwähnt.

Nicht ganz zu vergessen sind hier auch jene Sammler (und Händler), die ihre meist von ihnen selbst präparierten und oft sehr wertvollen Objekte bereits zu Lebzeiten an Museen oder Private verkauften, wie sie aus vielen Ländern bekannt sind (z.B. BERNHARD HAUFF in Holzmaden, MARY ANNING und SAMUEL CLARKE von Lyme Regis in Südengland oder die Gebrüder MAYRET aus Bissfelden in der Schweiz; MAYER 1985). In den USA waren es hauptsächlich Mäzene, wie etwa GEORGE PEABODY als Bankier oder ANDREW CARNEGIE als

Stahlindustrieller, durch deren Finanzierung von Ausgrabungen der Grundstock von Sammlungen für die nach ihnen benannten Museen geschaffen wurde. So ist auch das jetzige „Dinosaur National Monument" in Utah/Colorado aus dem einstigen Carnegie Quarry hervorgegangen. Zu den bekanntesten Sammlern bzw. Ausgräbern, die im Auftrag für US-Museen tätig waren, zählen BARNUM BROWN und CH. H. STERNBERG.

Als Beispiele alter Sammlungen, die auch das Thema dieses Buches betreffen, seien lediglich das Naturalienkabinett des Benediktinerstiftes in Kremsmünster (Oberösterreich) und jene im Schloß Ambras bei Innsbruck (Tirol) genannt. Da die Zahl der Hobbypaläontologen ständig zunimmt, das Angebot an Versteinerungen jedoch nicht im gleichen Umfang steigt, haben sich nunmehr längst – neben den Mineralbörsen – eigene Fossilbörsen etabliert, von denen die wohl bekanntesten alljährlich in Tucson/Arizona und München abgehalten werden. Eine Entwicklung, die für den Wissenschafter nicht immer erfreulich ist, werden doch dadurch die Preise für einmalige Fossilien künstlich in die Höhe getrieben. Wünschenswert wäre, daß Fossilsammlungen von Hobbypaläontologen, sofern die Objekte fundortmäßig entsprechend beschriftet sind, früher oder später in öffentliche Sammlungen von Museen u. dgl. integriert werden. Fehlen die exakten Herkunftsangaben, so ist selbst ein Urvogelfund für die Wissenschaft wertlos oder nur von sehr beschränktem Wert.

3. Versteinerungen im Mythos und im Volksglauben

Manche Fossilien sind durch den Erhaltungszustand und das oft massenhafte, manchmal sogar gesteinsbildende Vorkommen der naturverbundenen Landbevölkerung, wie etwa Bauern und Jägern, seit langem bekannt, ohne daß die wahre Natur derartiger Versteinerungen erkannt wurde bzw. wird, wie etwa Bezeichnungen Münz- und Muttersteine, „versteinerte Kuhtritte", Luchssteine, Eulenköpfe, Spinnen- und Sternsteine, Zungen- und Taubensteine, Donnerkeile, Schlangen- und Sonnenradsteine, um nur die wichtigsten zu nennen, dokumentieren. Es erscheint verständlich, daß derartige Reste bereits frühzeitig die Aufmerksamkeit auf sich gezogen haben. Unsere Vorfahren ließen ihre Phantasie spielen, die manchmal zu richtigen Mythen führte und sich vereinzelt – ähnlich wie in der Astronomie bei der Benennung von Himmelskörpern oder -erscheinungen – bis in jüngste Zeit gehalten haben. Die Überlieferung solcher Anschauungen läßt sich manchmal in ihren Anfängen bis in das Altertum zurückverfolgen, erinnern doch noch heute gebräuchliche Fossilnamen, wie etwa Nummuliten und Ammoniten an die einst damit verknüpften Vorstellungen. Die Beachtung von Versteinerungen durch den Menschen reicht jedoch viel weiter zurück, wie bereits oben kurz angedeutet und im Kap. 4.1. noch ausführlicher dargelegt werden soll. Auf die wiederholte Verknüpfung von Fossilfunden mit der biblischen Sintflut wurde gleichfalls schon hingewiesen; von jener mit dem Fluchmotiv wird ebenso die Rede sein, wie von der im Zuge der Christianisierung von der Kirche vorgenommenen Umdeutung heidnischer Gebräuche (nach dem Motto „Umdeutung ist besser als die Ausrottung alter Vorstellungen"). Man denke nur daran, daß die Raben, die im germanischen Mythos als Götterboten galten, von der Kirche jedoch zu Unglücksraben umgewertet wurden.

Aber nicht nur als Grundlage für Sagen und Legenden dienten Versteinerungen und ihre Derivate. Sie spielten einst auch eine große Rolle in der Volksmedizin und werden sogar heute noch verschiedentlich als Heilmittel herangezogen. Daß natürlich auch Aberglaube und Magie an Fossilien nicht vorbeigehen konnten, erscheint gleichfalls verständlich. Angesichts dieser mehrfachen Bedeutung bzw. Verwendung von Fossilien läßt sich eine wiederholte Nennung derartiger Versteinerungen nicht ganz vermeiden bzw. erschwert eine sichere Zuordnung zu den Abschnitten.

Die wohl wichtigste Bedeutung spielten Fossilfunde jedoch bei der Entstehung von Sagen und Legenden. Die folgende Übersicht kann selbstverständlich nicht den Anspruch auf Vollständigkeit erheben. Zumindest die wichtigsten Beispiele sind berücksichtigt.

3.1. Fossilien als Grundlage für Sagen und Legenden

Es ist ein besonderes reizvolles Thema für den Paläontologen den Zusammenhängen zwischen Fossilfunden und der Entstehung von Sagen und Legenden nachzugehen. Wurde doch oft versucht, auffallend geformte Fossilreste mit bekannten Gegenständen oder Begriffen in Verbindung zu bringen bzw. zu erklären. Verschiedentlich spielt dabei auch das Fluchmotiv eine Rolle.

Riesen: *Gigantopithecus* - Riesenmenschen - „Chiriten" - Polyphem der Odyssee - „Donnerpferde" - „Scrotum humanum"

Besonders bekannt ist die Verknüpfung von Knochen und Zähnen fossiler Wirbeltiere mit der Vorstellung von Drachen und von einstigen (menschlichen) Riesen. Noch heute werden fossile Zähne in chinesischen Apo-

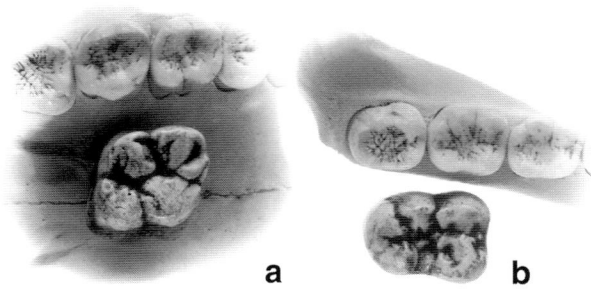

Abb. 3.1. Zwei Backenzähne – a) M sup. und b) M$_3$ – von *Gigantopithecus blacki* aus dem Alt-Pleistozän Chinas im Vergleich zu jenen von einem rezenten Orang (*Pongo pygmaeus*). Zähne von *Gigantopithecus* wurden übrigens in chinesischen Apotheken (z.B. Hongkong) als „Drachenzähne" ange boten (vgl. Kap. 3.2.). Nach Orig. NHMW bzw. Abgüssen. Länge des M$_3$ = 23 mm. Foto R. Gold.

theken als Drachenzähne (= „lung tse") angeboten und als Aphrodisiaka verwendet. Diese Zähne stammen meist von tertiär- und eiszeitlichen Säugetieren, wie sie in den roten Tonen des Miozäns oder in eiszeitlichen Höhlenablagerungen bzw. in Spaltenfüllungen in China allenthalben zu finden sind. Diese Apotheken waren stets eine Fundgrube für den Wirbeltierpaläontologen. Die früheste schriftliche Erwähnung von „Drachenknochen" erfolgte in China bereits etwa 400 Jahre vor der Zeitenwende.

Zu den interessantesten fossilen „Drachenzähnen" aus chinesischen Apotheken gehören zweifellos jene, die der bekannte Paläontologe Prof. G. H. R. VON KOENIGSWALD erstmals 1952 unter dem Namen *Gigantopithecus blacki* beschrieben hat. VON KOENIGSWALD fand bereits 1935 in einer Apotheke in Hongkong einen außergewöhnlich großen fossilen Backenzahn (M$_3$) eines Primaten (= Herrentiere: Affen und Menschen), der zweifellos von einem sogen. Hominoiden (= Menschenaffen und Menschen) stammen mußte (Abb. 3.1). Allerdings war die genaue Herkunft, also der Fundort des Zahnes, unbekannt. War es ein großer Menschenaffe, der bedeutend größer war als der heutige Gorilla, wie VON KOENIGSWALD vermutete, oder war es ein Riesenmensch?

Seitherige vollständigere Reste (Kiefer und weitere Zähne) aus chinesischen Höhlen zeigten, daß es tatsächlich ein großer Menschenaffe war, der zur älteren und mittleren Eiszeit in Südchina lebte und seither ausgestorben ist. Es war ein ausgesprochener (Hart-)Pflanzenfresser und er war als Angehöriger der sogen. *Stegodon-Ailuropoda*-Fauna ein Zeitgenosse von Tapir, Nashorn, Orang, Bambus- und Malayenbär sowie Elefanten und Stegodonten und damit einem warmen Klima angepaßt. Schon deshalb ist ein Zusammenhang mit dem – nach wie vor umstrittenen – Yeti des Himalayagebietes, wie er vereinzelt angenommen wurde, nicht wahrscheinlich. Somit war es weder ein Drache noch ein Riese.

Nun aber zu weiteren Fossilfunden, die als Reste von Riesen gedeutet wurden. JAKOB GRIMM hat 1854 eine Übersicht über die Vorstellungen von Riesen im deutschen Mythos und in der Sagenwelt gegeben. Meist sind es Röhrenknochen vom jungeiszeitlichen Mammut (*Mammuthus primigenius*), die als Beweis für die einstige Existenz von Riesen angesehen wurden. Außer den großen Knochen und den Stoßzähnen finden sich im Löß oder in eiszeitlichen Flußschottern auch Reste von Backenzähnen von diesem Elefanten, die seinerzeit als „Chiriten" (= „Handsteine") bezeichnet wurden (Abb. 3.2, 3.3). Es handelt sich um einzelne, isolierte Lamellen von Backenzähnen des Mammut. Zum Verständnis einige Bemerkungen (vgl. Abb. 3.4). Die Backenzähne von Elefanten bestehen aus zahlreichen mehr oder weniger schmalen Lamellen aus Zahnbein (Dentin) und Schmelz, die an der Basis miteinander verwachsen sind. Im Kronenbereich sind sie durch Zahn-Zement miteinander verbunden und bilden dadurch an der Oberseite

Abb. 3.2. Zwei „Chiriten" vom jungeiszeitlichen Mammut. Orig. IPUW. Gösing, N-Österreich. Höhe 51 bzw. 63 mm. Foto R. Gold.

eine richtige Kaufläche. Bei noch im Keimzustand befindlichen und nicht in die Kauebene eingerückten Zähnen sind die Lamellen an der Basis noch nicht verschmolzen. Daher können sie (nach dem Tod des Tieres) leicht zerfallen. Die fingerförmigen Fortsätze dieser Lamellen im Kronenbereich, die mit zunehmender Abkauung verschwinden, waren Anlaß zur Bezeichnung Chiriten und zur Deutung als Hände einstiger Riesen.

In China führten Mammutreste aus dem Frostboden Nordasiens zur Vorstellung unterirdisch lebender Wesen („Fen Schu"), die verenden mußten, wenn sie ans Sonnenlicht kommen. Eine Auffassung, die seinerzeit den Osloer Paläontologen ANATOL HEINTZ zur Annahme veranlaßte, daß auch die skandinavischen Trolle (langnasige, stark behaarte Wesen) letztlich auf gefrorene eiszeitliche Mammutkadaver zurückzuführen wären. Der Name Mammut stammt übrigens aus dem Estnischen und bedeutet „Erdmaulwurf" (maa = Erde, mutt = Maulwurf).

Auch für die Erzählung vom einäugigen Riesen Polyphem in der HOMER'schen Odyssee dürften, wie O. ABEL 1914 neuerlich glaubhaft gemacht hat, fossile Elefantenreste die Grundlage dazu bilden, nachdem G. BOCCACCIO bereits im 14. Jahrhundert von der Entdeckung der Knochenreste von Kyklopen (Cyclopen) in einer Höhle bei Trapani auf Sizilien berichtet hatte. In der 2. Hälfte des 17. Jahrhunderts unterzog sich der deutsche Jesuit ATHANASIUS KIRCHER (1602-1680) der beschwerlichen Reise nach Sizilien, um die Kyklopengebeine selbst in Augenschein zu nehmen. In seinem Werk „Mundus subterraneus" (1664) kam er zu dem Ergebnis, daß einst mehrere Arten (menschlicher) Riesen existiert haben mußten (Abb. 3.5). Auch wenn die HOMER'sche Odyssee, die etwa um 850 v.Chr. entstand, vielfach nur als epische Dichtung betrachtet bzw. die Zuverlässigkeit von HOMER als Gewährsmann bezwei-

Abb. 3.3. „Chirit". Backenzahnlamelle eines alteiszeitlichen Elefanten (*Palaeoloxodon antiquus*) aus Dunaalmas, Ungarn. Orig. IPUW. Höhe 138,5 mm. Orig. zu O. ABEL (1939). Foto R. Gold.

felt wurde, so haben Untersuchungen in den letzten Jahrzehnten doch gezeigt, daß sie auf dichterisch ausgeschmückten Tatsachen beruht (LUCE 1975). Die Dichtungen HOMER's („Ilias" und „Odyssee") gelten als die ältesten erhaltenen griechischen Sagen.

Abb. 3.4.
Schema zur Entstehung von „Chiriten". Vollständiger Bakkenzahn eines Mammut – (c) von der Kaufläche, (d) seitlich – um den Aufbau aus einzelnen, durch Zahnzement verbundenen Zahnlamellen zu zeigen. „Chirit" (a) als isolierte Zahnlamelle, wie sie bei einem im Keimzustand befindlichen Backenzahn gebildet wird. Milchzahn (b) aus sieben, an der Zahnbasis noch nicht verschmolzenen Lamellen. Zeichnungen N. Frotzler.

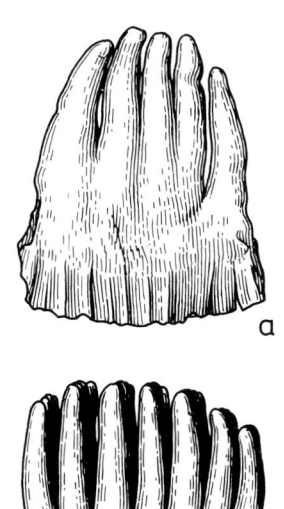

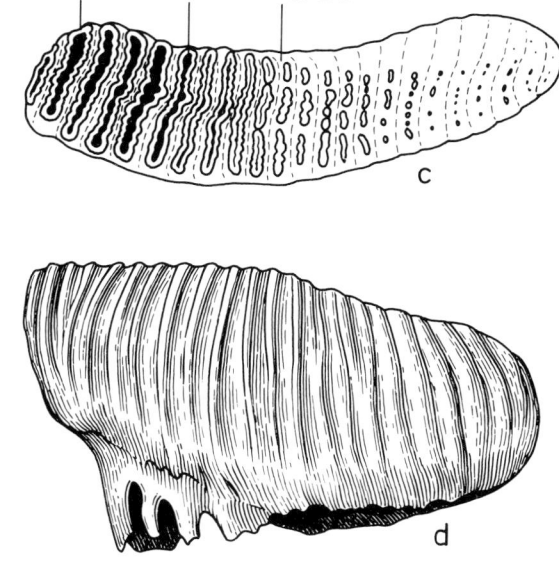

Abb. 3.5.
Menschliche Riesen, wie sie nach den Vorstellungen des Jesuitenpaters Athanasius Kircher auf Grund fossiler Knochenfunde einst existiert haben sollen. Der heutige Mensch („Homo ordinarius") als Zwerg. Nach A. KIRCHER (1664).

Zur Eiszeit lebten auf verschiedenen Mittelmeerinseln (z.B. Sizilien, Malta, Kreta, Zypern, Tilos) Zwergelefanten (*Palaeoloxodon antiquus mnaidriensis*, *P. a. falconeri*; Abb. 3.6), deren Knochen und Zähne in Küstenhöhlen erhalten blieben. Es sind echte Zwergformen von Rüsseltieren, wie sie nicht nur andernorts von Inseln bekannt wurden (z.B. Santa Rosa vor der südkalifornischen Küste, Sulawesi [= Celebes], Flores, Wrangel-Insel vor der Küste Nordostsibiriens), sondern auch von anderen Großformen, wie etwa Flußpferde und Riesenhirsche: Nach der bekannten Regel, daß Großformen auf Inseln verzwergen, Kleinformen hingegen Riesenformen entwickeln (z.B. Riesenschildkröten, Riesenschläfer, Riesen-Igel, Riesen-Ratten). Von den Zwergelefanten der Mittelmeerinseln sind auch Schädel überliefert, die wohl den Anlaß zur Vorstellung des einäugigen Riesen Polyphem waren. Jemand, der mit der Anatomie eines Elefantenschädels nicht vertraut ist, kann leicht die auf der Stirn befindliche große, einheitliche Nasenöffnung als Augenhöhle deuten (Abb. 3.7 u. 3.8). Bereits EMPEDOKLES (492-432 v.Chr.) hatte von Funden eines erloschenen Riesengeschlechtes aus Sizilien berichtet. Nach neueren Erkenntnissen haben Zwergelefanten noch in der Nacheiszeit und zwar bis vor wenigen Jahrtausenden auf Inseln (z.B. Tilos, Wrangel-Insel) überlebt. Die Wrangel-Insel wurde aber spätestens vor 12.000 Jahren vom Festland getrennt. Vorher lebten normal große Mammute auf der Halbinsel (VARTANYAN, GARUTT & SHER 1993). Interessant ist, daß SPILLMANN (1948) in Zusammenhang mit jungeiszeitlichen Funden von Mastodonten („*Mastodon*" [= *Cuvieronius*] *ayorae*) an der Küste Ekuadors von einer altindiani-

Abb. 3.6. Skelettrekonstruktion eines männlichen eiszeitlichen Zwergelefanten (*Elephas* [*Palaeoloxodon*] *antiquus falconeri*) aus der Höhle Spinagallo bei Syrakus in Sizilien. Schulterhöhe ca. 1 Meter.
Orig. SMF. Foto S. Tränkner.

schen Sage berichtet, wonach fürchterliche einäugige Riesen aus dem Süden die dortigen Männer getötet und die Frauen geraubt hätten. Eine Parallele zum einäugigen Polyphem?

Gleichfalls aus Südamerika, allerdings aus Patagonien, berichtet – nach ANNOSCIA (1981) – der portugiesische Weltumsegler DE MAGELLAN 1520 über Fußspuren riesiger Menschen. Es sind jedoch Fährten jungeiszeitlicher Riesenfaultiere (Megatherien), die Bodenbewohner waren.

Ob der Name Riesentor der Stephanskirche in Wien auf einen fossilen Oberschenkelknochen eines Mammut, der bei der Grundaushebung für den Nord-Turm im Jahre 1443 gefunden worden war und der viele Jahre an der Stephanskirche befestigt gewesen sein soll, zurückgeht, ist keineswegs erwiesen. Der Name „Riesentor" dürfte wohl vielmehr, wie R. GRONER (1943) glaubhaft zu machen versuchte, auf „rise", was soviel wie Fall(-tür) bedeutet, zurückgehen. Eine derartige Falltür soll seinerzeit tatsächlich an dem Riesentor vorhanden gewesen sein. Der Mammutknochen befindet sich heute in der Sammlung des Institutes für Geologie der Universität Wien (Abb. 3.9). Eine weitere Deutung für den Namen Riesentor soll mit dessen Westlage in Zusammenhang stehen, nämlich dort, wo die Sonne sinkt (mittelhochdeutsch „risen" = sinken).

Gleichfalls aus Wien: Im Jahr 1723 wurden auf dem Thurygrund (Vorstadt Rossau, heute Teil des 9. Wiener Gemeindebezirkes) Reste eines „Riesen" gefunden, die von F. E. BRÜCKMANN (1728) beschrieben und abgebildet wurden. Diese Zähne eines Riesen (Abb. 3.10) werden als die letzten Reste eines Skelettes erwähnt, das von Arbeitern bei seiner Bergung zerstört wurde. Wie bereits G. CUVIER richtig erkannte, handelt es sich bei diesen Resten um die Backenzähne des eiszeitlichen Fellnashorns (*Coelodonta antiquitatis*). Die Originale sind nach O. ABEL (1939) leider in Verlust geraten. Aber nicht nur fossile Reste von Säugetieren haben zur Vorstellung von Riesen geführt. Von den Navajo-India-

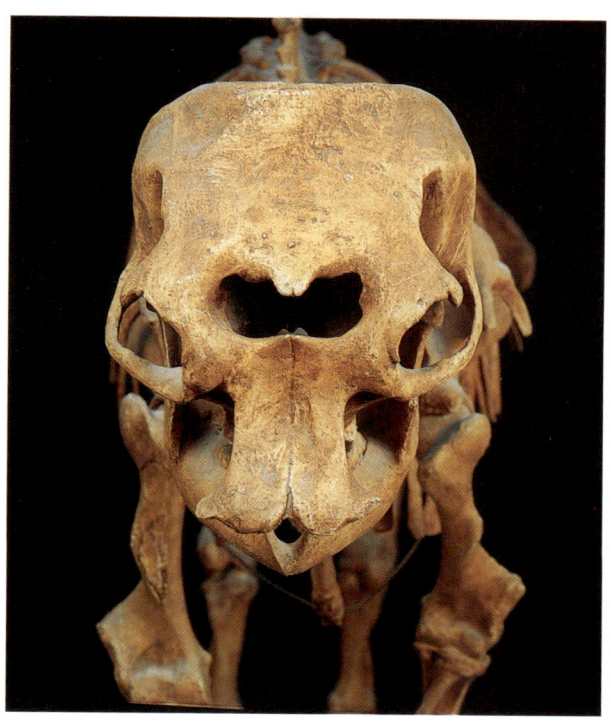

Abb. 3.7.
Schädel eines weiblichen eiszeitlichen Zwergelefanten von Spinagallo in Frontalansicht. Die (kleinen) Stoßzähne sind nicht erhalten. Orig. SMF. Foto S. Tränkner.

nern in Arizona wurden die verkieselten Stammstücke von Nadelhölzern (*Araucarioxylon arizonicum*) aus der Chinle-Formation der Trias („Petrified Forest National Park" bei Holbrook) für Knochen gewaltiger Riesen gehalten (Abb. 3.11).

Die aus alttertiären Sedimentgesteinen nach Regenfällen herausgewitterten Knochen großer Huftiere (Brontotherien = „Titanotherien") in den „Bad Lands" von Nebraska und Dakota (USA) wurden von den

Abb. 3.8.
Skulptur des Kopfes vom einäugigen Polyphem (a) aus Serlonga (Italien), wie er in der Odyssee von Homer geschildert wird und das vermutliche Vorbild (Schädel eines Zwergelefanten aus Sizilien mit der unpaaren Nasenöffnung auf der Stirnseite, die als [einzige] Augenöffnung gedeutet wurde). Zeichnung N. Frotzler.

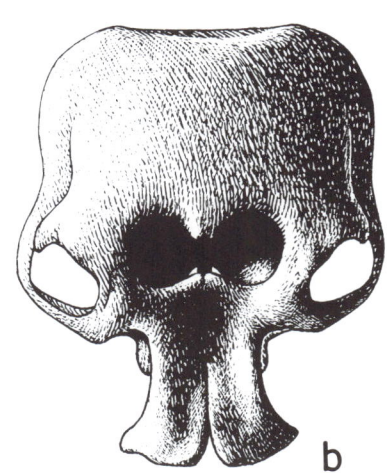

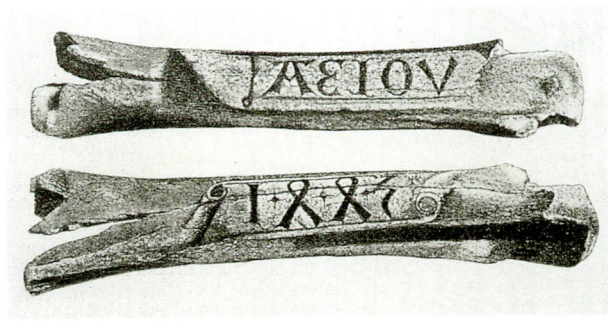

Abb. 3.9.
Femur (Oberschenkelknochen) von einem eiszeitlichen Mammut (*Mammuthus primigenius*), das 1443 bei den Fundamentierungsarbeiten zum Riesentor des Stephansdomes zu Wien gefunden und einem (menschlichen) Riesen zugeschrieben wurde. Zwei Ansichten mit Jahreszahl und den Initialen des Wahlspruches von Kaiser Friedrich III. Orig. IGUW. Länge 88 cm. Aus O. ABEL (1939).

Abb. 3.10.
a, b) Zwei Backenzähne des eiszeitlichen Fellnashorns (*Coelodonta antiquitatis*), die von F. E. BRÜCKMANN als Backenzähne eines „Riesen" beschrieben und abgebildet wurden (nach F. E. BRÜCKMANN [1729], umgezeichnet). – c, d) Vollständig erhaltene Ober- bzw. Unterkieferbackenzähne des Fellnashorns zum Vergleich. (Orig. IPUW; Kronenbreite von Fig. c = 60 mm). Zeichnung N. Frotzler.

Abb. 3.11.
„Versteinerter Wald" aus dem „Petrified Forest National Park" in Arizona. Stammreste von *Araucarioxylon arizonicum* aus der Chinle-Formation der Trias, die von Indianern als Reste von Riesen gedeutet werden. Foto F. F. Steininger.

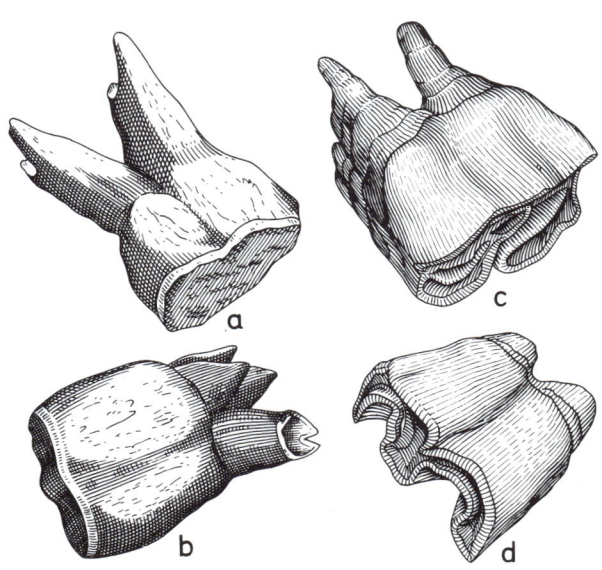

Sioux-Indianern in Süd-Dakota als Reste von „Donnerpferden" angesehen, die während starker Gewitterstürme in der Prärie vom Himmel gefallen sind und die Bisons für die Indianer zusammentrieben. Die „Donnerpferde" verschwanden nach Ende des Gewitters wieder in der Erde. Die Brontotherier sind ausgestorbene Unpaarhufer des Eozäns und Oligozäns. Manche erreichten fast doppelte Nashorngröße (Abb. 3.12).

Ein weiteres Beispiel für Riesen und fossile Reste von Wirbeltieren betrifft den distalen Femurkopf (= Kniegelenk des Oberschenkels) eines Dinosauriers (*Megalosaurus*) aus der Ober-Kreide Englands, der 1677 von ROBERT PLOT aus Oxford wegen seiner Ähnlichkeit mit einem menschlichen Hodensack als „Scrotum humanum" beschrieben und auf einen riesigen Menschen bezogen wurde, ohne jedoch die organische Natur von Fossilien anzuerkennen.

Erscheint beim Polyphem der Odyssee der Zusammenhang zwischen Fossilresten und Sage zumindest äußerst wahrscheinlich, so ist dies beim Lindwurmbrunnen in Klagenfurt, der Landeshauptstadt von Kärnten (Österreich), einwandfrei belegt, womit wir wieder beim Thema Fossilien und Drachen sind. Drachen sind zweifellos mythische Tiere, die nach SCHÖPF (1992) meist als Mischwesen aus Schlange, Echse, Vogel, und manchmal auch Löwe dargestellt werden. Obwohl sich das Drachenbild im Laufe der Zeit (Antike, Mittelalter) verändert hat, sind gewisse Züge gleich geblieben: giftiger Atem und gespaltene Zunge, beschuppter Körper und feuerspeiender Schlund. Das Domizil des Drachen sind meist Höhlen, worauf Namen wie Drachenloch, Drachenhöhle, Drachenfels usw. hinweisen (s. auch weiter unten).

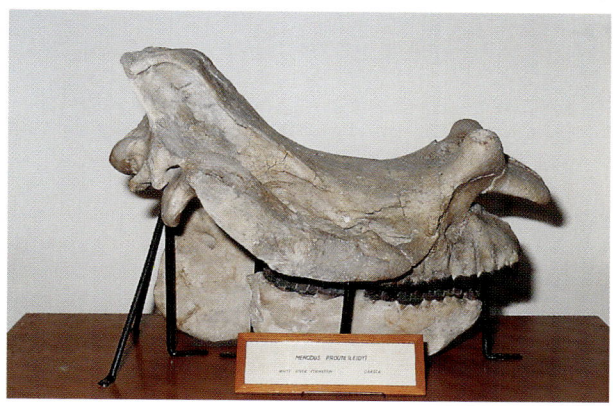

Abb. 3.12.
Schädel mit Unterkiefer des Brontotheriers (*Menodus prouti*) aus dem Oligozän (White River Serie) von S-Dakota, deren nach Regenfällen aus dem Sediment herausgewitterten Knochenreste von den Indianern als solche von „Donnerpferden" bezeichnet wurden (vgl. Abb. 4.42). Orig. IPUW. Länge ca. 78 cm. Foto R. Gold.

Abb. 3.13.
Das jungeiszeitliche Fellnashorn (*Coelodonta antiquitatis*). Originalschädel (oben) zum Klagenfurter Lindwurmdenkmal im Kärntner Landesmuseum. Habitusrekonstruktion (unten) nach O. ABEL & F. ROUBAL. Nach F. H. UCIK (1990).

Lindwürmer - Drachen - Basilisk - „Fliegende Schlangen": Fabelwesen mit teilweise realem Hintergrund

Dem Bildhauer ULRICH VOGELSANG, der dieses heute als Wahrzeichen Klagenfurts geltende Denkmal aus einem Grünschieferblock von einem Steinbruch am Kreuzbergl bei Klagenfurt schuf (begonnen 1582), diente, wie der Paläobotaniker FRANZ UNGER aus Graz 1840 erkannte, der Schädel eines eiszeitlichen Fellnashorns (*Coelodonta antiquitatis*) als Vorbild für den Kopf des Drachens. Der Fellnashornschädel war, wie F. H. UCIK (1990) schreibt, im Jahr 1353 vermutlich in der sogen. Lindwurmgrube am Zollfeld nördlich von Klagenfurt gefunden worden. Er wurde bis ins 19. Jahrhundert im Archiv der Stadt aufbewahrt und befindet sich heute als Prunkstück im Kärntner Landesmuseum (Abb. 3.13). Die Sage vom Lindwurm ist jedoch bereits viel älter, wie etwa das Wappen der Stadt Klagenfurt bestätigt. Das älteste erhaltene Dokument mit dem Drachen im Wappen stammt aus dem Jahr 1287. Auf diesem liegt der Drache vor einem Wehrturm, den schon die ältesten Stadtgründungssagen erwähnen. Der auf dem Wappen dargestellte Drachen ist geflügelt und zweibeinig (Abb. 3.14). Demgegenüber ist der Drache des Klagenfurter Lindwurmbrunnens zwar auch geflügelt und langschwänzig, jedoch vierbeinig und entspricht damit – wenn man vom Kopf absieht – der allgemeinen Vorstellung eines Drachen (Abb. 3.15 und 3.16). Drachen bzw. Lindwurmsagen sind sehr verbreitet. Allein in Kärnten sind nach GRABER (1944) sieben derartige Sagen bekannt. Die unterschiedlichen Vorstellungen sind bereits bei CONRAD GESNER und ATHANASIUS KIRCHER zu finden (Abb. 3.17 und 3.18). A. KIRCHER

Abb. 3.14.
Lindwurmdarstellung auf dem Klagenfurter Stadtwappen. Beachte Flügel und Zweibeinigkeit. Nach F. H. UCIK (1990).

Abb. 3.15.
Das von Ulrich Vogelsang 1582 begonnene Lindwurmdenkmal auf dem Hauptplatz von Klagenfurt (Kärnten). Vermutlich diente der wahrscheinlich 1353 gefundene Schädel eines Fellnashorns (Abb. 3.13) dem Bildhauer als Vorlage für den Kopf des Lindwurms. Foto R. Gold.

Abb. 3.16.
Das Lindwurmdenkmal von Klagenfurt als Briefmarkenmotiv. Beachte Flügel und Vierbeinigkeit.

Abb. 3.17.
Vierbeinige und geflügelte Drachendarstellung nach A. Kircher (1664). Nach W. Ley (1953), umgezeichnet.

bildet allerdings in seinem „Mundus subterraneus" (1664) auch fliegende, beinlose Drachen vom Pilatus am Vierwaldstättersee (Schweiz) ab. Zwei- und vierbeinige bzw. beinlose Drachen machen allerdings einige grundsätzliche Bemerkungen hierzu notwendig.

In Europa galten Drachen (fast) ausnahmslos als gefährliche, unheilbringende Wesen. Sie sind dann nach dem von der Kirche genährten Glauben als Verkörperung des Bösen (= Teufel) in Form des Drachen dargestellt worden; nach dem Prinzip: je furchtbarer der Drachen, desto größer der Held, der ihn besiegte, wie etwa Donar und die Midgardschlange, Siegfried und der Drachen, Fafner im Nibelungenlied, das angelsächsische Lied vom Beowulf oder der Erzengel Michael bzw. der „Heilige" Georg, der Drachentöter, im Kampf gegen den Drachen; letzterer ist eine literarische Neubildung des 11. Jahrhunderts und soll die Überlegenheit des Christentums gegenüber dem Heidentum symbolisieren.

Ausnahmen waren die in vorchristlicher Zeit verbreiteten Vorstellungen vom „Seelendrachen" (die Seele verläßt in Tiergestalt den Menschen im Schlaf um bei seinem Erwachen wieder zurückzukehren) und vom „Milchtracken" (= „Milchdrachen"), der den Kühen die Milch aussaugt, um sie seinem Herrn zu bringen und diesem auch gehorcht (Abel 1939). Gemeint dürften damit Schlangen sein, wie bereits C. Gesner (1589) in seinem Schlangenbuch und auch Jakob Grimm (1854 bzw. 1968/69) annehmen. Um dies zu verhindern, werden „Trackensteine" (z.B. Ammoniten) in die Milcheimer gelegt (s. Kap. 3.2.), sofern nicht eigene Schalen für die Schlangen bereitgestellt werden.

In China und Japan hingegen ist der Drache (chin. lung) Symbol der alten kaiserlichen Macht bzw. des Göttlichen und wird als Glücksbringer angesehen (vgl. Verwendung als Talisman). Nach Konfuzius gilt der (chinesische) Drachen als Symbol der Naturkraft, die sich in Erdbeben manifestiert. Dementsprechend auch die unterschiedlichen Darstellungen, wobei allerdings in beiden Fällen (Europa und Ostasien) keine real existierende Art allein, sondern stets Kombinationen von zwei oder mehreren Arten zur Drachendarstellung führten, soweit diese nicht nachträglich auf eine bestimmte Art bezogen wurde. Nach landläufiger Meinung beruht der (freundliche) chinesische Drache auf dem rezenten China-Alligator (*Alligator sinensis*) aus dem Jangtse (= Chang) und wird mit einer Art Tigerkopf samt Hirschgeweih (Muntjak) dargestellt (Abb. 3.19). Ähnliches gilt für die japanischen Wassergeister oder -drachen, deren gleichfalls mit einem Geweih geschmückter Kopf jedoch einem Wels (mit Barteln) nachgebildet ist. „Heilige Drachenknochen" des Zyagu-Schreines, die bereits 1797 in der Umgebung von Tomioka in Japan ausgegraben wurden, beruhen auf eiszeitlichen Riesenhirschresten (KAHLKE 1994). Demgegenüber bildet nach H. WENDT (1967) der Waran (Gattung *Varanus*) als große Eidechse das Vorbild des China-Drachens, wofür die gespaltene Zunge und der schlanke Körper sprechen. Andererseits soll die (chinesisch-)mongolische Drachenmythologie nach Autoren wie UWE GEORGE (1993) auf kreidezeitlichen Dinosaurierresten aus der Wüste Gobi beruhen, wofür man mit einiger Phantasie auch den Bericht von MARCO POLO heranziehen kann, in dem von kurzbeinigen Riesenechsen mit drei Klauen an jedem Fuß und einem mit großen, scharfen Zähnen bewehrten Rachen die Rede ist.

Auch CH. RÄTSCH (1994) spricht von einer Gleichsetzung vom „fürchterlichen Drachen" (chin. = „Konglong") und Dinosauriern im modernen China. In der Jiu-Dynastie (265-317 n.Chr.) soll CHANG QU „Drachenknochen" bei Wucheng im südlichen Qinling-Gebiet (heute Sichuan) entdeckt haben. Nach der Überlieferung soll der Drache gegen den Himmel geflogen sein, doch da das Himmelstor geschlossen war, fiel er tot herunter und wurde in der Erde begraben. Tatsächlich finden sich in den dortigen Ablagerungen des Lias (= U-Jura) Dinosaurierknochen (*Lufengosaurus*; vgl. Abb. 4.45).

In Kansu (= Gansu) wiederum existiert eine Örtlichkeit mit dem Namen „Yu Lung" (= „fish dragon", also Fischdrachen), die auf das Vorkommen von Jura-Fischen (*Lycoptera*) hinweist (EDWARDS 1976).

Drachen wurden von ATHANASIUS KIRCHER, der von ihrer realen Existenz überzeugt war, in seinem „Mundus subterraneus" (1664) in verschiedene Gruppen gegliedert. Der Drachenmythos und seine Entstehung beruht neben mythologischen bzw. rein spekulativ phantastischen Vorstellungen zweifellos auf einer grossen Zahl tatsächlicher Naturbeobachtungen. Drachen selbst sind demnach Phantasieprodukte, doch basieren sie meist auf einer Kombination von realen (rezenten) Lebewesen (Reptilien und Säuger). Die in Europa bisweilen verbreitete Vorstellung, Dinosaurier und andere ausgestorbene vorzeitliche Reptilien wären Ursache und Anlaß zur Entstehung des Drachenmythos gewesen, läßt sich nicht aufrechterhalten, da diese Reptilien spätestens vor etwa 65 Millionen Jahren ausgestorben sind und bis heute – trotz gegenteiliger Behauptungen durch HEUVELMANS (1959), MACKAL (1987) und anderer Autoren – nicht als „lebende Fossilien" überlebt haben.

Abb. 3.18.
Zweibeiniger geflügelter Drachen mit Fledermausgebiß nach C. GESNER (1589). Nach W. LEY (1953), umgezeichnet.

Die Auffassung von ROY P. MACKAL, Vize-Präsident der „Society of Cryptozoology", daß Dinosaurier in Zentralafrika seit der Ober-Kreidezeit überlebt hätten, stützt sich auf nicht bestätigte Aussagen von Eingeborenen und der (irrigen) Meinung, daß es in Zentralafrika seither keine wesentlichen geomorphologischen und ökologischen Veränderungen gegeben hätte. Lebende Dinosaurier gibt es somit nicht. Lediglich Nachkommen von Dinosauriern in Form der Vögel (Aves). Diese, von etlichen Paläontologen vertretene Auffassung, ist erst kürzlich durch JOHN („Jack") HORNER aus Montana (USA), dem übrigens die Entdeckung und Dokumentation zahlloser Dinosaurier-Nester mit Eiern zu verdanken ist, gestützt worden. J. HORNER gelang es erstmals genetisches Material (DNA) aus Knochen von *Tyrannosaurus rex* zu isolieren. Die Ähnlichkeit der Dinosaurier-DNA ist unter allen rezenten Wirbeltieren mit jener der Vögel und nicht der Krokodile am größten. Den-

Abb. 3.19.
Chinesischer Drachen aus einem China-Restaurant. Beachte schlangenförmigen, beschuppten Körper, vier fünfzehige Beine, Kopf mit Barteln und Muntjakgehörn. Foto E. Thenius.

Abb. 3.20.
Der Drache (Sirrusch) vom Ischtar-Tor Nebukadnezars in Babylon (Einzelfigur). Foto F. Schaller.

Abb. 3.21.
Der Sirrusch vom Ischtar-Tor in einer zeichnerischen Wiedergabe, um die Einzelheiten besser zum Ausdruck zu bringen. Schlangenkopf mit gespaltener Zunge und Stirnhorn, Beschuppung des Körpers, Katzenpfoten an den Vorder-, Vogelkrallen an den Hintergliedmaßen sowie langer (?Löwen-) Schwanz. Nach W. LEY (1953), verändert umgezeichnet.

noch wäre es völlig verfehlt, die (rezenten) Vögel als lebende Dinosaurier zu bezeichnen. Auch die sogen. „Krokodilechsen" der Tafelberge (Tepuis) in den Urwäldern Venezuelas sind keine Dinosaurier, sondern Angehörige der Eidechsen (Lacertilia) (MÄGDEFRAU & SCHLÜTER 1995).

Auch die seinerzeit von E. DACQUÉ (1924) vertretene Meinung, daß es die Erinnerung der Vorfahren des Menschen als einstige Zeitgenossen mesozoischer Saurier gewesen sei, die zu Drachensagen geführt hätte, ist wissenschaftlich nicht haltbar.

Unter den heutigen Reptilien kommen als „Drachen"-Vorbilder Krokodile, Schlangen und Warane in Betracht. Bei den alten Ägyptern galten die (Nil-) Krokodile (*Crocodylus niloticus*) als heilige Tiere, die man als göttlich-dämonische Wesen zähmte, da man sie fürchtete und sie so besänftigen wollte (WENDT 1967). Krokodile sind beschuppt und vierbeinig, besitzen jedoch keine gespaltene Zunge, wie Schlangen und Warane. D.h., vierbeinige oder auch beinlose abendländische „Drachen" lassen sich durchaus auf rezente Reptilien zurückführen. Demgegenüber beziehen sich die Flügel (und auch die Zweibeinigkeit) auf Fledermäuse (Chiroptera), die bekanntlich auch heute noch als Dämmerungsflieger in weiten Kreisen der Bevölkerung ungerechtfertigter Weise einen schlechten Ruf genießen. Die Art der Darstellung derartiger Drachenflügel entspricht zweifellos der durch die verlängerten Finger gestützten Flughaut (von Fledermäusen) und nicht einem Vogelflügel, wie dies nur ausnahmsweise bei Drachendarstellungen der Fall ist (z.B. der „Heilige" Georg im Kampf mit dem Drachen als Skulptur auf einer Brunnensäule in Rothenburg ob der Tauber). Eine etwas eigenartige „Drachen"-Darstellung findet sich im Mittelteil der Apsis der unter Kunsthistorikern weltbekannten romanischen Pfarrkirche von Schöngrabern N Hollabrunn in Niederösterreich (PIPPAL 1991). Der im Rahmen der „steinernen Bibel" (FEUCHTMÜLLER; 1979) dargestellte, besiegte „Drachen" unter dem Thron Gottes ist beschuppt und zeigt einen Fischschwanz. Entsprechend den übrigen (meist heimischen und realistisch dargestellten) Tieren dieser Bibel und dem Kopf des „Drachen" ist nicht auszuschließen, daß dem Künstler ein Hecht als Vorbild gedient hat.

Auch der Sirrusch, der „Drachen" vom Ischtar-Tor in Babylon (Assyrien) aus der Zeit Nebukadnezar's (ca. 600 v.Chr.), der von ROBERT KOLDEWEY (1918) beschrieben und abgebildet wurde, ist eine mythologische Tierfigur (Abb. 3.20). Von KOLDEWEY mit dem Dinosaurier *Iguanodon* aus der Unterkreide verglichen, hat BRENTJES (1969) den Sirrusch als Kombination von Waran und Gepard angesehen, was jedoch MERTENS (1969) ablehnt, indem er diesen „Drachen" als Kombination von Schlange (Kopf, gespaltene Zunge und Beschuppung), Gepard (Vorderbeine und Schwanz) und (Greif-) Vogel (Hinterbeine) ansieht (Abb. 3.21). Ähnlich dem chinesischen Drachen fehlen ihm die Flügel. Gleiches gilt für weitere Fabelwesen aus dem alten Ägypten (z.B. meroitischer Gott Apedemak, der in einer Kombination von Löwe, Mensch und Schlange dargestellt ist). Zu den bekanntesten Mischwesen zählen einerseits der ägyptische Sphinx (Pharaonenkopf auf Löwenkörper), andererseits der Kentaur (= Zentaur; menschlicher Rumpf auf Pferdekörper. Er dürfte auf Begegnungen der Griechen mit skythischen Reitervölkern beruhen) und der Minotaurus (Mensch mit Stierkopf, den die Gattin von Minos, des Königs von Kreta, gebar) als mythologische Geschöpfe der griechischen Sagenwelt.

Ein weiteres Fabelwesen, nämlich der Basilisk, der im Orient heimisch war, spielte auch im Mittelalter zur Zeit von ALBERTUS MAGNUS (1193-1280) als Mischwesen zwischen Hahn und Schlange oder Hahn und Kröte noch eine Rolle. Ein Fabelwesen mit tödlichem Blick (weshalb auch vom Basiliskenblick die Rede war) und mit giftigem Atem. Hierzu nur ein konkreter Fall. In Wien existiert seit dem Mittelalter in der Schönlaterngasse No. 7 (einstige Hausnr. 678) das sogen. Basiliskenhaus (Basilisk hier als „Kreuzung" zwischen Schlange und Hahn), benannt nach dem „Basilisken", der im Jahr 1212 in einem Brunnen in Sanden unter dem pannonischen Tegel (= Jung-Miozän) entdeckt worden war. Es handelt sich hier um eine Sandstein-Konkretion, bei deren versuchter Bergung durch einen Bäckerlehrling obendrein betäubende Gase (wohl Schwefelwasserstoff, der durch Fäulnisprozesse von organischer Substanz entstanden war und angereichert wurde) auftraten, die als giftiger Atem des Basilisken gedeutet wurden. Die Konkretion selbst erinnert entfernt an eine Kombination zwischen Hahn und Schlange (Abb. 3.22). Der Bäckerlehrling, der bei der versuchten Bergung der Konkretion durch die austretenden Gase ohnmächtig geworden war aber noch rechtzeitig aus dem Brunnen gerettet werden konnte, berichtete – so eine Überlieferung –, daß unten ein Untier mit glühenden Augen sitze. Gemäß der Sage starb der „Basilisk" durch einen, ihm vom Bäckerlehrling vorgehaltenen Spiegel an seinem eigenen tödlichen Blick. „Um aber diese Begebenheit den Nachkommen dauernd ins Gedächtnis einzuprägen, wurde ein getreues Abbild des Basilisken an der Außenmauer des Hauses angebracht, wo es sich noch heute befindet" (SCHÖPF 1992: 25). Derselbe Autor berichtet auch über weitere Basiliskensagen.

Auch der mit einer Drachensage verknüpfte Drachenstein vom Pilatus in der Schweiz (= Luzerner Drachenstein) beruht auf einer (angeblich vom Himmel gefallenen) Konkretion.

Von einer weiteren Drachensage, die nun wieder mit Fossilien zu tun hat, berichtet O. ABEL (1939). Die Wiltener Drachensage aus den Jahren 1240-1256 erzählt von einem Kampf des Riesen Heymo (nur ein solcher konnte einen Drachen besiegen) mit einem Drachen. Die Sage beruht auf dem Steinöl, das unweit vom Wiltener Kloster bei Innsbruck, der Landeshauptstadt von Nordtirol, aus Asphaltschiefern der Ober-Trias austritt. Diese dunkle Flüssigkeit wurde vom Volksmund als Blut des vom Riesen Heymo erschlagenen Drachen angesehen. Dieses Steinöl verdankt seine Entstehung den zahlreichen (fossilen) Fischresten der Seefelder Schichten im Hauptdolomit. Seine Anwendung sollte den Betreffenden unverwundbar machen (vgl. Siegfried im Nibelungenlied). Als Heilmittel seit altersher bekannt, wird es auch heute noch geschätzt (vgl. Kap. 3.2.). Die „Zunge" des vom Riesen Heymo erschlagenen Drachen aus dem Wiltener Kloster ist das Rostrum eines Schwertfisches (heute im Ferdinandeum in Innsbruck).

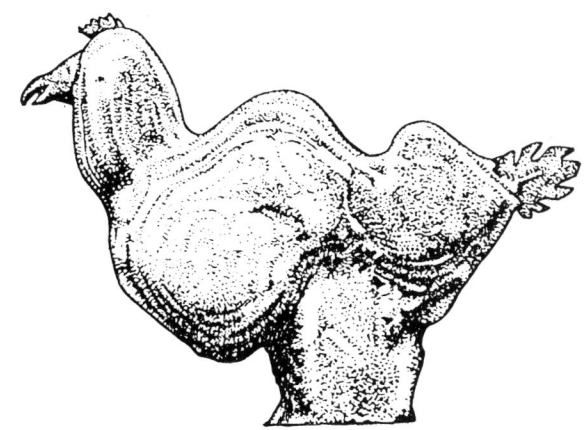

Abb. 3.22.
Der Basilisk von Wien. Sandsteinkonkretion aus dem Jung-Miozän (Pannon) in der Schönlaterngasse 7 in Wien.
Nach E. SUESS (1862), umgezeichnet.

Drachen und Lindwürmer wurden in den Alpenländern einst mit Wasserkatastrophen und sonstigem Unheil in Zusammenhang gebracht. In alpinen Höhlen sind Knochen und Zähne des jungeiszeitlichen Höhlenbären (*Ursus spelaeus*) oft massenhaft zu finden. Es ist daher kein Wunder, daß derartige Reste Anlaß zu diversen Sagen und Legenden gaben. Nicht zufällig wird die große Höhle bei Mixnitz in der Steiermark (Österreich) Drachenhöhle genannt. Als Gegenstück in der Schweiz sei das Drachenloch ob Vättis (Kanton St. Gallen) erwähnt, gleichfalls eine Höhle, in der Höhlenbärenknochen häufig vorkommen.

Nach dem 1. Weltkrieg wurde die Drachenhöhle bei Mixnitz zur Gewinnung von Phosphaterde als wertvolles Düngemittel ausgegraben, wobei Tausende von Knochen und Zähnen des Höhlenbären zu Tage gefördert wurden. Die „Drachen" beruhen in diesen (und anderen) Fällen auf den (häufigen) Überresten des Höhlenbären, der gegen Ende der Eiszeit ausstarb. Sein nächster lebender Verwandter ist der Braunbär (*Ursus arctos*). Beträchtlichere Größe sowie Unterschiede im Bau des Schädels, des Gebisses und auch des Gliedmaßenskelettes weisen den Höhlenbären als eigene Art aus, die sich vornehmlich von Pflanzen ernährte. Der Höhlenbär war Jagdwild des damaligen Menschen und war möglicherweise auch Objekt eines Jagdkultes, wie nach Darstellungen aus französischen Höhlen nicht völlig auszuschließen ist. In den vergangenen Jahrzehnten wurde noch mancher Höhlenbärenschädel als Nachweis einstiger Drachen in Museen oder Privatsammlungen ausgestellt.

Damit ist deutlich geworden, daß Reste verschiedener fossiler Wirbeltiere Anlaß zu Drachenvorstellungen waren. Aber nicht nur in den Alpenländern war die Vorstellung von Drachen und Lindwürmern verbreitet. Und

Abb. 3.23.
Der „Schwäbische Lindwurm" (*Plateosaurus* als Dinosaurier aus der O-Trias) im Museum am Löwentor in Stuttgart (Skelettrekonstruktion). Foto H. Haehe.

Abb. 3.24.
Rückenwirbel der Riesenschlange *Pterosphenus schweinfurthi* aus dem Eozän von Ägypten (Birket-el-Qurun) in drei Ansichten (von vorne, von hinten und seitlich). Höhe des Wirbels 85 mm. Nach C. W. ANDREWS (1906), umgezeichnet.

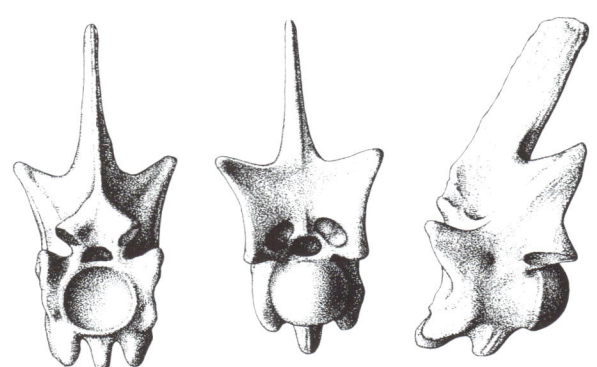

man muß auch nicht unbedingt in den fernen Osten schauen, wo der (chinesische) Drachen auch heute noch zum Alltagsbild gehört (s.o.). So beruht der „Schwäbische Lindwurm" auf fossilen Skelettresten von Dinosauriern der Gattung *Plateosaurus* (Prosauropoda), die durch wiederholte Grabungen in der Ober-Trias von Trossingen (Württemberg) geborgen werden konnten und heute das Wahrzeichen des Museums am Löwentor in Stuttgart, das im Jahr 1985 eröffnet wurde, darstellen (ZIEGLER 1986). Es war der bekannte Paläontologe EBERHARD FRAAS, der 1912 die Trossinger Dinosaurierfunde als „Schwäbischer Lintwurm" bezeichnete, nach dem bereits F. A. QUENSTEDT in seinem Werk über den Jura 1858 auf Grund von Dinosaurierfunden vom „Lindwurm" gesprochen hatte. Die Funde von *Plateosaurus* sind übrigens die vollständigsten Dinosaurierfunde Deutschlands (Abb. 3.23). Im Lauf der Jahre haben sich die Auffassungen über Fortbewegung, Haltung und Lebensweise dieser Plateosaurier geändert, wie die verschiedenen (Skelett-) Rekonstruktionen erkennen lassen.

Das Thema Drachen und Versteinerungen ist damit noch lange nicht erschöpft. Hier sei lediglich noch auf einen Aspekt hingewiesen. Drachen wurden, wie bereits oben erwähnt, meist mit Flügeln dargestellt. Lassen sich dafür etwa auch Fossilfunde verantwortlich machen?

Die von O. ABEL geäußerte Vermutung, es seien Skelettfunde mesozoischer Flossenechsen (Sauropterygia wie *Plesiosaurus*, *Pliosaurus*, *Thaumatosaurus* oder *Elasmosaurus*) gewesen, deren breite Ruderflossen als Flügel gedeutet wurden, erscheint aus mehreren Gründen unwahrscheinlich. Vollständige Skelettfunde von Plesiosauriern sind außerordentlich selten und zudem ohne aufwendige Präparation nicht als „geflügelte" Drachen erkennbar. Außerdem hätten diese „Drachen" nach der soeben genannten Deutung keine Gließmaßen zur Fortbewegung am Land. Flugsaurier (Pterosauria) wie sie aus dem Mesozoikum wiederholt in vollständigen Skeletten bekannt sind, sind gleichfalls außerordentlich seltene Einzelfunde, die in Europa zudem relativ klein sind, um die allgemeine Aufmerksamkeit auf sich zu ziehen. Außerdem fehlen den Flügeln die mehrfachen Fingerstützen.

In einem konkreten Fall scheinen jedoch tatsächlich fossile Reste von Reptilien Anlaß zu einer Sage gewesen zu sein. Dem weitgereisten griechischen Schriftsteller HERODOT zufolge (ca. 500-424 v.Chr.) „sollen – nach ABEL (1939: 201) – in der Nähe der Stadt Buto, einer alten Hauptstadt Unterägyptens, in jedem Frühjahr fliegende Schlangen aus Arabien in Ägypten einzudringen versuchen. Die heiligen Ibisse wurden jedoch von aufgestellten Wachen gewarnt, eilen rasch herbei, besetzen den von Felsenbergen nach der Wüstenebene herabziehenden Hohlweg, und überfallen und vernichten hier in raschem Angriff die Eindringlinge".

HERODOT, der sich von der Richtigkeit dieser Erzählung selbst überzeugen wollte, unternahm vermutlich von Memphis aus seine Erkundungsfahrt, die ihn wirklich zu dem erwähnten Hohlweg führen sollte. In diesem Hohlweg soll er tatsächlich Skelette getöteter Schlangen vorgefunden haben. Nun sind seit langem aus bestimmten Schichten des Obereozäns (Mokattamstufe) von Ägypten Knochen und Zähne fossiler Wirbeltiere bekannt. Neben solchen von Urwalen und Seekühen sind es vor allem Schlangenwirbel, die durch die Winterregen ausgewaschen wurden und in zahlreichen Wasserrinnen, die vom Osthang des Mokattamgebirges abwärts verlaufen, vorkommen. CH. W. ANDREWS (1906), hat in seiner Monographie über die tertiärzeitlichen Wirbeltiere des (benachbarten) Fayum u.a. auch Wirbel von Riesenschlangen (*Pterosphenus* und *Gigantophis*) beschrieben, so daß die oberwähnte Erzählung durchaus auf einem wahren Hintergrund beruhen könnte (Abb. 3.24).

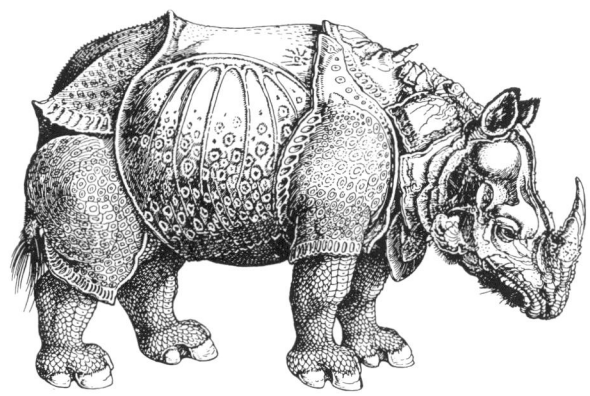

Abb. 3.25.
Das indische Panzernashorn (*Rhinoceros unicornis*) in der klassischen Darstellung von A. DÜRER (1515).

Das Einhorn - kein Fabelwesen

Wie bereits gesagt, entsprechen Drachen keiner realen fossilen oder rezenten Tierart. Demgegenüber ist das Einhorn kein mythologisches Tier, sondern ein reales Wesen, das – abgesehen vom religiösen Mythos, der medizinischen Wertschätzung (auf die noch im Kap. 3.2. zurückzukommen sei) und als Märchengestalt – bis in jüngere Zeit Stoff für Schriftsteller, Dichter, Komponisten und Filmregisseuren (von PETRARCA, SHAKESPEARE, D'URFE, MORGENSTERN, RILKE, COCTEAU und TENNESSEE WILLIAMS bis MENOTTI) sowie Künstler (Maler und Bildhauer, wie LEONARDO DA VINCI, DÜRER, MOREAU, BÖCKLIN, SALVADÒRE DALI und ERNST FUCHS) und Filmemacher (WALT DISNEY) abgab. Es ist auch heute noch auf Apotheken und Ausstellungen, in der Werbung (z.B. Fohrenburger Bier, Porzellan-Firma Bopla, Schweiz, dort allerdings mit zwei Hörnern, Lederwaren Hörhager, Wien), auf Spielkarten und in den Medien – auch wenn fast nur mehr in Werbespots – zu sehen.

Mit dem Namen Einhorn berührt man, wie VÁVRA (1987) betont, ein Thema von beträchtlichem Umfang, das in diesem Rahmen auch nicht nur annähernd dargestellt werden kann. Darüber kann man in der umfassenden Dokumentation von BEER (1972) nachlesen. Was oder wer auch immer hinter den frühesten Berichten über Einhörner gestanden haben mag, es haben schließlich die zahlreichen Überlieferungen zu einer Art „realer Existenz" – wenn auch mit unterschiedlichem Ergeb- nis – geführt. Bis ins 19. Jahrhundert hinein suchte man nach ihm, wie etwa in unserer Zeit den Yeti im Himala-ya oder das Ungeheuer von Loch Ness. Vielfältig sind seine Bedeutungen in der christlichen Mystik und man-nigfaltig auch die Legenden und Überlieferungen, die mit dem Einhorn verknüpft sind.

Nach H. & M. SCHMIDT (1984) wird über das Einhorn in China (chin. „Chiu-lin") als heiliges Tier, dessen Horn eine magische Heilkraft besitzt, erstmals im Jahr 2697 v.Chr. berichtet. Im Abendland wird das Einhorn im Altertum vom Polyhistor C. PLINIUS dem Älteren (23-79 n.Chr.) in seiner „Naturalis Historiae", wohl auf Grund von Berichten des griechischen Leibarztes des Perserkönigs Artaxerxes KTESIAS und jenen von MEGASTHENES, als „monokeros" erwähnt. KTESIAS lebte viele Jahre in Persien und kehrte etwa um 398 v.Chr. in seine Heimat zurück. In seinem Werk über Indien, das er selbst nie besucht hatte, ist von einer Art großen Wildesel die Rede, aus dessen Stirn ein etwa eineinhalb Fuß langes Horn herausragt. Ein Tier, das außerordentlich schwer zu fangen sei. Demgegenüber beschreibt MEGASTHENES, der selbst in Indien war, das Einhorn als Tier von der Größe eines ausgewachsenen Pferdes mit Elefantenfüßen, einem langen Stirnhorn und dem Schwanz eines Schweines. Er erwähnt auch die schwarze Farbe des Tieres und seine Friedfertigkeit. Es scheint zweifellos, daß mit letzterem das indische Panzernashorn (*Rhinoceros unicornis*) gemeint war (Abb. 3.25), nicht jedoch das bei KTESIAS geschilderte Tier.

Die Erwähnung des Einhorns in der Bibel (Buch Hiob, Kap. 39, Vers 9-12 bzw. die „Septuaginta", die im 3. vorchristlichen Jahrhundert erfolgte Übersetzung des alten Testaments ins Griechische durch alexandrinische Juden) als Re' em, bezieht sich – wie man heute weiß – nicht auf das Einhorn (= „monokeros"), sondern auf den Ur- oder Auerochsen (*Bos primigenius*), war aber mitentscheidend für den Glauben an die Existenz des Einhorns. Der Auerochse wurde – wie auf den plastischen Darstellungen vom Ischtar-Tor in Babylon – im Profil dargestellt und wirkte daher einhörnig. In der lateinischen „Vulgata"-Übersetzung wurde das „monokeros" zum Unicornis. Dennoch blieb das Einhorn dank PLINIUS und ARISTOTELES für die Europäer ein mythisches Wesen. Interessant ist, daß auf Siegeln der Harappa-Kultur (2600-1800 v.Chr.), wie sie hauptsächlich aus

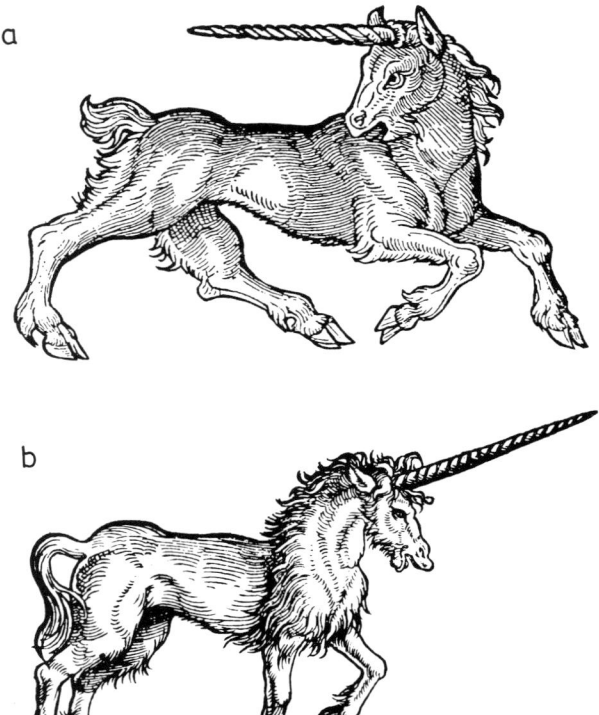

Abb. 3.26.
Einhorndarstellungen nach A. MAGNUS (a) und C. GESNER (b). Beachte paarige Zehen und Halsmähne. Nach R. R. BEER (1972), umgezeichnet.

den Städten Mohenjo-Daro und Harappa im Industal bekannt geworden ist, das „Einhorn" als häufigstes Motiv aufscheint (MCKENNEY & PATTISALL 1995). Dieses Einhorn wirkt wie eine Kombination von Rind (stierartiger Paarhufer mit Afterzehen, langem Schwanz mit Quaste, Penis) und einer Art Nashorn (Kopf mit Ohren und Hals mit Hautfalten ähnlich *Rhinoceros unicornis*, weder Halsmähne noch Kinnbart, jedoch langes, leicht gekrümmtes Stirnhorn) und scheint damit gleichfalls ein Fabelwesen zu sein.

Für die Vorstellungen vom Einhorn im Mittelalter war der „Physiologus", das mittelalterliche „Lehrbuch" der Zoologie (vgl. SEEL 1987), die wichtigste Quelle. Das griechische Original, im 2. Jahrhdt. in Alexandria (Ägypten) entstanden, wurde nach 400 Jahren ins lateinische übertragen. Das Einhorn wird dort als kleiner (Ziegen-) Bock geschildert (Abb. 3.26). Bereits in frühchristlicher Zeit wurde es, nach der Wandlung von der bösen Kraft (= Teufel), zum Symbol des Guten und der Reinheit, entsprechend dem Gleichnis von der Menschwerdung des Heilands im Schoß der Jungfrau Maria als Bestandteil der christlichen Mythologie wiederholt in der religiösen Kunst dargestellt. Nur eine Jungfrau war imstande, das Einhorn zu zähmen. Auch in der profanen Kunst des Mittelalters spielte das Einhorn eine große Rolle. Berühmt sind die sechs Bildteppiche aus dem 15. Jahrhundert unter dem Namen „Dame mit Einhorn", die heute im Musée Cluny, Paris, ausgestellt sind. Das Einhorn tritt als Sinnbild für das zielbewußte Werben des fürstlichen Freiers um die Dame seines Herzens auf. Auch die flämischen Teppiche, die um 1500 entstanden sind, und nun im Metropolitan Museum of Art in New York zu sehen sind und die Jagd auf das Einhorn darstellen, zählen zu den bekanntesten Kunstwerken.

Auch namhafte Naturwissenschafter haben sich mit dem Einhorn auseinandergesetzt. So hat der berühmte Anatom GEORGES CUVIER aus Paris seine Existenz mit der Begründung abgelehnt, daß auf einem zweiteiligen Stirnbein unmöglich ein Horn wachsen könne (Bemerkung v. Verf.: bei männlichen Giraffen gibt es unpaare Knochenzapfen im Stirnbereich).

Das Einhorn ist u.a. als Wappentier verwendet worden: Das wohl bekannteste ist das Wappen von Schottland, das auch nach der Vereinigung mit England zu Beginn des 17. Jahrhunderts das Einhorn neben dem englischem Löwen zeigt; auch der 1617 gegründete Apothekerverein von London führt in seinem Wappen zwei Einhörner, ebenso wie die Stadt Schwäbisch Gmünd. Ein Einhorn ziert auch das Wappen von FRIEDRICH VON SCHILLER (s. auch Kap. 4.7.), nachdem es bereits vorher als Siegel-Emblem Verwendung gefunden hatte. Auch auf Grabsteinen findet sich nunmehr das Einhorn. Später, als es weitgehend aus der Vorstellungswelt geschwunden war, sorgte – wie O. ABEL (1939) schreibt – ARNOLD BÖCKLIN mit seinem Gemälde „Das Schweigen im Walde" (1. Fassung 1885) für eine „Wiedergeburt" dieses Wesens, allerdings in der nunmehr geänderten Darstellung als Pferd (Einhufer) und nicht mehr, wie ursprünglich als Paarhufer mit gespaltenen Hufen. In diesem Jahrhundert war es BENGT BERG (1933), der mit seinem Buch „Meine Jagd nach dem Einhorn", dem indischen Panzernashorn, bei manchen Autoren neuerlich für Verwirrung sorgte.

Wenn es auch den Anschein haben mag, daß das klassische Einhorn nur in der Phantasie und Überlieferung existiert hätte, in der (Volks-) Medizin des Mittelalters war es jedoch eine reale Existenz (s. Kap. 3.2.). Das Einhorn war ein Wesen, dessen bezeichnendes Merkmal ein langes, senkrecht aus der Stirn ragendes, gedrehtes Horn (Gehörn) war, das später, als der natürliche Vorrat an Hörnern des „Einhorns" (in Apotheken) erschöpft war, durch den Stoßzahn des (rezenten) männlichen Narwales (*Monodon monoceros*) ersetzt wurde. Damals gelangten ganze Schiffsladungen nach West- und Mitteleuropa.

Erstaunlich ist, daß CONRAD GESNER zwar den Narwal (= „Monocerus") gekannt, ihn aber nicht mit dem Einhorn identifiziert hat. Denn er hatte – auf Grund eines Briefes von einem Freund – Kenntnis von einem Einhorn in der Schatzkammer des Domes zu Straßburg, womit nur ein Narwalzahn gemeint gewesen sein kann.

Bemerkenswert erscheint, daß in den älteren, bildlichen Darstellungen des scholastischen Mittelalters das Einhorn als ziegenähnlicher, oft kurzschwänziger Paarhufer mit Kinnbart und Halsmähne dargestellt wird und daher die Vermutung nicht von der Hand zu weisen ist, daß einst – abgesehen vom indischen Panzernashorn – auch die Schraubenziege (= Markhor; *Capra falconeri*) aus dem heutigen Pakistan und dem Himalaya als reales Vorbild für das Einhorn gegolten hat. Der Markhor, speziell die heute weitgehend ausgerottete Unterart *Capra falconeri jerdoni* (s. HALTENORTH 1963), besitzt nämlich ein gerade gestrecktes, schraubig gedrehtes Gehörn aus zwei Einzelhörnern, die im Profil gesehen, wie ein einziges wirken, ferner einen Kinnbart und eine Halsmähne (Abb. 3.27). Auch das immer wieder geschilderte Verhalten des „Einhorns" (ausgezeichneter Kletterer im Fels) entspricht dem einer Bergziege, wie sie der Markhor ist. Dazu kommt noch, daß einst ein Fußwurzelknochen (Astragalus = Talus) vom „Einhorn" als Würfel bei Brettspielen benützt wurde. Auch dieser kann nach der Form nur von einem Paarhufer stammen. Interessant ist übrigens, daß zu dem vom britischen Archäologen LEONARD WOOLLEY und seinem Team 1927 entdeckten legendären Schatz der Königsgräber in Ur, der einstigen Metropole der Sumerer vor etwa 4000 Jahren, ein goldener Ziegenbock gehört, der zweifellos ein Markhorgehörn trägt. Dies würde bedeuten, daß der Markhor den Sumerern bekannt war. Interessant erscheint, daß der venezianische Kaufmann MARCO POLO (1254-1324) während seines langjährigen Aufenthaltes in Asien in Indien das Panzernashorn kennenlernte und von seinem Aussehen sehr enttäuscht gewesen war, da er das „Einhorn" für ein graziles Wesen hielt.

Die Pferdegestalt des Einhorns kam – wie bereits erwähnt – erst viel später auf. Außerdem ist immer wieder von Hornbechern die Rede, die in Abständen von goldenen Ringen umgeben wurden, d.h. das Horn ist kein kompaktes Gebilde, wie etwa der Narwalzahn oder sonstige Stoßzähne, aus denen zwar auch Becher (Rhyten) hergestellt wurden, sondern hohl gewesen. Auch das Horn vom Nashorn ist nicht hohl.

Die Narwalzähne blieben jedenfalls Ersatz. Erst Funde von Stoßzähnen des jungeiszeitlichen Mammuts (*Mammuthus primigenius*) ab 1600 führten zur Stützung der (damaligen) Sage vom Einhorn und ersetzten meist die Narwalzähne in Apotheken (Abb. 3.28). Sie verdrängten zugleich die auf fossilen Mammutresten beruhenden Riesensagen. Selbst Stoßzähne tertiärzeitlicher Elefanten („Mastodonten" = *Gomphotherium*) und sogar Knochen des eiszeitlichen Höhlenbären (*Ursus spelaeus*) mußten für die Existenz des Einhorns herhalten (vgl. Einhornhöhlen im Harz, in Niederösterreich und anderen Gebieten).

In den mittelalterlichen Apotheken unterschied man demnach beim Einhorn das (echte) „Unicornu verum" (= fossile Mammutstoßzähne) und das (falsche) „Unicornu falsum" (= rezente Narwalzähne) und schrieb ihm

Abb. 3.27. Das rezente Einhorn: Der Markhor (*Capra falconeri jerdoni* = Sulaiman-Schraubenziege) aus dem Pundjab (Pakistan). Das Doppelgehörn erscheint im Profil wie ein Einhorn. Nach diversen Fotos gez. von N. Frotzler.

Abb. 3.28. Stoßzähne vom Narwal (*Monodon monoceros*) aus der (internen) barocken Spitalsapotheke des Elisabethspitals in Wien. Foto O. Schultz.

Abb. 3.29. Einhorn-Apotheke nahe der Porta Nigra in Trier (Rheinland-Pfalz). Einhorn als Pferdekopf dargestellt. Foto N. Vávra.

Abb. 3.30. Rekonstruktion des „Einhorns" durch Otto von Guericke (1678). Beruht auf Resten eines eiszeitlichen Mammut (*Mammuthus primigenius*) und von Huftieren aus einer Doline des Zeunickenberges bei Quedlinburg (Sachsen-Anhalt). Älteste Skelettrekonstruktion eines fossilen Wirbeltieres. Nach G. W. LEIBNIZ (1749), umgezeichnet.

Abb. 3.31. Stoßzahn des Neunbronner Mammutfundes aus dem Jahr 1605, der sich nun samt seiner durch zwei Einhörner geschmückten Aufhängung im Chor der St. Michaeliskirche in Schwäbisch Hall (Baden-Württemberg) befindet. Nach K. D. ADAM (1984).

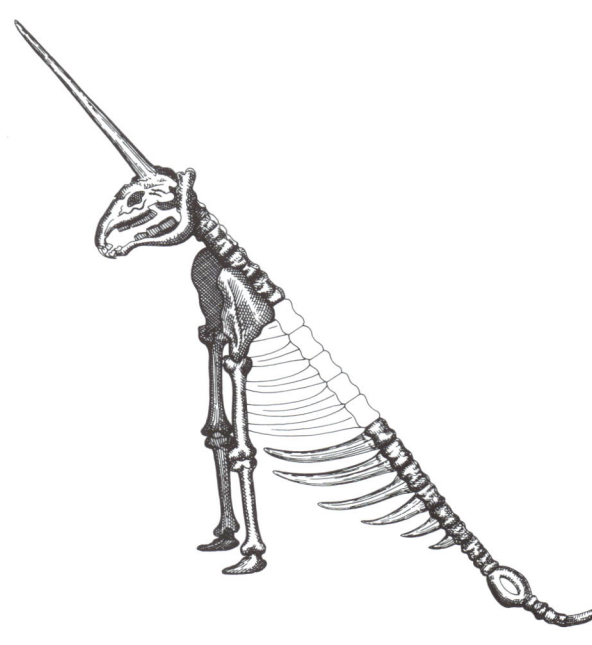

– wie noch im Kapitel 3.2 ausgeführt – eine wunderbare Heilkraft zu. Galt doch das (echte) Einhorn in der mittelalterlichen Arzneikunst als unverzichtbares Heilmittel, das so hoch im Kurs stand, daß es fast mit Gold aufgewogen wurde. Noch heute erinnern über hundert Einhornapotheken in Deutschland (Abb. 3.29) an die Bedeutung, die dem Einhorn einst zugeschrieben wurde (erste Erwähnung einer Apotheke „Zum weißen Einhorn" bei ABRAHAM A SANCTA CLARA; 1644-1709). Selbst in den USA wurde im 18. Jahrhundert auf Apotheken auf hölzernen Pferdeköpfen ein gedrehtes Horn (= Einhorn) montiert.

Das wohl bekannteste Beispiel für ein derartig „echtes" Einhorn ist das vom einstigen Bürgermeister von Magdeburg OTTO VON GUERICKE, dem Erfinder der Luftpumpe, im Jahr 1678 beschriebene Skelett eines „Einhorns". Es bestand – wie man heute weiß – aus Resten eines 1663 in einer Doline des Zeunickenberges bei Quedlinburg gefundenen eiszeitlichen Mammutskelettes und eines Huftieres. Die Rekonstruktion selbst wirkt daher auch wie ein Monster. Die von OTTO VON GUERICKE durchgeführte Rekonstruktion kann zugleich als älteste eines fossilen Wirbeltieres gelten. Die erste Wiedergabe dieser Rekonstruktion erfolgte durch VALENTINI (1714), die allgemein bekannte erschien 1749 posthum in der „Protogaea" (Abb. 3.30) des Philosophen LEIBNIZ. An das „Unicornu verum" erinnern heute noch in Bandeisen gefaßte Stoßzähne vom Mammut in verschiedenen Kirchen (z.B. St. Michaelskirche zu Schwäbisch Hall; Abb. 3.31). Immerhin hatte N. WITSEN, Bürgermeister von Amsterdam, bereits im Jahre 1692 anläßlich seines Besuches in Moskau, fossile Stoßzähne aus Sibirien als Elefantenzähne erkannt.

Für die verschiedentlich (z.B. ABEL, LEY, BEER) versuchte Verknüpfung des Einhorns mit dem ausgestorbenen *Elasmotherium* Nordasiens, einem riesigem Steppennashorn mit einem gewaltigem Stirnhorn, fehlen konkrete Hinweise. Gleiches dürfte für die außerordentlich seltenen Funde der Nasen- und Stirnhörner vom Fellnashorn als Vorbild für das Einhorn gelten.

„Greif" und Vogel „Rock"

Letztere, nämlich die Hörner vom Fellnashorn, dürften eher – wie ABEL (1939) vermutet – als Krallen des Riesenvogels Greif (ein Fabelwesen mit Greifvogelkopf) gedeutet worden sein, die der Khalif Harun al Raschid dem Kaiser Karl dem Großen zum Geschenk gemacht hat. Nach PFIZENMAYER (1926) halten sibirische Volksstämme auch heute noch fossile Fellnashornschädel, die in der wärmeren Jahreszeit an Stromufern aus dem Frostboden herauswittern, „für die Köpfe der sagenhaften Riesenvögel". „Die Hörner des Rhinozeros sind ihrer Überzeugung nach die Krallen dieser riesenhaften Räuber der Lüfte" (ABEL 1939).

Dies macht auch einige Worte zu dem legendären (persischen Riesen-)Vogel „Rock" notwendig. Die volkstümliche Bezeichnung Elefantenvögel dürfte auf die Erzählung von SINDBAD dem Seefahrer in „Tausend und einer Nacht" zurückgehen, in denen von riesigen Vögeln die Rede ist, die angeblich Elefanten ergreifen und in die Luft heben konnten. Meist werden – wie noch in jüngster Zeit bei COX, DIXON, GARDNER & SAVAGE (1989) – diese Riesenvögel mit den ausgestorbenen Riesenstraußen von Madagaskar (Gattung *Aepyornis*) in Verbindung gebracht, von denen außer den Knochen auch die riesigen Eier überliefert sind, die angeblich SINDBAD der Seefahrer auf seinen Fahrten gesehen hat und die Anlaß für seine Erzählung gewesen sein sollen (Abb. 3.32). Alle Arten der Gattung *Aepyornis* sind als Straußenvögel jedoch flugunfähig, daher als Hintergrund für die Sage ungeeignet. Viel eher dürften es Knochenreste riesiger eiszeitlicher Greifvögel aus dem Mittelmeergebiet gewesen sein, wie etwa der von FORSYTH MAJOR aus Malta als *Gyps melitensis* (= Maltageier) beschriebene große Geier. Solche große Greifvögel und die eiszeitlichen Zwergelefanten, von denen manche Form nur eine Schulterhöhe von knapp einem Meter erreichte, lassen eher an den legendären Vogel „Rock" denken, der einen (Zwerg-)Elefanten in die Luft heben konnte, wie es AUGUSTA (1962) in dichterischer Form und der Künstler ZDENEK BURIAN im Bild zum Ausdruck gebracht haben. Allerdings können es in Wirklichkeit keine Geier gewesen sein, da diese ihre Beute nicht (zum Nest) transportieren.

Der Riesenhirsch als historische Tierart ?

Nun noch ein anderes Beispiel für den einst angenommenen Zusammenhang zwischen einer ausgestorbenen Art und der historischen Überlieferung. Überlebte der eiszeitliche Riesenhirsch oder „Irish Elk" (*Megaloceros giganteus*) noch bis in historische Zeit, wie etwa der „Schelch" aus dem Nibelungenlied oder Grabfunde aus der Skythenzeit (ca. 700-500 v.Chr.) vermuten ließen. Die Frage nach der Identität des „Grimmen Schelchs"

Abb. 3.32.
Ei des Riesenstraußvogels *Aepyornis maximus* aus dem Quartär von Madagaskar im Vergleich zu einem Straußen- und einem Hühnerei. Orig. SMF. Länge 30 cm. Foto S. Tränkner.

oder „Schelo's" hat wiederholt zur Annahme geführt, der Riesenhirsch sei noch in historischer Zeit in Deutschland heimisch gewesen. Wie jedoch zuletzt PRELL (1941) ausführlich dargelegt hat, dürfte der „Schelch" des Nibelungenliedes ein Ur (*Bos primigenius*) gewesen sein. Auch auf Grund von skythischen Grabfunden bei Maikop am Nordufer des Schwarzen Meeres hat BACHOFEN-ECHT (1937) angenommen, der Riesenhirsch habe in diesem Gebiet damals noch gelebt. Selbst der bekannte Paläontologe BJÖRN KURTEN schließt (1968) das Überleben des Riesenhirsches in dieser Region bis ins 5. Jahrhundert v.Chr. nicht aus.

Abb. 3.33.
Habitusrekonstruktion des jungeiszeitlichen Riesenhirsches (*Megaloceros giganteus*) im Tierpark Berlin-Friedrichsfelde. Beachte schaufelförmiges Geweih. Foto E. Thenius.

Abb. 3.34. Goldplastik aus einem skythischen Grab (5. bis 6. Jahrhundert v.Chr.) aus Maikop im Kubangebiet (Südrußland). Länge 30 cm. Foto R. Gold (nach Prospekt).

Abb. 3.35.
Überfall einer riesigen „Seeschlange" auf ein Segelschiff, wie er 1555 von Bischof Olaus Magnus aus Uppsala geschildert worden war und von C. Gesner in sein Fischbuch übernommen wurde. Nach W. LEY (1953), umgezeichnet.

Riesenhirsche waren zur Eiszeit in ganz Eurasien verbreitet. In Europa lebte zur Jung-Eiszeit die Art *Megaloceros giganteus* (Abb. 3.33). Die jüngsten und zugleich vollständigsten Skelettfunde stammen jedoch aus spätglazialen Mooren Irlands (= Alleröd-Interstadial, ca. 10.000 Jahre v.Chr.). Seither galt diese Art als ausgestorben. Waren die künstlerisch etwas stilisierten Goldfiguren (Abb. 3.34) wirklich ein Beweis für die Existenz des Riesenhirsches zur Skythenzeit oder bezog sich der Künstler etwa auf fossile Reste? Wie auch hier H. PRELL (1950) glaubhaft machen konnte, bezogen sich die skythischen Künstler bei ihren Skulpturen auf den damals noch im Schwarzmeergebiet heimischen mesopotamischen Damhirsch (*Cervus* [*Dama*] *mesopotamiae*), der erst vor wenigen Jahren in freier Wildbahn im Iran wiederentdeckt wurde.

Das Loch Ness-"Monster" - kein überlebender „Saurier"

Zum Thema fossile Wirbeltiere und Fabelwesen noch ein letztes Beispiel. Alle Jahre wieder geistert zur „Sauregurkenzeit" das Loch Ness-Monster, besser bekannt unter dem Namen „Nessie", durch die Tagespresse. Beruht dieses aus dem Loch Ness in Schottland wiederholt zitierte und angeblich durch zahlreiche Fotos „dokumentierte" (wie erst in jüngster Zeit bekannt wurde, war das berühmte, am 1. April 1934 vom Londoner Arzt R. K. WILSON „geschossene" Foto, eine bewußte Fälschung; s. Naturwiss. Rundschau 47, Stuttgart 1994) Fabelwesen auf einen bis heute überlebenden Angehörigen der Flossenechsen (Plesiosauria), vergleichbar mit der *Latimeria chalumnae* als „lebendes Fossil" (s. Kap. 8) unter den Quastenflossern (Crossopterygii)? Ein wissenschaftlicher Name wurde jedenfalls für „Nessie" bereits durch Sir PETER SCOTT (1975) geprägt: *Nessiteras rhombopteryx* (Nessi = nach dem „Fundort", griech. teras = Wunder bzw. Ungeheuer, griech. rhombo = rautenförmig, griech. pteryx = Flügel). In der Film-Lovestory „Splash" wurde die Loch Ness-"Seeschlange" sogar auf Zelluloid gebannt (REISNER 1986).

Abgesehen davon, daß bisher keine konkreten Hinweise für ein Überleben dieser vor mehr als 65 Millionen Jahren verschwundenen Reptilien bis in die Jetztzeit gefunden wurden, waren die Plesiosaurier Meerestiere, die nicht im Süßwasser lebten. Das Loch Ness ist ein Süßwassersee, der zwar eine Verbindung mit dem Meer hat, jedoch höher liegt als der Meeresspiegel und daher auch bei Flut nicht erreicht wird (mdl. Mitt. von Frau Prof. Dr. W. KLEPAL, Wien).

Das Überleben von (Dino-) Sauriern aus dem Mesozoikum ist nicht nur von CONAN DOYLE, dem Erfinder von SHERLOCK HOLMES in seinem Roman „Verlorene Welt" (1912) angenommen worden. Bis in jüngste Zeit wurden Tafelberge (sogen. Tepuis) im nordwestlichen Südamerika als letzte Rückzugsgebiete überlebender „Krokodilsaurier" (Lacertilia) angesehen, die sich, wie bereits oben erwähnt, als Eidechsen entpuppten.

Die „großen Seeschlangen"

Als eine Art Anhang zum Thema Loch Ness-Monster sei hier der Vollständigkeit halber kurz auf das immer wieder diskutierte Thema „Seeschlangen" eingegangen. Es sind selbstverständlich nicht die heutigen, im Meer lebenden kleinen Giftnattern (Familie Hydrophiidae) gemeint, die sich nur wenig (z.B. seitlich abgeflachter Ruderschwanz) von ihren landbewohnenden Verwandten unterscheiden, sondern von „großen Seeschlangen", über die immer wieder von Seefahrern berichtet wurde. Als erster, der über derartige Seeungeheuer berichtet hat, gilt OLAUS MAGNUS, Bischof von Uppsala, der 1555 einen Überfall einer riesigen Seeschlange auf ein Segelschiff schildert, den C. GESNER später in sein „Fischbuch" übernommen hat (Abb. 3.35). Seither sind zahlreiche Berichte über Beobachtungen veröffentlicht worden (s. OUDEMANS 1892), die keineswegs einheitlich sind und sicher auch nicht auf den gleichen Tierarten beruhen. Allen diesen Beobachtungen ist jedoch gemeinsam, daß sie von Personen stammen, denen das fachmännische zoologische Wissen fehlte. Manche Beobachtungen stützen sich wohl auf (Barten-)Wale, wie etwa jene von HANS EGEDE, dem Apostel der Grönländer (1686-1758) aus dem Jahr 1734, andere auf hintereinander schwimmende Delphine (*Delphinus*) oder Schweinswale (*Phocoena*), andere wieder, wie der Zoologe V. PIETSCHMANN vom Naturhistorischen Museum in Wien 1925 glaubhaft machen konnte, auf Bandfische, deren bekannteste Art, der eigentliche Bandfisch (*Regalecus glesne*) ist, fälschlich auch Heringskönig genannt. Er erreicht eine Länge von sechs Metern. PIETSCHMANN hält überhaupt Bandfische nicht nur für vermutliche Vorbilder der „großen Seeschlangen" sondern auch für jene der erdumspannenden Midgardschlange der nordischen Mythologie, von der in der (älteren) Edda aus dem 9. Jahrhundert die Rede ist. Verschiedentlich werden auch die „Drachenköpfe" am Vordersteven der Wikinger-Boote als prunkvolle Stilisierung von „Seeschlangen" angesehen. Ungeachtet der Richtigkeit letzterer Annahmen gilt es als sicher, daß weder Fossilfunde noch etwaige Überlebende vorzeitlicher Reptilien als „lebende Fossilien" in der Tiefsee, noch die vor etwa 25 Millionen Jahren ausgestorbenen Urwale (Archaeoceti), wie etwa „*Zeuglodon*", Vorbilder für die Berichte waren (vgl. RIEBER 1991).

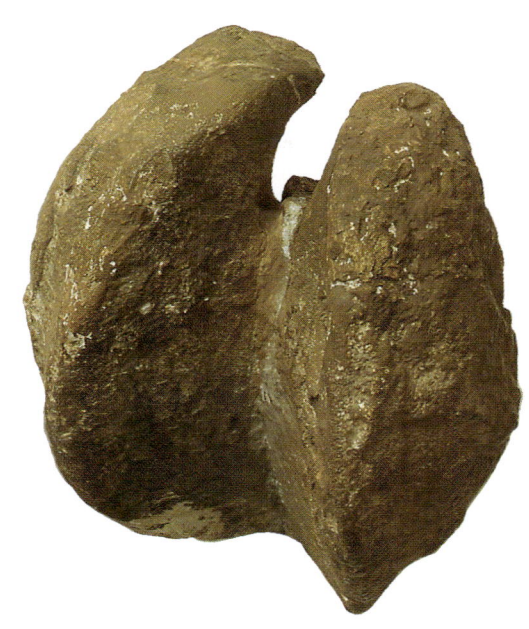

Abb. 3.36.
Steinkern einer „Dachsteinmuschel" (*Conchodus infraliasicus*) aus der O-Trias vom Paß Gschütt (Salzburg). Höhe 19,5 cm. Orig. IPUW. Foto R. Gold.

„Versteinerte Kuhtritte" - „Wilde Frauen"

Demgegenüber beruhen die – wie O. ABEL betont – seinerzeit als „Spuren der wilden Jagd" oder als „Fußspuren von Wildfrauen" gedeuteten Reste tatsächlich auf Fossilien, allerdings nicht auf solchen von Wirbeltieren. Im Dachsteinkalk der Ober-Trias, einem markanten Schichtglied der Nördlichen Kalkalpen (z.B. Dachsteinmassiv, Loferer und Leoganger Steinberge, Hochkönig, Tennengebirge, Steinernes Meer, Hoher Göll, Totes Gebirge in Österreich, Watzmann, Hochkalter in Berchtesgaden) finden sich oft massenhaft Reste großer Muscheln, die – sofern sie doppelklappig überliefert sind – an der Gesteinsoberfläche als herzförmige Querschnitte herauswittern. Die nach ihrem Vorkommen als „Dachsteinmuscheln" (= Megalodonten wie *Conchodus infraliasicus*, *Megalodus*, *Rhaetomegalodon*) bekannten Fossilien (Abb. 3.36) werden heute noch von Almhirten wegen ihrer Ähnlichkeit mit Hufen als „versteinerte Kuhtritte" bezeichnet (Abb. 3.37). Eine Bezeichnung, die durchaus berechtigt erscheint. Diese hufartigen „Trittsiegel" waren in den Alpen mancherorts auch Ursache für Vorstellungen über die „Wilde Jagd" und von „Wildfrauen", da diese nicht mit menschlichen Füßen, sondern mit Tierfüßen dargestellt wurden. Manche Sa-

Abb. 3.37.
Schichtoberfläche eines riesigen Dachsteinkalkgeröllblockes aus Thal (O-Tirol) mit „versteinerten Kuhtritten" (= Querschnitte von doppelklappig erhaltenen Megalodonten [*Conchodus*] aus der O-Trias). Länge über 2 m. Foto E. Thenius.

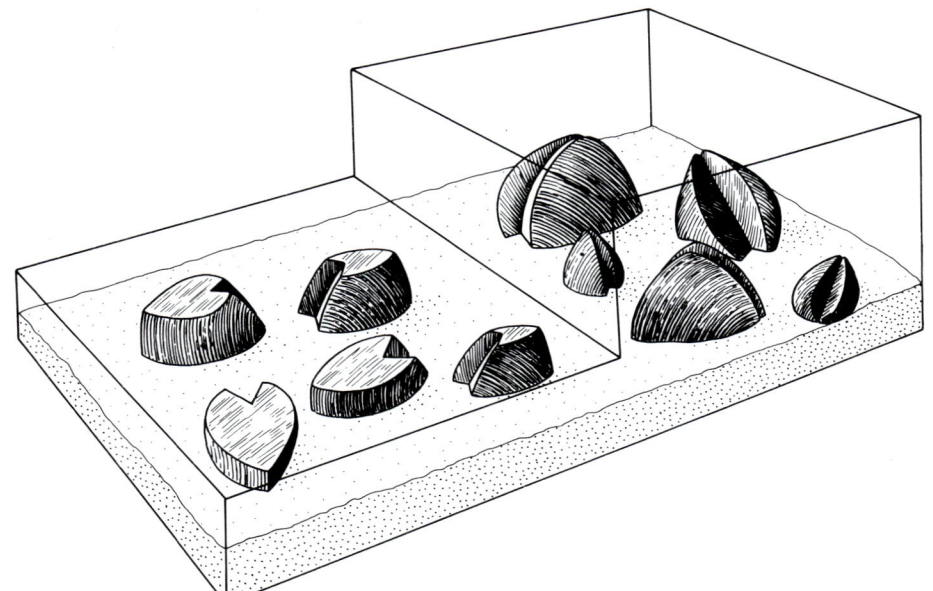

Abb. 3.38. Blockdiagramm mit „Dachsteinmuscheln" in Lebensstellung in ihrem einstigen Lebensraum (Kalkschlamm). Links schematisch die später angewitterte Gesteinsoberfläche mit Schalenquerschnitten dargestellt. Nach H. ZAPFE (1957), umgezeichnet.

gen lassen sich damit verknüpfen und deuten (s. TANDLER 1946). Die Größe der Schalenquerschnitte wechselt je nach Muschelgröße und nach der Querschnittshöhe. Diese Querschnitte entstehen nur bei doppelklappig erhaltenen Muscheln, die, wie H. ZAPFE (1957) gezeigt hat, in ihrem einstigen Lebensraum in Lebensstellung fossil wurden (Abb. 3.38). Dieser Lebensraum entsprach ehemaligen Lagunen im Rückriffbereich der damaligen Tethys, eines im Erdmittelalter zeitweise weltumspannenden Meeres. Diese einstigen Lagunensedimente sind heute als gebankter Dachsteinkalk, wie er jedem Kletterer durch die Bankung vertraut ist, erhalten (Abb. 3.39). Hingegen entspricht der massige Dachsteinkalk (z.B. Gosaukamm westlich vom Dachstein) dem einstigen Riff, das aus Korallen, Kalkschwämmen, Kalkalgen, Hydrozoen und Bryozoen (Moostierchen) aufgebaut ist. Diese Riffe und Lagunen bildeten unter tropischem Klima in der westlichsten Bucht der Tethys ausgedehnte Karbonatplattformen, wie sie gegenwärtig etwa von den Bahamas-Inseln bekannt sind. Das Massenvorkommen der Megalodonten in den Lagunen läßt sich mit Salzgehaltsschwankungen durch Verdunstung des Meerwassers bei hohen Temperaturen erklären. Die Megalodonten waren vermutlich daran angepaßt. Wiederholt dürfte es auch zu Trockenfallen und damit wohl zum Tod der Dachsteinmuscheln gekommen sein. Andererseits ist es strömungsbedingt auch zur Zusammenschwemmung dieser Muscheln gekommen. Unter solchen Umständen entstehen selbstverständlich keine „versteinerten Kuhtritte", da die Muscheln weder doppelklappig noch vollständig erhalten geblieben sind.

„Versteinerte Ziegenklauen"

Daß aber auch derart unvollständig erhaltene Muschelschalen zur Legendenbildung führen können, zeigen etwa die „versteinerten Ziegenklauen" auf der Halbinsel Tihany am Plattensee (= Balaton) in Ungarn. Dort wurden seinerzeit am Ufer massenhaft zusammengeschwemmte Reste von Congerien (*Congeria ungulaecaprae*) aus pannonischen (= jungmiozänen) Ablagerungen (= Congerienschichten) gefunden (Abb. 3.40). Congerien sind Muscheln aus der Verwandtschaft der heutigen Wandermuschel (*Dreissena polymorpha*), die in den Gewässern des damaligen Pannonsees lebten. Von diesen Congerien sind durch den Transport durch küstennahe Strömungen nur die besonders widerstandsfähigen, dickschaligen Wirbelpartien der Gehäuse erhalten geblieben (Abb. 3.41). Ihre klauenähnliche Gestalt und das massenhafte Vorkommen waren nach O. ABEL Anlaß zu folgender Sage: Der Ungarnkönig Andreas I (1046-1058), der Begründer der Abtei Tihany, soll sich in Geldnot an einen reichen Besitzer großer Ziegenherden um Hilfe gewandt haben, die ihm dieser verweiger-

Abb. 3.39. Dachsteinkalk der O-Trias mit typischer Bankung des Gesteins. Warscheneck bei Windischgarsten (O-Österreich). Foto E. Thenius.

Abb. 3.40. a, b) Die Muschel *Congeria ungulae-caprae* aus dem Jung-Miozän von Tihany am Balaton (Plattensee) in Ungarn. Länge ca. 7 cm. – c, d) Durch Abrollung am Seeufer entstandene „versteinerte Ziegenklauen" in Form der besonders widerstandsfähigen Wirbelpartien der Schalen. Zeichnung N. Frotzler.

Abb. 3.41. „Versteinerte Ziegenklauen" = Wirbelpartien der Schalen von *Congeria ungulae-caprae* vom Plattensee. Orig. zu O. ABEL (1939). Länge zwischen 3,5-3,7 cm. Foto R. Gold.

Abb. 3.42. Nummulitenkalk des Eozän (Mokattamstufe) N-Ägyptens. Orig. NHMW. 90 × 75 mm. Foto A. Schumacher.

te. Daraufhin verfluchte der König den Besitzer der Ziegenherden, die prompt im Plattensee zugrunde gingen. Hier wird erstmalig das Fluchmotiv konkret zur Deutung herangezogen. Nun aber zu weiteren Beispielen, die zeigen, daß nicht nur Muscheln, Knochen und Zähne fossiler Lebewesen zur Bildung von Legenden, Sagen oder Märchen geführt haben.

„Versteinerte Münzen" - „versteinerte Linsen"

Aufmerksame Naturbeobachter kennen von verschiedensten Fundorten oft massenhaft aus dem Gestein herauswitternde oder in Lockersedimenten häufig vorkommende, meist linsen- bis markgroße Gebilde, die seit altersher wegen ihrer Gestalt Nummuliten (= Münzsteine) genannt wurden (Abb. 3.42). Es sind mehrkammerige, meist planspiral eingerollte kalkige Gehäuse von Einzellern (Foraminifera), die – allerdings sehr selten – eine Größe von etwa 10 cm im Durchmesser erreichen können. Meist sind sie jedoch kleiner. Diese Großforaminiferen sind Bodenbewohner (sub-)tropischer Flachmeere und im Alttertiär (Eozän) stellenweise so häufig, daß sie gesteinsbildend auftreten. Nach den verschiedenen Gattungen unterscheidet man etwa Nummuliten und Assilinen im Eozän, Amphisteginen und Heterosteginen im Miozän (Jungtertiär), Orbitoiden und Orbitolinen zur Kreidezeit, Fusulinen und Schwagerinen im Jungpaläozoikum, die alle auch gesteinsbildend auftreten können.

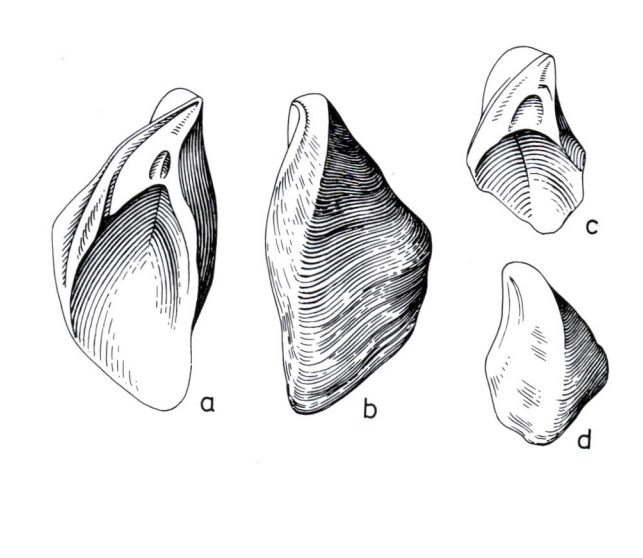

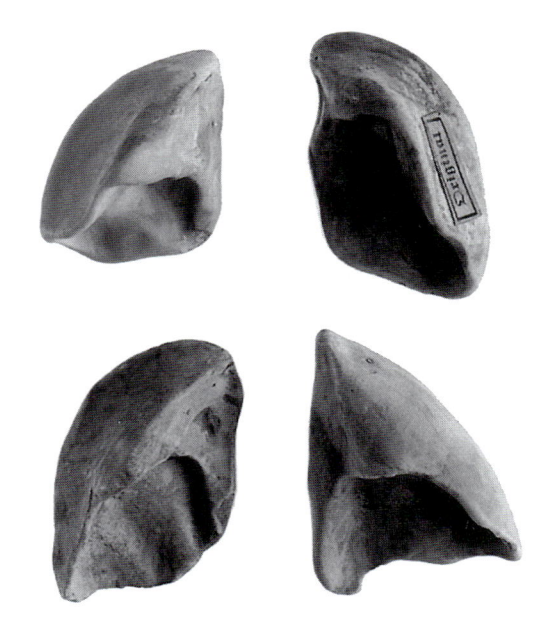

Die Pyramiden von Giza (= El Giza = Gizeh) in Ägypten (Abb. 3.43) bestehen meist aus eozänen Nummulitenkalken der sogen. Mokattamstufe, die zur Zeit der Pharaonen in großen Steinbrüchen gewonnen wurden. Chemische Analysen machten sogar eine Zuordnung dieser Gesteine zu den einzelnen Steinbrüchen möglich, wie noch im Kap. 5.1. ausgeführt wird (vgl. KLEMM & KLEMM 1981). Da die Nummuliten (*Nummulites* [= „*Camerina*"] *gizehensis* = *N.* „*curvispira*") durch die Erosion relativ leicht aus den Kalkblöcken herauswittern, wurde bereits unter den Griechen der Antike (z.B. STRABO) die Auffassung vertreten, es seien versteinerte Hülsenfrüchte, also versteinerte Nahrungsreste der einstigen Pyramidenarbeiter.

Abb. 3.43.
Die Pyramiden von Giza (= Gizeh) in Ägypten. Foto R. Gold.

Abb. 3.44.
„Münz-" und „Linsensteine" (= *Nummulites gizehensis*) als Foraminiferen aus der Mokattamstufe. Zwei Größenkategorien. Oben: Mikrosphärische oder B-Generation. Unten: Makrosphärische oder A-Generation. Maßstäblich verkleinert. Orig. NHMW. Max. Durchmesser der größten Gehäuse = 32 mm. Foto R. Gold.

Erwähnenswert ist noch, daß bei den verschiedenen Nummuliten-Arten ein Generationswechsel existiert, der sich auch in der Ausbildung der Gehäuse ausgeprägt (Abb. 3.44). Man unterscheidet die wegen der kleinen Anfangskammer als „mikrosphärisch" bezeichnete B-Generation, die sich geschlechtlich vermehrt, von der „makrosphärischen" A-Generation (wegen der großen Anfangskammer des Gehäuses), die sich ungeschlechtlich fortpflanzt. Dabei besitzen die Gehäuse der mikrosphärischen Generation große (= *Nummulites gizehensis*), jene der makrosphärischen Generation (*N. curvispira*) hingegen kleine Schalendurchmesser. Dies bedeutet nicht, daß es sich um zwei verschiedene Arten, sondern nur um zwei Generationen einer Art handelt.

Eine Legende, die ähnlich wie jene von den Pyramiden von „versteinerten Linsen" berichtet, ist aus Kärnten bekannt. In der Eozänmulde von Guttaring im Krappfeld nördlich von Friesach finden sich auf einem Feld nördlich des Hügels, auf dem sich das Kirchlein St. Gertraud erhebt, massenhaft die aus den Mergeln herausgewitterten Gehäuse von annähernd linsengroßen Nummuliten (Abb. 3.45). Die auch heute noch in Teilen der dortigen Bevölkerung lebendige Sage berichtet, daß einst ein Bauer am Tag der Heiligen Gertraud (17. März), der als Feiertag begangen wird, einen Sack Linsen aussäte. Zur Zeit der Ernte fand der Bauer in den Schoten nur steinerne Linsen vor. Er selbst sei zur Strafe in Stein verwandelt worden und könne erst erlöst werden, wenn sämtliche „versteinerte Linsen" von dem einstigen Feld, dem „Linsenacker" auf dem Sonnberg, aufgelesen worden sind (Abb. 3.46) (GRABER 1925, 1944). Wiederum spielt das Fluchmotiv eine Rolle.

O. ABEL berichtet in seinem Buch (1939) noch von weiteren Beispielen derartiger fossiler Steinlinsen (vgl. auch RÄTSCH & GUHR 1992). Noch wichtiger ist jedoch die im Namen „Münzsteine" zum Ausdruck kommenden Deutung als „versteinertes Geld". Die oberflächliche Ähnlichkeit von münzgroßen Nummuliten- und Assilinengehäusen hat – zusammen mit dem massenhaften Vorkommen – zu der weit verbreiteten Meinung geführt, bei diesen Gebilden müsse es sich um versteinertes, also verzaubertes oder verfluchtes Geld handeln. Früher waren zahlreiche Sagen in Verbindung mit Nummuliten (und anderen Groß-Foraminiferen) im Umlauf, worauf heute noch Namen, wie „Bauern-Pfennige", „Teufelsgeld" oder „Teufelspfennige" (in Brandenburg) erinnern. Auch von anderen Orten, wo sich Groß-Foraminiferen in großer Zahl finden, sind Sagen über verfluchtes Geld bekannt geworden. In Siebenbürgen, dem heutigen Rumänien, geht die Sage von den sogen. „Ladislauspfennigen" auf Groß-Foraminiferen aus der Ober-Kreide zurück. Sie werden mit dem Heiligen Ladislaus (König von Ungarn 1077-1095) in Verbindung gebracht (ABEL 1939: 66).

Demgegenüber beruhen die „Brattenburger Pfennige" von Schonen (Südschweden) auf den Gehäusen von Armfüßern (Brachiopoda). Es sind dies kaum pfenniggroße, flache Schalen sogen. inartikulater, d.h. schloßloser Brachiopoden der Gattung *Crania* aus der Ober-Kreide (SCHRÖTER 1774, WARTH 1992).

Auf die Verknüpfung fossiler Groß-Foraminiferen mit religiösen bzw. magischen Vorstellungen, wie bei den „Maria-Ecker-Pfennigen", sei eigens im folgenden Kapitel zurückgekommen.

„Luchssteine" - „Donnerkeile" - „Blitzsteine" - „Albschoße"

Nun aber zu in breiten Kreisen noch besser bekannten Fossilresten. „Es gibt kein Petrefact, dem namentlich das Deutsche Volk solche Aufmerksamkeit zugewendet hätte, als [!] die Belemniten" schreibt FRIEDRICH AUGUST QUENSTEDT, der bekannte Tübinger Geologe und Paläontologe in seinem „Handbuch der Petrefactenkunde" (1846-1849) (Abb. 3.47). Unter Belemniten, einer seit der Renaissance gebräuchlichen Bezeichnung, versteht man Reste des Innenskelettes (kalkiges Rostrum mit dem gekammerten Phragmocon samt Sipho) fossiler Kopffüßer (Cephalopoda: Belemnitida) aus dem Mesozoikum. Die Rostren sind meist Zigarren-förmige Gebilde mit rundlichem, selten seitlich abgeflachten Querschnitt. Manchmal sind sie gelblich-braun gefärbt und im Licht etwas durchscheinend wie bei *Belemnitella* und *Actinocamax* aus der Schreibkreide (Ober-Campan) der Insel Rügen (Abb. 3.48). Diese riechen überdies, wenn man sie oberflächlich reibt oder schabt, nach Ammoniak. Daher erscheint es verständlich, daß derartige Gebilde, die manchmal auch noch gehäuft auftreten (sogen. „Belemniten-Schlachtfelder"), wie etwa im Lias (Unter-Jura) Schwabens, frühzeitig die Aufmerksamkeit auf sich zogen und mit entsprechenden Deutungen verknüpft wurden. Bereits in den Metamorphosen von OVID (43 v.Chr. - 17 n.Chr.) werden sie – neben Bernstein – als Lynkurium (= „Luchsstein") erwähnt. Diese Bezeichnung beruht auf der Auffassung, es handle sich bei den Belemnitenrostren um den zu Stein erhärteten Urin von großen Katzen (Luchs). Deren Urin riecht nach Ammoniak (s.o.) und reizt die Augen, weshalb die Rostren in der Volksmedizin als Heilmittel für Augenleiden verwendet wurden (s. Kap. 3.2.). THEOPHRAST (um 370-287 v.Chr.) hat unter dem Namen „Lynkurion" ein rötlich gefärbtes „Mineral" beschrieben, das später mit dem sizilianischen Bernstein, dem Simetit, der auch GOETHE von seiner Italienreise (1787) her, durch sein Hyazinthrot bekannt war, gleichgesetzt wurde (G. & B. KRUMBIEGEL 1994).

Viel bekannter sind die Belemniten jedoch als „Donnerkeile", „Donner"- oder „Blitzsteine". Namen, die allerdings auch für fossile Seeigelstacheln Verwendung fanden. Wie diese Namen vermuten lassen, wurden die Belemnitenrostren mit natürlichen Ereignissen, wie Gewittern, Blitzen und Donner in Zusammenhang gebracht und auch als Abwehrzauber verwendet (Kap.

Abb. 3.45.
Mergelblock mit „versteinerten Linsen" (= Nummuliten) aus dem Eozän von Guttaring (Kärnten).
Orig. IPUW. Höhe 48 mm. Foto R. Gold.

Abb. 3.46.
Gedenktafel am Feld der „steinernen Linsen" bei Guttaring (Kärnten). Foto N. Vávra.

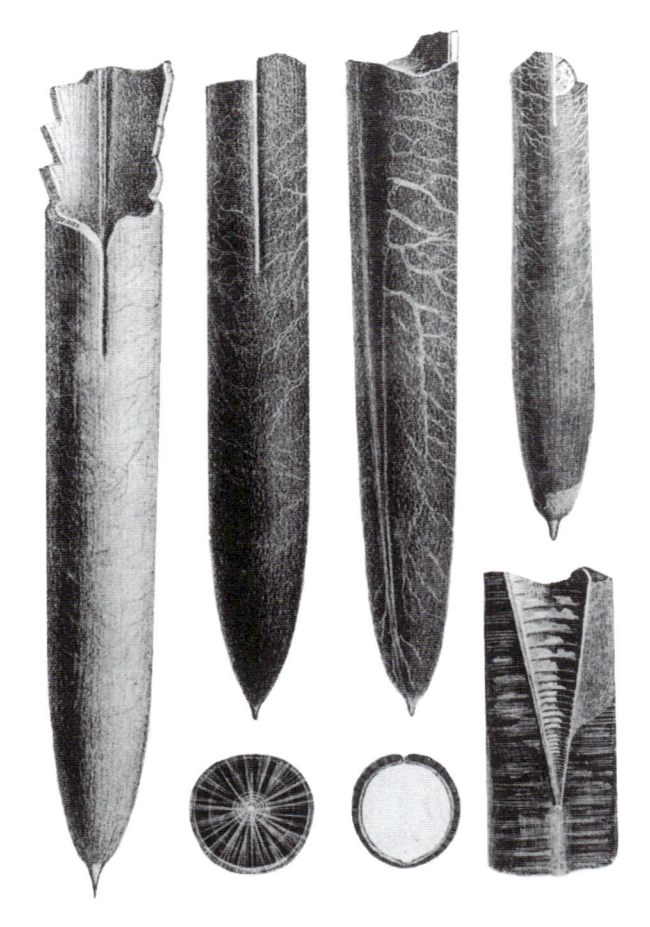

⇐ Abb. 3.47.
Belemniten. Rostren von *Belemnitella mucronata* (Belemnitoidea) aus der O-Kreide. Ausschnitt aus einer (Bild-)Tafel von F. A. QUENSTEDT's „Handbuch der Petrefactenkunde" (1846-1849). Rostrum mit Phragmocon, Alveolarschlitz, Ventralfurche und Gefäßeindrücken sowie Querschnitten. Nach F. A. QUENSTEDT (1846-1849).

Abb. 3.48. (u.l.)
„Luchssteine" bzw. „Donnerkeile". Rostren von *Belemnitella mucronata* aus der O-Kreide (O-Campan) von Rügen. Orig. NHMW. Länge ca. 90-95 mm. Foto A. Schumacher.

Abb. 3.49.
(Innen-)Skelett der Belemnitoidea (Cephalopoda). Schema mit teilweise aufgeschnittenem Rostrum (a) und mit Längsschnitt (b). - AK = Anfangskammer, PH = Phragmocon (= gekammerter Abschnitt), PR = Proostracum, R = Rostrum, SE = Septum (Scheidewand), SI = Sipho, VF = Ventralfurche. Vergleiche Abb. 3.58 wegen der Homologisierung (= Gleichsetzung) einzelner Abschnitte mit jenen des Außenskeletts bei Nautiloidea und Ammonoidea. Zeichnung N. Frotzler. ⇓

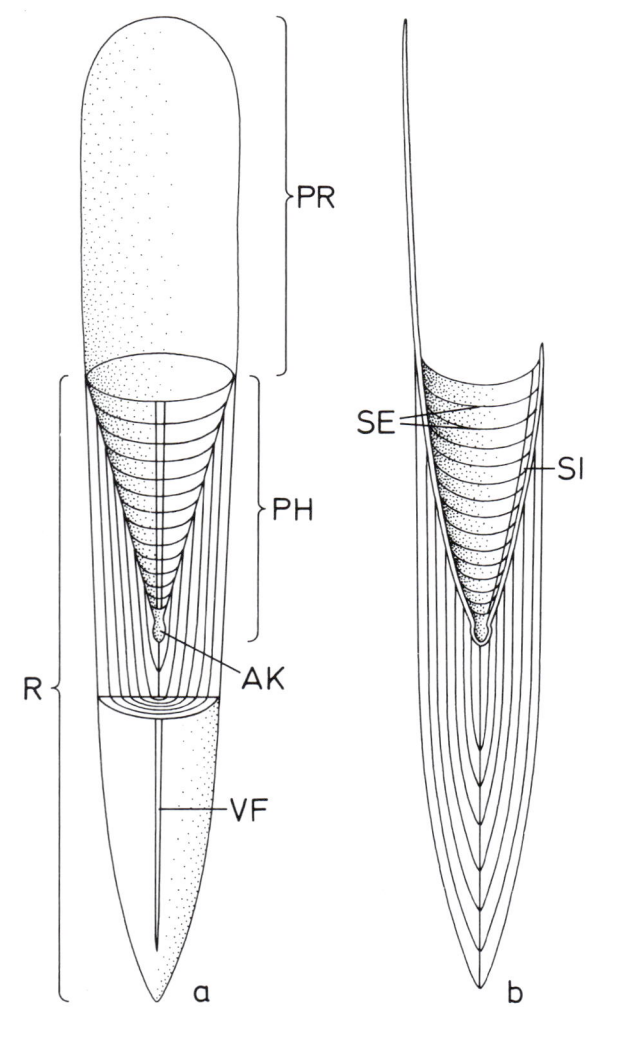

3.2.). Wie ABEL (1939: 86) ausführt, gleichen manche Belemniten mit ihrer scharfen Spitze am Hinterende richtigen Geschossen oder dem Bolzen einer Armbrust. Derartige Geschosse oder Pfeile sollten von Alben (= Elfen) stammen, daher der Name „Albschoß". Aber auch „Hexenpfeil" sind sie genannt worden, wobei deren Einwirkung auf den Menschen im sogen. „Hexenschuß" bestehen soll.

Wie weit den alten Ägyptern bei ihren Hieroglyphen mit dem Lautwert „hm" echte Belemniten als Vorlage gedient haben, wie es GARDINER (1982) annimmt, muß dahingestellt bleiben.

ABEL (1939) sowie RÄTSCH & GUHR (1992) führen noch etliche weitere Bezeichnungen und ihre mutmaßliche Herkunft (z.B. Mahrenzitzchen, Fingersteine, Rappen- bzw. Rabensteine) auf. Die Zugehörigkeit der Belemniten zu Weichtieren (Mollusca) aus der Verwandtschaft der Kopffüßer (Cephalopoda) erkannte übrigens erstmals BALTHASAR EHRHART in seiner Dissertation „De belemnitis suevicis" aus dem Jahr 1724 bzw. 1727 (vgl. WITTMANN 1979). Heute werden sie als eigene, ausgestorbene Gruppe der Kopffüßer klassifiziert (Belemnitida), die sich u.a. durch das dreiteilige Innenskelett aus Rostrum, Phragmoconus und Proostracum von den übrigen „Tintenfischen" (Coleoidea) unterscheiden (Abb. 3.49).

„Donnersteine"

Manche Seeigel (Echinoidea, Echinodermata), wie *Echinocorys ovata*, *Galerites vulgaris* und *Echinoconus roemeri* sind in der Schreibkreide und in den eiszeitlichen Geschieben Norddeutschlands häufig zu finden (Abb. 3.50). Zu den bekanntesten Fundgebieten dieser Oberkreideseeigel zählen die Insel Rügen und Lägerdorf südlich von Itzehoe. Noch heute werden sie vom Volksmund als „Donnersteine" oder „Riesenknöpfe" bezeichnet. Bei den alten Germanen wurden sie – ebenso wie Belemnitenrostren als Donnerkeile – mit dem Donnergott Donar (= Thor) in Verbindung gebracht, der in seinem Wagen durch die Luft fuhr und seinen Hammer schwang, so daß es blitzte und donnerte. Wo der Blitz einschlug blieben die Donnersteine liegen (PHILIPPSEN 1923). Auf ihre weitere Bedeutung wird noch im folgenden Kapitel zurückgekommen.

Nach PHILIPPSEN (1923) sind Silberknöpfe der altfriesischen Tracht derartigen fossilen Seeigeln nachgebildet (allerdings hier nicht mit pentamerer, sondern tetramerer Symmetrie, die dem christlichen Kreuz entspricht !) und mit einer altfriesischen Sage aus der Zeit des Hexenaberglaubens im Mittelalter verknüpft: Man könne eine Hexe nur mit einem silbernen Knopf erschießen, da eine gewöhnliche Bleikugel stets zurückfliegen und den Schützen selbst treffen würde.

Abb. 3.50.
„Donnersteine" = fossile Seeigel, wie etwa *Echinocorys ovata* aus der O-Kreide von Rügen. Länge 90 mm. Orig. und Foto H. Nestler.

Abb. 3.51.
Trochitenkalk. Gesteinsbildendes Vorkommen von Stielgliedern von Seelilien, wie etwa *Encrinus liliiformis* aus der M-Trias von Kirchberg a.d. Jagst (Baden-Württemberg). Orig. IPUW. Länge 78 mm. Foto R. Gold.

Abb. 3.52.
Encrinus liliiformis als Seelilie (Crinoidea) aus dem Muschelkalk (M-Trias) von Crailsheim (Württemberg). Kelch (Theca) und Stielglieder im Verband erhalten.
Orig. IPUW. Größe 30 ×19 cm. Foto R. Gold.

Abb. 3.53.
„Sonnenradsteine". Stielglieder (Columnalia) der Seelilie *Apiocrinus amalthei* aus dem Lias (U-Jura) von Etzelsdorf bei Neumark (Bay.). Aufsicht auf die Gelenkflächen. Beachte die radiär angeordneten Crenellen (Leisten) und den Zentralkanal.
Orig. NHMW. Durchmesser 10-11 mm. Foto R. Gold.

„Sonnenradsteine" - „Bonifatiuspfennige"

Stielglieder fossiler Seelilien (Crinoidea, Echinodermata) haben gleichfalls zu verschiedenen Assoziationen geführt. Auch hier spielt oft das gehäufte, ja richtig gesteinsbildende Vorkommen in Form von Trochitenkalken (Trochit = Stielglied) zusätzlich eine Rolle (Abb. 3.51). Bei den alten Germanen wurden die oft gesteinsbildend im Muschelkalk (Mittel-Trias) Mitteldeutschlands auftretenden scheibenförmigen Stielglieder der Seelilien (*Encrinus liliiformis*; Abb. 3.52) wegen ihrer strahligen Skulptur auf Ober- und Unterseite als Abbilder der Sonne verehrt und als „Sonnenradsteine" bezeichnet (Abb. 3.53 und 3.54). Noch heute ziert das Sonnenrad manche Wappen (z.B. der Stadt Mainz). Die Fundstellen selbst, an denen die ausgewitterten Trochiten oft ganze Berghänge bedeckten, wurden zu richtgen Kultstätten (z.B. Hülfensberg bei Geismar in Thüringen). Aber auch als Amulette wurden diese Stielglieder getragen. Diese mit dem Sonnenkult verbundenen „Sonnenradsteine" wurden im Zuge der Christianisierung in „Bonifatiuspfennige" umbenannt. Anlaß dazu war der Missionar Winfried (genannt BONIFATIUS, Begründer der Abtei Fulda), der 724 vermutlich bei Fritzlar S Kassel (Hessen) eine dem germanischen Sonnengott geweihte Eiche vor versammelten Heiden fällen ließ, nachdem er ihnen vorausgesagt hatte, Donar werde diesem Frevel machtlos zusehen. Aus dem Holz der gefällten Eiche ließ BONIFATIUS in Fritzlar die erste Kirche bauen. Da die Kirche die heidnischen Vorstellungen nicht einfach auslöschen konnte und wollte, wurden die „Sonnenradsteine" einfach in „Bonifatiuspfennige" umgetauft, nach dem Motto der Kirche, Umdeutung ist besser als Auslöschung.

Eine andere Version dieser Legende um den Apostel BONIFATIUS besagt, daß das Volk der Bekehrung durch den Heiligen BONIFATIUS großen Widerstand entgegensetzte und ihn mit Steinen bewarf. Daraufhin verfluchte BONIFATIUS alles Geld im Lande und jeder Pfennig schrumpfte zu einem kleinen Stein zusammen. Jedenfalls ersetzten kirchliche Heiligenlegenden das völkische Brauchtum, wie es auch im Namen „Hyazinthperlen" für diese Trochiten zum Ausdruck kommt. Nach einer Legende soll der Apostel HYAZINTH auf der Flucht vor Feinden oder beim Suchen nach einer Quelle diese kleinen Steine aus seinem Rosenkranz verloren haben (NEIL 1984).

„Astroiten" - „Sternsteine"

Anders geformte, nämlich fünfeckige Stielglieder der Seeliliengattung *Pentacrinus* aus dem Unter-Jura (Lias) wurden einst als „Astroiten" oder Sternsteine bekannt. Als Sternsteine werden allerdings auch manche versteinerte Korallen, deren Kelche eine strahlige Struktur aufweisen, bezeichnet, von denen anschließend noch die Rede sein soll. Die „Astroiten", die auf fossile Seelilien zurückgehen, sind keineswegs so häufig wie die „Sonnenradsteine", auch wenn sie örtlich gelegentlich in Mengen auftreten.

Die Bezeichnung „Astroiten" geht auf PLINIUS zurück, doch hat dieser fossile Korallen gemeint. Wohl deshalb spricht GESNER (1565) von „Asteriae verae" (Abb. 3.55) und meint damit die fünfzackigen Stielglieder von *Pentacrinus*, die im isolierten Zustand tatsächlich Abbildern von Sternen entsprechen (Abb. 3.56). Im natürlichen Verband, also zusammenhängende Stielgliederabschnitte, hat M. MERCATUS (1574) in Analogie zum Entrochus bei *Encrinus* als Enastros bezeichnet. Wie weit die Vorstellungen der alten Germanen über die Gestirne gediehen waren, ist dank der größtenteils verschollenen Überlieferung darüber nicht mit Sicherheit zu sagen (vgl. GRIMM 1854).

Auf weitere „Astroiten" wird im folgenden Kapitel noch zurückgekommen.

Abb. 3.54.
„Sonnenradsteine" (Stielglieder, oben) und 2 Entrochi (Stielgliedabschnitte, unten) der Seelilie *Pentacrinites* (*Seirocrinus*) *subangularis* aus dem Lias von Reutlingen (Württemberg). Beachte pentamere Anordnung der Crenellen an der Ober- bzw. Unterseite der Stielglieder. Orig. NHMW. Durchmesser 11-16 mm. Länge 25,2 bzw. 22,5 mm. Fotos R. Gold.

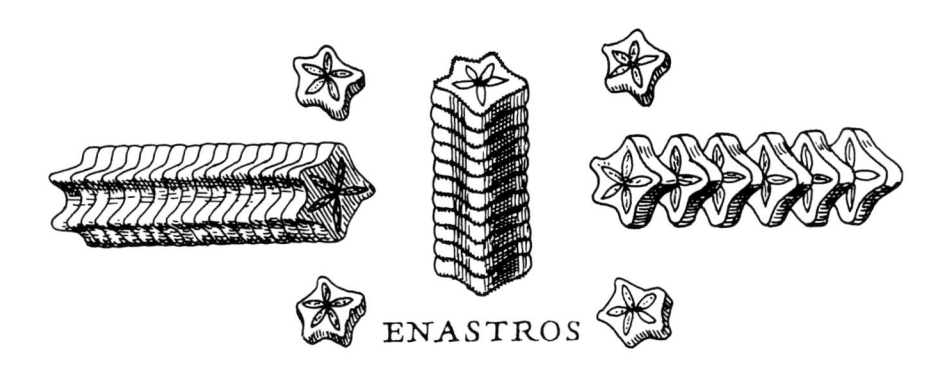

Abb. 3.55.
Enastros (Stielgliedabschnitt) sowie Trochiten eines „Pentacriniten", die als „Astroiten" oder „Sternsteine" bezeichnet wurden. Nach M. MERCATUS (1717), umgezeichnet.

Abb. 3.56. „Astroiten" oder „Sternsteine". Stielglieder (Trochiten) der Seelilie *Pentacrinus scalaris* aus dem Lias von Balingen (Württemberg). Beachte Fünfstrahligkeit der Trochiten. Orig. IPUW. Durchmesser 9-11,5 mm. Foto R. Gold.

„Schlangensteine" - „Ophiten" - „Büffelsteine"

Als wohl bekannteste Fossilien sind hier als nächste die Ammonoidea zu erwähnen. Die Ammonoidea werden im normalen Sprachgebrach als Ammoniten bezeichnet. Diesen Namen verdanken sie dem Umstand, daß im alten Ägypten der Sonnengott Amun-Re (= Ammon der Griechen und Römer) manchmal mit Widderkopf oder zumindest mit Hörnern dargestellt wurde (Abb. 3.57). Diese spiraligen Widderhörner sind wiederum den Gehäusen der Ammoniten sehr ähnlich, denen seit altersher auch entsprechende Aufmerksamkeit (Spirale als Sinnbild der Zeit) geschenkt wurde. Nach KIRCHHEIMER (1977) bezieht sich der Name Ammonis cornua bei PLINIUS auf Steinkerne fossiler Schnecken (*Natica*).

Die Ammonoidea sind – wie die Belemnitida – meeresbewohnende Vertreter der Kopffüßer (Cephalopoda) unter den Mollusken, besitzen jedoch meist ein in einer Ebene, also planspiral, aufgerolltes, gekammertes Außengehäuse, das außer als Schutz zum Auftrieb im Wasser dient (Abb. 3.58). Nur selten ist dieses Gehäuse gestreckt (z.B. *Baculites*), locker spiralig oder gar unregelmäßig aufgerollt. Die regelmäßige spiralige Aufrollung in einer Ebene läßt bei evoluten Formen – bei denen alle Windungen sichtbar sind, wie etwa bei den Gattungen *Arietites* oder *Dactylioceras* – mit einiger Phantasie an eingerollte, zu Stein gewordene Schlangen denken. Tatsächlich sind derartige Ammoniten bereits frühzeitig als „Schlangensteine" oder „Ophiten" bekannt geworden (nicht zu verwechseln mit den Ophiolithen als untermeerische Magmagesteine). Allerdings muß man in der antiken Literatur (z.B. PLINIUS der Ältere) zwei Kategorien von „Schlangensteinen" oder „Ophiten" unterscheiden. Einerseits Grüngesteine, wie Serpentin(-it), andererseits Ammoniten als Schlangensteine. Bei letzteren ist außerdem die Mündungspartie meist künstlich zu einem (Schlangen-)Kopf mit Augen umgestaltet worden (Abb. 3.59).

Wie H. HAGN (1985) ausführt, werden Schlangen zweierlei Bedeutung zugeschrieben. In manchen Kulturkreisen gelten sie als Symbol der Unendlichkeit und Ewigkeit (die Schlange beißt sich in den Schwanz und bildet damit einen Ring = „Ourboros" der Griechen; das spätere Hauptsymbol der Alchemisten), im christlichen Abendland hingegen gilt die Schlange als Symbol des Bösen (= Teufel), haftet ihr doch seit dem Sündenfall im Paradies der Makel der Verführerin an und der Volksmund spricht bei bestimmten Personen von der falschen und hinterlistigen „Schlange". Die gespaltene Zunge ist das Sinnbild der Lüge.

Abb. 3.57. Altgriechische Bündnismünze auf welcher der Gott Ammon (= Amun-Re, der Sonnengott der alten Ägypter) mit einem Widdergehörn (Ammonshorn) dargestellt ist. Nach CH. RÄTSCH & A. GUHR (1992), umgezeichnet.

Nun aber wieder zurück zu den „Schlangensteinen". Bereits C. GESNER beschreibt 1565 einen solchen „Schlangenstein" mit dem Hinweis, daß der Kopf das Außenende des eingerollten Körpers und das Schwanzende der Mittelpunkt der Spirale sei, doch reichen die Vorstellungen viel weiter zurück, wie etwa die Legende von der Heiligen HILDA (614-680), die als Äbtissin des Klosters von Whitby an der Nordseeküste Englands wirkte, zu berichten weiß. Sie soll durch die Kraft ihres Gebetes Schlangen in Stein verwandelt haben, was vielleicht erklärlich wird, wenn man die an der Küste stellenweise häufigen Ammoniten sieht. Es ist dies die für den Lias (Unter-Jura) von Whitby kennzeichnende Art *Dactylioceras commune*. Wie jedoch zu vermuten ist, hatten diese im Strandgeröll an der Ostküste Englands häufigen Ammoniten bereits in vorchristlicher Zeit ihre Bedeutung (RÄTSCH & GUHR 1992). Diese „snakestones", wie sie in Whitby genannt werden, sind dort in körperlicher Form überliefert (Abb. 3.60). Wie RÄTSCH & GUHR (1992) schreiben, waren Walfänger, die bei Whitby vor Anker gingen, mit der Legende von der Heiligen HILDA und den Schlangensteinen wohl vertraut. Sie sammelten die am Strand herausgewitterten Ammoniten, um sie auf See zu bearbeiten. Außer *Dactylioceras commune* wurden auch *D. tenuicostatum* und *Hildoceras bifrons* zu „snake-stones" verwandelt. Alle genannten Ammoniten liegen in körperlicher Form vor, anders wären sie ja nicht zu „Schlangensteinen" zu verarbeiten. Demgegenüber sind die Gehäuse dieser in den Holzmadener Schiefern Württembergs gleichfalls häufigen Art (*D. commune*) durch sogen. Auslaugungsdiagenese in eine Ebene „projiziert", also nicht körperlich erhalten. Von derartigen Dactyliocerasten wird noch in einem anderen Kapitel die Rede sein.

Gleichfalls von Ammoniten, allerdings nicht eingerollten, sondern gerade gestreckten, stammen die sogen. „Büffelsteine" der Prärie-Indianer von Süd-Dakota und Montana in den USA. Die „Indianer-Büffel" der Prärien, eigentlich Bisons (*Bison bison*), bildeten die Lebensgrundlage der Indianer, weshalb diese einst häufigen Wildrinder von diesen als heilig verehrt wurden und als Manifestation von Manitu galten, der bei der Büffeljagd für das Jagdglück sorgte (vgl. auch Kap. 3.2.). Diese „Büffelsteine" sind isolierte Steinkerne der Gaskammern von Baculiten (*Baculites ovatus*, *B. compressus*), also Ammoniten der Ober-Kreide, die ein gestrecktes Gehäuse besitzen (Abb. 3.61). Sie entstehen beim Zerfall der nach Regengüssen aus dem Gestein herauswitternden Gehäuse und erinnern durch ihre Gestalt tatsächlich an „Büffel" (Abb. 3.61 b) (vgl. RÄTSCH 1992).

Abb. 3.59. „Schlangenstein". Ammonit („*Arietites*" [*Coroniceras*] *rotiformis*) aus dem U-Lias von Württemberg mit künstlich geformten Kopf samt Mundspalte und Augen. Beachte die evolute Einrollung des berippten Gehäuses. Lobenlinie nicht sichtbar, da keine Steinkernerhaltung.
Orig. NHMW. Höhe 36 cm. Foto R. Gold.

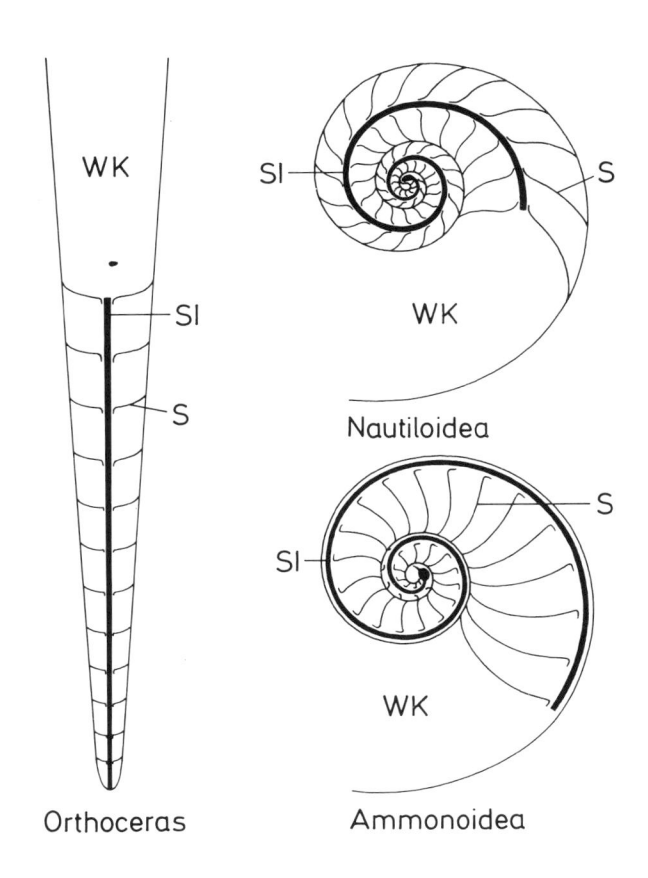

Abb. 3.58. ⇑
(Außen-)Gehäuse beschalter Kopffüßer (Cephalopoda) im Längsschnitt, um die einander homologen Abschnitte bzw. Teile aufzuzeigen (Schemata). *Orthoceras* (Nautiloidea) mit geradem Gehäuse. S = Septum (Scheidewand), SI = Sipho als häutiger Strang, WK = Wohnkammer. Beachte unterschiedliche Lage des Sipho. Zeichnung N. Frotzler.

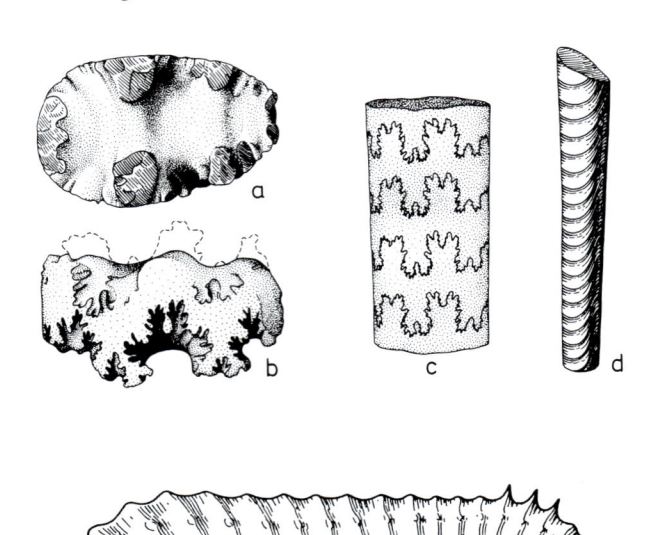

Abb. 3.60. *Dactylioceras commune* (Ammonoidea) aus dem O-Lias von Whitby (England). Körperlich erhaltenes Schalenexemplar. Orig. N. Vávra. Höhe 51,5 mm. Foto R. Gold.

„Glossopetren" - „Natternzungen" - Zähne vom „Mondwolf" - „Tenguklauen"

Auch die sogen. „Glossopetren" („Gesteins-" oder „Natternzungen"; griech. glossa = Zunge, petra = Fels), von denen schon PLINIUS berichtete, wurden mit Schlangen in Verbindung gebracht. Es sind dies unterschiedlich große, spitz-dreieckige, glänzende Gebilde mit seitlichen Kanten, die vor allem in tertiärzeitlichen Küstenablagerungen manchmal massenhaft auftreten und daher frühzeitig die Aufmerksamkeit auf sich gezogen haben (Abb. 3.62). Ein klassischer Aufschluß mit fossilen Haizähnen, heute als Naturdenkmal geschützt, befindet sich in Äpfingen südlich Ehringen in der Meeresmolasse im sogen. Baltringer Horizont, aus dem vor annähernd 100 Jahren der Pfarrer und Hobbypaläontologe PROBST die dortigen Hai- und Rochenzähne beschrieben hat. Wie Grabfunde bezeugen, wurden sie bereits in vorgeschichtlicher Zeit als Schmuck verwendet. Ursprünglich als anorganisch entstandene Naturspiele gedeutet, erkannten einige italienische Naturforscher [A. CESALPINI (1519-1603), M. MERCATUS (1541-1593), F. COLONNA (1567-1650)], denen lebende Haie eine bekannte Erscheinung waren, die wahre Natur dieser „Glossopetren" (Abb. 3.63). Es sind versteinerte Haizähne meist der Gattungen *Isurus* (= „*Lamna*") und *Odontaspis*.

Besonders bekannt sind derartige Haizähne aus dem Tertiär der Insel Malta, wo sie unter dem Namen „pierres de St. Paul" bzw. „Glossopetrae melitensis" Gegenstand eines schwungvollen Handels waren. Es sind dies die Zähne eines besonders großen fossilen Haies („*Carcharodon*" [= *Carcharocles*] *megalodon*), die eine Länge bis zu 15 cm erreichen können (Abb. 3.64). Von fossilen Haien sind meist nur die besonders widerstandsfähigen Zähne erhalten, die knorpeligen Kiefer und das übrige, nur zum Teil etwas verkalkte, Skelett sind nur ausnahmsweise überliefert. Dementsprechend sind die beim lebenden Tier in den Kiefern zahlreich vorhandenen Zähne stets nur isoliert erhalten. Die „pierres de St. Paul" aus Malta verdanken ihren Namen einer, auch in der Apostelgeschichte (APG 28, 3-6) enthaltenen Legende, wonach der Apostel PAULUS während eines – durch Schiffbruch bedingten – Aufenthaltes auf dieser Insel an einem Lagerfeuer von einer Schlange bedroht worden sei. Als der Apostel PAULUS die Schlange in die Flammenglut schleuderte und unverletzt blieb, hielten ihn die Malteser für einen Gott und die Schlangen auf Malta waren ab diesem Zeitpunkte ihres Giftes beraubt und verflucht. Zu Stein gewordene Schlangenzungen blieben erhalten. Dies wäre damit ein weiteres Beispiel für das bereits mehrfach erwähnte Fluchmotiv (vgl. PFEIL 1984).

Abb. 3.61.
„Büffelsteine": (a, b) Gaskammersteinkerne von Ammoniten (*Baculites*) aus der Kreide von Montana (USA); (c) Steinkernstück mit den charakteristischen, zerschlitzten Lobenlinien (Ansatzstellen der Septen an der Außenschale); (d) Gehäuse von *Baculites* = gestreckt. Die Gattungen *Baculites* und *Ancyloceras* (e) sind Angehörige der sogen. heteromorphen Ammoniten, deren Gehäuse nicht regelmäßig planspiral eingerollt sind. Isolierte Gaskammersteinkerne von *Ancyloceras* aus der U-Kreide sind verschiedentlich als „Katzenpfötchen" bekannt. Zeichnungen N. Frotzler. ⇓

Abb. 3.62.
„Glossopetren" oder „Ophioglossae" (Stein- oder Schlangenzungen): Zähne fossiler Haie, wie etwa vom *Synodontaspis* aus dem Miozän (Ottnangium) von Höch bei Passau (O-Österreich). Orig. NHMW. Höhe 23-33 mm. Foto R. Gold.

In der bereits oben genannten ältesten literarischen Erwähnung der „Glossopetren" durch PLINIUS in seiner „Naturalis Historiae", Buch 37, sollen diese nicht in der Erde entstanden sein, sondern bei abnehmendem Mond auf die Erde niederfallen. ABEL (1939: 206) bringt dies mit der bei den alten Germanen verbreiteten Vorstellung in Zusammenhang, daß bei Neumond bzw. einer Mondfinsternis der Mond von einem Ungeheuer, dem sogen. Mondwolf (= „Mânagarmr", dem Kind von Loki aus der Sagenwelt der Asen in Wolfsgestalt) verschlungen wird, wobei ausgebissene Zähne zu Boden fallen (vgl. auch GRIMM 1854). ABEL (1939) bezieht sich dabei auf bildliche Darstellungen des Mondwolfs in romanischen Kirchen (z.B. Schotten- oder St. Jakobskirche in Regensburg, Stiftskirche zu Berchtesgaden; s. JUNG 1939). Die dreieckige Gestalt der Zähne des Mondwolfes Mânagarmr auf einem Säulenkapitell des Kreuzganges der Stiftskirche in Berchtesgaden erinnert tatsächlich stark an Haizähne (Abb. 3.65).

In Japan werden fossile Haizähne – zumindest bei der Landbevölkerung – mit Tengus, halb göttlichen Wesen, die als langnasige, zweiflügelige Gestalten mit Tatzen oder Vogelfüßen dargestellt wurden, in Verbindung gebracht. Diese in der Phantasie äußerst langlebigen oder gar unsterblichen Tengus verlieren ab und zu einen Finger- oder Klauennagel, die dann als (fossile) Haizähne (die in tertiärzeitlichen Ablagerungen Japans stellenweise häufig vorkommen) zu finden sind (RÄTSCH 1995). Auf die Bedeutung dieser „Tengu-Klauen" als Schutzzauber wird noch im folgenden Kapitel zurückgekommen. Ausführliche Literaturangaben über das Thema „Glossopetren" finden sich bei ABEL (1939). Die Bedeutung dieser „Natternzungen" in der Volksmedizin und im mittelalterlichen Kunsthandwerk wird in weiteren Kapiteln dargelegt.

Abb. 3.63.
Schädel eines rezenten Haies mit dem Gebiß aus zahlreichen Einzelzähnen (Zahnbatterien), die den fossilen „Glossopetren" (rechts) entsprechen. Nach N. STENO (1669), umgezeichnet.

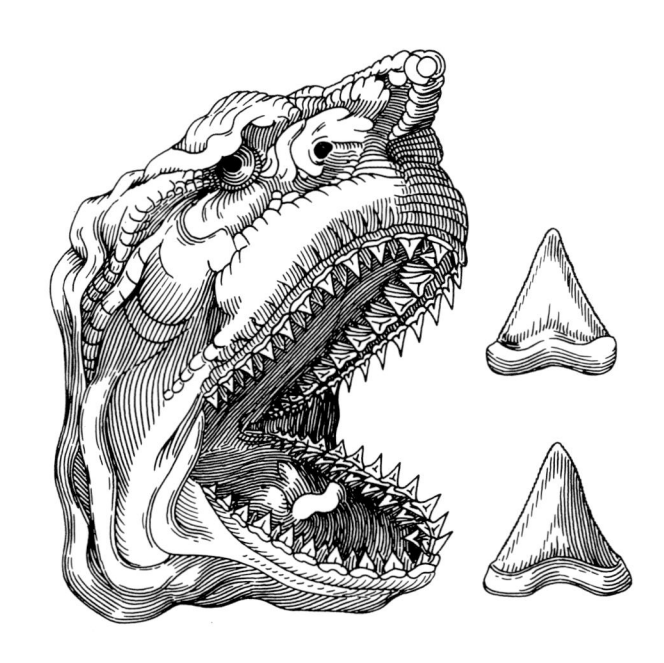

Abb. 3.64.
Einzelzahn („Glossopetrum") eines Riesenhaies („*Carcharodon*" [*Carcharocles*] *megalodon*) aus dem Miozän von Malta. Orig. NHMW. Höhe 104,2 mm. Foto R. Gold.

„Die Heinzelmännchen von Köln"

Ein letztes Beispiel für das Thema Fossilien und Sagen führt uns ins Mittelalter zurück. Das Eifelgebirge, das sich als Teil des Rheinischen Schiefergebirges linksrheinisch westlich von Koblenz bis etwa an die belgische Grenze erstreckt, ist durch fossilreiche Ablagerungen des Devon weltbekannt. Die Hunsrückschiefer des Unter-Devon mit ihren einmalig erhaltenen Fossilien zählen ebenso dazu wie Flachmeersedimente des Mittel-Devon. Für das ältere Mittel-Devon (= Eifelstufe) ist die Pantoffelkoralle *Calceola sandalina* als Angehörige der Tetra- oder Pterocorallia (= Rugosa) das Leitfossil. Sie verdankt ihren Namen dem kennzeichnenden Kelch, der übrigens von einem Deckel abgeschlossen wurde (Abb. 3.66). Diese Besonderheit ist unter Korallen selten. Die *Calceola sandalina* ist im Eifelgebirge stellenweise häufig. Die Kelche dieser Einzelkoralle wurden im Mittelalter mit Zipfelmützen von Zwergen verglichen (Abb. 3.67). Dadurch entstanden Sagen von hilfreichen Hausgeistern, wie etwa von den „Heinzelmännchen von Köln" (WAGENPLAST 1984).

Bernstein - „Gold des Nordens"

Zum Abschluß dieses Kapitels muß auch hier kurz der baltische Bernstein, der Succinit, erwähnt werden. Der Bernstein wird seit altersher – nicht zu Unrecht – auch das „Gold des Nordens" genannt. Es ist nach SCHUBERT (1961) das einstige Harz der sogen. Bernsteinkiefer („*Pinites*" *succinifera* als Sammelname). Die in jüngster Zeit behauptete Herkunft von Zedern erscheint fragwürdig. In Masuren (Polen) und in Litauen gibt es viele Sagen über den Bernstein und seine Entstehung. Eine davon sei erwähnt: Nach einer altlitauischen Sage lebte einst die hübsche Göttin Jurate in einem Schloß am Grund der Ostsee. Der Donnergott Perkunas verliebte

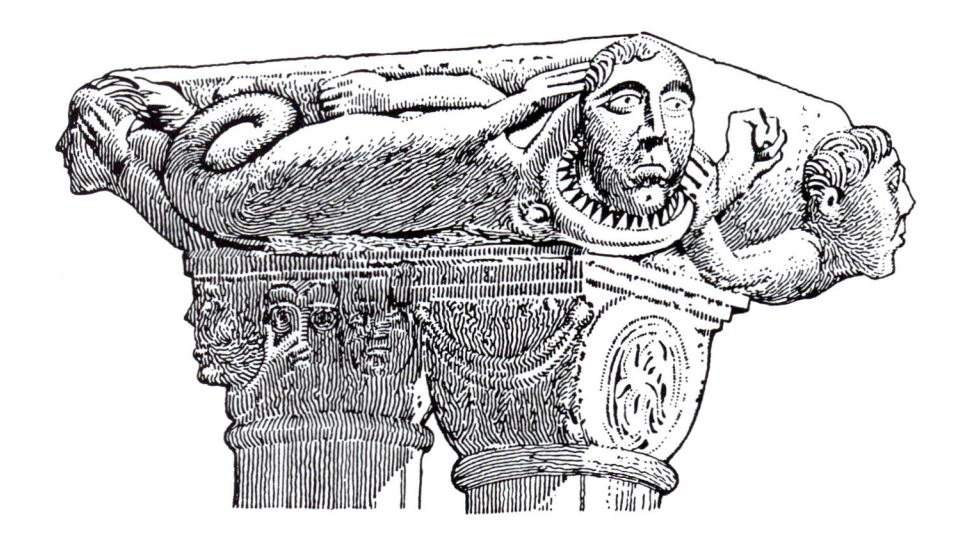

Abb. 3.65.
Säulenkapitell des Kreuzganges der romanischen Stiftskirche von Berchtesgaden (Bayern) mit einer Darstellung des Mondwolfes (Mânagarmr). Beachte die dreieckigen Zähne im Kieferbogen, die den „Glossopetren" entsprechen. Vgl. Text. Nach E. JUNG (1939), umgezeichnet.

sich unsterblich in die Göttin. Diese jedoch liebte den einfachen Fischer Kastytis und erhörte den Donnergott nicht, worauf dieser Kastytis tötete und ihr Schloß zerstörte, so daß sich dessen Trümmer in der Ostsee verstreuten. Seither finden sich die Reste des Schlosses als Bernstein wieder (RICE 1980). Auch von den alten Nordländern ist eine Sage bekannt, wonach die Tränen der Liebesgöttin Freya sich in Bernstein verwandelt hätten. In der Sagenwelt des griechischen Altertums waren es die Tränen von Klymene, der Mutter des unglücklichen Phaëthon und seinen Schwestern, den Heliaden, die diese nach seinem Tode vergossen und die sich alle in Bernstein verwandelten (WALDMANN 1883, SCHWAB 1889). Auch als Tränen der Meleagriden (= Schwestern des giechischen Heros Meleager) werden sie gedeutet (RICE 1980). In China gilt Bernstein als Seele eines (gestorbenen) Tigers (mdl. Mitt. von N. VÁVRA).

Volkstümliche Bezeichnungen für Versteinerungen

Zum Abschluß dieses Kapitels seien noch einige, meist jedoch nur im lokalen Bereich bekannte Versteinerungen genannt, die zwar nicht zu Sagen oder Legenden Anlaß gegeben haben, aber bei der einheimischen Bevölkerung (Bauern, Bergleute, Jäger) wegen ihres meist auffälligen Aussehens mit bestimmten Trivialnamen belegt wurden. Die hier genannten Beispiele sind zweifellos nur eine bescheidene Auswahl, doch reichen sie von Einzellern über Armfüßer (Brachiopoda), Weichtiere (Mollusca) und Gliederfüßer (Arthropoda) bis zu Stachelhäutern (Echinodermata) unter den tierischen Versteinerungen sowie zu fossilen Pflanzen. Auf Pseudofossilien beruhende Fälle sei hier nicht eingegangen.

Von „Münzsteinen", die hauptsächlich auf Großforaminiferen aus dem Eozän (Nummuliten) beruhen, war bereits die Rede. In der Schweiz, im Helvetikum (= eine geologische Einheit zwischen der Molassezone im Norden und dem Kristallin des Aaremassivs im Süden) des Vierwaldstättersees (z.B. Pilatus, Uetliberg) werden Nummuliten bereits von J. J. SCHEUCHZER im 16. Jahrhundert als „Kümmel-" oder „Kümmichsteine" erwähnt.

Abb. 3.66.
Die Pantoffelkoralle *Calceola sandalina* als Vertreter der Pterocorallia unter den Anthozoa aus dem M-Devon von Gerolstein im Eifelgebirege (Rheinland-Pfalz). Orig. SMF. „Höhe" 35-40 mm. Foto S. Tränkner

Abb. 3.67.
Calceola sandalina (Anthozoa) samt Deckel (a) und im Schnitt (b, c) mit eingezeichnetem Weichkörper (Schemata). Nach E. KUHN-SCHNYDER & H. RIEBER (1984) und G. KRUMBIEGEL & H. WALTHER (1984), umgezeichnet.

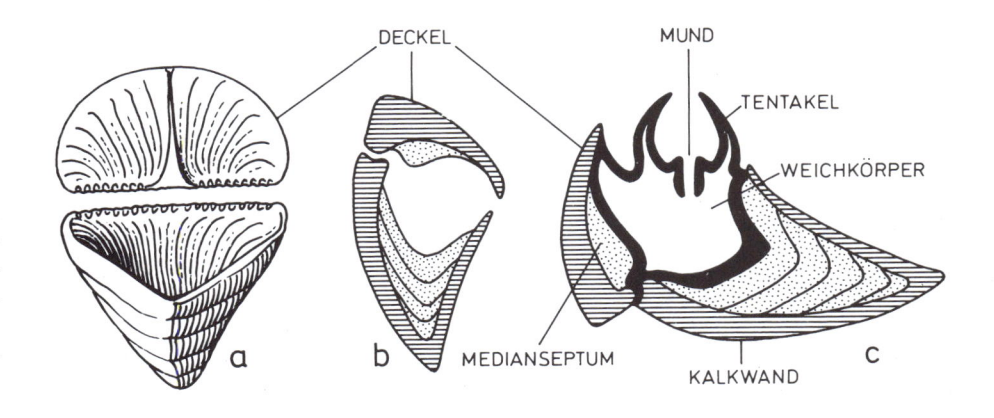

Abb. 3.68. *Stringocephalus* sp. (Brachiopoda) aus dem M-Devon (Stringocephalenkalk) von Bergisch-Gladbach in zwei Ansichten. Diese Brachiopoden werden im Eifelgebirge wegen der schnabelähnlichen Wirbelpartie als „Uhleköppe" (= „Eulenköpfe") bezeichet (s. Seitenansicht). Orig. SMF. Höhe ca. 50 mm. Foto S. Tränkner.

Auf Rügen werden mehr oder weniger kugelige Feuersteinknollen, die im Inneren Kieselschwämme (*Plinthosella squamosa*; Porifera) enthalten und beim Schütteln klappern, dementsprechend als „Klappersteine" bezeichnet (REINICKE 1991).

Aus dem Mittel-Devon des Eifelgebirges, aus dem Stringocephalenkalk, von dem in Zusammenhang mit der Pantoffelkoralle bereits oben die Rede war, stammen auch die in der Bevölkerung als (versteinerte) „Eulenköpfe" (= „Uhleköppe") bezeichneten Versteinerungen. Es sind dies die doppelklappig erhaltenen Schalenexemplare eines etwa hühnereigroßen Armfüßers (Brachiopoda: Terebratulida) mit dem Namen *Stringocephalus burtini*. Bei diesen zweischaligen Armfüßern läuft die sogen. (größere) Stielklappe in einen stark gekrümmten, schnabelähnlichen Fortsatz aus, der in der Seitenansicht etwas an einen Eulenschnabel erinnert (Abb. 3.68). Beide Klappen sind konvex gewölbt.

In England wurden fossile Brachiopoden (die einst als Muschelverwandte angesehen wurden) als „lampshells" („Lampenmuscheln") bezeichnet, da viele Brachiopoden (z.B. *Terebratula*) an Öllampen der alten Römer und Etrusker erinnern. Dem Loch für den Lampendocht entspricht das natürliche Stielloch der Armfüßer. Unter dem Namen „Schmetterlinge" bzw. „Schmetterlingsflügel" („butterflies-wings") sind tektonisch meist etwas verzerrte Armfüßer aus devonischen Ablagerungen von Cornwall (Südwest-England) bekannt. Die Schalen dieser Brachiopoden (*Cyrtospirifer verneuli*) sind flügelartig verbreitet, was durch die Rippung noch verstärkt wird. Verwandte Formen aus China werden uns noch in Kap. 3.2. als „Steinschwalben" begegnen.

Armfüßer der Gattung *Crania*, bereits als „Brattenburger Pfenninge" erwähnt, werden vom Volksmund auch als „Totenköpfchen" bezeichnet, da die Innenseiten der Klappen einem stilisierten Totenkopf äh-

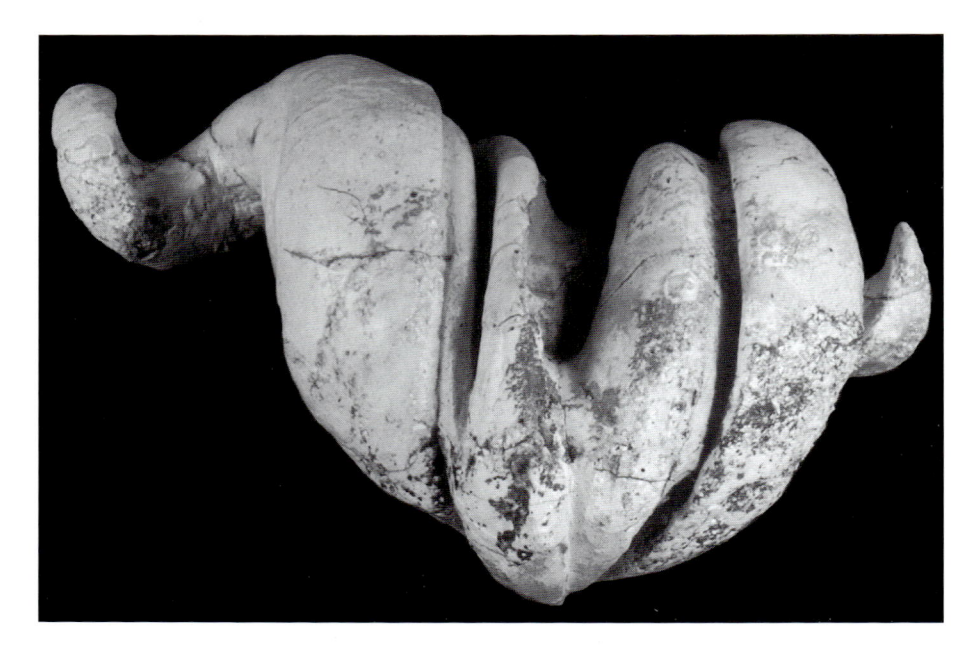

Abb. 3.69. Steinkern der Muschel *Diceras arietinum* aus Kalkstein des O-Jura von Ernstbrunn (N-Österreich). Wegen ihrer widderhornartigen Gestalt bei den Steinbrucharbeitern als „Hörndl'n" bekannt. Orig. K. Schütz. Breite 17 cm. Foto Ch. Reichel.

neln. Solche *Crania*-Exemplare stammen aus den unteren *Crania*-Kalkgeschieben der O-Kreide und dem ältest-tertiären (paleozänen) Echinodermen-Konglomerat.

Das nächste Beispiel führt uns zu Muscheln (Bivalvia) aus dem O-Jura. In den weißen Ernstbrunner Kalken von Ernstbrunn und Umgebung (Niederösterreich; z.B. Dörfles) lassen sich immer wieder, nur selten vollständig erhaltene, charakteristische Versteinerungen finden, die wegen ihrer Gestalt von Steinbrucharbeitern als „Hörnd'ln" (= Hörner) bezeichnet werden. Es sind dies – sofern vollständig erhalten – hornförmig gekrümmte Steinkerne von Muscheln der Gattung *Diceras*. Wie bereits der Name sagt, sind es stets zwei Hörner, die jeweils dem einstigen Schalenhohlraum, in dem die Muscheln lebten, entsprechen (Abb. 3.69). Meist sind diese Steinkerne an der Oberfläche mit Kalzitkriställchen überzogen, die nach Auflösung der Schale zu einem zuckergußähnlichen Aussehen dieser Steinkerne geführt haben. Die Schale dieser Diceraten (*Diceras bubalinum, D. arietinum*) aus der Verwandtschaft der Rudisten, wie etwa die Hippuriten aus der O-Kreide, ist sehr massiv. Es sind sessile, also festgewachsene Muscheln der einstigen Flachmeere, deren kalkige Ablagerungen in der „Waschbergzone" Niederösterreichs wegen ihrer großen Widerstandsfähigkeit als sogen. „Klippen" (z.B. Staatzer und Falkensteiner „Klippe") bereits landschaftlich stark in Erscheinung treten. Entsprechende Äquivalente sind die Diceraten-Kalke der Schwäbischen Alb und die Stramberger Kalke von Stramberg in Mähren.

Als weiteres Beispiel sei noch eine fossile Muschelart aus der Verwandtschaft der Austern, nämlich *Gryphaea arcuata* erwähnt. Eine stark gekrümmte, dickschalige „Unterklappe" (= linke Schale) mit deutlichen Zuwachsstreifen und die flache, Deckel-förmige „Oberklappe" (= rechte Schale) sind kennzeichnend für diese Muschel, die in Lias-Mergeln häufig zu finden ist. Wegen der stark gekrümmten Wirbelregion der „Unterklappe" wird *G. arcuata* vom Volksmund als des „Teufels Zehennagel" (= „Devil's toe-nail") bezeichnet (OAKLEY 1965; Abb. 3.70).

Steinkerne einer weiteren Muschelart aus der Jurazeit, nämlich *Myophorella incurvata*, sind im deutschen Sprachraum als „Teufelskopf" bekannt, besonders wenn die Muskeleindrücke an der Steinkernoberfläche künstlich hervorgehoben wurden.

Als „Wirfelstoan" (= Würfelstein) bezeichnet man in Österreich und Bayern Schnecken aus den Gosauschichten der Oberkreide, die im Querschnitt eine charakteristische Spirale zeigen. Sie werden uns im folgenden Kapitel noch beschäftigen.

Es ist eine alte Erfahrungstatsache, daß Konkretionen, also meist unregelmäßig geformte, aus Mineralaggregaten zusammengesetzte, feste Körper im Gestein oder im Lockersediment, oft Fossilien enthalten. Sie bilden sich um einen Kristallisationspunkt, der manchmal ein organischer Rest sein kann. Derartige Gebilde aus Schwerspat (Baryt) sind im Alttertiär des Mainzer Bek-

Abb. 3.70.
Die Muschel *Gryphaea arcuata* aus dem Lias (U-Jura) von Aldingen (Württemberg). In England als „Devils toe-nail" („Teufels Zehennagel") bekannt. Orig. IPUW. Höhe etwa 70 mm. Foto R. Gold.

kens besonders in den unteren Meeressanden des Mittel-Oligozäns von Waldböckelheim (etwa in der Kiesgrube von Steinhardt) bei Bad Kreuznach anzutreffen. Diese Konkretionen enthalten meist Steinkerne oder auch nur Abdrücke von Muscheln (*Glycymeris obovata, Pitar incrassata*) und Schnecken (*Megatylotus crassatina*) sowie selten solche von Pflanzen (z.B. *Pinus*-Zapfen). Weil sich diese Fossilreste in den bis zu 10 cm im Durchmesser erreichenden Konkretionen durch die nachträgliche Schalenauflösung oft lose befinden, spricht man in dieser Gegend von den „Steinhardter Erbsen" bzw. den „fossilen Hülsenfrüchten" aus dem Oligozän (WINCKLER 1984).

Ähnlich ist es mit den „Altdorfer Laibsteinen", bei denen es sich gleichfalls um Konkretionen mit Fossilien handelt. Allerdings stammen diese aus dem Unter-Jura (Lias epsilon = Toarcium) von Altdorf in Oberfranken und sie enthalten außer Muscheln (Posidonien, Inoceramen) und Belemniten (*Passaloteuthis paxillosus*) vor allem Ammoniten (*Hildoceras levisoni, Lytoceras siemensi, Harpoceras elegans, Phylloceras heterophyllum*) (SUCHOPAR 1994).

Zu den wohl bekanntesten Fossilien zählen die soeben erwähnten Ammoniten. Unter ihnen sind es die vor allem im Ornaten-Ton des oberen Dogger (= Mittel-Jura) S-Deutschlands vorkommenden pyritisierten Ammonoidea, die im Volksmund wegen ihres Goldglanzes

Abb. 3.71.
„Goldschnecken" = pyritisierte Ammoniten der Gattungen *Oxynoticeras* und *Amaltheus* aus dem Lias von Balingen (Württemberg). Orig. NHMW. Durchmesser 16,5-18 mm. Foto R. Gold.

Abb. 3.72.
„Goldschnecke" = pyritisierter Ammonit (*Kosmoceras jasoni*) aus dem Dogger (M-Jura) von Göppingen (Württemberg). Orig. NHMW. Durchmesser 22,5 mm. Foto R. Gold.

als „Goldschnecken" bezeichnet werden (Pyrit = Katzengold). Sie waren immer schon als Schmuckstücke bzw. Amulette sehr begehrt (vgl. Kap. 4.1.). Zu den bekanntesten „Goldschnecken" zählen *Kosmoceras*, *Macrocephalites*, *Amaltheus* und *Grossouvria* (Abb. 3.71 und 3.72). Bei nepalesischen Buddhisten werden evolute berippte Ammoniten als Saligrame verehrt und als „Götterräder" bezeichnet (HAGN 1977; vgl. Kap. 3.2) und in Japan heißen Ammoniten, wörtlich übersetzt, „Chrysanthemensteine", wie RÄTSCH (1992) schreibt. Flachgedrückte Scheiben von Ammoniten sind nach LEHMANN (1990) als „Bierdeckel" bekannt.

Auf Helgoland sind die Gaskammersteinkerne von *Ancyloceras* aus der Kreide unter dem Namen „Katzenpfötchen" bekannt. Sie stammen von sogen. heteromorphen Ammoniten, deren Gehäuse nur teilweise eingerollt ist (vgl. Abb. 3.61). In manchen Gegenden Deutschlands werden die im Muschelkalk (Mittel-Trias) stellenweise häufigen Ceratiten (z.B. *Ceratites nodosus*) als „Scherhörner" (nach scher = aus dem Boden stammend) bezeichnet (Abb. 3.73). Ein Name, der erstmalig (1602) vom württembergischen Hofarzt JOHANNES BAUHINUS (= JEAN BAUHIN) für Jura-Ammoniten gebraucht wurde.

Die bereits o.g. Donnerkeile (Belemnitenrostren) sind im Aargau als „Stechehörndli", im einstigen Ostpreußen als „Ottertött" bezeichnet worden; auch als „Teufelsfinger" sind sie bekannt. Weitere Vertreter der Kopffüßer sind die Orthoceren in paläozoischen Kalken, die in China „Pagodensteine" genannt werden. Sie erinnern durch ihr gestrecktes und gekammertes Gehäuse an Pagoden (vgl. Abb. 3.58). Nach altem chinesischem Volksglauben entstanden die Orthoceren im Gestein, wenn der Schatten einer Pagode auf sie fiel. Als „Bischofsstab" wird *Lituites lituus* aus dem Ordovizium S-Schwedens und N-Deutschlands (Geschiebe) bezeichnet. Die Gehäuse dieser Kopffüßer (Nautiloideen) sind durch den spiralig eingerollten Anfangsteil bei sonst gestrecktem Gehäuse gekennzeichnet.

Einer ganz anderen Tiergruppe, nämlich den ausgestorbenen Dreilappern (Trilobita) als Vertreter der Gliederfüßer (Arthropoda), gehören die „Dudley locusts" bzw. „Dudley insects" aus Dudley in England an. Diese Versteinerungen sind einst und zwar bereits im 17. Jahrhundert, als Insekten (Heuschrecken) verkauft worden. Tatsächlich sind es jedoch Trilobiten aus dem Silur (Wenlock Serie), die später wissenschaftlich als *Calymene blumenbachi* beschrieben wurden (Abb. 3.74). Diese Trilobiten von Dudley wurden auch in das Stadtwappen aufgenommen (s. Kap. 4.7.). Trilobiten sind eine eigene Gruppe unter den Arthropoden, die den Spinnenartigen näherstehen als den Krebsen oder den Insekten. Schon deshalb sollte die Bezeichnung Dreilapp-Krebse vermieden werden. Die Dreilapper besitzen ein dreiteiliges Außenskelett (Carapax) aus Kopfschild (Cephalon), Rumpf (Thorax) und Schwanzschild (Pygidium). Kopf- und Schwanzschild sind meist einheitlich, der Rumpf hingegen besteht aus mehreren, miteinander beweglich verbundenen Segmenten. Manche Trilobiten konnten sich, ähnlich den Asseln unter den Krebstieren, einrollen, weshalb diese meist auch als „fossile Kellerasseln" bezeichnet werden.

Die nächsten Beispiele beziehen sich auf Angehörige der Stachelhäuter (Echinodermata). Aus den Solnhofener Plattenkalken des Ober-Jura (Malm) der Schwäbischen Alb sind nicht nur die berühmt gewordenen Exemplare des Urvogels (*Archaeopteryx lithographica*) bekannt geworden, sondern auch eine Unmenge weiterer Versteinerungen. Obwohl diese in den Museen häufig sind, zählen Fossilfunde in den Solnhofener Plattenkalken zu den Seltenheiten. Lediglich der steinbruchmäßige Abbau erklärt diese Diskrepanz. Als häufigste Versteinerungen lassen sich – neben Lebensspuren – kleine Knochenfische (*Leptolepides sprattiformis*), Schlangensterne (*Geocoma*) und Seelilien (Crinoidea) der Gattung *Saccocoma* finden. Letztere sind unter dem Namen „Eichstätter Spinnensteine" bekannt, nachdem der Nürnberger Apotheker BASILIUS BESLER erstmals im Jahr 1616 eine derartige *Saccocoma* als Spinne dargestellt hatte. Diese Seelilien sind im Gegensatz zu den meist sessilen, also festsitzenden Formen, wie etwa *Encrinus* oder *Pentacrinus* (s.o.) freischwimmende, stiellose Angehörige der Crinoidea. Sie besitzen eine pentamere (fünfstrahlige) Symmetrie. Bei der stellenweise häufigen Art *Saccocoma pectinata* erkannte der Altdorfer Arzt Prof. JOHANN JAKOB BAIER 1730 deren wahre Natur. Die Ähnlichkeit mit Spinnen ist nur eine entfernte, da Spinnen bekanntlich acht Beine besitzen, die *Saccocoma* jedoch zehnarmig ist (Abb. 3.75). Diese „Eichstätter Spinnensteine" sind nicht identisch mit den „Lapides arachneolithi" der älteren Literatur, die sich auf fossile Korallen beziehen (siehe folgendes Kapitel). Im Bayerischen werden diese Seelilien, deren Reste die Gesteinsoberfläche knopfähnlich überragen, als „knopfate Stoan" bezeichnet (mdl. Mitt. N. VÁVRA).

Als sessiles Gegenstück zu *Saccocoma* sei hier noch das „Schwäbische Medusenhaupt" aus den Posidonienschiefern des Unter-Jura von Württemberg (z.B. Ohmden, Holzmaden, Boll) erwähnt. Es beruht auf vielfach vollständig erhaltenen Seelilien der Art *Seirocrinus* (= „*Pentacrinus*") *subangularis*, die, meist auf Treibholz festgeheftet, mit ihren Stiel eine Länge bis zu 18 m erreichen konnte. Die Kelche dieser Seelilie mit den reich verzweigten Armen lassen diese Assoziation („Medusenhaupt" = rezente Schlangensterne), verständlich erscheinen. Fossilplatten mit zahlreichen derartigen Exemplaren befinden sich im Museum Hauff in Holzmaden sowie im Institut und Museum für Geologie und Paläontologie der Universität Tübingen. Die bereits oben als „Sonnenradsteine" erwähnten Stielglieder von *Encrinus liliiformis* sind seinerzeit in Westfalen unter dem Namen „Hünentränen" bekannt gewesen. Auch als „Mühlsteine der Wichtelmännchen" wurden die durchlochten Stielglieder von *Encrinus liliiformis* bezeichnet.

Abb. 3.73. Steinkern von *Ceratites* (*Paraceratites*) *nodosus* aus dem Muschelkalk (M-Trias) von Bruchsal (Baden-Württemberg). Derartige Ammoniten wurden erstmalig von JEAN BAUHIN (1602) als „Scherhörner" bezeichnet. Orig. NHMB. Durchmesser 70 mm. Foto S. Dahint.

Abb. 3.74. „Dudley locust" = *Calymene blumenbachi* als Trilobit (Arthropoda) aus dem Silur von Dudley (Worcestershire, England). Länge ca. 70 mm. Zeichnung N. Frotzler.

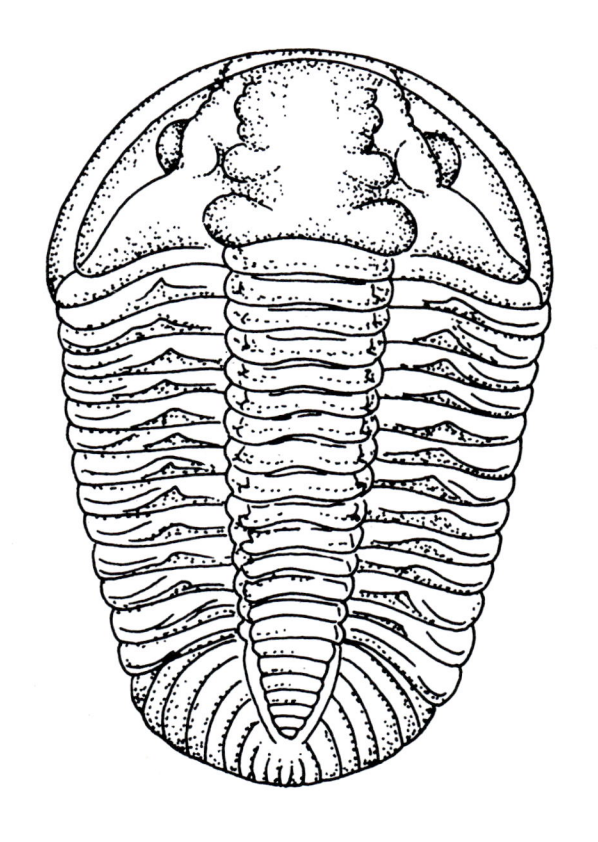

Abb. 3.75. „Eichstätter Spinnensteine" (= *Saccocoma pectinata*) als Angehörige freischwimmender Seelilien (Crinoidea) aus dem O-Jura von Solnhofen im Altmühltal (Bay.). Orig. NHMW. Plattenbreite 148,5 mm. Foto R. Gold.

Verschiedene Seeigel aus der Oberkreide Norddeutschlands, wie *Echinocorys* und *Echinoconus roemeri*, werden von der dortigen Bevölkerung wegen ihrer Gestalt als „Riesenknöpfe" bezeichnet. In England entsprechen ihnen die sogen. „chalk-eggs". In Südschweden (Öland) werden die manchmal gehäuft vorkommenden, kugelförmigen Kalzitgehäuse von sogen. Beutelstrahlern (= Cystoidea als Angehörige der Blastozoa; s. syst. Tab.) der Art *Echinosphaerites aurantium* aus dem M-Ordovizium als „Kristalläpfel" (wegen der Kalzitkristalle) oder als „Linné's Äpfel" bezeichnet (GRAVESEN 1993).

Als letztes Beispiel aus dem Tierreich seien die „Schriftsteine" (Graptolithen) erwähnt. Es sind dies Reste von koloniebildenden Lebewesen, die sich meist silbrig glänzend (Name) vom dunklen Muttergestein („Schwarzschiefer") abheben und für das Altpaläozoikum (Ordovizium, Silur) wichtige Leitfossilien darstellen. Organisation und Form der Kolonien (geradegestreckt, eingerollt, verzweigt) dieser ausgestorbenen, meist planktonisch lebenden Meeresbewohner ähnelt den heutigen Pterobranchiern (Flügelkiemer) unter den Stomochordaten, einem eigenen Stamm innerhalb der Wirbellosen.

Als Gegenstücke aus dem Pflanzenreich seien nur einige Beispiele genannt. Zunächst die sogen. „Starsteine" oder Psaronien (*Psaronius*) aus dem Jung-Paläozoikum. Es sind meist verkieselte oder dolomitisierte und daher strukturbietende Stämme von Baumfarnen (Filicophyta), die im angeschliffenen und polierten Querschnitt ein ganz charakteristisches Aussehen besitzen. Die zentral angeordneten Leitbündel sind peripher von einem Mantel aus Luftwurzeln, die in ein Füllgewebe eingebettet sind, umgeben (Abb. 3.76). Die einzelnen Wurzeln erscheinen als runde Farbtupfen, die zum Namen „Starstein" geführt haben und richtig dekorativen Charakter besitzen (vgl. Kap. 4.4.). Der Name Psaroni-

Abb. 3.76. „Starstein" = *Psaronius*. Querschnitt durch den Stamm eines fossilen Baumfarnes (Filicophyta) aus dem U-Perm von Chemnitz-Hilbersdorf (Sachsen). Orig. NHMW. Max. Durchmesser 36 cm. Foto A. Schumacher.

Abb. 3.77.
„Frankenberger Kornähren" = Zweigreste von *Ullmannia bronni*, einer Konifere (Coniferophytina)) aus dem Kupferschiefer des Zechstein (O-Perm) von Frankenberg (Hessen). Orig. SMF. Foto S. Tränkner.

us entspricht keiner Gattung im taxonomischen Sinn, sondern ist ein durch den Erhaltungszustand bedingter Sammelbegriff, der verschiedene Baumfarngattungen umfassen kann.

Ebenfalls aus dem Jung-Paläozoikum, und zwar aus den Mansfelder Kupferschiefern des oberen Perm (= Zechstein) von Frankenberg N Marburg (Hessen) stammen die „Frankenberger Kornähren". Sie sind auch unter dem Namen „Ilmenauer Kornähren" (nach Ilmenau in Thüringen) bekannt. Es sind dies beblätterte (= benadelte) Zweigreste von *Ullmannia bronni*, einer ursprünglichen Koniferenart (Coniferophyta) aus dem jüngsten Paläozoikum. Diese „Frankenberger Kornähren" sind durch die Erhaltung auffällig, da die organischen Reste pyritisiert sind und sich dadurch goldig glänzend vom dunklen Schiefer abheben (Abb. 3.77).

Bei den Bergleuten im Niederrheinischen Baunkohlenbergbau sind verschiedene Trivialnamen, wie etwa die „Gras-" oder „Nadelkohle" für die aus Nadeln der Schirmtanne (*Sciadopitys verticillata*) bestehenden Lagen oder die „Rhein-Datteln" für Samen von Hartriegelgewächsen (Mastixioideen) in Gebrauch (mdl. Mitt. M. PINGEN 1995).

Eigentlich nur der Kuriosität halber sei das „Affenhaar" der Bergmannssprache erwähnt, wie es etwa für das Revier der eozänen Geiseltalkohle bei Halle/Saale zutrifft. Diese „haarigen" Gebilde sind fossile Milchsaftgefäße, vermutlich von Apocynaceen (*Coumoxylon hartigii*), die während der Fossilisation auf natürlichem Wege „vulkanisiert" wurden (GOTTWALD 1976). Als eine Art Gegenstück ist ein Streifen fossilen elastischen Kautschuks aus den jungtertiären Kohlen des Lavanttales in Kärnten zu erwähnen, der von den dortigen Bergleuten (scherzhalber) als „Evas Strumpfband" bezeichnet wurde (BECK-MANNAGETTA 1964).

Namen wie Schuppen- und Siegelbäume oder Stigmarien werden auch in der Wissenschaft für Lepidodendren und Sigillarien bzw. deren Organe verwendet, so daß man sie nicht als Trivialnamen bezeichnen kann.

Als Beispiele, daß auch fossile Lebensspuren unter volkstümlichen Namen bekannt sind, seien Fährten von Dinosauriern erwähnt. Einerseits jene aus dem Ober-Jura des Schweizer Jura, die von Sauropoden herrühren und von Arbeitern des Steinbruches Steingrueben bei Lommiswil seit Jahren – nicht ganz unzutreffend – als „Elefantentritte" bezeichnet werden (Freilichtmuseum Lommiswil/Oberdorf bei Solothurn), andererseits Fährten von Carnosauriern und Sauropoden aus dem Jura/Kreidebereich von Enciso (Prov. Rioja) in Spanien, die unter den Bewohnern der umliegenden Dörfern als „Drachenfährten" bekannt sind (ERTL 1984).

3.2. Fossilreste und ihre Derivate in Magie und Aberglaube, Religion, Volksmedizin und als Meditationsobjekte

In diesem Kapitel ist der Versuch unternommen worden, die Bedeutung von Versteinerungen sowohl in Magie und Aberglauben als auch in der Volksmedizin aufzuzeigen. Eine (ursprünglich beabsichtigte) Trennung beider Themenkreise ist kaum oder nur schwer durchzuführen, da es von magischen Vorstellungen oft nur ein kleiner Schritt zur gezielten Verwendung von Fossilien in der Volksmedizin ist, wie überhaupt die Magie am Anfang der Medizin stand. Ständige Überschneidungen und Wiederholungen wären daher bei einer Trennung in zwei eigene Kapitel nicht zu vermeiden gewesen. Bereits die Abtrennung vom vorigen Kapitel ist manchmal nur schwer möglich, da einzelne Versteinerungen – entsprechend ihrer Verwendung – auch hier erwähnt werden müssen. Das Thema ist zwar außerordentlich interessant und vielschichtig, aber auch so umfangreich, so daß schon aus Raumgründen nur eine Auswahl berücksichtigt werden kann.

Der Begriff Fossil ist auch hier sehr weit gefaßt, indem selbst Derivate von fossilen Organismen, wie etwa das Steinöl, aber auch Bernstein als fossiles Harz, Gagat als Kohle oder zu Pulver vermahlene Reste von Versteinerungen, wie sie nicht nur in chinesischen Apotheken Verwendung finden, berücksichtigt wurden.

Bestimmte Steine und damit auch Fossilien, die einst auch als Steine galten, führten beim Menschen schon frühzeitig zu Vorstellungen, daß manchen von ihnen geheimnisvolle Kräfte innewohnen. Der Mensch versuchte sich diese Kräfte in verschiedener Weise nutzbar zu machen. Dies begann bei der Vorbeugung und Bekämpfung von Krankheiten mit Orakelsteinen, Talismanen und Amuletten und führte zur Anwendung derartiger „Steine" zur Heilung. So entstand, wie H. HAGN (1985) schreibt, die sogen. Lithotherapie (gr. lithos = Stein und therapeia = Behandlung) im Bereich der Volksmedizin. Wie HAGN betont, spielte dabei die Ähnlichkeit eines Heilmittels (z.B. Form, Farbe) mit dem erkrankten Organ die entscheidende Rolle. „Schlangensteine" wurden gegen Schlangenbisse, sogen. „Wirfelsteine" gegen die Drehkrankheit von Schafen verwendet, „Natternzungen" als spitzige Objekte sollten vor Gefahren schützen, „Hysterolithen" (= „Muttersteine") gegen Frauenleiden wirksam sein. Derartige Steine und Versteinerungen wurden in den mittelalterlichen Apotheken bzw. den Lapidarien für medizinische Zwecke gesammelt und bei Bedarf angewandt.

Diese Anwendungen entsprechen im Prinzip der von dem berühmten Arzt und Philosophen PARACELSUS, Theophrast von Hohenheim (1493-1541), vertretenen Signaturenlehre, die später (1810) SAMUEL HAHNEMANN (1755-1843) zur Begründung der Homöopathie, führen sollte. Nach PARACELSUS hat die Natur gegen jede Krankheit ein Gegenmittel (ein Arcanum) bereit und entspricht damit dem Prinzip der Selbsthilfe der Natur. Das Prinzip der Homöopathie lautet: „Similia similibus curantur", Gleiches mit Ähnlichem heilen.

Allerdings beherrschen im frühen Mittelalter noch abergläubische und heidnische Bräuche die damalige Medizin (z.B. Drachenblut und seine Schutzwirkung). Selbst heute noch werden Begriffe aus dieser Zeit verwendet, wie etwa Influenza, als Einflüsse der Atmosphäre als Ursache von Infektionen angesehen wurden.

Bernstein - „Gold des Nordens"

Zunächst zum Bernstein als fossiles, diagenetisch verhärtetes Harz, von Mineralogen als „organisches Mineral" bezeichnet, der als Baltischer Bernstein (= Succinit) in Europa dank seiner bemerkenswerten Eigenschaften bereits in prähistorischer Zeit eine Rolle spielte. Aus Bernstein gefertigte menschliche Figuren aus dem Neolithikum von Schwarzort (= Juodkrante im heutigen Litauen) werden als Ahnenfiguren gedeutet, ein Bernsteinphallus war vermutlich Symbol der Zeugungskraft. Wahrscheinlich wurden bereits damals Bernsteinperlen z.T. als zeremonielle Opfergaben verwendet. Ein Bernstein-Bär diente möglicherweise als Amulett. Seit dem Altertum genießt der Bernstein den Ruf einer vielseitig verwendbaren Medizin. Bereits PLINIUS berichtet (nach WALDMANN 1883), daß ihn Bauernfrauen in Oberitalien gegen Halskrankheiten verwendeten, welche durch das Wasser der Alpen hervorgerufen worden seien; d.h. gegen Kropfbildung (!) (s. ANDREE 1951). Aber auch gegen Magen- und Darmbeschwerden, Ohrenkrankheiten (Bernstein mit Honig und Rosenöl zerrieben), Augenschwäche und selbst gegen Wahnsinn soll Bernstein im Altertum verwendet worden sein. Auch im Mittelalter kam dem Bernstein als Heil- und Zaubermittel große Bedeutung zu. Nach ALBERTUS MAGNUS war er ein verläßliches Mittel gegen Pest und Epilepsie. Bei Pestepidemien wurde Bernstein als Räucherpulver angewendet. So erscheint es nicht verwunderlich, wenn Bernstein noch im 19. Jahrhundert innerlich eingenommen als Heilmittel gegen zahlreiche Leiden, wie hysterische Beschwerden, Frauenkrankheiten, Hüft- und Lendenschmerz, anhaltendes Erbrechen, Wassergeschwülste, Rheuma, Rachitis, Schwindsucht, Lungen- und Halsbeschwerden, Typhus, Gicht, Lähmung, Blähungen und Koliken, zu deren Linderung oder Heilung eingesetzt worden sein soll (ANDREE 1951). In Italien wurde der Simetit (aus Sizilien) als Amulett gegen Krankheiten und gegen den „Bösen Blick" verwendet. Manche fossilen Harze, wie etwa der Glessit aus dem Sauerland (als Begleitharz des Succinit) und von Bitterfeld (Sachsen-Anhalt) wurden und werden in Kirchen Polens und Rußlands als Ersatz für echten Weihrauch benützt, da sie als brennbares Material einen mehr oder weniger aromatischen Duft entwickeln; im Libanon wird Bernstein zum Räuchern von Zimmern verwendet (G. & B. KRUMBIEGEL 1994). Der Bitterfelder Bernstein wird auch als „Mitteldeutsches Gold" bezeichnet.

Durch Mundstücke von Pfeifen aus Bernstein glaubte man einer Ansteckung vorzubeugen. Bernsteinhalsketten sollen deren Träger vor Hexerei und verschiedenen Krankheiten schützen und als Amulett den Kindern das Zahnen erleichtern. Fossilen (Ober-Kreide-)Seeigeln nachgebildete Bernsteinfiguren dienten zur Wikingerzeit für Brettspiele.

Bernstein gilt auch heute noch als Halskette, Talisman oder Amulett – nicht nur in Europa – für in bestimmten Sternzeichen geborene Menschen als Glücksbringer oder als Schutz gegen Hexerei und alle schlechten Wünsche (VILLIERS 1927, RICE 1980).

Gagat („schwarzer Bernstein") - fossile Hölzer

Aus Gagat (= „jet"), einer Art bituminöser, ausgezeichnet polierfähiger Kohle, die aus abgesunkenen Treibhölzern entstanden und vornehmlich aus Ablagerungen des Lias (Unter-Jura) bekannt ist, wurden bereits frühzeitig Anhänger in Form gelochter Perlen gefertigt. Eine besonders interessante Kleinplastik aus Gagat ist aus dem Jung-Paläolithikum (Magdalenien) von der „Kleinen Scheuer", einer Höhle im Rosenstein bei Stetten (Schwaben) bekannt (s. Kap. 4.1.). Sie stellt die Larve einer Rentier-Dasselfliege (*Oedemagena tarandi*; s. DINGFELDER 1961) dar und dürfte als Anhänger bzw. Amulett getragen worden sein (Abb. 3.78). Die Dasselfliegen bzw. ihre Larven waren dem damaligen Menschen als Hautparasiten der Rentiere (*Rangifer tarandus*), dem wichtigsten Jagdwild dieser Zeit (Magdalenien = Zeit der Rentierjäger), zweifellos durch die oft großflächigen Geschwüre bekannt und vermutlich als zusätzliche Nahrung geschätzt. Die erstaunlich naturalistisch ausgeführte Kleinplastik hatte daher wohl eine bestimmte Bedeutung.

Im Mittelalter wurde Gagat für religiöse Objekte, wie Rosenkranzperlen, Kreuze und Ringe herangezogen. Auch für die nordamerikanischen Pueblo-Indianer besitzt er religiöse Bedeutung. Gagat galt überhaupt lange Zeit als Zauberstein mit magischen Kräften und als Heilmittel gegen Epilepsie. Noch heute hängen Spanier und Basken ihren Kindern „Higos" aus Gagat zur Abwehr um den Hals. Bruchstücke fossiler (Kiesel- oder Kalk-)Hölzer galten bei den alten Ägyptern als magische Steine bei Orakeln.

Rohöl – Steinöl („Schieferöl")

Weitere fossile Produkte pflanzlicher bzw. tierischer Herkunft sind hier zu erwähnen, nämlich einerseits das Erdöl (Rohöl oder „rock oil" bzw. „petroleum"), andererseits das sogen. Steinöl (Ichthyol ist ein geschützter Warenname, daher wird dieser Begriff hier nur unter Anführungszeichen als Synonym für Steinöl verwendet). Erdöl und Steinöl sind Chemofossilien, die – wie das Erdöl – aus einstigen pflanzlichen Mikroorganismen oder – wie beim Steinöl – aus der organischen Substanz von Fischen entstanden sind.

Erdöl tritt an manchen Stellen der Erdoberfläche zu Tage und kann dann auf natürlichem Wege zu Asphalt verwittern, wobei Asphaltseen entstehen, wie dies in sogen. „tar pools" (z.B. Rancho La Brea im Hancock Park in Los Angeles, Kalifornien, auf Trinidad, in Venezuela: Bermudez-Asphaltsee in der Provinz Sucre und in Argentinien nordöstlich der Stadt Jujuy; vgl. DAMMER & TIETZE 1928) der Fall ist (s.o.). Derartige Stellen waren auch bereits den alten Ägyptern bekannt, die ihre Leichen mit Rohöl bzw. Asphalt einbalsamierten. Viel wichtiger ist jedoch die Bedeutung von Rohöl als Heilmittel. Seit dem 12. Jahrhundert waren in der weiteren Umgebung von Hannover unter dem Welfenherzog des damaligen Sachsen und Bayern, Heinrich dem Löwen (1129-1195) sogen. „Theerkuhlen" bekannt. Der „Theer" aus der Erde wurde als äußerliche Medizin zum Einschmieren verwendet (RÜHL 1989). Im 14. Jahrhundert wurde Rohöl auch in der Nähe des Tegernsees im heutigen Bayern unter dem Namen St. Quirinus-Öl zu Heilzwecken benutzt. Gleiches gilt für das Petronius-Öl, das in der Umgebung von Piacenza ebenfalls zu dieser Zeit Verwendung als Heilmittel fand. ANNOSCIA (1981) weist auf ein Manuskript (1460) des Vaters des bekannten italienischen Dichters LODOVICO ARIOSTO hin, in dem über ein Rohöl aus der Gegend

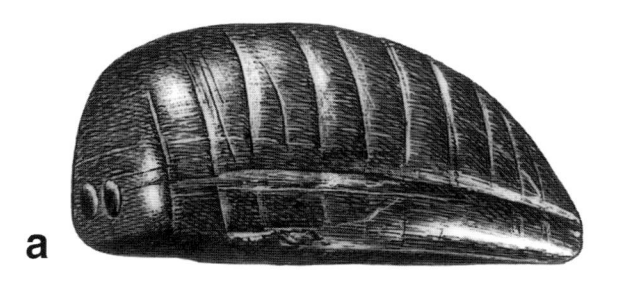

Abb. 3.78.
Skulptur einer Rentier-Dasselfliegenlarve (*Oedemagena tarandi*) aus Gagat von der „Kleinen Scheuer", einer Höhle im Rosenstein bei Stetten (Württemberg). Länge 30 mm. Nach K. D. ADAM (1982), umgezeichnet.

von Modena berichtet wird, das „weltweit" für seine Heilkräfte bekannt gewesen sein soll.

In Nordamerika waren den Seneca-Indianern bereits im 17. Jahrhundert am Oil Creek im Nordwesten Pennsylvanias natürliche Ölaustritte bekannt. Sie schöpften das Rohöl vom Wasser ab und benützten es – wie auch später die dort angesiedelten Weißen – als Medizin (RÜHL 1989). Eine größere Bedeutung erlangte das Rohöl in den USA aber erst ab 1859, als Colonel EDWIN L. DRAKE am Oil Creek bei Titusville nach Öl bohrte und auch fündig wurde. Das „rock oil" (= „genuine petroleum"), als unverfälschtes Erdöl wurde von einem Bootseigner aus Pittsburgh, SAMUEL M. KIER, als Heilmittel für eine stattliche Anzahl von Krankheiten angepriesen. Die Indikationen reichen von Lungenkrankheiten über Cholera, Rheumatismus, Asthma, Bronchitis, Neuralgien und Augenleiden bis zur Taubheit (ANNOSCIA 1981). Noch heute wird Petroleum (als Erdölprodukt) gegen Kopfläuse eingesetzt.

In Wietze W Celle (Niedersachsen) wurde 1858 weltweit die 1. Ölbohrung niedergebracht; das Feld Wietze, auf dessen Gelände sich heute ein Erdöl-Museum befindet, lieferte 1905 ca. 80% der deutschen Erdölproduktion.

Demgegenüber sind sogen. Ölschiefer das Ausgangsmaterial für das Stein- oder Schieferöl (= „Ichthyol"; gr. ichthys = Fisch, lat. oleum = Öl). Es wird durch trockene Destillation gewonnen und wird auch heute noch – zusammen mit Verbindungen aus der Gruppe der Thiophene – unter verschiedenen Markennamen (z.B. Thiosept, Ichtolan, Ichthyol-Salbe, Bitumol, Saurol) in Form von Salben bei der Behandlung von Hautleiden, Furunkeln, Frostschäden, Sehnenscheidenentzündungen, Gelenksrheumatismus und dergleichen dank seiner antiseptischen, schmerzstillenden und entzündungshemmenden Eigenschaften angewendet. Auch in Form von Hormonpräparaten wird es genutzt (GRUBER 1980).

Bekannte Vorkommen von Fischschiefern sind etwa die Seefelder Schichten, bitumenreiche, schwarze Mergel im Hauptdolomit (Ober-Trias) in Tirol, die Fischschiefer von Besano am Como-See (Italien) und der Grenzbitumenhorizont der Mittel-Trias vom Monte San Giorgio am Lago Maggiore im Tessin (Schweiz). Letzterer hat durch seine ausgezeichnet erhaltenen Wirbeltierfossilien (vor allem Ichthyosaurier, Sauropterygier, Ganoidfische und Quastenflosser) dank der jahrzehntelangen Ausgrabungen durch das Paläontologische Institut der Universität Zürich, die mit Namen wie B. PEYER und E. KUHN-SCHNYDER verbunden sind, Weltberühmtheit erlangt. Aber auch östlich des Baikalsees bei Barakshin wird Steinöl gewonnen. In Indien wird es als Heilmittel unter der Bezeichnung „Saladjidi" angeboten.

Über die Bedeutung von Versteinerungen für magisch-medizinische Zwecke gibt M. B. VALENTINI in seinem „Museum Museorum" (1704) einen interessanten Einblick. Von (fossilen) Korallen über Armfüßer (Brachiopoda), Muscheln (Bivalvia), Kopffüßer (Ammoniten und Belemniten) bis zu Seeigeln (Echinoidea) und Seelilien (Crinoidea) sind die verschiedensten Fossilgruppen angeführt (Abb. 3.79, S. 59).

Überblickt man die einzelnen Fossilgruppen nach ihrer Bedeutung in obgenannter Hinsicht, so sind es vor allem zwei Gruppen, welche seit altersher die besondere Aufmerksamkeit breiter Bevölkerungsschichten auf sich gezogen haben: Einerseits die Seeigel als Angehörige der Stachelhäuter, andererseits die Ammoniten als Vertreter der Kopffüßer.

Seeigel: „Schlangeneier" - „Drudensteine"

Zunächst zu den Seeigeln, die bereits in prähistorischer Zeit gesammelt wurden (s. Kap. 2.3.), was angesichts der mehr oder weniger ausgeprägten pentameren (fünfstrahligen) Symmetrie nicht verwunderlich erscheint. Seeigel sind ausschließlich meeresbewohnende, frei bewegliche Stachelhäuter mit einem meist kugel- oder scheibenförmigen Gehäuse (Corona) aus insgesamt zwanzig festgefügten Plattenreihen. Je zwei Ambulacralplatten (mit Poren für die Ambulacralfüßchen) und Interambulacralplatten (mit den Stachelwarzen) alternieren in Doppelreihen. Die Stacheln selbst sind winzig bis groß, dünn bis massiv und manchmal keulenförmig ausgebildet. Grundsätzlich lassen sich zwei „Typen" von Seeigeln unterscheiden: Die „Regularia" (z.B. *Cidaris*, *Plegiocidaris*) mit der ausgeprägten Pentamerie, zentraler Mundöffnung auf der „Unter"seite (= Oralseite) samt einem Kieferapparat (= Laterne des Aristoteles) und der Afteröffnung im Analfeld auf der „Ober"seite (= Apicalseite) (vgl. Abb. 3.80). Und die „Irregularia" mit zunehmend bilateraler, d.h. zweiseitiger Symmetrie der Corona. Mundfeld (Peristom) und Afterfeld (Periproct) sind demnach natürliche Öffnungen des Seeigelgehäuses, worauf noch zurückzukommen sein wird. Bei

---

Abb. 3.80.
„Ovum anguinum" („Schlangenei") oder „Drudenstein" = *Hemicidaris crenularis* aus dem Oxford (O-Jura) von Seewen (Kanton Solothurn, Schweiz) als Angehörigen der „regulären" Seeigel (Echinoidea). Beachte pentamere Symmetrie und zentrale Lochung des Gehäuses (Peristom auf der Unter- und Periproct auf der Oberseite). Orig. NHMB. Durchmesser 41 mm. Foto S. Dahint.

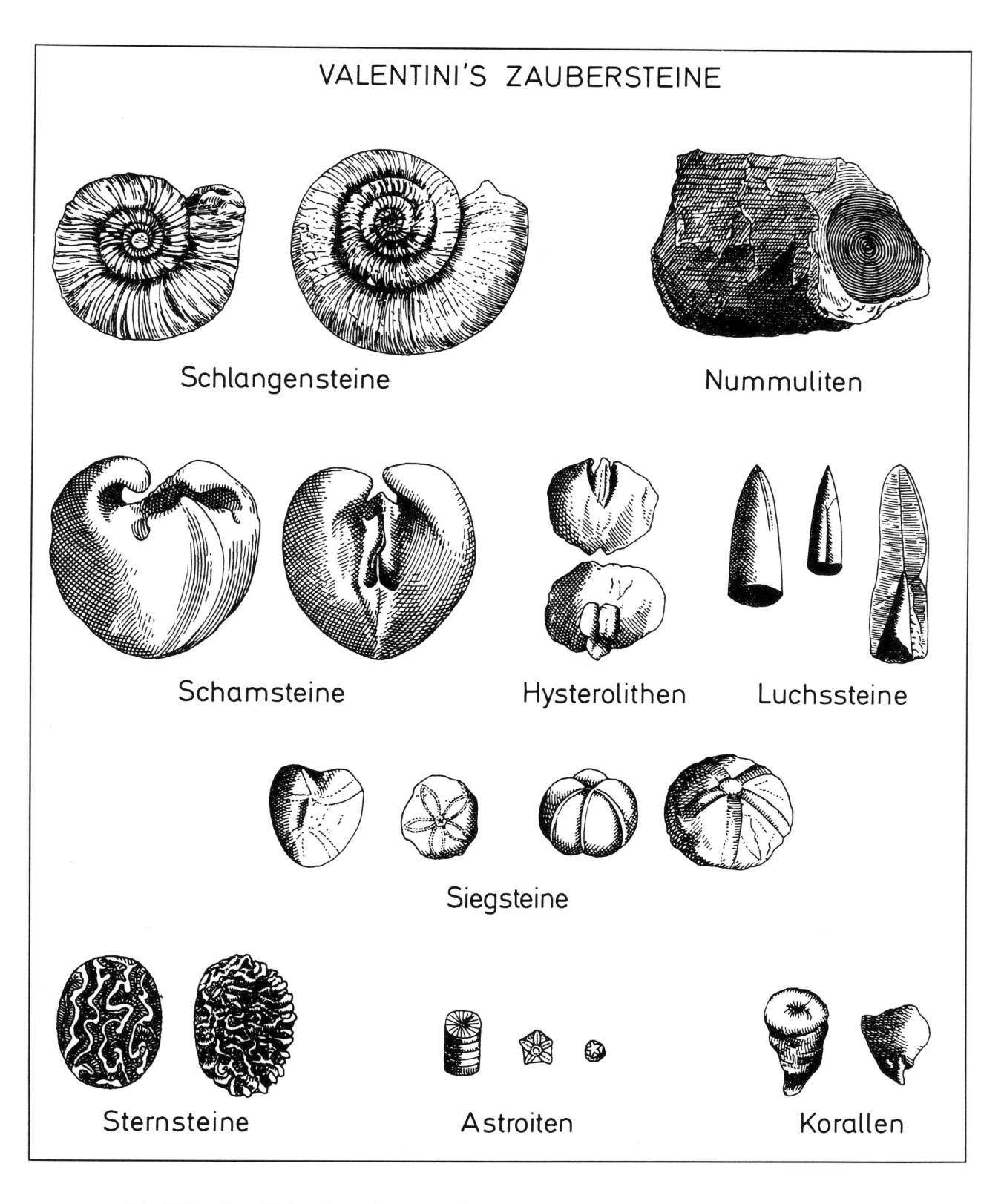

Abb. 3.79. Verschiedene Versteinerungen, die von M. VALENTINI (1704) für magisch-medizinische Zwecke beschrieben und abgebildet wurden. Nach M. VALENTINI (1704), verändert umgezeichnet.

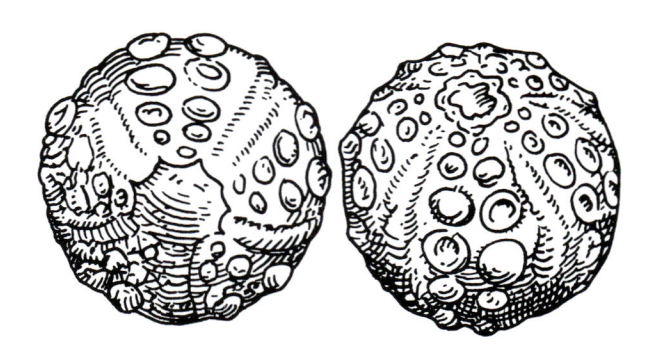

Abb. 3.81.
Clypeaster altus als Angehöriger der „irregulären" Seeigel (Echinoidea) aus dem Miozän von Malta. Beachte bilaterale Symmetrie des Gehäuses, flache Unterseite und die auf die Oberseite beschränkten Poren des Ambulacralgefäßsystems in Form von sogen. Petalodien. Ein *Clypeaster* aus der *altus*-Gruppe wurde in einem Grab aus minoischer Zeit bei Prinios auf Kreta als Totengabe gefunden. Orig. NHMW. Maße 126×137 mm. Fotos R. Gold.

Abb. 3.82.
Das „ovum anguinum" („Schlangenei") von Plinius, wie es C. Gesner (1565) abgebildet hat, entspricht zweifellos einem fossilen, regulären Seeigel. Nach O. ABEL (1939), umgezeichnet.

Abb. 3.83.
Pentagramm oder „Drudenfuß", wie es auf der Gehäuseoberfläche eines Seeigels aus der O-Kreide von Langelsheim bei Goslar als Zauberzeichen angebracht worden war. Nach O. ABEL (1939), umgezeichnet.

---

den „Irregularia", die vorwiegend im Substrat (meist Sand) leben, wird die Afteröffnung wegen der grabenden Lebensweise im Laufe der Evolution mehr und mehr auf die „Unter"seite verlagert, um eine Verschmutzung der Madreporenplatte, über welche die Kommunikation des Wassergefäßsystems mit der Aussenwelt erfolgt, durch die eigenen Exkremente zu verhindern. Die Stacheln der „Irregularia" sind meist winzig, der zum Abweiden der Nahrung dienende Kieferapparat wird zurückgebildet, da diese Seeigel mikrophag sind und sich als Strudler von winzigen organischen Partikelchen ernähren. Das ursprünglich massive Kalkskelett kann bei sandbewohnenden Arten dünnschalig werden. Bei manchen „Irregularia" (z.B. *Clypeaster*, *Scutella*, *Echinolampas*) sind die primär vom Analfeld (Periproct) zum Mundfeld (Peristom) verlaufenden Ambulacralfelder auf die Oberseite beschränkt und bilden blattförmige Muster (Petalodien) aus (Abb. 3.81). Die Unterseite ist meist abgeflacht. Die irregulären Seeigel haben sich erst zur Jurazeit aus regulären Formen entwickelt. Sie sind demnach die abgeleiteten Arten unter den Echinoidea.

Abgesehen von der auffälligen Pentamerie hat die Häufigkeit der Seeigel in manchen Gesteinen wesentlich zur Bedeutung in Mythos und Magie beigetragen. So zählen Seeigel in den Ablagerungen der Kreidezeit und in den eiszeitlichen Geschieben in Norddeutschland – neben den Belemniten – zu den häufigsten Versteinerungen. Bereits PLINIUS berichtet in seiner „Naturkunde" (Buch 29) über ein bei den keltischen Druiden (eine Art Priester und Zauberer, die zwar keine schriftlichen Aufzeichnungen machten, jedoch mit einem enormen Wissen ausgestattet waren und nicht nur als Seher und Weise, sondern auch als Richter und Henker wirkten; mit der Christianisierung wurden die Druiden zu Schwarzmagiern und später zu Hexern) als Zauberstein verwendetes „Ovum anguinum" (= „Schlangenei"), das einem steinernen Apfel mittlerer Größe entsprochen hätte und dessen wahre Natur nicht immer klar erkannt wurde (ABEL 1939: 228). Wie aus Abbildungen solcher „Schlangeneier" in Schriften des 16. Jahrhunderts (z.B. C. GESNER 1565) hervorgeht, sind es reguläre Seeigel, die durch die etwas gekrümmt verlaufenden Ambulacralplattenreihen und die natürlichen Öffnungen auf der Oral- und Apicalseite die Zeichen einer Schlange erkennen lassen und zugleich einem Druden- oder Lochstein (Drude vom keltischen Wort Druide) entsprechen (Abb. 3.82). Derartige Lochsteine dienen zur Abwehr böser Geister (Druden, Mahren, Alben) und sollen diese durch (falsche) Löcher in die Irre leiten, da die bösen Geister nämlich nie Türen benützen, sondern Schlüssellöcher, Ritzen u. dgl. Deshalb dient auch der Drudenfuß (= Pentagramm) zur Abwehr. Der Drudenfuß ist ein mystisch-magisches Zeichen, das figural in einem Zug als fünfeckiger Stern ausgeführt wird (Abb. 3.83). Das Pentagramm wurde seit dem Mittelalter oft für Zauberformeln gebraucht (vgl. Beschwörungsszene in GOETHE's „Faust", 1. Teil). Es wird noch heute zum Schutz gegen Druden und Hexen in Kinderwiegen, Ehebetten und als Krankheitsabwehr, aber auch an Viehställen und Türschwellen sowie auf Votivbildern angebracht.

Muscheln: „Truttensteine"

Wie weit die von ABEL und anderen Autoren als „Trutten" oder „Truttensteine" beschriebenen Hahnenkammaustern, also Muscheln aus dem Jura Deutschlands, wirklich als „Drudensteine" zu bezeichnen sind, ist sehr fraglich. Diese Austern („*Alectryonia crista galli*" = *Lopha marshi* aus dem Dogger, „*A*". *gregaria* aus dem Malm) haben weder eine natürliche Lochung, noch die für einen „Drudenstein" charakteristische rund-liche Form. Viel eher dürfte die Bezeichnung „Trutten-stein" auf den altnordischen Begriff für treten zurückge-hen und – wie RÄTSCH & GUHR (1992) annehmen – wegen ihrer Form mit einem Alb- oder Hexenfuß asso-ziiert worden sein. Demgegenüber seien nach NEIL (1984) mit einiger Phantasie in den stark gefalteten Schalen dieser Austern mit ihren gezackten Rändern spitze, scharfe Zähne von Elben und Druden erkennbar. Jedenfalls dienten diese auffälligen Austern (Abb. 3.84) zur Abwehr von Hexen, Alben, Mahren u.a. Dämonen (RÄTSCH & GUHR 1992).

Nochmals Seeigel: „Drudensteine" - „Siegsteine" - „Göttersteine" - „Seelensteine" - „Duchaneks" - „Donnersteine" - „Judensteine" - „Milchsteine"

Nun aber wieder zurück zum „Ovum anguinum". Nach ABEL (1939) handelt es sich beim „Ovum anguinum" von PLINIUS um fossile Seeigel der Art *Hemicidaris cre-*

Abb. 3.84.
Die Hahnenkamm- oder Zahnauster *Lopha marshi* (= „*Alectryonia crista-galli*") aus dem Dogger (M-Jura) von Wissgoldingen (Württemberg) als sogen. „Truttenstein". Beachte gezähnte Schalenränder. Orig. NHMW. Höhe 81 mm. Foto R. Gold.

nularis aus dem oberen Jura, die in Frankreich aus der Provence bekannt ist (Abb. 3.80). Noch heute heißen fossile Seeigel bei den Bauern aus der Provence „oeuf des serpents". Solche „Schlangeneier" wurden von der keltischen Bevölkerung in Wales als „glain naidr", in Cornwall als „milprev" oder „milpref" bezeichnet. Drudensteine galten in weiten Teilen Deutschlands als wirksamer Gegenzauber gegen allerlei Böses, nicht nur Krankheiten.

Derartigen Zaubersteinen wurde auch eine glück- und siegbringende Kraft zugeschrieben, weshalb sie auch als „Siegsteine" bekannt geworden sind. Seeigel der Arten *Galerites vulgaris*, *Echinocorys sulcata* und *ovata* aus der Ober-Kreide standen im mittelalterlichen Deutschland als glücksbringende „Siegsteine" in hohem Ansehen. (Abb. 3.85).

Wie weit fossile Seeigel, wie *Micraster* und *Conulus*, aus der Eisenzeit von Dänemark und England (Turbridge Wells) als „Siegsteine" gegolten haben mögen, ist fraglich. Diese einzelnen, z.T. in Bronze gefaßten, Seeigel wurden jedoch sicher als Talisman oder Amulett verwendet. Noch heute legt man Oberkreide-Seeigel (*Echinocorys*) als Abwehrzauber auf Fensterbretter (OAKLEY 1965).

ABEL (1939: 234) berichtet von einem in Bronze gefaßten und vermutlich als Amulett getragenen *Galerites vulgaris* aus einem langobardischen Grab aus dem 2. Jahrhundert n.Chr. aus der Gegend von Zethlingen bei Salzwedel (Bezirk Magdeburg). Nach ABEL sollen dort und bis nach Ostholstein hinüber, auch derzeit gelegentlich solche – auch als „Göttersteine" bezeichneten – Galeriten als Amulett oder Talisman getragen werden.

Abb. 3.85.
„Siegstein" = *Galerites vulgaris* als irregulärer Seeigel (Echinoidea) aus der O-Kreide von Rügen. Orig. Ernst-Moritz-Arndt-Universität Greifswald. Länge 57 mm. Foto H. Nestler.

In einer anderen Funktion sind derartige „Echiniten" oder Knopfsteine auch heute noch als Trachtenknöpfe von Friesland bis Oberösterreich in Verwendung, deren Muster sich von fossilen Seeigeln ableiten läßt (s. ABEL 1939, vgl. Kap. 4.2.).

Diese und andere fossile Seeigel, wie etwa *Echinocorys* und *Micraster*, standen aber zweifellos auch mit dem Totenkult und dem Seelenglauben in Verbindung, wie Funde in prähistorischen Gräbern nicht nur in Frankreich und Deutschland, sondern auch in der Saltrange (Pakistan) zeigen. Dort finden sich irreguläre Seeigel mit petaloiden, also blumenähnlichen, Ambulacralfeldern bereits in steinzeitlichen Gräbern als Totenbeigabe (SEILACHER 1991). Auch aus bronzezeitlichen Tumuli (= Grabhügeln) aus Frankreich und England sind oft beträchtliche Mengen fossiler Seeigel als Grabbeigaben bekannt geworden. In einem bronzezeitlichen Grab mit einem Kinderskelett in Dunstable Down in England war dieses von 3 Reihen irregulärer Seeigel umgeben. Deshalb werden sie auch verschiedentlich als Zaubersteine zum Anrufen der Seelen von Verstorbenen angesehen. Dies gilt vermutlich auch für die fossilen Seeigel aus minoischen Gräbern von Prinios auf Kreta, bei denen es sich allerdings nicht um Seeigel der Gattung *Micraster*, sondern um die wesentlich größeren und eher „attraktiveren" Arten der Gattung *Clypeaster* handelt (vgl. Abb. 3.81).

Derartigen Totenbeigaben entsprechen wohl auch die sogen. „Seelensteine" (= „lapis spiritalis", bei C. GESNER), die nicht nur bei den alten Germanen und Kelten als Zaubersteine verwendet wurden, sondern auch noch im Mittelalter. In Böhmen sind diese fossilen Seeigel als „Duchaneks" (tschech. duše = Seele) bekannt. Diese „Duchaneks" gelten als ausgezeichnetes Heilmittel und Schutzamulett vor Seuchen, wie etwa die Pest, vor Vergiftungen aller Art sowie vor Verzauberung oder Verhexung. Sie standen zeitweise so hoch im Kurs, daß diese fossilen Seeigel, die meist aus eiszeitlichen Grundmoränen in Sachsen stammen, von böhmischen Glasbläsern nachgemacht und damit eigentlich gefälscht wurden. Nach VÁVRA (1987) wurden sie von Weberinnen – übrigens auch in Belgien – beim Weben als Spinnwirtel (= „Wirtelsteine") benutzt. Diese „Duchaneks" wurden verschiedentlich als Schadenzauber mißbraucht, indem es hieß, daß man mit ihnen Kindern die Seele aus dem Mund ziehen könne (ABEL 1939 berichtet, daß noch in den 20er Jahren dieses Jahrhunderts ein Kindermädchen diesem Aberglauben verhaftet war).

Verschiedene kreide- und tertiärzeitliche irreguläre Seeigel sind – wie bereits im Kap. 3.1. erwähnt – auch als „Donnersteine" (eine Bezeichnung, die auch für Belemnitenrostren gilt, s.d.) (= „Ombriae", „Brontiae") bekannt (Abb. 3.86). Bei den alten Germanen wurden verkieselte Seeigel der Oberkreide (*Echinocorys ovata*, *Galerites vulgaris*, *Echinoconus roemeri*) als „Donnersteine" verehrt, da sie mit dem Donnergott Donar (= Thor) assoziiert wurden (vgl. auch Grabfunde seit dem

Neolithikum). Sie wurden und werden in manchen ländlichen Gegenden als „Blitzsteine" über der Haustür oder im Gebälk des Hauses als Blitzschutz deponiert, gelten aber auch als Schutz gegen böse Geister und den „Bösen Blick" (PHILIPPSEN 1923, ABEL 1939, RÄTSCH & GUHR 1992). Interessant ist, daß auch – wie ABEL (1939: 254) berichtet – in Frankreich und zwar in der Gegend von Bordeaux die in den dortigen eozänen Kalken häufigen Seeigel (*Echinolampas stelliferus*) von der Landbevölkerung als „pierres d'orages" (= „Gewittersteine") bezeichnet werden und als Abwehrzauber eine Rolle spielen (Abb. 3.87).

Fossile Seeigel oder ihre Reste haben jedoch auch in der Volksmedizin seit altersher eine große Bedeutung. Zu den bekanntesten derartigen Arzneimitteln zählen vermutlich die „Judensteine" aus dem einstigen Palästina, die bereits bei PLINIUS (Buch 37) als „Tecolithen" erwähnt werden und die C. GESNER (1565) als „Lapides judaici" (= „Judensteine") beschrieben hat. Dieser Name dürfte auf die seinerzeit am Ölberg in Jerusalem (Israel) aus kreidezeitlichen Ablagerungen als Oberflächenfunde häufigen keulenförmigen „Stacheln" regulärer Seeigel (*Cidaris glandaria* = *Balanocidaris glandifera*) zurückgehen, über die bereits DIOSKURIDES im Altertum als Heilmittel berichtete (Abb. 3.88). Angeblich galten Judensteine aber damals auch als Glückssteine. Von den Kreuzfahrern wurden diese „Judensteine" im Mittelalter nach Mittel- und Westeuropa gebracht. Sie werden auch gegenwärtig von Arabern gesammelt und als Souvenir bzw. Wallfahrtsandenken verkauft (RÄTSCH & GUHR 1992). Diese Seeigelstachel wurden in pulverisierter Form vor allem als Diuretikum (= harntreibendes Mittel) bei Blasen- und Nierenleiden herangezogen, galten aber auch als Aphrodisiakum bzw. als Abwehrzauber für Geschlechtskrankheiten (MERCATUS 1574, SCHWALM 1993). Man unterschied übrigens bei der Therapie durch „Judensteine" zwei Arten (länglichere für Männer, wegen der Ähnlichkeit mit einem Penis, und rundlichere für Frauen; vgl. VALENTINI 1704). Interessant erscheint in diesem Zusammenhang, daß im paläolithischen rock shelter (= Aurignacien) von Ksar Akil im Libanon zwei „Judensteine" gefunden wurden (OAKLEY 1965).

Da die Stacheln von Seeigeln mit den zugehörigen Stachelwarzen des Gehäuses (Corona) beim lebenden Tier nur ligamentös verbunden sind, lösen sie sich in der Regel bereits vor der Fossilisation vom Gehäuse. Fossilfunde im Verband sind sehr selten (Abb. 3.89), so daß isolierte Stachelfunde taxonomisch nicht immer eindeutig zugeordnet werden können. In Mitteleuropa sind „Judensteine" meist aus Trias- und Juraablagerungen bekannt (Abb. 3.90). Unter dem Namen „Herzsteine" wurden fossile Seeigel („*Echinites*" *cordatus*) gegen Augenentzündungen, giftige Bisse und bösartige Geschwülste eingesetzt.

Über weitere medizinische Anwendungen fossiler Seeigel berichtet NEIL (1985): Bauern in der Umgebung

Abb. 3.86.
„Donnersteine" oder „Brontiae" = Seeigel aus der O-Kreide Norddeutschlands, wie sie C. GESNER (1565) abgebildet hat. Es könnte sich um Feuersteinkerne von *Phymosoma* handeln, die vom Volksmund auch als „Turban-Igel" bezeichnet werden. Nach O. ABEL (1939), umgezeichnet.

Abb. 3.87.
„Gewittersteine" oder „pierres d'orages", wie etwa Exemplare von *Echinolampas stelliferus* aus dem M-Eozän von Bauern aus der Gegend von Blaye bei Bordeaux (Gironde, Frankreich) bezeichnet wurden. Orig. NHMB. Max. Durchmesser 40 mm. Fotos S. Dahint.

Abb. 3.88.
„Judensteine": „Stacheln" von „*Cidaris*" (*Balanocidaris*) *glandifera* aus der O-Kreide des einstigen Palästina (Israel). Orig. IPUW. Max. Länge 21,3 mm. Foto R. Gold.

Abb. 3.90.
„Judensteine": „Stacheln" von „*Cidaris*" (*Plegiocidaris*) *coronatus* aus dem O-Jura Württembergs. Orig. IPUW. Länge 19,5-23,5 mm. Foto R. Gold.

von Hannover haben nach F. E. BRÜCKMANN (1728) noch anfangs des 18. Jahrhunderts sogen. „Milchsteine" oder „Galactiten" als Heilmittel bei Erkrankungen des Euters der Kühe gedient (PLINIUS hat allerdings unter „Galactites" auch bestimmte Steine verstanden). Es sind dies im konkreten Fall die durch ihre weißliche Färbung (daher der Name „Milchsteine") auffallenden Seeigel aus der Schreibkreide (*Micraster schroederi* und *Echinocorys ovata*). Andere Seeigel der Oberkreide (*Phymosoma granulosum*) wurden seinerzeit von Bauern auf Rügen in die Futtertröge von Schweinen gelegt, um diese vor der Rotlaufkrankheit zu schützen (vgl. „Wirfelsteine", die weiter unten noch erwähnt werden).

Abschließend sei noch darauf hingewiesen, daß als Opfergaben bei den Ritualen der Mayas in Mittelamerika neben rezenten auch fossile Seeigel, nämlich Sanddollars (*Encope micropora*) verwendet wurden (RÄTSCH & GUHR 1992).

Ammoniten: „Schlangensteine" - „Drachensteine" - Suisekis - „Götterräder" - Saligrame - „Büffelsteine"

Wie bereits oben angedeutet, kommt auch den bereits im Kap. 3.1. erwähnten Ammoniten (Ammonoidea) eine entsprechende – fast weltweite – Bedeutung in Form kultischer Verehrung und in der Volksmedizin zu. Hier spielt das Schlangensymbol eine entscheidende Rolle. Bezeichnenderweise sind es nämlich Ammoniten mit einer „locker" spiraligen Aufrollung des Gehäuses (= evolute Formen ähnlich den bereits bekannten „Schlangensteinen") denen besondere Aufmerksamkeit gewidmet wurde bzw. wird.

Abb. 3.89.
Tylocidaris baltica aus Maastricht-Geschieben von Seeland (= Sjaelland, Dänemark). Gehäuse mit „Ballon-Stacheln" in situ. Nach P. GRAVESEN (1993), verändert umgezeichnet.

„Schlangensteinen" (= „Ophiten" = Arietiten) wurde in heidnischen Kulturen eine Zauberkraft zugeschrieben und sie galten auch als Heilmittel gegen Schlangenbisse, aber auch – wie in Griechenland – als Arznei gegen Impotenz und Unfruchtbarkeit.

Andere Ammoniten (Ceratiten) sind in Deutschland im Mittelalter unter dem Namen „Drachensteine" oder „Trackensteine" als steinerne Drachen angesehen worden, denen eine magische Kraft zugeschrieben wurde. Nach REISKIUS (1688) wurden derartige „Drachensteine" (z.B. *Ceratites* [*Paraceratites*] *nodosus* aus dem Muschelkalk) von den Bauern im Harz in die Melkeimer gelegt, um Kühe zum Milchgeben zu veranlassen (Abb. 3.73).

Die in Form des Ammonitengehäuses manifestierte Spirale als grundlegender Bauplan im Universum bietet sich nicht nur für den Steinmythos, sondern auch als Meditationsobjekt an. Nicht erst beim griechischen Dichter, der unter dem Namen ORPHEUS schrieb, ist von spiraligen „Ophiten" als sprechende Steine die Rede. Bereits bei den alten Ägyptern dienten derartige Ammoniten in der einst berühmtesten Orakelstätte des Altertums, nämlich der Oase Ammonium (= Siwa) den Sehern als sprechende Steine. Nach RÄTSCH (1992) wurden besonders pyritisierte Ammoniten, also „Goldschnecken", wie sie heute bezeichnet werden (s.o.) aus der libyschen Wüste, als Zaubersteine von den ägyptischen Wahrsagepriestern benutzt.

Noch im Mittelalter existierte bei Wetzlar ein heidnischer Orakelturm, in dessen Mauer ein Ammonit eingelassen war. Aus einer Öffnung darüber wurden die Orakelsprüche verkündet (RÄTSCH 1992). Noch heute finden sich in England und Deutschland in Hausmauern eingelassene Ammoniten (Abb. 3.91).

In Japan, wo Ammoniten auch als „Chrysanthemensteine" bekannt sind, dienten sie wegen ihres spiraligen Baues als Symbol der Erleuchtung und werden heute wegen ihrer Form und ihres natürlichen ästhetischen Reizes auch als heilige Steine, als Suiseki (= „Wasserstein") verehrt (RÄTSCH & GUHR 1992): Meist sind es zwar Gerölle, seltener – besonders in den letzten Jahrzehnten – jedoch auch Ammoniten (Abb. 3.92). Es sind echte Meditationsobjekte, die erst dann zum Suiseki werden, wenn sie in eine mit Sand oder Kies gefüllte Kiste aus kostbarem Holz oder in eine entsprechende Schale eingebettet werden.

Dieser Steinkult, der seit mehr als 2000 Jahren in China gepflogen wurde, kam im 6. Jahrhundert nach Japan und wurde mit shintoistischen Ideen bereichert sowie mit dem Zen-Buddhismus in Einklang gebracht (= Zen-Steine; RÄTSCH 1992).

In Nordindien und Nepal dienen Ammoniten gleichfalls als Meditationsobjekte und werden als „Götterräder" Vishnu's verehrt (Rad als uraltes Symbol). Seit altersher gelten goldfarbene (= pyritisierte) Ammoniten (= „Goldschnecken") als Inkarnation des Gottes Vishnu. Bei den Buddhisten gelten Ammoniten, welche die Spi-

Abb. 3.91. Jura-Ammoniten, die in einer Hausmauer in Lyme Regis (Dorset, England) als Zaubersteine eingelassen wurden. Foto Ch. Rätsch.

Abb. 3.92. Suiseki (= „Wasserstein"), wie er in Japan als heiliger Stein verehrt wird. Steinkern eines Ammoniten (*Eupachydiscus* sp.) aus der O-Kreide, in Hokkaido als Suiseki aufgebaut. Nach C. RÄTSCH & A. GUHR (1992). Foto C. Rätsch.

Abb. 3.93.
Ammoniten, wie sie etwa in Nepal im Devotionalienhandel als Wallfahrtsandenken verkauft werden. Foto Ch. Rätsch.

Abb. 3.94.
„Büffelsteine". Natürlich ausgewitterte, isolierte Gaskammersteinkerne von Ammoniten (*Baculites*) aus der O-Kreide von Montana (USA), denen von den Schwarzfuß-Indianern („Blackfeet") eine magische Kraft zugeschrieben wird. Orig. Ch. Rätsch. Länge 35-45 mm. Foto Ch. Rätsch.

rale verkörpern, als Gegenstand der Meditation. In Nepal, wo sie im Devotionalienhandel als Wallfahrtsandenken angeboten werden (Abb. 3.93), werden sie als Steinopfer an die Berggötter auf den Paßhöhen auf den Tschorten deponiert. Zugleich sind Ammoniten ein geschätztes Schutz-Amulett. Die magische Schlangenkraft soll sich durch Erwecken der (indischen) Kundalini-Schlange auf den Menschen übertragen lassen.

Eine besondere Bedeutung kommt den sogen. Saligramen zu, über die H. HAGN (1977) ausführlich berichtet hat und dem hier gefolgt sei: Als Saligrame werden meist schwarze, kieselige Kalkgerölle bezeichnet, die von Flüssen aus dem Himalaya nach Süden verfrachtet werden. Es sind eigentlich Konkretionen, die meist Ammonitensteinkerne (*Aulacosphinctus, Aulacosphinctoides*) enthalten, die aus dem Ober-Jura und der Unter-Kreide der Saligram-Formation der Spiti shales stammen. Das bekannteste Fundgebiet liegt im Bereich des Gandaki-Flusses, einem Nebenfluß des Ganges, das bereits 1743 von Pater CALMETTE entdeckt wurde, der allerdings von eingeschlossenen Schnecken sprach. Erst 1803 führte BLUMENBACH einen *Ammonites sacer* (lat. sacer = heilig) in die wissenschaftliche Literatur ein. Für die gläubigen Hindus sind derartige Saligrame nicht nur für die Hausaltäre wichtig, wo sie mit Öl gesalbt und zur täglichen Meditation in die Hand genommen werden, sondern gelten auch als Wallfahrtsandenken und werden als Amulett getragen (RÄTSCH 1992).

Selbst im zentralen Hochland von West-Irian (Neuguinea) dienen Ammoniten als Kultobjekte bei der Heilung von Krankheiten ebenso wie als Zaubersteine zur Förderung der Fruchtbarkeit von Frauen und Schweinen (HAGN 1977).

Aber auch in der Neuen Welt spielen Ammoniten oder besser gesagt, Reste von ihnen, eine kultische Rolle. Von den mit den „Büffelsteinen" verknüpften Vorstellungen der Prärie-Indianer (Blackfeet, Crow und Cheyenne) in den USA mit der Büffeljagd war bereits im vorigen Kapitel die Rede. Derartige „Büffelsteine" (= isolierte Steinkerne der Gaskammern von Baculiten) wurden auch in indianischen Gräbern entdeckt. Ihnen, den sogen. „Iniskims", wird eine besondere Kraft zugeschrieben, weshalb sie als Amulett im persönlichen Medizinbeutel der Indianer getragen werden (RÄTSCH 1992) (Abb. 3.94).

Belemniten: „Donnerkeile" - „Lynkurium" - „Albschoß" - „Schrecksteine"

Den uns bereits als „Donnerkeile" bekannten Belemnitenrostren (Belemnitida) kommt eine mehrfache Bedeutung zu. Sie dienten nicht nur als Abwehrzauber gegen Blitzschlag, sondern in pulverisierter Form auch als Medizin. So berichtet bereits BALTHASAR EHRHART (1724) als Provisor der Gmelin'schen Apotheke in Tübingen, daß Personen mit Augenleiden das Belemnitenpulver direkt in die entzündeten Augen geblasen wurde. Auch KONRAD VON MEGENBURG (1309-1378) schrieb bereits 1349/50 in seinem „Buch der Natur" von der mehrfachen Verwendung von Belemnitenrostren (= „Lynkurium") als Arzneimittel, das in keiner Apotheke fehlen durfte; sei es als Pulver oder gebraut und gemahlen mit Flüssigkeit (z.B. Weinessig) vermischt: Gegen Augenleiden (z.B. Bindehautentzündung) deshalb, weil der beim Schaben der gelblichen Rostren von Oberkreide-Belemniten entstehende Ammoniakgeruch zu Tränen reizt (Prinzip der Homöopathie), gegen Blasen- und Nierenleiden und als Aphrodisiakum (wegen einer gewissen Ähnlichkeit der Rostren mit dem Penis) und Liebeszauber sowie als wirksames Mittel gegen Hexenschuß (vgl. oben = „Albschoß" in Schwaben). Im 30-jährigen Krieg wurde Belemnitenpulver von den Feldscheren in Pommern und Sachsen als Wundstreumittel zur Desinfektion verwendet. Weitere Rezepte, die gegen Geschlechtskrankheiten, Wechselfieber, Verstopfung, Zahnweh und Sterilität wirksam sein sollten, finden sich bei POMET (1694).

In Brandenburg bzw. in Berlin selbst sollen vor nicht allzulanger Zeit in Apotheken schwarze (= Lias-) Belemnitenrostren pro Stück um fünf Pfennige als sogen. „Schrecksteine" angeboten worden sein. Sie sollten als Amulett das Ausbleiben der Milch stillender Mütter verhindern bzw. eine heilkräftige Wirkung bei Brustleiden von Frauen haben.

Abb. 3.95.
„Hysterolith". „Scham"- oder „Mutterstein". Steinkern eines Armfüßers (Brachiopoda: *Orthis* [„*Schizophoria*"] *vulvaria* aus dem U-Devon des Spiriferensandsteines im Rheinischen Schiefergebirge. Erinnert stark an Vulva und Schamlippen. Orig. NHMW. Breite 35 mm. Foto R. Gold.

Brachiopoden: „Hysterolithen" - „Muttersteine"

Zu den Armfüßern (Brachiopoden) und damit zu einer ganz anderen Gruppe von Organismen gehören die sogen. „Hysterolithen" („Mutter"- oder „Schamsteine", „Lapis hysterolithus"; gr. hystera = Gebärmutter, gr. lithos = Stein), die im Mittelalter gleichfalls gegen Frauenleiden aller Art verwendet wurden. M. B. VALENTINI,

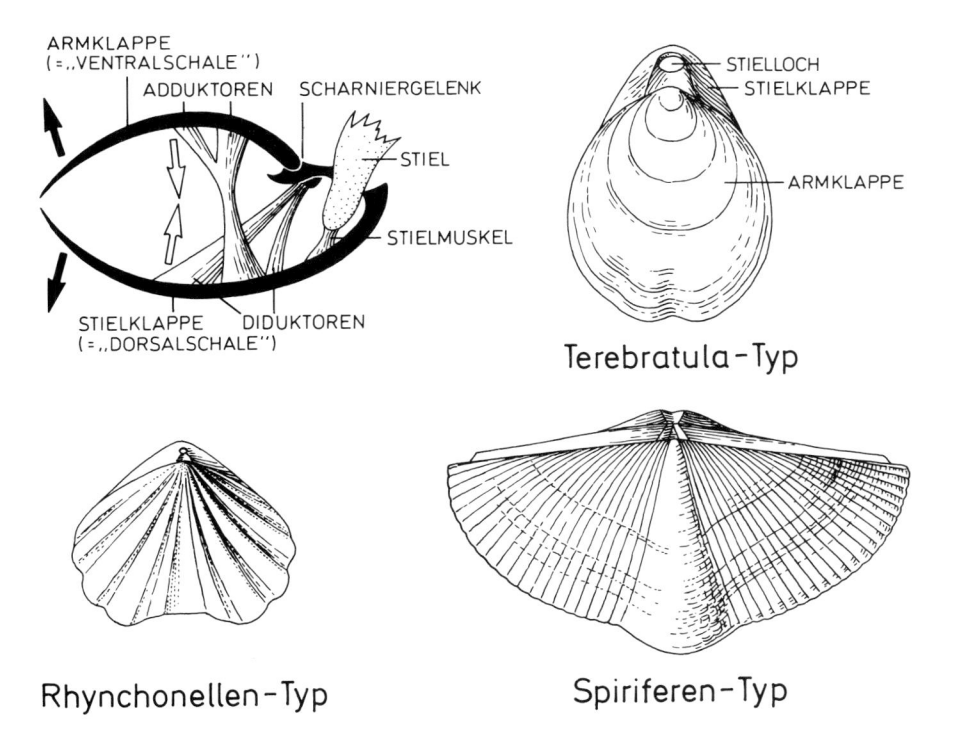

Abb. 3.96.
Armfüßer (Brachiopoda) mit den drei wichtigsten Gehäusetypen: Terebratula-, Rhynchonellen- und Spiriferen-Typ. Beachte bilaterale Symmetrie beider Schalen (Klappen). – Links oben: Schema zum Öffnungsmechanismus der Schalen (Arm- und Stielklappe). Adduktoren als Schließ-, Diduktoren als Öffnungsmuskeln. Letzteres durch ein Scharniergelenk möglich. Der Spiriferen-Typ dient neuerdings als Emblem für das Forum Paläontologie. Zeichnungen N. Frotzler.

der Leibarzt des Landgrafen von Hessen-Darmstadt berichtet 1714 über derartige „Muttersteine" und ihre angebliche Wirkung bei Frauenleiden. Bei diesen „Hysterolithen" handelt es sich meist um Steinkerne bestimmter paläozoischer Brachiopoden (u.a. Orthiden und Spiriferiden), die stark an eine Vulva bzw. die Schamlippen erinnern (Abb. 3.95). Dies kommt auch in den wissenschaftlichen Namen dieser Armfüßer zum Ausdruck, wie etwa *Hysterolites hystericus* (Ord. Spiriferida) aus den oberen Siegener Schichten des Unter-Devon des Siegerlandes oder „*Schizophoria*" (*Orthis*) *vulvaria* (Ord. Orthida) aus dem Unter-Devon des Rheinlandes.

Bei anderen, meist glattschaligen Brachiopoden in Schalenerhaltung, wird das Stielloch mit dem Muttermund verglichen (vgl. SCHWALM 1993). Dazu ist folgendes zu sagen: Die Armfüßer, die vor allem im Erdaltertum außerordentlich arten- und formenreich verbreitet waren und gegenwärtig meist nur als „lebende Fossilien" überlebt haben, besitzen – ähnlich den Muscheln – ein zweischaliges Gehäuse, das jedoch im Gegensatz zu diesen nicht aus einer linken und rechten Klappe besteht, sondern aus einer (größeren) Stiel- und einer (kleineren) Armklappe (Abb. 3.96). Dementsprechend sind beide Klappen (= Schilde) bilateral symmetrisch gebaut. Durch das Stielloch der Stielklappe tritt der Stiel aus, mit dem der Armfüßer am Boden festgeheftet ist. Der Stiel kann allerdings sekundär rückgebildet sein. In der Armklappe dient das sogen. Armgerüst zur Anheftung der Lophophoren (= Tentakelkränze) für die Ernährung und Sauerstoffversorgung. Da das Öffnen und Schließen der Klappen durch Muskeln im Inneren des Gehäuses erfolgt, sind fossile Brachiopoden meist doppelklappig erhalten, Steinkerne daher nach Schalenauflösung keine Seltenheit.

Nach ABEL (1939) waren derartige „Muttersteine" in Nordhessen unter den Namen „Hautzensteine" oder „Buntzensteine" bekannt und wurden als Zaubersteine zur Heilung von Frauenkrankheiten und zur Steigerung der Fruchtbarkeit angewendet.

Muscheln: „Venus-" und „Schamsteine"

Nach VALENTINI (1714) sind auch bestimmte fossile Muscheln (Bivalvia) als (echte) „Schamsteine" („Hysterolithus albicans") oder als „Venussteine" bezeichnet worden. Es handelt sich dabei um tertiärzeitliche Veneriden (z.B. *Venus*, *Cordiopsis*) bzw. auch Congerien (z.B. *Congeria subglobosa*), die in doppelklappiger Schalen- oder Steinkernerhaltung weiblichen Geschlechtsteilen sehr ähnlich sehen und die Libido erhöhen sollten (Abb. 3.97). Voraussetzung dafür ist allerdings bei diesen Muscheln, daß beide Gehäusehälften bilateral symmetrisch gebaut sind, was bei Muscheln eher selten der Fall ist. Gleiches gilt auch für die doppelklappige Erhaltung von Bivalven, da bei ihnen – im

Abb. 3.97.
„Venusstein". Doppelklappig erhaltene Muschel (*Congeria subglobosa*) aus dem Pannon (Jung-Miozän) des Wiener Beckens. Ansicht von hinten mit Siphonalöffnung. Orig. IPUW. Höhe 65 mm. Foto R. Gold.

Gegensatz zu den Armfüßern – das Öffnen der Schalen durch ein sogen. Ligament, ein elastisches Band, erfolgt, das auch nach dem Tod des Tieres funktioniert und dann zum natürlichen Klaffen der Schalen führt. Es braucht nicht betont zu werden, daß es in diesen Fällen nicht zur Steinkernbildung kommen kann.

C. GESNER bezeichnet übrigens auch (rezente) Kaurischnecken (Gattung *Cypraea*; Gastropoda), die in weiten Teilen der Welt als Zahlungsmittel dienten, als „Muttersteine", da die Gehäuseöffnung dieser Schnecken, die fälschlicherweise meist als Kauri**muscheln** bezeichnet werden, an die Vulva erinnert. BELLUCCI (1907) berichtet, daß in Italien fossile Schalen von „*Pectunculus*" (= *Glycymeris*) und *Cardium*, also Muscheln, gegen Hexen und den „Bösen Blick" verwendet wurden.

Nochmals Brachiopoden: „Täubli" - „Taubensteine" - „Heiligen-Geist-Schnecken" - „Schwalbensteine" - „Totenköpfchen"

Damit aber wieder zurück zu fossilen Brachiopoden und ihrer mythologischen Bedeutung. In Süddeutschland und in der Schweiz sind mesozoische Brachiopoden der Gattung *Rhynchonella* (Ord. Rhynchonellida) bzw. *Terebratula* (Ord. Terebratulida) als „Täubli" bzw. „Taubensteine" bekannt. Letztere wurden als Abwehrzauber in Form eines Talisman in Säckchen am Hals getragen und fehlten in alten Apotheken Schwabens nicht. In Heidenheim wurden sie vom Volksmund als „Tristelsteine" bezeichnet. „Taubensteine" wurden auch in Stuben oder über der Stalltür zum Schutz gegen Schadensgeister aufgehängt (Abb. 3.98).

In Kärnten waren es die sogen. „Heiligen-Geist-Schnecken" oder „Heiligen-Geist-Stoandl'n", denen eine ähnliche Bedeutung zugeschrieben wurde. Es sind dies Brachiopoden, die in der Umgebung von Eisenkappel im Vellachtal in karbonischen Ablagerungen der Kara-wanken stellenweise häufig vorkommen und die seiner-zeit auf Grund ihrer Bezeichnung im Volksmund als „*Camerophoria*" (= *Stenocisma*) *sancti-spiritus* beschrieben wurden. Die Gehäuse dieser Rhynchonelliden erinnern durch die Dreiteilung und die Berippung der Schalen an eine Taube mit ausgebreiteten Flügeln (Abb. 3.99). Sie wurden, wie F. KAHLER (1925) schreibt, bei Eisenkappel an einer Stelle gefunden, an der einst eine Kirche stand, die dem Heiligen Geist gewidmet war. Zur Erinnerung an den einstigen Standort entstanden dort die „Heiligen-Geist-Schnecken". ABEL (1939) vermutet, daß die Bezeichnung „Heiligen-Geist-Schnecken" erst mit der Christianisierung aufgekommen sei (Taube als Symbol des Heiligen Geistes) und diese Brachiopoden – ähnlich den „Täubli" – bereits in heidnischer Zeit ihre Bedeutung besaßen.

In China sind Brachiopoden der Gattung „*Sinospirifer*" (= *Cyrtospirifer*; Ord. Spiriferida) aus dem Devon seit altersher unter dem Namen „Steinschwalben" oder „Schwalbensteine" („Shih-yen") bekannt (Abb. 3.100). Sie werden in den Apotheken in verschiedener Form als Arzneimittel angeboten und sollen bereits seit dem 3. Jahrhundert verwendet worden sein (NEEDHAM 1959). Ihren Namen verdanken diese Spiriferen den flügelartig verbreiterten Gehäusen. Dementsprechend wird diesen „Steinschwalben" auch eine magische Kraft, die zum Fliegen verhelfen soll, zugeschrieben (EDWARDS 1976).

Noch eine Gruppe von Brachiopoden, die bereits oben erwähnt wurde, ist auch hier zu nennen. Nämlich die Arten der Gattung (*Iso-*) *Crania* aus der Ober-Kreide, die als „Brattenburger Pfennige" auch als Amulett oder Talisman in Südschweden (Schonen) Verwendung fanden. Diese kleinen Brachiopoden sind meist mit einer Klappe festgewachsen. Ihre Schaleninnenseite erinnert an einen stilisierten Totenkopf, weshalb sie auch als „Totenköpfchen" bezeichnet werden (s.o.).

Abb. 3.98.
„Taubenstein" oder „Täubli". „*Rhynchonella*" (*Lacunosella*) *lacunosa* als Vertreter der Brachiopoden aus dem M-Jura von Bayreuth. Orig. NHMW. Breite 31,3 mm. Foto R. Gold.

Abb. 3.99.
„Heiligengeist-Schnecke": „*Camerophoria*" (= *Stenocisma*) *sancti-spiritus* als Brachiopode aus dem Karbon der Karawanken (Kärnten). Orig. Landesmuseum von Kärnten, Klagenfurt. Breite 19 mm. Nach F. KAHLER (1925), umgezeichnet.

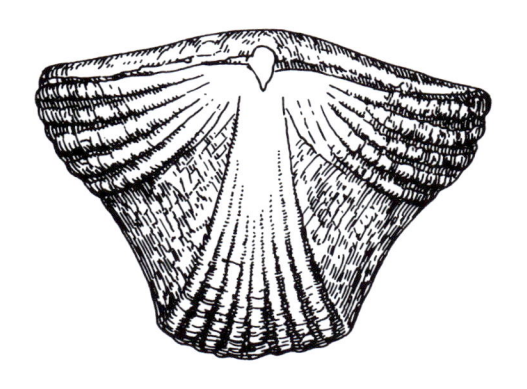

Abb. 3.100.
„Schwalbensteine" oder Steinschwalben": *Cyrtospirifer grabaui* als Brachiopoden aus dem M-Devon von Barvaux (Belgien). Orig. SMF. Breite 48-50 mm. Foto S. Tränkner.

Abb. 3.101.
„Spinnenstein" („Arachneolith"). Eine Stockkoralle (*Astraea* [*Synastraea*] *cristata*) als Angehörige der Cyclocorallia aus dem O-Jura von Blaubeuren (Württemberg).
Orig. NHMW. Max. Breite 144 mm. Foto R. Gold.

Seelilien: „Trochiten" - „Sternsteine" oder „Astroiten" - „Nonnenfürzchen" - „Fieberbrote"

Von fossilen Seelilien (Crinoidea) war im vorhergehenden Kapitel bereits mehrfach die Rede. Die rundlichen Stielglieder (Trochiten) von *Encrinus* aus der Trias hat bereits VALENTINI (1714) als Medizin gegen verschiedene Krankheiten und Gebrechen empfohlen: Gliederzittern, Epilepsie, Nachtschrecken, Melancholie und Schwindel, Nieren- und Lendenschmerzen sowie gegen giftige Tiere und zur Förderung der Nachgeburt. Bei den Berbern in Nordafrika werden die Stielglieder von *Rhipidocrinus* aus dem Mittel-Devon Marokkos zu zauberkräftigen Ketten aufgezogen und getragen, um alles Unheil abzuwenden (RÄTSCH & GUHR 1992). Die fünfeckigen Stielglieder von „*Pentacrinus*" und anderen Gattungen, die uns bereits als „echte" Sternsteine oder „Astroiten" bekannt sind, wurden gleichfalls als Zauber- und Heilmittel geschätzt.

Auch die als „Nonnenfürzchen", kleine Bäckereien, die von frommen Pilgern anläßlich des Christi Himmelfahrtsfestes auf dem Hülfensberg bei Geismar (Thüringen) verkauft wurden und die als „Fieberbrote" bzw. „Sternküchlein" (Gebäck mit eingeprägter Sternfigur, das bis 1905 in der Gegend von Lindau/Bodensee unter ausdrücklicher Genehmigung durch den Augustinerorden geschenkweise verteilt wurde) bezeichneten Backwaren wären zu erwähnen, da sie nach ABEL (1939) auf die „Bonifatiuspfennige" und damit letztlich auf Stielglieder fossiler Seelilien zurückgehen. Sie wurden in den ersten Jahrzehnten des 18. Jahrhunderts als Fiebermittel bzw. als Heilmittel gegen Bruchleiden verwendet.

Korallen: „Sternsteine" - „Spinnensteine" („Arachneolithen") - „Verschreiherzen"

Fossile Stockkorallen (Cyclocorallia, Anthozoa) sind – wie bereits oben erwähnt – sowohl als „Sternsteine" als auch als „Spinnensteine („Arachneolithen") bekannt geworden. Ausschlaggebend für diese Namen ist der jeweilige Verlauf der Kelchsepten der einzelnen Korallenpolypen. Besonders bekannt sind die Stockkorallen (z.B. *Asteromorpha* = *Astraeomorpha*, *Microphylla*, „*Latimaeandrina*") aus den Nattheimer Korallenkalken des Ober-Jura von Nattheim bei Heidenheim (Schwaben), die bereits G. A. GOLDFUSS (1829) in seinem Tafelwerk „Petrefacta Germaniae" abgebildet hat (Abb. 3.101 und 3.102). Durch die Verkieselung sind diese Korallen derartig gut erhalten und auch präparierbar, daß man meint, es seien Skelette rezenter Korallen. Die Korallen dieses bei Paläontologen berühmten Vorkommens sind nicht nur Prunkstücke zahlreicher öffentlicher Sammlungen, sondern sogar alleiniger Gegenstand von Sonderausstellungen geworden (vgl. Kap. 4.3.). Aber auch Korallen aus dem Paläozoikum (z.B. *Philippsastraea pentagona* aus dem Ober-Devon des Harzes oder *Ph. ananas* aus dem Ober-Devon der Eifel [Gerolstein] als Angehörige der Pterocorallia oder Rugosa) sind als „Stern"- bzw. „Spinnensteine" zu erwähnen. Alle diese „Sternkorallen" wurden zu meist rundlichen oder ovalen Anhängern geschliffen, um als Talisman oder Amulett getragen zu werden. Manche von ihnen dienten zum Stillen von Blutungen. Bereits CHR. KUNDMANN (1737) hat derartige Sternkorallen beschrieben und abgebildet.

Eine Besonderheit sind die sogen. „Verschreiherzen", die vor allem in Oberösterreich und Salzburg als Amulett getragen werden (ANDREE-EYSN 1910). Sie bestehen aus herzförmig geschliffenen und an Silberketten befestigten Sternkorallen der Gosauformation der Ober-Kreide (z.B. *Actinastraea*; Abb. 3.103) und sollen vor dem „Bösen Blick", Hexen und Dämonen schützen. Kindern mit Hautausschlag wurden sie an roten Bändern um den Hals gehängt. Diese „Verschreiherzen" wurden aber nicht nur isoliert an einer Halskette, sondern auch – zusammen mit Haizähnen, Blutsteinen, Bernsteinperlen, Raubtierzähnen, Turbodeckeln (von Schnecken) oder Serpentiniten – in ungerader Zahl an sogen. „Fraisketten" getragen. In Italien dienen die unter den Namen „pietre stellarie" oder „pietre stregonie" bekannten Steinketten gleichfalls als Gegenzauber gegen Hexen und zum Schutz vor dem „mal occhio" (ANDREE-EYSN 1910, VILLIERS 1927).

Schnecken: „Wirfelsteine"

Einzelne Arten fosssiler Schnecken (Gastropoda) spielten auch im Volksglauben und der frühen Medizin eine Rolle. So sind aus manchen Gegenden der Alpenländer Österreich und Bayern sogen. „Wirfelsteine" (= „Wirbelsteine" oder „Wirfelstoan") bekannt. Sie beruhen auf großen Schnecken aus der Verwandtschaft der Hinterkiemer (Opisthobranchia) mit einem bauchigen Gehäuse und wurden früher als Actaeonellen bezeichnet (= *Trochacteon gigantea*; s. KOLLMANN 1965) (Abb. 3.104). Diese „Actaeonellen" sind in den Gosauschichten der Ober-Kreide der Ostalpen stellenweise so häufig, daß sie richtig gesteinsbildend vorkommen. Dies und die Tatsache, daß sich die durch Verwitterung oder Abrollung entstandenen Querschnitte meist als helle Spiralen vom dunklen kalkigen Muttergestein abheben, haben die Aufmerksamkeit der Landbevölkerung auf sich gezogen (Abb. 3.105). So verdankt das „Schnekkengartl'l" bei Dreistetten am Fuß der Hohen Wand in der Neuen Welt in Niederösterreich einem derartigen Massenvorkommen seinen Namen. Da Gesteinsblöcke mit den „Actaeonellen" manchmal abgerollt sind, kommt es zur natürlichen Entstehung der „Wirfelsteine" (Abb. 3.106). Die Häufigkeit dieser großen Schnecken dürfte durch einen etwas verringerten Salzgehalt des Meerwassers im dortigen Bereich des Gosaumeeres zu erklären sein. Diese „Wirfelsteine" wurden einst von den Bauern als Abwehrzauber gegen die Drehkrankheit (Spirale!) der Schafe in die Tröge der Viehtränken gelegt (ABEL 1939). Erst vor wenigen Jahren wurde aus einem wieder freigelegten mittelalterlichen Brunnen in Oberösterreich ein derartiges Rollstück, also ein „Wirfelstein" von *Trochacteon* gefunden (mdl. Mitt. G. RABEDER 1990).

Abb. 3.102. „Sternstein". Die Stockkoralle *Stylina bechei* als Vertreter der Cyclocorallia aus dem O-Jura von Nattheim (Württemberg). Orig. NHMW. Höhe 112 mm. Foto R. Gold.

Abb. 3.103. Sogen. „Verschreiherz". Die Stockkoralle *Actinastraea* sp., eine Cyclocoralle aus der O-Kreide der Gosau-Formation von St. Wolfgang am Wolfgangsee (O-Österreich). In Herzform geschliffenes und an einer Silberkette (im Salzkammergut) getragenes Amulett gegen den „Bösen Blick" und Dämonen. Orig. E. Thenius. Breite 31 mm. Foto R. Gold.

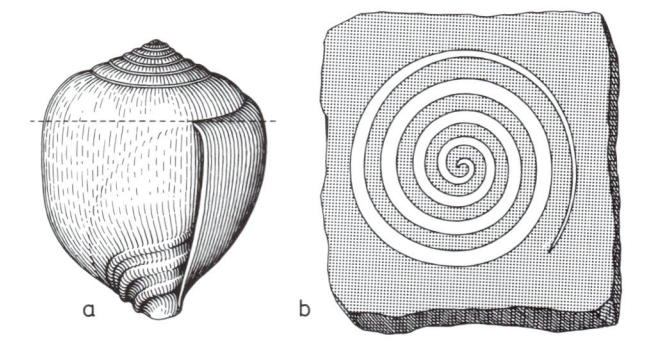

Abb. 3.104.
Trochacteon gigantea (a) als Schnecke (Gastropoda: Opisthobranchia) aus der O-Kreide der Gosau-Schichten von Grünbach (N-Österreich) und die Entstehung der sogen. „Wirfelsteine" (b) durch Erosion (Schema). Ursprüngliche Bezeichnung = „*Actaeonella*". Höhe 80 mm. Zeichnung N. Frotzler.

Abb. 3.105.
„Wirfelstein": *Trochacteon* (=„*Actaeonella*"). Künstlicher Querschnitt. Gosau-Formation (O-Kreide) von Rußbach (Salzburg). Orig. N. Vávra. Breite 40 mm. Foto R. Gold.

Abb. 3.106.
„Actaeonellenkalk" aus der Gosau (O-Kreide) vom Schafberg (O-Österreich). Geröll mit natürlichen Querschnitten von *Trochacteon*, die sich als helle Spiralen im dunklen Kalk abheben. Orig. zu O. ABEL (1939). Orig. IUPW. Maße 109×30 mm. Foto R. Gold.

Dreilapper: Trilobiten
(*Calymene, Dalmanites, Phacops* etc.)

Eine bisher nur kurz erwähnte Gruppe fossiler Lebewesen, nämlich die Trilobiten oder Dreilapper (Trilobita, Arthropoda), hat seit altersher die Aufmerksamkeit von Menschen auf sich gezogen. In Frankreich fand man in der danach benannten Höhle „La Grotte du Trilobite" einen ortsfremden, durchbohrten Trilobiten (*Dalmanites hawleyi*) in annähernd 15.000 Jahre alten Schichten. Trilobiten dieser Art finden sich in silurischen Ablagerungen Böhmens (Tschechische Republik) und man hat Grund zur Annahme, daß der in der Trilobiten-Höhle gefundene Trilobit von Böhmen nach Frankreich transportiert wurde. Nach RÄTSCH & GUHR (1992) ist es der bisher einzige Beleg für einen magischen Trilobitengebrauch im Paläolithikum.

Wie RÄTSCH & GUHR (1992) weiter berichten, werden in Nordamerika vor allem asselähnlich eingerollte Trilobiten (*Calymene breviceps, Flexicalymene meeki retorsa, Paciphacops birdsongensis*) von vielen Indianerstämmen als Amulette, magische Steine und als Zaubermedizin benützt. In indianischen Gräbern sind Anhäufungen eingerollt erhaltener Trilobiten als Grabbeigaben bekannt geworden. Bei Indianern der südwestlichen USA werden noch heute, die dunkel verfärbten Exemplare von *Elrathia kingii* aus kambrischen Ablagerungen von Utah als Anhänger von Halsketten verwendet und als Fetische mit besonderen Kräften angesehen (FORTEY 1991).

Auch in Südamerika, bei Indianern aus Bolivien, haben Trilobiten aus dem Devon (*Metacryphaeus venustus*) eine magische Bedeutung. Gleiches gilt für die stellenweise sehr häufigen Trilobiten aus dem Devon Marokkos, wo sie von der Bevölkerung nicht nur gehandelt und als Souvenir verkauft werden, sondern auch als Zaubersteine und Amulette verwendet werden (RÄTSCH & GUHR 1992).

Ähnliches wird von den beiden Autoren für England angegeben, wo im 18. Jahrhundert paläozoische Trilobiten (*Phacops rana*, *Calymene*) als goldgefaßte Amulette dem Schutz vor Giften dienten.

Foraminiferen: „Maria-Ecker-Pfennige" - „Venusbergpfennige"

Von fossilen Einzellern in Form der Foraminiferen (Rhizopoda, Protozoa) war bereits in Zusammenhang mit „versteinertem Geld" und „versteinerten Linsen" die Rede. Hier müssen noch die „Maria-Ecker-Pfennige" (= „Adelholzer Pfennige", „Gnadenpfennige", „Marien"- oder „Venusbergpfennige") aus dem Chiemgau erwähnt werden, über die H. HAGN (1979) ausführlich berichtet hat. Es sind dies die auffälligen, großen scheibenförmigen Gehäuse der Großforaminifere *Assilina exponens* aus den eozänen Adelholzer Schichten am Venusberg bei der Wallfahrtskirche von Maria Eck. Die Assilinen wittern immer wieder aus den dortigen Nummulitenkalken heraus und sind recht häufig (Abb. 3.107). Maria Eck ist seit 1626 ein christlicher Wallfahrtsort. Wie der Name „Venusbergpfennige" vermuten läßt, war die Anhöhe, zu der der Weg zum Venusberg vorbeiführte, ein alter Kultplatz in vorchristlicher Zeit. Von hier hat man zugleich einen herrlichen Rundblick auf das Alpenvorland. Seit der Christianisierung wurden die Assilinen, die am Wegrand herauswittern, mit dem Marienkult assoziiert und als segenbringende Wallfahrtsandenken und Glücksbringer benutzt. Sie wurden auch zu Andachtsbildern verarbeitet (RÄTSCH & GUHR 1992).

Haizähne: „Glossopetren" - „Natternzungen" - „Nazhis" - „Tengu-Klauen"

Nunmehr wollen wir uns den Resten fossiler Wirbeltiere zuwenden: Auch die uns bereits seit dem vorigen Kapitel in Zusammenhang mit Legenden bekannten „Glossopetren" (= „Natternzungen", „Stein-" oder „Vogelzungen") sind hier zu erwähnen. Diese auf isolierten Haizähnen (Elasmobranchii, Chondrichthyes) beruhenden „Glossopetren" werden von verschiedenen Völkern wegen ihrer vermeintlichen Schutzwirkung gegen den „Bösen Blick" als Talisman oder Amulett (z.B. auf sogen. „Fraisketten") getragen. Außer rezenten Zähnen werden immer wieder fossile Zähne dazu verwendet. „Im Mittelalter und in der Renaissance entstand – wie VÁVRA (1987) schreibt – um diese Fossilien ein ausgesprochener Kult: In keinem der vielen Schatzkammerinventare fehlen die „Languiers" (Natternzungenbäume) (vgl. Abb. 4.38). Es finden sich Anhänger, Kredenzgeräte und Salzgefäße mit „Zungensteinen". „Beispiele aus den Wiener Sammlungen wären der Korallenbaum in der Schatzkammer des Deutschen Ordens aus dem 15./16. Jahrhundert oder die Natternzungen-"Credenz" in der Sammlung des Kunsthistorischen Museums" in Wien aus der Mitte des 15. Jahrhunderts (vgl. BERGER 1950, KRIS 1932).

Die „Natternzungen" selbst, die in Europa als Anhänger bzw. Amulett oft in Silber gefaßt, getragen wurden, dienten noch im 17. Jahrhundert nicht nur als Heilmittel bei Sprachstörungen (Zunge!), sondern ganz allgemein als Schutz gegen die damals verbreitete Vergiftungskriminalität (vergiftete Speisen sollten durch

Abb. 3.107.
„Maria-Ecker"- oder „Venusberg-Pfennige". Scheibenförmige Gehäuse von Groß-Foraminiferen (Einzeller): *Assilina exponens* aus dem Eozän der Adelholzer Schichten vom Venusberg bei der Wallfahrtskirche Maria Eck S Traunstein im Chiemgau (Bayern).
Orig. NHMW. Max. Durchmesser 52 mm. Foto R. Gold.

Abb. 3.108.
„Tengu-Klaue". Fossiler Haizahn (*Isurus*) aus dem Tertiär Japans. Orig. Ch. Rätsch. Länge ca. 35 mm. Foto Ch. Rätsch.

„Natternzungen" waren bereits den alten Ägyptern (ab der 22. Dynastie) als Zaubersteine („Nazhi") bekannt. Nach RÄTSCH & GUHR (1992) finden bei Küstenvölkern meist rezente, bei Inlandvölkern naturgemäß fossile Haizähne, also „echte" „Glossopetren", Verwendung. Derartige Haizähne (z.B. „*Carcharodon*" *megalodon*), aber auch fossile Rochenstacheln (*Myliobatis*) finden sich im alten Nordamerika als rituelle Gaben in Tempeln bei Opferungszeremonien (z.B. Palenque, Mexiko) dargebracht oder als Amulett-Anhänger an Halsketten.

In Japan sind die dort als „Tengu-Klauen" bekannten fossilen Haizähne als Amulette, denen ein Schutzzauber zugeschrieben wird, in Gebrauch (RÄTSCH 1995) (Abb. 3.108).

Verfärbung der „Natternzungen" angezeigt werden), ferner in pulverisierter Form gegen Behexung und gegen die Pest sowie gegen Epilepsie, Fieber, Pocken, Blattern und Darmparasiten (vgl. KUNDMANN 1737, der eine Übersicht über die angebliche Heilwirkung der „Glossopetren" gibt; GRUBER 1980).

In Malta war der Verkauf von „Gesteinszungen" ein einträgliches Geschäft für die Malteser Geistlichkeit (in Form von Amuletten oder in Pulverform in Wein oder Wasser „gelöst"). „Natternzungen" fehlen seit der Römerzeit nie den sogen. Fraisketten.

Fischzähne: „Krötensteine" oder „Bufoniten" - „Schlangenaugen"

Als nächstes wollen wir uns den sogen. „Krötensteinen" oder „Bufoniten" („Lapides bufonini") zuwenden und zunächst O. ABEL (1939: 216) zitieren: „Bei der großen und unheimlichen Rolle, welche die Kröte im deutschen Volksglauben gespielt hat und zum Teil noch immer spielt, ist es kaum verwunderlich, wenn auch Reste vorzeitlicher Lebewesen, die uns in Gestalt von „Versteinerungen" erhalten geblieben sind, in Verbindung mit Kröten gebracht wurden". Kröten spielten im Mittelalter in Zusammenhang mit dem „bösen" Zauber eine Rolle und waren ein wichtiger Bestandteil vieler Geheimmittel. Die Kröte war aber zugleich ein Symbol der Frucht-

Abb. 3.109.
Lepidotes (= „*Lepidotus*") *maximus*. Weitgehend vollständig erhaltenes Exemplar eines Knochenganoidfisches (Holostei) aus dem O-Jura von Langenaltheim (Bayern). Orig. SMF. Länge 207 cm. Foto S. Tränkner.

Abb. 3.110. „Krötensteine" oder „Bufoniten". Zähne eines Quetschgebisses von *Lepidotes maximus* aus dem O-Jurakalk von Falkenstein (N-Östterrreich). Orig. P. Gottschling. Maße 100×80 mm. Foto Ch. Reichel.

barkeit (HANSMANN & KRISS-RETTENBECK 1966). „Noch im 17. Jahrhundert war die Vorstellung allgemein verbreitet, daß im Kopf großer, alter Kröten ein sonderbarer Stein wachse, der sogen. „Krötenstein". Dieser Stein sollte entweder im Gehirn einer alten Kröte entstehen oder dadurch zustandekommen, daß mehrere Kröten auf den Kopf des Krötenkönigs speien, wodurch dieser Stein entstünde" (ABEL 1939: 217). Es erscheint verständlich, daß derartige Berichte der Phantasie entsprungen sind. Unklar bleibt, wieso Zähne fossiler Fische (v.a. der Gattung *Lepidotes* [= „*Lepidotus*"]) als Krötensteine bezeichnet werden. War bei den bisherigen Beispielen stets eine gewisse Ähnlichkeit der betreffenden Versteinerung mit dem jeweiligen Namen im Volksmund festzustellen, so bleibt dies bei den „Krötensteinen" verborgen. Die als „Krötensteine" bezeichneten Zähne von *Lepidotes* (Abb. 3.109) und *Gyrodus* (Holostei, sogen. Knochen-Ganoidfische oder Schmelzschupper; Osteichthyes), die oft isoliert in hellen Jura- oder Kreide-Kalken zu finden sind, fallen nicht nur durch ihre dunkle, oft blauschwarze Färbung auf, sondern auch durch ihre halbkugelige Gestalt - und ihren Glanz (? Krötenauge). Es sind Zähne eines Quetschgebisses, das diesen mesozoischen Ganoidfischen zum Zerbrechen hartschaliger Nahrung (Armfüßer, Muscheln, Schnecken und Korallen) diente (Abb. 3.110). Diese Ganoidfische besitzen übrigens massive Schuppen aus Knochensubstanz, die außen von einer schmelzähnlichen Substanz (= Ganoin) überzogen sind, die einst zum Namen Schmelzschupper geführt hat. Aber nicht nur Zähne mesozoischer Ganoidfische, sondern auch ähnlich gestaltete, halbkugelige bis bohnenförmige Zähne von „echten" Knochenfischen (Teleostei, Osteichthyes), wie etwa den tertiärzeitlichen Brassen (Gattung „*Chrysophrys*" = *Sparus*), sind als „Krötensteine" bezeichnet worden. Auf Malta – das uns bereits in Zusammenhang mit den „Glossopetren" beschäftigt hat – sind derartige „Krötensteine" als „Schlangenaugen" („occhi di serpe") bekannt und werden – zusammen mit den „Natternzungen" des Apostel Paulus – gewinnbringend als Talisman bzw. Souvenirs verkauft. Auch als Goldringe mit eingefaßten „Krötensteinen" werden sie getragen.

Diesen „Bufoniten", von denen auch C. GESNER (1565) berichtet (wobei auch fossile Seeigel als solche bezeichnet werden) kommt eine weitere Bedeutung in der Volksmedizin zu. So weist VALENTINI (1704) auf die Heilkraft solcher „Bufoniten" in Form von Amuletten bei Entzündungen nach Insektenstichen, bei Rheumatismus sowie bei Wunden und Geschwüren hin.

Im „Buch der Natur" von KONRAD VON MEGENBURG (1535) ist bereits vom „Krottenstein" die Rede, der durch den Verzehr (!) die Eingeweide reinigen und den Menschen nicht nur innen, sondern auch außen heilen soll. Wie weit es sich dabei tatsächlich um richtige „Krötensteine" handelte, muß freilich dahingestellt bleiben.

Erwähnenswert ist, daß Gaumenzähne von *Lepidotes* „*gigas*" aus dem Mesozoikum in einem Grab aus der Bronzezeit in Wiltshire (England) gefunden wurden (SMITH 1894, OAKLEY 1965), „Krötensteine demnach bereits frühzeitig Beachtung fanden.

**Säugetiere und „Saurier":
„Drachenknochen" und „-zähne" -
Einhorn (Unicornu verum, U. falsum etc.)**

Mit dem folgenden Abschnitt kehren wir wieder zurück zu den Drachen (s. Kap. 3.1.), diesmal allerdings zu ihrer Bedeutung in der Volksmedizin und in der Magie. Sogen. „Drachenzähne" („Lung Ku") und „-knochen" („Lung tse") spielen in China als Wundermittel aller Art eine ähnliche Rolle wie das „Einhorn" (s.u.): „Drachenknochen" werden erstmalig in Pharmakopoën (= Arzneibücher) der Han- (260 v.Chr. bis 200 n.Chr.) und der Sanguo-Periode (220-280 n.Chr.) erwähnt (RÄTSCH 1994). In den chinesischen Apotheken werden meist Zähne und Knochen tertiär- und eiszeitlichen Säugetiere (z.B. *Gomphotherium*, *Hipparion*, *Chilotherium*, *Samotherium*, *Microstonyx* und *Gazella* als tertiärzeitliche, *Stegodon*, *Rhinoceros*, *Tapirus*, *Cervus*, *Bubalus* und *Bos* als eiszeitliche Gattungen) als solche von Drachen angeboten (vgl. Abb. 3.1). Zermahlen und mit Whisky vermischt, sollen sie als Aphrodisiakum, also als Potenzmittel, wirken. Aber auch mit Reiswein oder Bambusschnaps sollen sie ihre Wirkung nicht verfehlen. Chinesische Kräuterpräparate aus Pilzen und pulverisierten „Drachenknochen" („Mental Chi") sollen die Konzentrationsfähigkeit steigern und die geistige Klarheit fördern. Drachen als Talisman garantieren den Chinesen ein glückliches Heim und ein langes Leben (RÄTSCH 1994).

Selten stammen die „Drachenknochen" von Dinosauriern, wie etwa in der Mongolei, wo diese seit altersher von mongolischen Lamas als Medizin verwendet wurden. Sie wurden als „Luu Ni Yas" bezeichnet und gelangten dann auch in chinesische Apotheken.

In Nepal wiederum werden „Drachenknochen" („Mala Quya") verbrannt, um den Drachen zu befreien, da dieser sonst in dieser Welt in seiner Inkarnation verbleiben müßte (RÄTSCH 1994).

Der letzte Abschnitt dieses Kapitels ist dem Einhorn gewidmet. Wie bereits im Kapitel 3.1. ausgeführt, ist das Einhorn kein Fabelwesen, sondern beruht auf zwei konkreten Quellen, die ursprünglich nichts mit Versteinerungen zu tun hatten: Einerseits dem indischen Panzernashorn (*Rhinoceros unicornis*), andererseits der Schraubenziege (*Capra falconeri jerdoni*) aus dem West-Punjab (heute Pakistan). Bei beiden Arten spielte das Nasen- bzw. Stirnhorn als **hornige** Substanz die entscheidende Rolle für die „medizinische" Anwendung. Bekannt sind die Einhornbecher, denen eine entgiftende Wirkung zugeschrieben wurde. So enthielt auch das Tafelgeschirr von Karl dem Kühnen Einhornbecher. Erst später, als der Nachschub dieser Hörner aus dem südlichen Asien zu versiegen drohte, wurden die Stoßzähne fossiler Rüsseltiere, vor allem vom jungeiszeitlichen Mammut (*Mammuthus primigenius*) und vom rezenten Narwal (*Monodon monocerus*) in den mittelalterlichen Apotheken als Einhorn angeboten. Das Einhorn fehlte in keiner der damaligen Apotheken (vgl. Abb. 3.28). Berühmt waren die Einhorn-Rezepte der Äbtissin und Mystikerin Hildegard von Bingen am Rhein (1098-1179). Als wichtigste Wirkung kam damals dem Einhorn in pulverisierter (!) Form jene gegen Vergiftungen zu. Außerdem wurde das Einhorn im Mittelalter bei Geschlechtskrankheiten und Nasenbluten, zur Desinfektion von Bißwunden und sogar zur Bekämpfung von Ruhr und Pest herangezogen (GESNER 1565, VALENTINI 1704). ULBRICH (1793) führt anläßlich der Beschreibung der Pest in Kronstadt (= Brasov im heutigen Rumänien) in den Jahren 1718 und 1719 ein Rezept aus einem Gemisch von „echtem" Einhorn (Unicornu verum = Mammutstoßzahn), Hirschhorn, armenischem Bolus, Krebsaugen, Schwefelblüte, Salpeter und Kampfer an, dem mit Bier oder Essig eingenommen, als Bezoardisches Schweißpulver eine schweißtreibende Wirkung zukommen sollte (ABEL 1941). Eine vollständige Übersicht der Krankheiten, gegen die Einhornpulver wirksam sein sollte, findet sich in dem 1636 erschienenen Buch von ANSELMUS BOETIUS DE BOOT, dem Leibarzt Kaiser Rudolphs II in Prag (ABEL 1939).

Heute gilt das „Einhorn" in chinesischen Apotheken als **das** Aphrodisiakum und wird praktisch mit Gold aufgewogen. Allerdings stammt das „Einhorn" fast ausschließlich von den Hörnern von gewilderten Nashörnern, nicht nur aus Asien, sondern auch aus Afrika. Dieser Aberglaube, d.h. die Vorstellung über die Wirkung, wird vermutlich zur völligen Ausrottung der heutigen Nashörner führen. Nur im zentralen Asien wurden die Hörner der Saiga-Antilope (*Saiga tatarica*) zeitweise als Ersatz der Hörner von Nashörnern verwendet.

Wie bereits im Kap. 3.1. erwähnt, unterschied man in mittelalterlichen Apotheken das „Unicornu fossile" (= Mammutstoßzähne) und das „Unicornu officinale" (= Narwalstoßzähne), das nach VALENTINI (1704) auch als „Unicornu marinum" und später als „Unicornu falsum" bezeichnet und dem „Unicornu verum" vom Mammut gegenübergestellt wurde.

4. Fossilien im Alltag - von den Anfängen bis zur Gegenwart

4.1. Fossilien als Schmuck sowie ihre Verwendung in Kunstgewerbe und Kunsthandwerk

Auffallende oder lokal häufig vorkommende Fossilien haben bereits sehr früh zur Herstellung von Schmuckgegenständen oder ihrer Verwendung im Kunsthandwerk geführt. Ob es sich dabei allerdings im Einzelfall um Schmuck im eigentlichen Sinn des Wortes oder um Amulette bzw. Talismane handelt, muß vor allem bei den Funden aus urgeschichtlicher Zeit wohl meist unbeantwortet bleiben. Neben der Verwendung von Versteinerungen und von fossilhältigem Gestein ist hier auch jene von fossilem Elfenbein, von Bernstein und Gagat zu berücksichtigen. Die Begriffe „Kunsthandwerk" und „Kunstgewerbe" sind gegen den Themenbereich „Kunst" nicht scharf abgrenzbar; Überschneidungen sind hier unvermeidlich.

Die folgenden Ausführungen können nur einen Überblick bieten, was bei der Fülle des Materials selbstverständlich erscheint. Eine detailreiche, tabellarische Zusammenstellung über Schmuck aus Fossilien findet sich bei ANNOSCIA (1981), dem auch etliche der folgenden Angaben entnommen wurden.

Abb. 4.1.
Einige Exemplare von *Porosphaera* (Porifera) aus der O-Kreide von Dänemark (Gedser). Beachte natürliche Lochung bei zwei Exemplaren. Derartige Porosphaeren sind bereits im Paläolithikum vom damaligen Menschen gesammelt und in Form von Halsketten getragen worden. Orig. IPUW. Durchmesser ca. 10 mm. Foto R. Gold.

Fossilien als Schmuck:
Paläolithikum - Neolithikum - Bronzezeit

Wie erkennt man Fossilien, die einst als Schmuckstücke verwendet wurden? Das wichtigste Kriterium ist, abgesehen vom Fundort, eine entsprechende künstliche Lochung, die – zusammen mit einer Allochthonie (= Ortsfremdheit) des Fundes – eine entsprechend fundierte Deutung (als Teil einer Halskette oder als Anhänger) zuläßt. Die Distanzen, über die auffallende Fossilien in ur- und vorgeschichtlicher Zeit transportiert (? gehandelt) wurden, sind manchmal erstaunlich groß. Nun gibt es jedoch eine Reihe von Fossilien, die eine natürliche Lochung aufweisen. Zu den bekanntesten zählen die röhrenförmigen Gehäuse von Dentalien (Grabfüßer: Scaphopoden mit der Gattung *Dentalium*; vgl. Abb. 4.14) und die Stielglieder von Seelilien (Crinoidea). Aber auch Gehäuse von regulären Seeigeln (Echinoidea), Stielklappen von Armfüßern (Brachiopoda) oder manche Armfüßergehäuse selbst („*Pygope*") sowie Skelette von einzelnen Schwammarten (Porifera) sind oder können zumindest gelocht sein. Derartige Versteinerungen bieten sich geradezu als Schmuckgegenstände an. Daher erscheint es nicht verwunderlich, daß solche Reste bereits frühzeitig als Schmuck Verwendung fanden.

Gehäuse von tertiärzeitlichen Dentalien (Gattung *Dentalium*) brauchen als röhrenförmige Gehäuse ebenso wie die kugelförmigen Schwämme der Gattung *Porosphaera* aus der Ober-Kreide nur mehr aufgefädelt zu werden, um eine Halskette zu ergeben (Abb. 4.1). Die meisten Exemplare von *Porosphaera* weisen nämlich eine zylindrische Lochung auf, die vermutlich durch ein fossil nicht erhaltenes, pflanzliches Substrat bedingt war, an dem diese Schwämme festgewachsen waren. Porosphaeren sind vor allem in den Kreidegesteinen des Ärmelkanals enthalten und daher am Strand mancher Bucht leicht zu finden. Schmuckstücke aus diesen kugeligen Kreideschwämmen sind ab dem **Paläolithikum** (Frankreich und England) bekannt, finden sich aber auch in der Bronzezeit (Kent, England), wie eine Kette mit 97 *Porosphaera*-"Perlen" im British Museum in London zeigt. Aber auch Funde aus römischer Zeit und der Zeit der Sachsen belegen die Verwendung für Schmuckzwecke.

Die Verwendung von *Dentalium* als Bestandteil von Halsketten führt uns nach Österreich bzw. Mähren. Nicht nur aus dem Aurignacien vom Hundssteig in Krems (Niederösterreich), sondern auch aus Südmähren liegen diese auffallenden Weichtierschalen aus jungpaläolithischen Stationen vor. Eindrucksvolle Funde dieser Art stammen aus der Gegend von Brno (Brünn; Brustschmuck aus 600 Dentalien) und Dolní Vestonice (Unter-Wisternitz) bei Mikulov (Nikolsburg) in den Pollauer Bergen; von wo auch die berühmte Venus von Dolní Vestonice stammt (Anthropos-Museum in Brünn, Museum in Dolní Vestonice). Sowohl am Hundssteig in Krems als auch in Dolní Vestonice sind neben den Dentalien verschiedene, künstlich gelochte fossile und „rezente" (= zeitgenössische) Schneckengehäuse bzw. fossile Muscheln, Armfüßer und Seeigel gefunden worden (Hundssteig: *Cyclonassa*, *Clanculus*, *Columbella*,

Nassa, Melanopsis, Vivipara, Lithoglyphus und *Neritina*, die bereits 1909 von TROLL beschrieben wurden; Dolní Vestonice: *Cerithium, Melanopsis* und *Vermetus* als Schnecken, *Cardium* und *Glycymeris* als Muscheln, *Terebratula* als Brachiopode, *Isastrea* und *Madrepora* als Jura- bzw. *Pachypora* als Devonkorallen sowie Seeigelstacheln. Wie weit eine Schnecke (*Chemnitzia*) aus dem Jura, die aus dem Mousterien Frankreichs (Zeit des Neandertalers: *Homo sapiens neanderthalensis*) stammt, als Schmuck verwendet wurde, sei dahingestellt.

Bemerkenswert ist, daß nach STEININGER (1995) in den älteren jungpaläolithischen Fundstellen Niederösterreichs (Willendorf, Gudenushöhle, Galgenberg bei Stratzing) meist nur 1-2 Arten fossiler Schnecken bzw. Dentalien bekannt sind, während in den jüngeren Kulturschichten des Jung-Paläolithikums (Kamegg, Grubgraben bei Kammern) 12-14 verschiedene fossile Arten nachgewiesen werden konnten. D.h. man kann – mit STEININGER (1995) – bereits damals von Fossilsammlern sprechen, die Fossilien auch aus etwas entfernt liegenden Fundstellen (im Wiener Becken) aufsammelten und wohl zu Schmuckzwecken (Halsketten, Applizierung an Kleidern) verwendeten.

Auch aus Frankreich und Deutschland sind von etlichen jungpaläolithischen Fundstellen (Aurignacien bzw. Magdalenien) Schmuck aus fossilen Dentalien, Muscheln, Schnecken, Korallen, Ammoniten (*Coroniceras* vom Vogelherd bei Ulm; *Aspidoceras* und *Lissoceratoides* aus der „Grotte de l'Ammonite", Frankreich), Haizähnen („*Carcharodon*") und sogar aus Trilobiten bekannt. Bei letzterem handelt es sich – wie bereits im Kap. 3.2. erwähnt – um den silurischen *Dalmanites hawleyi* aus der Trilobitenhöhle („Grotte du trilobite") bei Arcy-sur-Cure mit zwei künstlichen Lochungen.

Im **Neolithikum** (Jungsteinzeit) von Ostösterreich ist gegenüber dem Paläolithikum der „trend" zur Verwendung zeitgenössischer Mollusken aus dem Mittelmeerraum (durch Transport oder Handel) unverkennbar. Nur mehr wenige fossile Arten werden verwendet.

Als vermutlich einziger Beleg eines neolithischen Schmuckstückes (Donauländische Kultur) aus einem Fossil aus dem Wiener Raum (Hirschstetten im 22. Gemeindebezirk) dürfte ein etwa 7,5 mm langes Stielglied einer Seelilie aus dem Mesozoikum der Waschbergzone anzusehen sein, dessen zentraler Achsenkanal als natürliche Lochung zur Verwendung als Schmuckstück geführt hat (ZIAK et al. 1964). Mittel- und jungsteinzeitlicher Bernsteinschmuck ist weiter unten erwähnt.

Aus dem Neolithikum von Rußland ist noch eine merkwürdige Verwendung von Fossilien für Töpferwaren bekannt geworden. Nach A. HEINTZ (1960) wurden bei Sokolskoje (Bezirk Ivanovsk) an der Wolga Tongefäße gefunden, die mit Hilfe von Rostren jurassischer Belemniten (Gattungen *Pachyteuthis* und *Cylindroteuthis*) sowie Jura-Ammoniten (*Cosmoceras, Perisphinctes*) verziert worden waren.

Auch aus der **Bronzezeit** sind (meist) gelochte Ammoniten, Belemniten und andere fossile Mollusken sowie miozäne Haizähne („*Carcharodon*") aus England, Frankreich, Malta und aus Ägypten bekannt geworden, die für Schmuckzwecke verwendet wurden. In Ägypten sind gelochte Haizähne sowohl aus älterer (Prädynastische Zeit = 3.000 Jahre v.Chr.) als auch aus jüngerer Zeit (22. Dynastie = 945-712 v.Chr.) bekannt geworden.

Ichnofossilien als Schmuck(-vorlage)

Daß auch fossile Lebensspuren als Vorlage für Schmuck dienen, zeigen die Lendenschurze von Schlangentänzern der Hopi-Indianer aus Arizona. Auf dem Schurz sind Fährten dreizehiger Dinosaurier dargestellt, wie sie sich im Stammesgebiet der Hopi finden (LOCKLEY 1993).

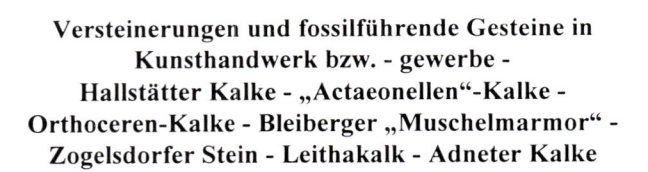

Versteinerungen und fossilführende Gesteine in Kunsthandwerk bzw. -gewerbe - Hallstätter Kalke - „Actaeonellen"-Kalke - Orthoceren-Kalke - Bleiberger „Muschelmarmor" - Zogelsdorfer Stein - Leithakalk - Adneter Kalke

Versteinerungen oder fossilreiche Gesteine spielen und spielten zumeist wegen ihrer dekorativen Wirkung als Ausgangsmaterial für das Kunsthandwerk eine entsprechende Rolle. Manchmal war aber auch die leichte Be-

Abb. 4.2.
Schale aus „Actaeonellen"-Kalk aus der Gosau (O-Kreide) des Salzkammergutes. Beachte dekorative Wirkung der hellen Spiralen im dunklen Muttergestein. Orig. M. Vávra. Durchmesser 20 cm. Foto R. Gold.

arbeitung ausschlaggebend dafür. Gemäß der zur Verfügung stehenden Werkzeuge und Maschinen sind die hier genannten Beispiele auf die historische Zeit beschränkt; verschiedentlich sind es Einzelstücke in privater Hand, manchmal handwerklich hergestellte Objekte.

Eher zu Einzelstücken zählen Tische, deren Platten aber auch Füße aus einzelnen, entsprechend polierten Ammoniten oder aus verkieselten Hölzern bestehen. Sind es bei den Ammoniten die einzelnen, häufig unterschiedlich auskristallisierten Gaskammern und die sich von der dunkleren Matrix deutlich abhebenden, meist helleren, kalzitischen Schalen sowie die oft kompliziert verlaufende Lobenlinie, so sind es bei den fossilen Hölzern die Jahresringe und die auch am Einzelstück verschiedenen Färbungsmuster, die bei derartigen Fossilien eine richtige dekorative Wirkung hervorrrufen.

Tische aus den ammonitenführenden **Hallstätterkalken** der Ober-Trias des Salzkammergutes in Österreich zählen ebenso wie jene aus sogen. **„Actaeonellen"-Kalken** der Gosau (Ober-Kreide) der Ostalpen zu den besonders geschätzten Objekten (vgl. Abb. 4.16); gleiches gilt auch für Schalen (Abb. 4.2). Aber auch die **Orthoceren-Kalke** aus dem Devon Marokkos erfreuen sich in jüngster Zeit steigender Beliebtheit. Daß kein Stück dem anderen gleicht, erhöht den Wert derartiger, meist noch dazu individuell gestalteter Tischmöbel und macht sie zu beliebten, dekorativen Unikaten. Von den Erzeugerfirmen seien hier nur die traditionsreiche Fa. Gapp in Gosau (Oberösterreich), die auch Tischplatten aus verschiedenen Gosaufossilien herstellt, und C. A. Scheffler & Co. in Safenwil (Schweiz), die in ihrer „Collection fossile" auch Wandpaneele aus fossilreichen Gesteinsplatten anbietet, erwähnt. Es ist ein richtiges Kunstgewerbe.

Dies gilt auch für die Firmen, die seinerzeit den **Bleiberger „Muschelmarmor"** verarbeiteten. Bei diesem Material handelt es sich um eine dicht gepackte Lumachelle aus Molluskenschalen aus Bleiberg in Kärnten. Eine Besonderheit sind die z.T. opalisierenden Schalenreste, die oft ein ausgezeichnetes Farbenspiel zeigen, das durch Interferenzerscheinungen an parallel orientierten Aragonitkristallen der ehemaligen Perlmuttschicht verursacht wird. Die Schalenreste selbst stammen meist von *Carnites floridus*, einem Ammoniten der Ober-Trias. Da das Vorkommen dieser Ammonitenlumachelle längst erschöpft ist, zählen Belegstücke nicht nur in Kärnten zu gesuchten Objekten (Abb. 4.3). Erstmals von F. X. VON WULFEN 1793 als „Kärnthenscher pfauenschweifiger Helmintholith" beschrieben, wurde dieser „Muschelmarmor" in der 2. Hälfte des 18. Jahrhunderts zu einem beliebten Rohprodukt für die Herstellung von allerlei Schmuck und anderen kunstgewerblichen Gegenständen, wie etwa Dosen. Diese Objekte wurden einst nicht nur in Mineraliensammlungen (z.B. Naturhistorisches Museum in Wien, Kärntner Landesmuseum in Klagenfurt) hoch geschätzt, sondern auch in privater Hand, wie etwa etliche Exemplare im Besitz

Abb. 4.3.
Tabakdose aus Bleiberger „Muschelmarmor", einer Ammonitenlumachelle mit *Carnites floridus* aus der O-Trias von Kärnten. Um etwa 1800 angefertigt. Orig. NHMW. Maße 83×43×35 mm. Foto Rosa Schönmann.

Abb. 4.4.
Placenticeras meeki (Ammonoidea) aus der O-Kreide von Alberta (Kanada). Derartige irisierende Ammoniten werden im Handel unter dem Namen „Ammolite" angeboten und sind begehrte Schmuckstücke. Orig. NHMW. Max. Durchmesser 12,5 cm. Nach G. NIEDERMAYR (1995). Foto A. Schumacher.

Abb. 4.5.
Der altmiozäne Zogelsdorfer Stein als Skulpturstein: Statue des Hl. Johannes Nepomuk in Eggenburg (N-Österreich).
Foto F. F. Steininger.

Abb. 4.6.
Der Zogelsdorfer Stein als Skulpturstein: Grab auf dem Friedhof von Burgschleinitz bei Eggenburg (N-Österreich).
Foto F. F. Steininger.

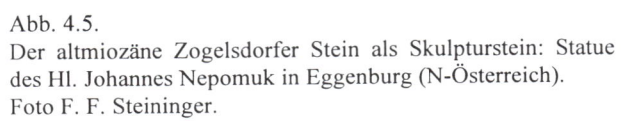

von J. W. von Goethe bzw. eine Christoph Martin Wieland als Geschenk überlassene Dose aus Bleiberger „Muschelmarmor" dokumentieren.

Ähnliches gilt für das im Handel als „Ammolite" bezeichnete Schmuckmaterial. Es handelt sich dabei um in den Farben rot, orange, gelb und grün „irisierende" Ammoniten (z.B. *Placenticeras meeki*) aus der Ober-Kreide von Alberta (Kanada), die bei Sammlern auch als „Perlmutt-Ammoniten" bekannt sind (Abb. 4.4). Je nach Größe werden sie als Schmuckstücke verwendet (G. NIEDERMAYR 1995).

Der **Zogelsdorfer Stein**, auch als „Nulliporenkalk" oder „weißer Stein von Eggenburg" bekannt, ist ein im Raum von Eggenburg (Niederösterreich) am Rande der Böhmischen Masse über deren kristallinen Gesteinen abgelagerter Naturstein. Er verdankt seinen Namen der kleinen Ortschaft Zogelsdorf südlich von Eggenburg.

Die folgenden Daten stützen sich auf die eingehenden Ausführungen von F. F. STEININGER (1995b), aus denen weitere Einzelheiten zu entnehmen sind. Der Zogelsdorfer Stein gehört geologisch zu den Ablagerungen der Molasse-Zone und ist als küstennahes Sediment besonders in der Eggenburger Bucht (des damaligen Molasse-Meeres) zu finden und wird dort seit dem 10./11. Jahrhundert abgebaut, doch wurde er auch bereits in ur- und frühgeschichtlicher Zeit verwendet. Das Gestein ist nach STEININGER als terrigen beeinflußter, grobkörniger Kalkstein zu bezeichnen, an dessen Aufbau vor allem Moostierchen (Bryozoen) und Kalk-Rotalgen (Corallinaceen) einen großen Anteil haben. Reste von Stachelhäutern (Seeigel), Seepocken (Balaniden), Röhrenwürmern (Serpuliden), Armfüßern (Brachiopoden) und Einzellern (Foraminiferen) finden sich als weitere Fossilien und dokumentieren, neben spärlichen Resten von Wirbeltieren (z.B. Seekühe und Haie), das altmiozäne Alter (Eggenburgium). Der meist in Form von Tiefbrüchen abgebaute Zogelsdorfer Stein war seit jeher ein begehrter Nutzstein, der nicht nur für sakrale und monumentale Bauten herangezogen wurde (z.B. in Wien: Schloß Schönbrunn, Neue Hofburg, neues Rathaus und Teile des Kunst- und Naturhistorischen Museums; s.a. KIESLINGER 1935) (vgl. Kap. 5.1.), sondern vor allem als Skulpturstein für Bauplastiken in Niederösterreich und Wien zur Barockzeit eine überragende Bedeutung er-

Abb. 4.7. Der jungtertiäre Leithakalk als Skulpturstein: Die „Spinnerin am Kreuz" an der Triesterstraße in Wien X aus dem Jahr 1452. Foto E. Thenius.

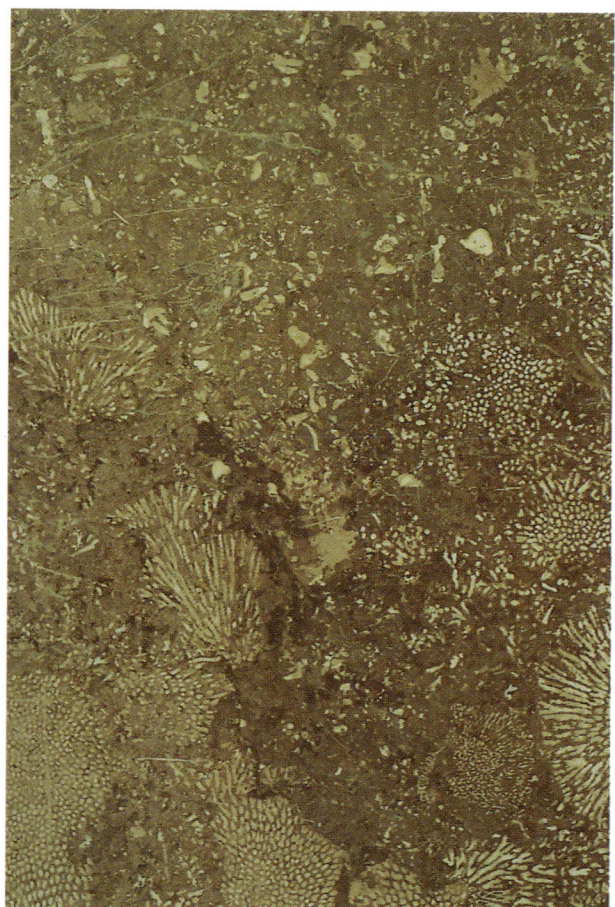

Abb. 4.8. Bunter Adneter „Marmor" als Dekorationsstein. Riffkalk mit Korallenstöcken (*Thecosmilia*) aus dem Rhät (O-Trias) des Kirchenbruchs von Adnet bei Hallein (Salzburg). Orig. IPUW. Maße 140×210 cm. Foto R. Gold.

langte. Dies ist vor allem dadurch begründet, daß in diesem Skulpturstein (fast) keine störenden Muschelschalen enthalten sind. Damit war er auch für die anspruchsvollere Architektur verwendbar. Der Zogelsdorfer Stein begründete auch zahlreiche Steinmetzbetriebe. Höhepunkte von Abbau und Handel waren das Mittelalter, die Zeit des Barock und die 2. Hälfte des 19. Jahrhunderts. Nach dem 2. Weltkrieg wurde die Steingewinnung eingestellt.

Von den zahllosen Skulpturen sind einerseits Figuren (meist vom Hl. Johannes Nepomuk, Abb. 4.5), Bildstöcke, Pest- und Dreifaltigkeitssäulen, Kalvarienbergstationen und Grabsteine in Niederösterreich (Abb. 4.6) zu erwähnen, andererseits die meist aus einem Stück gearbeiteten Einzelplastiken für Monumentalbauten (z.B. Herkulesfiguren am äußeren Michaelertor der Hofburg, in Wien, Plastiken an der Nationalbibliothek und an der Karlskirche, Atlanten im Oberen Belvedere). Als zwei der bedeutendsten Bildhauer und Steinmetze, die Zogelsdorfer Stein verarbeiteten, gelten bei den Kunsthistorikern LORENZO MATTIELLI (1685-1748) und GIOVANNI GIULIANI (vgl. STEININGER 1995b).

Auf die Einrichtung des wohl bekanntesten Steinbruchs, nämlich des Johannesbruchs in Zogelsdorf, als Schausteinbruch im Rahmen des Kulturparks Kamptal wird noch in Kap. 4.3. hingewiesen.

Von sonstigen fossilführenden Gesteinen sei zunächst der mittelmiozäne **Leithakalk** (nach dem Leithagebirge an der Grenze Niederösterreich/Burgenland) vom Rand des Wiener Beckens als Pendant zum Zogelsdorfer Stein genannt. Von den kunsthistorisch besonders bemerkenswerten Kunstwerken aus Leithakalk, der einer der wichtigsten Bausteine romanischer und gotischer Sakralbauten in Wien war, seien die sogen. „Spinnerin am Kreuz" aus dem Jahr 1452 am südlichen Stadtrand von Wien (Abb. 4.7) und die Kanzel des Wiener Stephansdomes erwähnt (KIESLINGER 1973). Der „Leithakalk" besteht aus dichten Algenkalken (Kalkrotalgen: Corallinaceen, deren Knollen als „Rosen" bezeichnet werden) bzw. aus feinkörnigen, weicheren Kalksandsteinen, die für Kunstwerke besonders gut geeignet sind. Erwähnt sei hier auch der „Römersteinbruch" im Ruster Höhenzug bei St. Margarethen (Burgenland), der sich als Schauplatz von Symposien europäischer Bildhauer eine entsprechende Tradition erworben hat. Zahlreiche Skulpturen „schmücken" den Steinbruch. Bisher wurden dort 1,5 Millionen Kubikmeter Gestein abgebaut (KOLLMANN & SUMMESBERGER 1973). Als küstennahes Gestein enthält der Leithakalk außer Kalkalgen auch (Stock-)Korallen, Muscheln und Schnecken, Stachelhäuter (hpts. Seeigel), Seepocken (Balaniden), Krebse und Röhrenwürmer (Serpuliden), Bohrschwämme, Einzeller (Foraminiferen) und Reste von Wirbeltieren (Knochenfische, Haie, Wale, Seekühe). Sie stammen von den einstigen Bewohnern des Badener Meeres.

Daneben sind die **Adneter Kalke** (nach Adnet bei Hallein, Salzburg) aus der Ober-Trias/Unter-Jura hauptsächlich rotbunte Ammoniten- und Korallenkalke, die meist als „Marmor" bezeichnet werden (Abb. 4.8). Man unterscheidet verschiedene Typen dieser meist als Adneter „Marmor" bezeichneten Kalke (KOLLMANN & SUMMESBERGER 1973). Sie dienten neben ihrer Verwendung als Dekorsteine (s. Kap. 5.1.) vor allem für die Herstellung von Taufbecken.

Die Verarbeitung von Fossilien zu Modeschmuck ist heute allgemein üblich und weit verbreitet. Angebote finden sich nicht nur auf den immer zahlreicher werdenden Fossilbörsen, sondern auch in den lokalen Souvenirläden. Ammoniten zählen zu den beliebtesten Objekten, die zu Anhängern, Broschen, Krawattennadeln oder auch Manschettenknöpfen verarbeitet werden. Orthoceren aus dem Paläozoikum Marokkos nehmen derzeit bereits den 2. Platz ein. Weitere als Modeschmuck verwendete Fossilien sind Seelilien, Seeigel, Korallen (z.B. aus Retznei in der Steiermark) und Fische.

Fossiles Elfenbein als Grundlage für das Kunsthandwerk

Wie bereits erwähnt, stellt fossiles Elfenbein ein weiteres wichtiges Material für verschiedene kunsthandwerkliche Arbeiten dar. Dies gilt bereits für urgeschichtliche Funde des Paläolithikums bis Neolithikums. Die Frage, ob es sich bei Stoßzähnen des Mammuts (*Mammuthus primigenius*) um zeitgenössisches oder fossiles Elfenbein handelt, muß offen bleiben. Durch Schutzbestimmungen und durch das generelle Handelsverbot für (rezentes) Elfenbein hat die Verarbeitung von fossilem Elfenbein in jüngster Zeit enorm an Bedeutung zugenommen (in Deutschland z.B. Erbach im Odenwald). In Rußland, vor allem in Nord-Sibirien, darf Mammutelfenbein zwar nicht offiziell gehandelt werden, doch ist es als Ausgangsmaterial für Schnitzereien u. dgl. gefragt. Der Preis ist seit 1990 von 6 $ pro Kilogramm auf 100 $ angestiegen. Früher wurde das fossile Elfenbein manchmal auch als „blaues Elfenbein" bezeichnet. Die Gewinnung des wertvollen Malerpigments „Elfenbeinschwarz" durch trockenes Erhitzen von Elfenbeinabfällen dürfte hingegen wohl nur mehr von historischem Interesse sein.

Zahlreiche Beispiele für Mammutelfenbein, das bereits im Paläolithikum für verschiedenste Schnitzereien verwendet wurde, ließen sich anführen (z.B. DRÖSSLER 1980); Frankreich wäre hier ebenso zu nennen wie Sibirien oder die Tschechische Republik (KLIMA 1992). Es muß jedoch festgehalten werden, daß es sich hier stets um Material gehandelt haben dürfte, das zum Zeitpunkt seiner Verwendung noch als rezent anzusprechen war. Daher soll hier auf eine detailliertere Behandlung dieses Themas auch ganz bewußt verzichtet werden.

Aus fossilem Elfenbein ist möglicherweise jedoch ein Kunstwerk aus Ugarit (Syrien, 2.000 v.Chr.; nach ANNOSCIA 1981).

In Mitteleuropa wurden im vergangenen Jahrhundert vor allem Billardkugeln aus Mammut-Elfenbein angefertigt. Abgelöst wurde es in dieser Hinsicht erst durch das Celluloid, das 1869 von J. W. HYATT in den USA ausdrücklich als Ersatz des Elfenbeins für Billardkugeln entwickelt worden war (NEUMÜLLER 1979).

Bernstein als Material für Schmuck und Kunsthandwerk

Dem Bernstein kommt im Kunsthandwerk eine ganz besondere Bedeutung zu; hierbei handelt es sich in erster Linie meist um den Succinit, entstanden aus dem Harz der sogen. „Bernsteinkiefer" („*Pinites succinifera*" sensu SCHUBERT 1961) des Alttertiärs (Eo- u. Oligozän) mit dem klassischen Fundgebiet im Samland (heute: Zamland, Rußland), mit Vorkommen im Küstenbereich der Nordsee aber auch z.B. in der Ukraine. Die Bezeichnung Bernstein wird hier – wie allgemein in der Paläontologie üblich – als Oberbegriff für präquartäre Harze insgesamt verwendet, ohne Rücksicht auf die unterschiedliche pflanzliche Herkunft und ohne Berücksichtigung des oft sehr verschiedenen chemischen Aufbaus (daher auch die verschiedenen Namen, wie z.B. Burmit, Simetit, Glessit usw.). Als Produzenten der Harze wurden bereits die verschiedensten Pflanzengruppen – sowohl Vertreter der „Gymnospermen" (Araucariaceae, Cupressaceae, Pinaceae, Taxodiaceae) als auch Angiospermen (Burseraceae, Dipterocarpaceae, Leguminosae, Anacardiaceae, Styracaceae, Hamamelidaceae; vgl. LANGENHEIM 1969) diskutiert; wobei allerdings zu bemerken wäre, daß so manche dieser Angaben noch kritischer Überprüfung bedarf. Ein Beispiel für eine gut abgesicherte Zuordnung bietet der miozäne Bernstein aus der Dominikanischen Republik, der höchstwahrscheinlich von einer baumförmigen Leguminose (*Hymenaea courbaril* oder eine verwandte Art) aus der Verwandtschaft der Burseraceen stammt. Als Kopale werden quartärzeitliche Harze bezeichnet, die gleichfalls sowohl von „Gymnospermen" als auch von Angiospermen gebildet wurden. Als Schmucksteine spielen sie nur eine äußerst untergeordnete Rolle. Die folgenden Angaben beziehen sich zunächst auf den Succinit. Von den zahlreichen zum Thema Bernstein veröffentlichten Büchern sei hier nur auf FRAQUET (1987), KOSMOWSKA-CERANOWICZ & KONART (1989), KRUMBIEGEL & KRUMBIEGEL (1994), LARSSON (1978), POINAR (1992), SAVKEVICH (1970) und SCHLEE (1990) verwiesen. Aus FRAQUET bzw. KRUMBIEGEL & KRUMBIEGEL sind – soweit nicht anders vermerkt – die meisten der folgenden Angaben entnommen.

Unbearbeitete Bernsteinstücke finden sich bereits an Fundorten des **Paläolithikums**, so z.B. in den Pyrenäen, in Mähren, Großbritannien, Rumänien und Österreich (Gudenushöhle, Niederösterreich). Solche Funde beweisen einerseits, daß dieses Material bereits auf der Stufe der „Sammler und Jäger" Beachtung gefunden hat, liefern aber andererseits – nach entsprechend sorgfältiger Beurteilung der Funde – auch Hinweise auf frühe Handelsbeziehungen oder Wanderungsrichtungen. Aus dem **Meso-** und **Neolithikum** gibt es bereits eine Vielzahl hervorragender Bernsteinarbeiten: Aus Westseeland (Dänemark) fünf oder sechs menschliche Figuren; ab 7.000 v.Chr. finden sich dann Tierfiguren (Elch, Bär, Wasservogel), gleichfalls aus Dänemark (Nationalmuseum Kopenhagen), die vor allem durch ihren sehr guten Erhaltungszustand auffallen. Des weiteren gehören hierher einige der bekanntesten (Bernstein-) Kunstwerke aus urgeschichtlichen Tagen: der Bär aus Stolp muß hier ebenso erwähnt werden wie das Pferd aus Woldenburg (nahe Berlin, Abb. 4.9) und ein möglicherweise unvollendeter Eber aus der Nähe von Gdansk (Danzig). Am bekanntesten dürften aber wohl jene Objekte (mehr als 400 Stück) aus dem ehemaligen Schwarzort (Juodkrante) sein, wie sie bei Baggerarbeiten im Bereich der kurischen Nehrung im vergangenen Jahrhundert gefunden worden waren. Neben verkleinerten Nachbildungen von Doppeläxten, Hämmern und dgl. sind vor allem zahlreiche Menschenfiguren bemerkenswert, die recht flach gearbeitet sind und eine eigentümliche Art von Stilisierung zeigen. Tierfiguren sind in diesem Fundkomplex selten; die Objekte waren wohl durchweg als Körperschmuck in Verwendung (HOERNES 1915).

Aus dem Neolithikum sind, neben kleinen Amuletten in Form von Äxten und Doppeläxten, eine ungeheure Vielzahl und ein großer Formenreichtum verschiedenster Bernsteinperlen bekannt. Perlen, die teils als zeremonielle Opfergaben Verwendung fanden, teils zu Schmuckzwecken gedient hatten. Um etwa 3.000 v.Chr. existierte im heutigen Litauen eine blühende Bernsteinverarbeitung. Eine Besonderheit dieser Zeit waren Scheiben mit einem Kreuzmuster. Auch aus Polen sind entsprechende Funde urgeschichtlicher Zeit bekannt (s. KRUMBIEGEL & KRUMBIEGEL 1994 bzw. GRABOWSKA 1982). Aus der Zeit der Wessex-Kultur (2.000-1.400 v.Chr.) in Großbritannien gibt es gleichfalls Beispiele ganz hervorragender Bernsteinarbeiten: zwei Bernsteinschalen seien als Besonderheiten erwähnt.

Abb. 4.9.
Ein Bernsteinkunstwerk aus dem Neolithikum. Das Pferd von Woldenburg bei Berlin. Foto R. Gold.

Nicht unerwähnt sollen auch Bernsteinarbeiten aus den Gräbern der **Hallstattzeit** bleiben (700-450 v.Chr.); hier wurde das kostbare Material für die Herstellung von Perlen für Halsbänder, für die Verzierung von Fibeln, als Köpfe von (Schmuck-)Nadeln sowie für Einlegearbeiten verwendet. Besonders bekannt ist vom Gräberfeld am Hallstätter Salzberg ein Schwert mit Elfenbeingriff, der mit Bernstein eingelegt worden war.

Im Bereiche der mediterranen Kulturwelt, hat in der **Antike** der Bernstein, der bereits sehr früh auf den – allerdings zum Teil sehr umstrittenen – „Bernsteinstrassen" hierhergelangte, sehr unterschiedliche Beachtung bzw. Anwendung gefunden. Was aus dem klassischen Ägypten an „Bernstein" angegeben wurde, bezieht sich wohl nur auf lokale, fossile (?) Harze. Aber auch Angaben über Funde von angeblich echtem Bernstein aus der 18. Dynastie scheinen nicht haltbar zu sein. Reichliches Bernsteinmaterial liegt jedoch aus dem Bereich der Kultur von Mykenä vor: die Schachtgräber von Mykenä haben eine Vielzahl meist bikonischer Perlen geliefert, z.B. ein einziges Grab mehr als eintausend Stück. Im „klassischen" Griechenland scheint Bernstein fast ausschließlich für die Anfertigung von Einlegearbeiten (zusammen mit Gold und Elfenbein) verwendet worden zu sein. In Italien waren kleine kunsthandwerkliche Arbeiten aus Bernstein im 6. und 5. Jhdt. v.Chr. sehr häufig. Auch bei den Etruskern findet sich Bernstein bei Einlegearbeiten, als Perlen oder Anhänger. Viele der reichen Schnitzereien stammen aus Picenum, Apulien, Calabrien, Campanien, Lucanien und Latium. Besonders typisch sind kleine Menschenköpfe als Anhänger. Es finden sich aber auch Widderköpfe, Kaurischnecken (aus Bernstein!) und andere Tierdarstellungen (in Picenum: Löwen, etruskisch: Affen). Im „klassischen" Rom fand Bernstein vor allem in der Zeit vom 1. Jhdt. v.Chr. bis inklusive 1. Jhdt. n.Chr. Verwendung (Abb. 4.10).

Abb. 4.10.
Römischer Bernsteinschmuck (samt Anhängern in Form von Weinblättern sowie Bernsteinstab). Grabfund von Niederzier-Hambach (Kreis Düren; Nordrhein-Westfalen). Orig. & Foto Rheinisches Landesmuseum Bonn.

Darstellungen von Schauspielern wurden sogar „in Serie gefertigt". Ein wichtiges Zentrum als Handelsplatz und Zentrum der Bernsteinverarbeitung war Aquileia; zahlreiche Ringe, Gefäße – wie z.B. winzige Amphoren – sowie Spiegelgriffe wurden hier gefunden.

Selbst nach dem Ende des römischen Reiches wurden aus Bernstein unter anderem auch Spielsteine angefertigt (für das „ludus latrunculorum"). Nach der Völkerwanderung ist der Bernstein keineswegs in Vergessenheit geraten: so findet er sich z.B. im Siedlungsgebiet der Angelsachsen auf nicht weniger als 150 Friedhöfen als Grabbeigabe. Aus dem Schottland des 8./9. Jhdt. liegen Broschen mit kunstvollen Einlegearbeiten aus Bernstein vor. In der Wikingerstadt Haithabu ist um 700 eine Bernsteinwerkstatt nachweisbar. Spielsteine aus Bernstein liegen aus Norwegen, Seeland und Schleswig vor.

In Osteuropa wird im 13. Jahrhundert der Deutsche Ritterorden zu einem wichtigen Macht- und Wirtschaftsfaktor, der einen Gutteil seiner Einnahmen dem Bernstein verdankt. Bis ins späte 16. Jahrhundert hinein wurde der meiste Bernstein für die Produktion von Rosenkränzen verwendet („Paternostermacher"); die Bernsteindreher waren zunächst in Brügge und Lübeck in eigenen Zünften organisiert. Erst deutlich später folgten andere Städte. Von diesen mittelalterlichen Rosenkränzen ist allerdings fast nichts erhalten. An anderen Kunstwerken aus dem 14. Jahrhundert seien erwähnt: ein Relief der Hl. Familie mit den „Drei Königen" und dem Heiligen Anastasius, eine Bernsteinmadonna, eine Heilige Margarethe mit Drachen sowie drei Messer mit Bernsteingriffen. Der Verbleib dieser Stücke ist unbekannt. Im Bayerischen Nationalmuseum (München) findet sich ein Christuskopf in Reliefdarstellung von 1380; ein vergleichbares Stück (14./15. Jhdt.) existiert in der Wallace Collection (London).

Im 15. Jahrhundert werden Bernsteindreherzünfte in Stolp (Pommern) und in Danzig gegründet. Die Rosenkranzproduktion wird fortgesetzt: auf Gemälden von Jan Van Eyck (National Gallery, London) sowie von Liptonadasd (15. Jhdt., Nationalgalerie, Budapest) sind solche zu sehen. Alte Inventare verzeichnen aus dem 15. Jahrhundert ein Madonnenrelief, ein Bernsteinkruzifix sowie einen Christuskopf. Erhalten geblieben ist aus dieser Zeit z.B. eine sitzende Madonna aus Lüneburg (Kestner Museum, Hannover).

Im 16. Jahrhundert werden in Königsberg zum ersten Mal weltliche Kunstobjekte aus Bernstein hergestellt: Gefäße mit Deckel (Lübeck, Museum für Kunst- und Kulturgeschichte; München, Schatzkammer der Residenz).

Im 17. Jahrhundert ist Königsberg weiterhin das Zentrum für die Herstellung bester Bernsteinarbeiten: Spielbretter (16./17. Jhdt., z.B. für Schach), Besteckgriffe, Schachfiguren. Als ein bekannter Künstler aus dieser Zeit in Königsberg ist Georg Schreiber (tätig von 1617-1643) zu nennen. Neben Schmuckkästchen, Kassetten, Deckelhumpen u. dgl. werden auch weiterhin religiöse Objekte (Kruzifixe, Kerzenleuchter, kleine Altäre) sowie so mancher Gegenstand für „Kunstkammern" angefertigt. An bedeutenden Objekten sei die Delphinschale im Louvre (Paris) von Ludwig XIV. erwähnt; ferner die Werke von Christoph Maucher wie z.B. „Das Urteil des Paris" (Viktoria und Albert Museum, London), die „Drei Grazien" (Grünes Gewölbe, Dresden) sowie „Dido und Äneas (Kunsthistorisches Museum, Wien), das ihm gleichfalls zugeschrieben wird. Als Beispiel für ein besonders bemerkenswertes, aber leider fast zur Gänze in Verlust geratenes Objekt sei der Bernstein-Thron für den Habsburger Kaiser Leopold I. angeführt (BAER 1982).

Aus dem 17. und 18. Jahrhundert sind vor allem die vom Kasseler Hof geförderten Kunstwerke zu nennen: Christoph, Labhard und Dobbermann waren hier tätig.

Abb. 4.11. Das berühmte „Bernsteinzimmer" im Katharinenpalast von Zarskoje Selo (Puschkin; Rußland), wie es vor dem 2. Weltkrieg aussah. Nach einem Aquarell. Foto Archiv für Kunst und Geschichte GmbH, Berlin.

Ein typisches Motiv der beiden erstgenannten sind Liebespaare oder Schönheiten in Muscheln (z.B. Kassel, Landesmuseum). Ferner sei hier auf die Sammlung des Museo degli Argenti in Florenz verwiesen, als die vielleicht beste Zusammenstellung früher Bernsteinarbeiten der Renaissance. Als reichste Sammlung des 18. Jahrhundert gilt die Königliche Dänische Sammlung in Kopenhagen (Schloß Rosenborg): Schiffsmodelle, Flakons Leuchter, und Schachbretter. Ein Beispiel für auf Holzuntergrund montierte Bernsteinarbeiten sind Kabinettschränke, wie sie aus dem 18. Jahrhundert erhalten sind.

Es ist selbstverständlich unmöglich, eine auch nur einigermaßen vollständige Aufzählung der Museen und Sammlungen zu bieten, die kunsthandwerkliche Arbeiten und sonstige Sammlungen zum Thema Bernstein zeigen; einige Beispiele mögen stellvertretend für viele andere folgen: das „Bernsteinzimmer" des „Museums am Löwentor" in Stuttgart, das Bernsteinmuseum in Kaliningrad und in Bad Füssing (Niederbayern), das Museum der Marienburg (Malbork, Polen) sowie das Bernsteinmuseum in Puerto Plata (Dominikanische Republik). Eine Liste wichtiger Bernsteinsammlungen findet sich bei KRUMBIEGEL & KRUMBIEGEL (1994).

Das größte Kunstwerk jedoch, das aus Bernstein geschaffen wurde, ist das sogen. „Bernsteinzimmer" (Abb. 4.11). Die Arbeiten daran wurden von dem dänischen Künstler Gottfried Wolffram begonnen, fortgesetzt von Gottfried Turow und Ernst Schacht, beide aus Danzig (Erste Fassung: 1711 für Friedrich I. von Preussen). Von König Friedrich Wilhelm I. wurde es Zar Peter dem Großen anläßlich seines Besuches in Berlin zum Geschenk gemacht. So kam dieses einzigartige Kunstwerk schließlich in den Winterpalast des Zaren in St. Petersburg, später unter Zarin Elisabeth in den Sommerpalast in Zarskoje Selo (Puschkin). In Anbetracht der Größe des Raumes (34×35 m) müßte man eigentlich von einem „Bernsteinsaal" sprechen; insgesamt wurde von 1701-1763 am Bernsteinzimmer gearbeitet. Trotz der persönlichen und zeitlichen Stilmischungen soll der Saal – vor allem bei Sonnenschein – einen überwältigenden Eindruck geboten haben. Zusätzlich zu den Vertäfelungen waren noch verschiedene weitere Bernsteinarbeiten in diesem Saal aufgestellt. Eine besondere Wirkung wurde schließlich im folgenden Jahrhundert durch Beleuchtung mit elektrischem Licht erzielt: Der Palast in Zarskoje Selo war das erste Gebäude Rußlands, das elektrisches Licht erhielt. Das Schicksal des Bernsteinzimmers nach seiner Demontage durch die Deutsche Wehrmacht im Jahre 1941 wird auch in Kap. 7. kurz erwähnt. In jüngster Zeit befassen sich sowohl Romane (KONSALIK 1986) als auch Sachbücher (z.B. WERMUSCH 1991) mit diesem Thema.

Doch zurück zur Verwendung von Bernstein in Gewerbe und Kunsthandwerk. Im 19. Jahrhundert ändert

Abb. 4.12.
Moderner Bernsteinschmuck: Armband (Polen 1988), Brosche (Florenz 1994). Foto R. Gold.

sich die Gesamtsituation bezüglich Bernstein im Samland grundlegend. Die Firma Stantien & Becker wendete erstmals in großem Umfang moderne Methoden der Gewinnung und der Vermarktung von Bernstein an. Genau definierte, qualitativ einheitliche Bernsteinsorten wurden weltweit angeboten. Die Schmuckindustrie sowie die Fabrikation von Rauch-Utensilien waren im 19. Jahrhundert die wesentlichsten Anwendungsgebiete. Wien entwickelte sich zum Zentrum der Produktion von Pfeifenmundstücken aus Bernstein für Meerschaumpfeifen, von Zigarren- und Zigarettenspitzen sowie von Mundstücken für Wasserpfeifen, die dann in Richtung Osmanisches Reich exportiert wurden. Prachtvolle Beispiele dieses fast in Vergessenheit geratenen Wiener Kunsthandwerkes bewahrt das „Tabakmuseum" in Wien. Es entstand so eine eigene „Rauchkultur", die im vergangenen Jahrhundert als ebenso „typisch Wienerisch" galt wie der „Heurige" und dgl. mehr. Welchen Umfang die Verarbeitung von Bernstein schließlich angenommen hatte, geht vielleicht aus einer Zahl hervor: 1902 wurde in Wien Bernstein im Wert von fast 1,2 Mill. DM verarbeitet (fast alles für Rauch-Utensilien!).

Eine weitere wichtige Neuerung in Sachen Bernstein war im vergangenen Jahrhundert die Erfindung des sogen. „Preßbernsteins" („Ambroid"). Den Herren Trebitsch und v. Wehrenbach wurde am 25. März 1879 in Wien das erste Patent erteilt, um aus kleinen, minderwertigen Bernsteinsorten bzw. aus Abfällen der Bernsteindrechslerei ein neues, vollwertiges Rohprodukt, eben den Preßbernstein herzustellen (vgl. LUDWIG 1984). Aus Preßbernstein (= sogen. „Echtbernstein" des Handels) werden auch heute noch in Wien Mundstücke für Meerschaumpfeifen hergestellt. Daneben wurden aber auch im 19. Jahrhundert weiterhin figurale Kleinkunstwerke aus Bernstein verfertigt, wie eine Garnitur Schachfiguren beweist, die in Wien für die Pariser Weltausstellung von 1878 hergestellt worden war und sich heute im Boston Fine Arts Museum befindet.

Spricht man von der Verwendung des Bernsteins im 20. Jahrhundert, so denkt man wohl in erster Linie an die Schmuckindustrie. Tatsächlich aber wurden – vor allem in den ersten Jahrzehnten unseres Jahrhunderts – noch eine beträchtliche Vielfalt von Gegenständen aus Bernstein gefertigt (s. auch Kap. 4.2.): Broschen, Anhänger, Schmuckdosen, Petschaften, Flakons, Schirmgriffe – Produkte wie sie z. B. zu Beginn der 20er Jahre von E. STUMPF in Danzig hergestellt und bei PELKA (1920) abgebildet sind. Die Bedeutung des Bernsteins als Rohmaterial für die Fabrikation von Rauch-Utensilien trat allerdings allmählich in den Hintergrund. Die Schmuckindustrie gewann die Oberhand – einschließlich der Anfertigung kleiner Anstecker im Rahmen der „Winterhilfe" zur Zeit des „3. Reiches".

Gegenwärtig gibt es eine ganze Reihe von Zentren der Bernsteinverarbeitung: neben Rußland ist vor allem Litauen (Klaipeda, Palanga und Vilnius) zu nennen, ferner Polen (Gdansk) und Deutschland (z.B. Stuttgart, Ribnitz-Damgarten). An letztgenanntem Ort wurde allerdings überwiegend der sogen. Bitterfelder Bernstein des Untermiozäns, auch „Sächsischer Bernstein" genannt, verarbeitet (LUDWIG 1984; KRUMBIEGEL & KRUMBIEGEL 1994). Nicht nur der übliche Schmuck in Form von Halsketten (seien es runde oder ovale Perlen, facettiert oder nicht, Abb. 4.12) mit den althergebrachten Arbeitsgängen vom Schleifen, Bohren, Drechseln über das Facettieren bis hin zum Schnüren wird angefertigt, sondern auch Mosaike oder Schiffsmodelle (Abb. 4.13). Auch die „Moderne Kunst" hat den Bernstein für sich entdeckt; hier wären vor allem russische und litauische Bernsteinkünstler zu nennen. die Verwendung von Bernstein in Kunst und Kunsthandwerk wird in einer ganzen Reihe einschlägiger Bildbände eindrucksvoll dokumentiert (z.B. REINEKING V. BOCK 1981, GRABOWSKA 1982).

Neben dem Baltischen Bernstein (= Succinit) wurden und werden aber auch verschiedene andere fossile Harze in unterschiedlicher Weise im Kunsthandwerk (und zu anderen Zwecken) verwendet. Einige Beispiele dazu seien noch kurz aufgezählt. Obwohl baltisches Bernsteinmaterial Jahrhunderte hindurch auf dem Landweg nach Asien exportiert worden war, muß doch vielfach der sogen. Burmit aus eozänen Ablagerungen von Oberburma als der eigentliche, typische Bernstein Asiens angesehen werden. Die geförderte Menge schwankte stark: 1906 waren es 10,98 t, 1916 nur 0,28 t, 1926 wiederum 1,79 t, 1930 schließlich nur mehr 0,094 t. Derzeit wird kein Bernstein gewonnen (KRUMBIEGEL & KRUMBIEGEL 1994). Die ältesten Kunstgegenstände, die aus diesem Material angefertigt wurden, waren Ohrpflöcke (na-daung); im 19. Jahrhundert diente das Material als Rohprodukt für die Anfertigung von Pfeifen, Rosenkränzen, Buddhastatuen und Fingerringen sowie von verschiedenen Schmuckstücken: Elefanten, Affen und Fische waren besonders beliebt. Die zwei bemerkenswertesten Objekte aus Burmit – beide einst zu den Krönungsinsignien Burmas gehörig – waren aber eine kunstvoll gearbeitete Ente aus dem Palast von König Theebaw in Mandalay sowie eine Kugel von 10 cm Durchmesser. Interessant ist vielleicht noch der Hinweis, daß in China sowohl baltischer als auch Burma-Bernstein seit früher Zeit Verwendung fand. Anhänger und Halsbänder, nicht aus einfachen Perlen, sondern aus kunstvoll geschnitzten Einzelobjekten, sind heute begehrte Sammelobjekte. Weitere Beispiele für die Verwendung eher ungewöhnlicher Harze sind der vermutlich miozäne Simetit aus Sizilien, der alttertiäre Rumänit aus Rumänien sowie die fossilen Harze aus der Dominikanischen Republik. Der sizilianische Simetit wurde für Halsbänder und Broschen, daneben aber auch für die Anfertigung von Cabochons verwendet. Eine mit solchen Cabochons besetzte Kassette befindet sich im Boston Museum of Fine Arts. Im Gebiet des heutigen Rumänien wurde bereits seit dem Altertum fossiles Harz gefunden und verwendet. Rumänit-Perlen liegen bereits aus der Bronze- und Eisenzeit vor. Verwendung im Handwerk fand der Rumänit vor allem im Zuge der Fabrikation von Rauch-Utensilien in Wien – eine bestimmte, deutlich irisierende Varietät des Rumänits, die etwa für Zigarrenspitze verwendet wurde, ergab begehrte und daher fast unbezahlbare Liebhaberstücke.

Eine gewisse wirtschaftliche Bedeutung haben derzeit neben dem baltischen Material und dem „Sächsischen" Bernstein vor allem die reichlichen Vorkommen fossiler Harze der Dominikanischen Republik. Seit den 50er Jahren unseres Jahrhunderts wird auf dieser Insel fossiles Harz für Schmuckzwecke verarbeitet, sowohl für den amerikanischen als auch für den europäischen Markt. Neben Halsketten werden auch Objekte, die der zentral-amerikanischen Volkskunst entsprechen, gefertigt, ebenso wie Buddhas (!) und kleine Tierplastiken. Herzen, Kreuze, tropfenförmige Anhänger u.dgl. mehr sind richtiggehende Massenprodukte. Eine Besonderheit ist das Vorkommen von bläulichen Harzsorten, die an anderen Fundstellen zu den größten Raritäten zählen, hier aber häufig genug sind, um fallweise in der Schmuckindustrie Verwendung zu finden.

Gagat als Ausgangsprodukt für die Schmuckherstellung

Als weiteres Beispiel für Materialien, die für Schmuckzwecke Verwendung gefunden haben, wären verschiedene Kohlevarietäten zu nennen; unter diesen nimmt wiederum der Gagat eine ganz besondere Stellung ein. Da dieses Material jedoch weithin unbekannt sein dürfte, sei es im folgenden kurz vorgestellt (s. Kap. 3.2.). Als Gagat bezeichnet man eine tiefschwarze, glänzende aus Xyliten entstandene hochinkohlte Kohle mit muscheligem Bruch, die durch ihre leichte Bearbeitbarkeit

Abb. 4.13. Kogge „Danzig"; aus Bernstein angefertigt. Höhe 93 cm, Länge 120 cm. Königsberg 1937. Nach K. RUDAT (1984). Foto H. H. Kähler.

und Polierfähigkeit ausgezeichnet ist (KLAUS 1987). Wesentlich bei ihrer Bildung ist eine Zersetzung des Holzmaterials unter anaeroben Bedingungen, verbunden mit einer Art von Bituminisierung. Auch bei WELLER & WERT (1993) wird der Gagat als bituminöse Kohle bezeichnet, wobei noch speziell darauf verwiesen wird, daß er frei von mineralischen Einschlüssen ist, wie sie sonst für Kohlen üblich sind. Detaillierte Informationen über Gagat finden sich in dem Buch von MULLER (1987), aus dem auch die meisten der folgenden Angaben übernommen wurden.

Der Name Gagat leitet sich von Gages, einer Stadt sowie einem Fluß in Lykien (heutige Türkei) ab. Im Mittelalter wurde er in Deutschland als „Augstein" bezeichnet; im Englischen entstand der Begriff „jet" – eine Wortbildung, die sich von „Gagat" ableiten läßt und angeblich bereits 1387 zum ersten Mal verwendet wurde. An Fundgebieten wäre zunächst in England North Yorkshire zu nennen, mit dem bekanntesten Fundort Whitby, wo dieses Material aus liassischen Ablagerungen gewonnen wird. In Deutschland findet sich Gagat im Bereich der Schwäbischen und Fränkischen Alb – gleichfalls in Liasablagerungen – (Balingen, Reutlingen, Göppingen). Gagatvorkommen gibt es ferner noch in Frankreich und Spanien, sowie in den USA (Colorado, Utah, New Mexico, North Dakota). In Österreich gab es Gagatbergbaue im 14. (?) bis 16. Jhdt. im Bereich des Ennstales. Die Vorkommen lagen in kohleführenden Gosauschichten der Oberkreide (FREH 1956).

Verwendung für künstlerische Arbeiten hat dieses Material bereits im Jungpaläolithikum (Magdalénien) gefunden. Ein Amulett in Form einer Insektenlarve aus der Kleinen Scheuer, einer Höhle unterhalb der Burgruine Rosenstein bei Heubach am NW-Rand der Schwäbischen Alb (Württemberg) wurde bereits erwähnt (Kap. 3.2.). Zwei weitere Funde stellen einen kleinen Igel und – möglicherweise – eine weibliche Figur dar. Eine extrem stilisierte Frauenfigur aus Gagat wurde auch auf der jungpaläolithischen Station Petersfels bei Engen im Hegau (Deutschland) gefunden (DRÖSSLER 1980). Auch von einer jungpaläolithischen Rentierjägerstation im Kanton Bern (Schweiz) liegen eine kleine Gagatstatuette sowie Perlen aus Gagat und „Lignit" vor (SCHWAB & BECK 1983-84). Aus der Bronzezeit Schottlands liegt Gagatschmuck von etwa 60 Fundorten vor, wobei es sich zum Teil entweder nur um einzelne Perlen oder aber auch um ganze Halsbänder handelt. Reiche Funde in Großbritannien liegen auch aus Yorkshire und Derbyshire vor. Die Römer bezogen den Gagat aus dem bereits erwähnten Lykien und fertigten daraus Medaillons, Haarnadeln, Armbänder, Fingerringe, Halsbänder, Anhänger, Messer- und Spiegelgriffe. Die Wikinger hinterließen in Yorkshire, Schottland und Skandinavien zahlreiche Beispiele für die Verwendung von Gagat für Schmuck und kleine Schnitzereien (Kreuze, Ringe, Perlen, kleine Tierfiguren). Im Mittelalter wurde Gagat hauptsächlich im religiösen Bereich verwendet: Kreuze, Rosenkränze und Ringe wurden daraus gefertigt. Man muß dabei bedenken, daß man dem Gagat auch magische Kräfte zuschrieb (s. Kap. 3.2.). Besonders erwähnenswert ist eine mehrreihige Trauerschmuckkette aus Gagatperlen aus dem 14./15. Jahrhundert, die bei Grabungsarbeiten in der Oberhofenkirche in Göppingen gefunden wurde (HEGELE 1991).

Im 19. Jhdt. wird schließlich Whitby zum Zentrum der Gagatverarbeitung. Dominiert wird das Stadtbild von der Ruine der Abtei der Heiligen Hilda (s. Kap. 3.), die daher auch ein häufiges Motiv auf Gagatarbeiten darstellt. Die erste Werkstatt entstand 1808; binnen wenigen Jahren gab es bereits zehn einschlägige Geschäfte, die Kreuze, Perlen und Schnupftabakdosen herstellten. Manche der lokalen Künstler hatten bald klangvolle Namen wie die Bingantfamilie, Isaac Greenbury oder schließlich Thomas Andrew, der sich bereits 1850 „Jet Ornament Manufacturer to Her Majesty Queen Victoria" nannte. Die kunstfertigen Kameen, der vielfältige „Trauerschmuck" – all das muß man vor dem Hintergrund des Viktorianischen Englands mit seinen genauen Regeln für das menschliche Zusammenleben sehen. Es gab z.B. im Falle einer Hoftrauer die ausdrückliche Vorschrift, Gagat als Schmuck zu tragen (z.B. 1830 beim Tode von König Georg IV.). Wie immer die Einzelheiten waren – Gagat wurde zu einem der beliebtesten Schmucksteine der Viktorianischen Epoche: Broschen, (Schmuck-)Ketten, kleine Büsten, Einfassungen für Porzellanminiaturen, Ohrgehänge, kunstvolle Arm- und Halsbänder, Haarbroschen, Kerzenständer, Brieföffner, kleine Modellmöbel uvm. wurden angefertigt. Höhepunkt waren die Jahre 1870-1874, als mehr als 1.000 Menschen mit der Herstellung von Gagatschmuck beschäftigt waren. 1874 ergab der Wert des Exportes 100.000 Pfund, was heute etwa dem 10-fachen Wert entsprechen würde. Teils, weil sich die Mode änderte, teils, weil die Trauer nicht mehr öffentlich gezeigt wurde, kam es aber doch zum Niedergang dieses Gewerbes.

Was Vorkommen und Verwendung von Gagat in Deutschland betreffen, so sei auf die bereits erwähnten Funde im Lias der Schwäbischen und Fränkischen Alb verwiesen. Bereits sehr früh tauchen auch verarbeitete Gagate auf: während des Jungpaläolithikums, der ganzen Eisenzeit und vor allem während der Römerzeit wurde Schmuck in vielfältiger Form aus Gagat hergestellt. Für die Zeit der Römerherrschaft seien Trier und Köln als wichtige Fundorte genannt: Perlen, Armbänder, Medaillons, kleine Schnitzereien (Bären) und Messergriffe wurden gefunden. Ein erster Hinweis auf eine lokale Gagatindustrie in Deutschland findet sich 1414. Ein Zentrum des Gagatgeschäftes war Schwäbisch Gmünd (Württemberg); die Bezeichnung für die Gagatkünstler und -arbeiter war „Augsteindreher". Rosenkränze aus Gmünd wurden nach Italien, Spanien, Portugal und Frankreich exportiert. Im Museum in Gmünd findet sich auch eine (spanische?) Pieta aus Gagat.

In Spanien gibt es eine ganze Reihe von Gagatvorkommen: das beste Material stammt aus kreidezeitlichen Ablagerungen Asturiens. Im 19. Jhdt. wurde von Spanien aus sogar Whitby beliefert. Santiago de Compostella ist als Zentrum der spanischen Gagatverarbeitung zu nennen: kleine Skulpturen der Heiligen Familie, Madonnen, Pietas, Kruzifixe, Rosenkränze und Ringe wurden hier angefertigt. Auch in Frankreich läßt sich die Verwendung von Gagat für Schmuckzwecke anhand eines Halsbandes aus dem Neolithikum (Department Aveyron) sehr früh belegen. Ebenso fand er im Mittelalter Verwendung, mit Ende des 19. Jhdt. hatte aber jede Gagatverarbeitung in Frankreich aufgehört.

Die USA verfügen zwar über eine Reihe von Gagatvorkommen, er wurde jedoch nur selten zu Schmuckzwecken verarbeitet. Am ehesten wären hier indianische Arbeiten, wie z.B. Mosaike und Einlegearbeiten zu erwähnen. Für die Pueblo Indianer hat Gagat auch religiöse Bedeutung; die Zunis verwenden ihn gegenwärtig mit Silber und Türkis für die Schmuckherstellung.

Für Gagat gehalten oder auch als Gagat verkauft wird neben Imitationen aus schwarzem Glas, Kunststoff oder dgl. auch so manches andere: Kimmeridge Shale, „Lignite" (frühere Bezeichnung für Braunkohlenhölzer, teilw. wurde damit jedoch auch nur die Hartbraunkohle bezeichnet), Anthrazit und vor allem die sogen. Kannelkohle (auch Kännelkohle oder Cannelkohle; alter englischer Begriff für sporen- und pollenreiche, zähe, matte, gasreiche Steinkohlen) – alles Materialien, die hin und wieder im Kunsthandwerk Verwendung fanden.

4.2. Fossilien als (Vorlage für) Gebrauchs- und Ziergegenstände

Definition und Abgrenzung

Wie aus dem Titel hervorgeht, sind in diesem Kapitel nicht nur Versteinerungen berücksichtigt, die direkt als Gebrauchs- (z.B. Dentalien als Zigarettenspitze, versteinerte Hölzer als Artefakte) oder Ziergegenstände (z.B. *Glycymeris*-Klappen als Schalen) verwendet werden, sondern auch Objekte, bei denen Fossilien als Vorlage dienten, wie es für die Glas- und Porzellanmanufaktur, Nahrungsmittel- und Papierindustrie sowie für die Textil- und Lederwarenbranche ebenso zutrifft, wie für die Sport- und Spielzeugindustrie bzw. für den Souvenir-Handel. Es erscheint verständlich, daß aus der ungeheuren Fülle des Materials nur eine bescheidene, wenn auch möglichst repräsenfative, Auswahl von Beispielen berücksichtigt werden konnte. Kurz noch zur Definition Gebrauchsgegenstände: Es sind hier außer reinen Gebrauchsgegenständen auch Verbrauchsgüter, wie etwa Reinigungsmittel, Farben und Schreibutensilien (z.B. Bleistifte, Farbstifte) verstanden, sofern sie aus fossilen Produkten (z.B. Erdöl) hergestellt wurden. Damit dürfte der Rahmen dieses Kapitels abgesteckt sein.

Werkzeuge aus Fossilien

Auch hier muß man bis in prähistorische Zeit zurückgehen. Zu den ältesten Gebrauchsgegenständen, die bis zur heutigen Zeit überliefert sind, zählen Werkzeuge (z.B. „chopper-chopping-tools") aus fossilen Hölzern, wie sie in der Alten Welt etwa in Burma (Anyathian-Kultur) oder in Indonesien (Patjitanian), nach MÜLLER-KARPE (1966) auch in Zentral- und Südafrika, bereits zur Altsteinzeit (Paläolithikum) verwendet worden sind. Vereinzelt sind Steinäxte bekanntgeworden, die nicht aus Feuerstein, sondern aus Fossilresten selbst hergestellt wurden, wie etwa eine polierte Steinaxt aus Jura-Serpulit aus der Bronzezeit aus Troston, West-Suffolk in England, oder ein Steinbeil aus devonischen Stromatoporoidea der Gattung *Amphipora* (Porifera: Sclerospongia als Schwämme) aus Bush Barrow bei Normanton, Wiltshire, glfs. England (OAKLEY 1965).

Auf Faustkeile aus Feuerstein, die Fossilien enthalten, wurde bereits im Kap. 2.3. hingewiesen. Abgesehen von einem Faustkeil mit dem Oberkreide-Seeigel *Conulus* (vgl. Abb. 2.8) aus dem Acheulien von Swanscombe in Kent, ist aus West Tofts in Norfolk (beide England) ein solcher mit der Oberkreide-Muschel *Spondylus spinosus* bekannt. Bei heutigen australischen Aborigines ist ein Feuersteinwerkzeug mit dem kambrischen Trilobiten *Lyriaspis alrocensis* gefunden worden.

Zu den Feuersteinen (engl. „flint") wäre noch zu bemerken, daß sie meist aus kalkigen Oberkreideschichten stammen. In bestimmten Horizonten kommt es durch Diagenese zur Bildung von SiO_2-Knollen. Die Kieselsäure selbst stammt aus Nadeln von Oberkreide-Kieselschwämmen und wandert in Form wässeriger Lösungen hauptsächlich entlang von Klüften und Schichtflächen. Sie scheidet sich um geeignete Kerne herum ab, z.B. um ursprünglich kalkige Hartteile von Seeigeln, Belemniten oder Muscheln, die damit gleichfalls verkieseln. Demnach sind Feuersteine, ebenso wie die Radiolarienhornsteine aus dem Jura der Alpen, organogene Gesteine.

In der Neuen Welt haben Hopi-Indianer in präkolumbianischer Zeit Geräte aus verkieselten Hölzern der Trias (*Araucarioxylon arizonicum*) hergestellt, die gegenwärtig im Rainbow Forest-Museum innerhalb des Petrified Forest National-Parks in Arizona ausgestellt sind. Verkieselte Hölzer werden gegenwärtig in Libyen zum Markieren der Landepisten auf Flugplätzen verwendet (mdl. Mitt. O. FEJFAR 1988).

Rohöl als Wagenschmiere

In der Antike wurde – wie noch im Kap. 5.1. ausgeführt – Naturasphalt zur Herstellung von diversen Gebrauchs- (Abdichten von Schiffen, Einbalsamierung von Leichen) und Ziergegenständen benutzt (vgl. Kap. 3.1., goldene Markhorskulptur aus den Königsgräbern von Ur), wie auch das Rohöl von natürlichen Austritten an der Erdoberfläche als Wagenschmiere verwendet wurde. Auf die medizinische Bedeutung von Erdöl wurde bereits im Kap. 3.2. hingewiesen.

Abb. 4.14. *Dentalium badense* als Grabfüßer (Scaphopoda) aus dem Badenium (M-Miozän) von N-Österreich. Derartige „Elefantenzähne" bieten sich durch ihr röhrenförmiges, nach der Mündung zu verbreiterndes Gehäuse als natürlicher Zigarren-/Zigarettenspitz an. Vgl. auch Verwendung für Schmuckketten im Paläolithikum (Kap. 4.1.) und bei heutigen Naturvölkern. Orig. IPUW. Länge ca. 6 cm. Foto R. Gold.

Abb. 4.15.
Orthoceren-Tische. Rundtische mit Platten aus Orthocerenkalk aus dem Devon von Marokko. Neben den (geradegestreckten) Gehäusen von Orthoceren (Nautiloidea) sind auch jene der planspiral eingerollten Goniatiten bzw. Clymenien als Ammonoidea zu sehen. Äußerst dekorative Wirkung durch die hellen, z.T. auskristallisierten Cephalopodengehäuse. Orig. PIMUZ. Plattendurchmesser 65 cm. Hersteller: C. A. SCHEFFLER & Co. Safenwil, Schweiz. Foto H. Lanz.

Abb. 4.16.
„Actaeonellen"-Tisch. Tischplatte aus Gosaukalk mit *Trochacteon* (Gastropoda) im Längs- und Querschnitt (= „Wirfelsteine", s. Kap. 3.2.). O-Kreide vom Schneckengartl bei Dreistetten (N-Österreich). Orig. P. Gottschling. Maße der Platte: 60×33 cm. Foto P. Gottschling.

Gebrauchsgegenstände aus Fossilien und fossilreichen Gesteinen

Von Gebrauchsgegenständen, die zwar direkt aus Fossilien bestehen, aber nur bedingt als solche zu bezeichnen sind, wird noch im Kap. 5.1. die Rede sind. Hier sollen zunächst nur jene Objekte erwähnt werden, bei denen Versteinerungen selbst diesen Zweck erfüllen. Das wohl bekannteste Beispiel bilden die röhrenförmigen Gehäuse von fossilen Dentalien (= Scaphopoda, Grabfüßer), die sich direkt als Zigarettenspitz anbieten und auch als solche verwendet werden. Das leicht gekrümmte, beidseitig offene Gehäuse verjüngt sich nach der einen Seite, die andere (größere) Öffnung entspricht der zum Anstecken von Zigaretten (Abb. 4.14). Fossile Dentalien haben bereits in prähistorischer Zeit zur Schmuckzwecken gedient (s. Kap. 4.1.). In Italien sind Dentalien in jungtertiären Ablagerungen der Poebene immer wieder zu finden. Gleichfalls aus jungtertiären Sedimenten stammen die großen Schalenhälften der Muscheln *Glycymeris* (= „*Pectunculus*"), die als natürliche Behälter für diverse Objekte dienen (vgl. ANNOSCIA 1981).

Versteinerungen dienen vielfach als Briefbeschwerer. Besonders geeignet sind dafür einmal mehr fossile (irreguläre) Seeigel wegen ihrer planen Unterseite und ihrer dekorativen Wirkung ihres Ambulacralsystems an der Oberfläche, verkieselte Hölzer durch ihre oft unterschiedliche Färbung oder Psaronien, also „Starsteine", wegen ihres Musters im Querschnitt. Es sind, wie im Kap. 3.1. erläutert, (meist) verkieselt erhaltene Stämme von Baumfarnen mit ihrem Wurzelmantel. Aber auch Bruchstücke von Dinosaurierknochen oder Dinosaurier-Eier selbst erfreuen sind neben Ammoniten und (Groß-) Trilobiten zunehmend einer solchen Verwendung.

Als Besonderheiten seien hier noch Gebrauchsgegenstände erwähnt, die aus dem Miozän des St. Margarethener Kalksandstein, einer Art Leithakalk aus dem Burgenland (Österreich), bestehen. Dieser Kalksandstein, der Grus von Kalkrotalgen (Corallinaceen), ferner Foraminiferen (Einzeller) und Moostierchen (Bryozoen) enthält, ist wegen seiner geringen Zementation und der hohen Porosität (DULLO 1983) bestens für sogen. „Coolkeeper" (Kühlhaltegeräte), Luftbefeuchter und als Duftschmuck (für ätherische Öle) geeignet. Dieser Naturstein wird v.a. im „Römersteinbruch" von St. Margarethen bei Rust (vgl. Kap. 4.3.) abgebaut und dient(e) nicht nur als Naturstein (s. Kap. 5.1.), sondern ist als Skulpturstein außerordentlich beliebt (vgl. Abb. 5.3).

Schreibkreide

Früher war die danach benannte Schreibkreide ein Nutzgegenstand, der heute längst durch andere Materialien (z.B. Gips) ersetzt wurde. Die Schreibkreide der Ober-Kreide von Rügen etc. besteht – neben anderen Mikrofossilien – hauptsächlich aus winzigen (0,002 bis

0,01 mm im Durchmesser) Coccolithen. Diese Coccolithen, die wegen ihrer geringen Größe als Nannofossilien bezeichnet werden, sind Kalkplättchen, die das Skelett von planktonischen Algen (Coccolithophorida) aufbauen und die dank ihrer Häufigkeit in der Ober-Kreide gesteinsbildend auftreten. Die Kreidekalke enthalten außer marinen Großfossilien – von denen in Form von Seeigeln und Belemniten bereits in den Kap. 3.1. und 3.2. die Rede war – auch Feuersteine (Flint), deren Siliziumdioxid aus einstigen Kieselschwämmen stammt und die gleichfalls Großfossilien enthalten können.

Glas- und Porzellanprodukte mit Fossilmotiven

In der Glas- und Porzellanindustrie gewinnen Fossilien als Motive für die Produkte zunehmend an Bedeutung. Entsprechend des „Saurier-Booms" liegen „natürlich" Dinosaurier mit *Tyrannosaurus* an der Spitze. Eine Besonderheit in diesem Zusammenhang sind die sogen. „Chamäleon-Tassen" der Fa. Krantz (Bonn): Bei heissem Inhalt der Tasse verschwindet das dargestellte Habitusbild (z.B. *Tyrannosaurus, Stegosaurus, Mammuthus*) soweit, daß sein Skelett sichtbar wird, beim Abkühlen verblassen die Knochen wiederum. Seit dem „Jurassic Park" Filmerfolg zählen Trinkgläser mit entsprechenden Dinosaurier-Motiven zur Massenware.

Aus fossilreichen Gesteinen (z.B. Orthoceren-, Ammoniten-, „Actaeonellen"- und Nerineenkalke, Crinoiden- und Korallen-"Marmore") werden Gebrauchs- und Ziergegenstände wie Tischplatten, Vasen, Teller,

⇑ Abb. 4.18. Tischuhr mit Posidonienschiefern des Lias (U-Jura) von Holzmaden bei Kirchheim (Württemberg) mit Ammoniten (*Dactylioceras commune*). Foto E. Thenius.

⇐ Abb. 4.17. Tisch mit Platte aus fossilem Koniferenholz (? *Sequoia*). Palermo, Palazzo di Normanni. Nach E. ANNOSCIA (1981).

Aschenbecher, Uhren u. dgl. wegen ihrer meist dekorativen Wirkung (Abb. 4.15-4.18) und der meist relativ leichten Bearbeitung hergestellt, sofern nicht Einzelfossilien selbst, wie etwa Großammoniten oder Kieselhölzer, als Material ausreichen. Auch als Bücherstützen dienen Einzelfossilien oder auch fossilreiche Gesteine.

Nur kurz sei hier auf den Klagenfurter Lindwurm hingewiesen (s. Kap. 3.1.), der in Klagenfurt (Kärnten) ein beliebtes Motiv für Gläser, Teller und dgl. abgibt. Für das Einhorn gilt ähnliches, wenn auch örtlich nicht so beschränkt. Schließlich wären auch „lebende Fossilien" (z.B. *Latimeria chalumnae* auf Wedgwoodtellern) hier zu erwähnen (s. Kap. 8).

Bernstein

Auf die Verwendung von Bernstein wurde zwar im Kap. 4.1. bereits näher eingegangen, es sei hier jedoch wenigstens kurz erwähnt, daß er neben der Verarbeitung für Schmuckgegenstände auch für die Herstellung von Rauch-Utensilien (Mundstücke von Pfeifen, Wasserpfeifen und Zigarrenspitze) und manchen anderen kleineren Gegenständen des täglichen Gebrauchs (Flakons, Schmuckdosen, Schirmgriffe, Petschaften etc.) eingesetzt wurde. Ähnliches gilt auch für Gebrauchsgegenstände aus Gagat (vgl. Kap. 4.1.). Sogar Laborgeräte für spezielle Zwecke wurden aus Bernstein angefertigt.

Abb. 4.19.
Silberne Trachtenknöpfe mit fünfstrahligem Muster (fossilen Seeigeln nachempfunden), die noch heute im Handel erhältlich sind. Foto R. Gold.

Freizeitindustrie und Fossilien

Für die Freizeit-Industrie (wie etwa Sport- und Spielzeugsparte) liefern Fossilien immer öfter Anregungen und Motive zu neuen bzw. damit geschmückten Produkten. Dies gilt für Spielkarten (mit Dinosauriern und anderen Vorzeittieren) genauso, wie für Schachfiguren aus Bernstein oder für die mehr als 1000 Dino-Produkte der Spielzeugindustrie, für Luftballons (und auch große Heißluftballons; vgl. Kap. 4.3.) ebenso wie für Joggingschuhe der Fa. Nike. Diese Schuhe bestehen außen aus schuppigem Material („Reptilhaut") und zeigen einen Fersensporn à la *Deinonychus* (ein bipeder Raubdinosaurier aus der Unter-Kreide der USA mit einer Körperhöhe von 1,8 m und einer riesigen sichelförmigen Kralle am Fuß). Bei Bade-Utensilien (z.B. Schwimmreifen, Schwimmplastiken) spielen Dinosaurier die dominierende Rolle („Babysaurier" als letzter Schrei) soweit es um Fossilmotive geht. Wie überhaupt Gummi und Plastik die Materialien für derartige Produkte bilden, weshalb ALFRED M. W. SCHÜRMANN (1993) in der Zeitschrift „Kosmos" auch von einer Paläoplastologie spricht und als eine Art Kuriosität obendrein die sogen. „Kugelsaurier" (*Tyranno-*, *Stego-* und *Pteroballosaurus*) aus Plastik erwähnt, die mit einem Baseballschläger geschlagen werden.

Als eine Art Sonderkapitel der Freizeitindustrie sei schließlich noch der Modellbau erwähnt. Von einem Herrn LETTNER („Pterotec" in Benediktbeuren, Bayern) werden ferngesteuerte, flugfähige Modelle (1-3 m) verschiedener Gattungen von Flugsauriern (Pterosauria) angeboten, wie etwa *Eudimorphodon*, *Dimorphodon*, *Rhamphorhynchus* und *Dsungaripterus*.

Souvenir-Industrie und Versteinerungen

Auch die Souvenir-Industrie „lebt" von Fossilien und ihren Rekonstruktionen. Dies beginnt mit einem Brontoshop bei Los Angeles in Kalifornien, ein lebensgroßes Rekonstruktionsmodell eines Sauropoden, das als Verkaufsladen für „Andenken" jeglicher Art auf diesem Sektor dient. Vom Dino-Aufkleber über Schlüsselanhänger, Plüsch-Dinos im Gitterbett und Radiergummis bis zur Dinoseife und zum Toilettepapier mit Dino-Motiv ist alles erhältlich. Daß Dinosaurier auch auf Visitenkarten von Wirbeltierpaläontologen aufscheinen, soll hier nicht verschwiegen werden.

Textil- und Lederbranche

In der Textil- und Lederbranche werden T-Shirts mit Dinosauriermotiven und Faschingskostüme (à la *Tyrannosaurus*) ebenso angeboten wie etwa Dinosaurier-Tragtaschen oder Schultaschen mit Fossil-Emblemen (z.B. Ammoniten von der Fa. Walker). Wie bereits im Kap. 3.1. angedeutet, dienten fossile Seeigel (z.B. *Echinocorys*, *Galerites*) in Deutschland und Österreich wegen ihrer pentameren Symmetrie als Vorlage von Trachtenknöpfen (Abb. 4.19).

Nahrungs- und Genußmittelindustrie

Aber auch die Nahrungs- und Genußmittelindustrie ist nicht ganz untätig geblieben, wie etwa „Bronto-Burger" bei McDonald's, „Dino-Bärlis" oder sogar Tierfutter in Dino-Form dokumentieren. Auch Dino-Büfett's sind bereits registriert worden.

In Notzeiten dienten nach J. PIA (1926) sogar Fossilien selbst als Nahrungsmittelzusatz, wie etwa Kieselgur (in Süßwasser gebildeter und verfestigter Diatomeenschlamm). Aus der Lüneburger Heide sind mehrere Meter mächtige Kieselgurlager bekannt, die zu Warmzeiten während des Pleistozäns gebildet wurden.

Die kieseligen Diatomeenschalen aus derartiger Kieselgur selbst werden für die Anfertigung von Autopoliturmitteln verwendet.

Graphit

Auch die aus Graphit hergestellten Bleistifte u. dgl. sind hier zu erwähnen. Graphit ist als Endprodukt der Inkohlung (vgl. Kap. 5.2.) reiner Kohlenstoff und damit pflanzlicher Herkunft. Graphitlagerstätten, wie etwa jene im Passauer Graphitgebiet bei Hauzenberg (mit dem Besucherbergwerk Kropfmühl) stammen aus dem Proterozoikum (2,5-0,5 Milliarden Jahre; s. Zeittab.) und sind aus Prokaryota (Lebewesen ohne Zellkern) und vielleicht z.T. auch aus eukaryotischen Algen entstanden.

Produkte aus Erdöl und Kohle

Zum Abschluß noch ein Hinweis auf jene Gebrauchs- und Verbrauchsmaterialien, die aus Erdöl hergestellt werden: Die Palette reicht – wenn man von den Treibstoffen, wie etwa Benzin, Diesel, Kerosin und Heizöl absieht – von Farben, Reinigungs- und Lösungs-, Arznei- und Frostschutzmitteln sowie Wachsmalkreiden über Kunstharze, Kunststoffe (z.B. Synthese-Kautschuk) bis zu Kunstfasern (z.B. Polyester) die wiederum für die Mode unentbehrlich geworden sind. Auch unsere „normalen" Bleistifte mit Graphitfüllung sind letztlich Produkte vorzeitlicher Pflanzen, nämlich Endprodukt von Kohle (vgl. Kap. 5.2.).

4.3. Fossilien als Ausstellungs- und Unterrichtsobjekte und in der Wissenschaft

Museale Expositionen

Es erscheint selbstverständlich, daß Versteinerungen – wenn man von Fossilbörsen und Schulsammlungen sowie von privaten Ausstellungen durch Hobbypaläontologen im lokalen Bereich absieht – als Ausstellungsobjekte praktisch nur im Rahmen wissenschaftlicher Institutionen dargeboten werden. Meist sind es naturwissenschaftliche Museen oder auch Fachgesellschaften, die Fossilien in Dauer- oder in Wanderausstellungen einem größeren Publikum zugänglich machen.

Wander- und Sonderausstellungen

In diesem Rahmen braucht nicht eigens auf das Senckenbergmuseum in Frankfurt/M. mit seiner ständigen Fossilausstellung hingewiesen werden, die fallweise immer wieder durch Sonderausstellungen (z.B. über die Fossilien der Grube Messel) ergänzt wird. In den letzten Jahren haben sich vor allem Wanderausstellungen über Dinosaurier in aller Welt dank neuer Ausstellungstechniken zu wahren Publikumsmagneten entwickelt. In Deutschland waren bisher mehr als ein Dutzend Saurier-Wanderausstellungen zu sehen, die von den „Czerkas-Studios" (USA) unter dem Titel „Dinosaurs. Past and Present" (= „Saurier – Bilder der Vergangenheit") veranstaltet und von Rostock über Kiel und Hamburg im Norden bis nach München im Süden gezeigt wurden. Allein in Hamburg wurden etwa 450.000 Besucher gezählt. Weltweit sollen derartige „Shows" in den letzten Jahren von mehr als 50 Millionen Menschen besucht worden sein, wahrlich ein Grund, die Dinosaurier als „Popstars der Paläontologie" zu bezeichnen (SCHAPER 1993), wobei als Veranstalter nicht nur Museen, sondern auch Zoologische Gärten auftraten (z.B. Hagenbecks Tierpark in Hamburg-Stellingen; Zürcher Zoo; Kölner Zoo, s. NOGGE 1993; bei der letztgenannten Wanderausstellung hatte das Siber+Siber-Team aus der Schweiz auch eine Nachbildung der berühmten Saurierknochen-Konzentration vom Howe Quarry, Wyoming, angefertigt. Moderne, lebensecht wirkende und computergesteuerte, bewegliche Habitusrekonstruktionen von verschiedenen (Groß-)Dinosauriern in Naturgröße oder etwas verkleinert (hauptsächlich von der japanischen Roboterfirma Kokoro hergestellte, durch Ingenieure der Mechanik am Computer entwickelte Modelle, deren Bewegungen durch Kleinstrechner pneumatisch, also mit Luftdruck, gesteuert werden), waren es neben Filmen (s.u.), welche weltweit, die bereits zum Kult gewordene „Saurier-Manie" ausgelöst haben und zwar nicht nur beim jugendlichen Publikum. Wie auch noch im folgenden Kapitel ausgeführt, spielen Großdinosaurier der Gattungen *Tyrannosaurus*, *Triceratops*, *Stegosaurus*, *Lambeosaurus*, *Apatosaurus* und *Diplodocus* aus Nordamerika mit Abstand die wichtigste Rolle, auch wenn es sich bei den Wanderausstellungen aus China und der Mongolei nur um dort heimische Dinosaurier (z.B. *Tarbosaurus bataar*, *Velociraptor*, *Therizinosaurus*, *Protoceratops andrewsi*, *Nemegtosaurus*, *Deinocheirus*, *Psittacosaurus*, *Troodon*, *Mamenchisaurus*, *Lufengosaurus*) handelt. Allein in Tokyo konnten über 1 Million Besucher einer Dinosaurierausstellung gezählt werden. Eine Ausstellung mit den im folgenden Kapitel genannten „Stars" vom Film „Jurassic Park", d.h. den dort auftretenden Dinosauriern, hat allein in New York in nur 10 Tagen 40.000 Besucher angelockt (SCHAPER 1993).

In Verbindung mit solchen Sonderausstellungen sind meist eine Reihe zusätzlicher Veranstaltungen und Veröffentlichungen (außer Ausstellungskatalogen) zu sehen, die vor allem für Kinder und Jugendliche gedacht sind (z.B. Dino-Dienstag im Kölner Zoo als Dinosaurier-Malwettbewerb, dessen Gewinner mit einem „Dinosaurier-Experten-Paß" belohnt wurden; Kinder- [Familien-] Nachmittage im Senckenbergmuseum mit Dinosaurier-Rekonstruktionen nach Fährten; T-Shirts mit von Kindern entworfenen Dinosaurier-Motiven etc.).

Der Museumspädagoge fragt sich natürlich, was Kinder und Jugendliche so an Dinosauriern fasziniert. Wie WINTER (1994) für das Senckenbergmuseum ausführt, sind folgende Kriterien ausschlaggebend: 1) Die Größe, 2) Identifizierung mit diesen Giganten, 3) im Gegensatz zu Märchenfiguren reale Lebewesen, 4) Freiraum für eigene Phantasie bietend und 5) durch eigenes Fachwissen (lateinische Namen der Dinosaurier etc.) Überlegenheit gegenüber Eltern und anderen Personen ausspielend.

Es ist hier nicht der Raum für eine stets unvollständig bleibende Liste aller Museen mit öffentlich zugänglichen paläontologischen Sammlungen, sondern es sol-

Abb. 4.20.
„Dinosaur National Monument" in Utah/Colorado (USA). Außenansicht mit *Stegosaurus*-Rekonstruktion. Besucherhalle direkt über den fossilführenden Ablagerungen der Morrison-Formation des O-Jura errichtet. Foto G. Höck.

Abb. 4.21.
„Dinosaur National Monument". Besucherhalle mit Knochen von Dinosauriern (*Apatosaurus*, *Stegosaurus* etc.) in situ an der schräggestellten Schichtoberfläche der Morrison-Formation des O-Jura. Foto H. A. Kollmann.

len nur einige wenige ausgewählte Beispiele genügen: Als wohl bekannteste „Museen" für Dinosaurier sind das seit 1958 für Besucher geöffnete „Dinosaur National Monument" in Utah/Colorado (Abb. 4.20 und 4.21), das Museum am Löwentor in Stuttgart, das Naturkundemuseum in Berlin, das American Museum of Natural History in New York und das nach dem Geologen JOSEPH BURR TYRELL benannte Royal Tyrell-Museum in Drumheller (Provinz Alberta, Kanada), ferner British Museum of Natural History in London, Muséum d'Histoire naturelle in Paris, Carnegie Museum of Natural History in Pittsburgh, Field Museum of Natural History in Chicago, Peabody Museum of Natural History in New Haven, Smithsonian Institution in Washington, Zigong Dinosaur Museum von Dashanpu (Szechuan = Sichuan, China), Staatsmuseum in Ulan Bator (Mongolei), Dinosaurier-Museum in Taipeh (Taiwan), Museo Argentino Cienc. Nat. „Bernardino Rivadavia" in Buenos Aires (Argentinien) und das Saurier Museum in Aathal bei Zürich in der Schweiz. Das „Dinosaur National Monument" bietet die Reste verschiedener Dinosaurier (z.B. *Apatosaurus*, *Diplodocus*, *Stegosaurus*, *Allosaurus*) aus der Morrison Formation des Ober-Jura im ursprünglichen Fundverband an der schräg gestellten Schichtoberseite, wo man die Präparation der Fossilien direkt vor Ort verfolgen kann. Bei den übrigen Museen sind es hauptsächlich Skelett- und Habitusrekonstruktionen von Dinosauriern und anderer fossiler Reptilien sowie sonstige Versteinerungen. Im Museum am Löwentor in Stuttgart sind es neben den beeindruckenden Skelettrekonstruktionen von *Plateosaurus* (= „Schwäbischer Lindwurm" als Angehöriger der Prosauropoda) aus der Ober-Trias von Trossingen in verschiedenen Bewegungsstellungen, v.a. Originalfunde von Wirbeltieren und Wirbellosen aus dem Meso- und Känozoikum Schwabens. Aus dem Naturkundemuseum zu Berlin sei neben dem Urvogel (*Archaeopteryx lithographica*) aus den Solnhofener Plattenkalken (das sogen. Berliner Exemplar) – nur auf die Tendaguru-Reptilien aus dem Ober-Jura des heutigen Tansania hingewiesen, von denen *Brachiosaurus brancai* (Sauropoda) mit einer Scheitelhöhe von 12 Metern bis vor wenigen Jahren als größter Dinosaurier galt (Abb. 4.22). Seither sind mit *Seismosaurus* bzw. „*Ultrasaurus*" (= *Ultrasauros*) aus den USA Knochen noch größerer Dinosaurier bekannt geworden. Manche Museen sind im Rahmen von Paläontologischen Instituten (z.B. Moskau, München, Warschau, Zürich) eingerichtet. Als Sonderfall sei hier noch der Riesenflugsaurier *Quetzalcoatlus* aus der Ober-Kreide erwähnt, von dem ein lebensgroßes, flugfähiges Rekonstruktionsmodell mit elektronischer Steuerung derzeit in der Ausstellung des „National Air & Space Museum" in Washington zu sehen ist. Dieses Modell stürzte 1986 bei einem Probeflug im Death Valley in Kalifornien ab (WELLNHOFER 1986).

Andere Museen wiederum bieten Sonderausstellungen von meist lokalem Charakter an, wie jüngst das Naturkundemuseum Ost-Bayern in Regensburg über Ausgrabungen in den Jura-Plattenkalken bei Kallmünz (vergleichbar mit Solnhofen), das Museum in Karlsruhe die klassischen jungtertiären Fundstätten von Öhningen und Höwenegg in Baden-Württemberg, weiters das Urweltmuseum in Aalen N Heidenheim (Württemberg) mit einer Sonderschau „Auf Tauchfahrt in die Urzeit", welche die berühmten Nattheimer Korallenkalke zeigt (vgl. Kap. 3.2.), die auch das Thema einer (Wander-) Ausstellung in Nattheim selbst ist. Sonderausstellungen über „Fährten der Dinosaurier" im Sauriermuseum von Aathal bei Zürich oder über „Dinosaurier-Eier und Babys" mit einem Originalembryo von *Segnosaurus* aus der Ober-Kreide von China im Dinosaurierpark Münchehagen bei Rehburg (Niedersachsen) seien ebenso er-

Abb. 4.22.   *Brachiosaurus brancoi* (Sauropoda) aus dem O-Jura (Tendaguru-Schichten) von Tansania. Skelettrekonstruktion im Museum für Naturkunde der Humboldt-Universität in Berlin. Scheitelhöhe 12 m. Foto Museum für Naturkunde, Berlin.

Abb. 4.23.
Lebensgroße Habitus-Rekonstruktion von *Diplodocus carnegiei* (Sauropoda) aus dem O-Jura der USA im Tierpark Hagenbeck in Hamburg-Stellingen. Ausgeführt von J. Pallenberg. Foto E. Thenius.

wähnt, wie jene über „Schlangeneier und Drachenzungen. Fossilien als Heilsteine" von der Vorarlberger Naturschau in Dornbirn (Vorarlberg). Weiters das Museum „Reich der Kristalle" in München und die Naturkundemuseen in Bielefeld und Stuttgart mit Ausstellungen über den „Bernstein – Gold des Nordens" (eine solche war auch auf der „Geotechnica" 1995 in Köln als besondere Attraktion zu sehen; ferner die Bernstein-Wanderausstellung vom Warschauer Museum in aller Welt) oder das Landesmuseum in Wolfenbüttel S Braunschweig (Niedersachsen) mit einer Einhorn-(Wander-)Ausstellung sowie das Naturkundemuseum in Karlsruhe mit einer solchen über „Flugechsen. Saurier der Lüfte".

„Saurierparks"

Abgesehen von derartigen Schaustellungen sind in den letzten Jahren sogen. „Dino-" oder „Saurierparks" als eine Art Freilichtmuseum in großer Zahl gegründet worden, deren Rekonstruktionen von sehr unterschiedlicher Qualität sind, sowohl was die Ausführung als auch das Material betrifft. Die meist in Lebensgröße ausgeführten Skulpturen betreffen nicht nur Dinosaurier, sondern auch Flug- (Pterosauria) und Flossenechsen (Sauropterygia), Maas- (Mosasauria) und Fischechsen (Ichthyosauria). Zumeist vermitteln sie zumindest einen Eindruck von der tatsächlichen Größe dieser mesozoischen Reptilien, die spätestens am Ende der Kreidezeit ausstarben.

Den Anfang derartiger Habitusrekonstruktionen in Lebensgröße hat wohl der Bildhauer B. WATERHOUSE HAWKINS unter der Leitung des bekannten Anatomen RICHARD OWEN, auf den übrigens der Begriff Dinosaurier zurückgeht, gemacht, indem er Modelle verschiedener Dinosaurier schuf, die 1854 im Park des Crystal Palace in Sydenham, einem Vorort von London aufgestellt wurden. Im Jahr 1908 war es Carl Hagenbeck, der im Tierpark Stellingen (Hamburg) die Skulpturen des Kölner Bildhauers JOSEPH PALLENBERG ausstellte (Abb. 4.23). Andere Zoos bzw. Museen folgten mit derartigen Rekonstruktionen (z.B. *Iguanodon* im Berliner Zoo, *Stegosaurus* vor dem Muséum d'Histoire naturelle in Paris). Damals wurden diese Skulpturen noch in mehr oder weniger massivem Beton ausgeführt, heute sind es meist mit Spritzguß überzogene Stahl-(gitter-)konstruktionen, die v.a. gewichtmäßig kaum Probleme bieten. In den meisten Fällen sind es Hobbypaläontologen, die derartige „Saurierparks" gestalten und damit auch die Rekonstruktionen (manchmal unter der fachkundigen Anleitung eines Paläontologen) ausführen. Als wohl bekanntestes gilt der „Dinosaur Provincial Park" bei Drumheller, Alberta (Kanada) samt klassischem O-Kreide-Profil der Judith River Formation am Red Deer River mit Dinosauriern. Sie stammen aus einer Zeit, als tropische Flußdeltas ihre Sand- und Tonschichten in ein immer kleiner werdendes Binnenmeer schwemmten, das sich einst als Meeresarm von der Arktis über Nordamerika bis in die Karibik erstreckte; als besondere Attraktion wird in diesem als einzigem von bisher 190 derartigen Stätten als „World Heritage Site" ausgewiesenen Areal eine Fahrt in einem Heißluftballon in Form eines *Tyrannosaurus rex* über das Gelände angeboten, in dessen Bereich bisher über 35 fossile Dinosaurier-Arten (= 10% aller bekannten Spezies) gefunden wurden. In Deutschland seien der bereits oben erwähnte „Dinosaurierpark Münchehagen" (Niedersachsen) mit etwa 100 Skulpturen vorzeitlicher Wirbeltiere, der auch durch seine Saurierfährten bekannt ist (s.u.), ferner der „Saurierpark" Kleinwelka und der große „Sauriergarten" von Großwelka bei Bautzen (Sachsen) genannt, der als größte Saurierschau Europas mit über 70 Saurierplastiken als „Disneyland der Urzeit", angepriesen wird (LANGE 1993). Von weiteren Saurierparks seien hier lediglich die Dinosaurier-Parks von Calgary (Provinz Alberta, Kanada), von Réclère (Kanton Jura, Schweiz), von Chorzow/Königshütte (Oberschlesien, Polen) und der „Saurierpark" von Traismauer in Niederösterreich sowie die etwa zwanzig „Roboter" Parks in Japan (bei Tokyo allein mit 250 Objekten) genannt.

Auch wenn man über derartige „Saurierparks" oder genauer gesagt mit der Ausführung der Rekonstruktionen als Wissenschafter nicht immer ganz einverstanden ist, so haben sie zweifellos zur Popularität der „Saurier" und damit letztlich der Paläontologie beigetragen und speziell bei der Jugend das Interesse an vorzeitlichen Lebewesen geweckt. In jüngster Zeit (September 1995) wurde sogar im Rahmen des Oktoberfestes in München auf der Wies'n ein „Dino-Park" mit lebensgroßen, beweglichen Plastiksauriern eingerichtet.

Abb. 4.24.
Johannes-Steinbruch in Zogelsdorf bei Eggenburg (N-Österreich) als Schausteinbruch für den Zogelsdorfer Stein (U-Miozän) und seine Gewinnung.
Foto F. F. Steininger.

Steinbrüche und Sandgruben für Hobbypaläontologen - Schau-"Bergwerke" und -steinbrüche

Außer derartigen „Saurierparks" als eine Art Freilichtmuseum wären noch jene Stein- und Schieferbrüche, Sandgruben oder sonstige Aufschlüsse sowie auch Bergwerke zu erwähnen, die eigens für Hobbypaläontologen angelegt bzw. adaptiert wurden, um ihnen dort das Sammeln von Fossilien zu ermöglichen oder zumindest die Art des Vorkommens von Versteinerungen zu dokumentieren (z.B. Schiefersteinbruch mit fossilführenden Posidonienschiefern des Lias bei Holzmaden nächst Kirchheim, Württemberg; Steinbrüche mit Solnhofener Plattenkalken des Ober-Jura im Altmühltal; Schausteinbruch Johannesbruch in Zogelsdorf (vgl. Kap. 5.1.) als Erlebnispunkt des Kulturparkes Kamptal in Niederösterreich (Abb. 4.24); alte Halden mit Bundenbacher Schiefern bei Gemünden und außerdem ein Schau-Bergwerk „Grube Herrenberg" samt Halde und angeschlossenem Museum in der Gemeinde Bundenbach im Hunsrück [Rheinisches Schiefergebirge] mit Unter-Devon-Fossilien) oder das Besucherbergwerk „Tiefer Stollen" in Aalen-Wasseralfingen, das primär zwar den einstigen Eisenerzbergbau im Braunen Jura (Dogger) dokumentiert, aber auch neue Fossilfunde aus den *Opalinus*-Tonen des Unter-Aalen (Dogger) zeigt. Aalen war einst das Mekka der Geologen und Paläontologen der Schwäbischen Ost-Alb, nicht nur wegen der „Goldschnecken" (z.B. *Amaltheus*) aus dem Lias (Unter-Jura). Auch das bereits in Kap. 4.2. erwähnte Freilichtmuseum „Römersteinbruch" bei St. Margarethen im Burgenland (vgl. Abb. 5.3), das seit 1959 als Ort für Symposien für Bildhauer dient und auch eine imposante Kulisse für die dortigen Passionsspiele abgibt, zeigt dem Besucher neben Großfossilien, wie die als Schalenexemplare erhaltenen kalzitischen Austern und Pilgermuscheln (Pectiniden: *Pecten*, *Chlamys*), Seeigel (*Clypeaster*), Steinkerne aragonitischer Muscheln und Schnecken sowie oft vollständig erhaltene Skelette von Knochenfischen auch Mikrofossilien (Foraminiferen). Besonders auffällig sind jedoch die gesteinsbildenden Kalkrotalgen (Corallinaceen) mit ihrer globulären Wuchsform („Rhodolithen"). Insgesamt bietet der „Römersteinbruch" (Abbau seit der Zeit der Römer) einen Einblick in die vielfältige Fazies der Ablagerungen dieser einstigen Randbereiche des Badener Meeres im Mittelmiozän (DULLO 1983).

Andere Areale, wie etwa der Nationalpark Jasmund auf Rügen mit den Kreidefelsen oder etwa das „Rudisten-Riff" (mit Hippuriten als sessilen Muscheln) aus der Gosau (Ober-Kreide) bei Grünbach in Niederösterreich als Naturdenkmal sowie die bekannte Fossillagerstätte Rott am Siebengebirge mit einzigartig erhaltenen Fossilien aus alttertiären (oligozänen) Ölschiefern als Schutzgebiet sind natürlich nur begrenzt bzw. überhaupt nicht zum Fossilsammeln vorgesehen.

Freilichtmuseen

Der Vollständigkeit halber müßten hier auch Nationalparks erwähnt werden, die in bestimmten Bereichen Fossilvorkommen oder fossilführende Profile in einer Art von Freilichtmuseen (mit Erläuterungen am Ort) zeigen. Auch hier mögen einige Beispiele genügen: Der Grand Canyon des Colorado in Arizona mit seinem fast 1500 m mächtigen Gesteinsprofil, das vom Präkambrium bis zum jüngsten Perm reicht und außer Fossilien auch Lebensspuren (z.B. in den sonst fossilleeren Coconino-Sandsteinen) enthält. Der Ramon-"Krater" in der Negev-Wüste in Israel mit fossilführenden Gesteinen

Abb. 4.25.
Freilichtmuseum Steinbruch Steingrueben bei Lommiswil/ Oberdorf bei Solothurn im Juragebirge (Schweiz). Künstlich freigelegte, tektonisch verstellte Schichtoberfläche mit Sauropodenfährten (= „Elefantentritte") aus dem O-Jura. Foto M. Thenius.

von der Trias bis zum Alttertiär. Dieser etwa 30×10 km große Erosions-"Krater" bildet das nördlichste Ende des großen afrikanischen Grabensystems und ist durch das weitgehende Fehlen von Vegetation ein ähnlich erdgeschichtliches Schaufenster wie der Grand Canyon in Arizona. Interessant ist, daß etwa die Fossilien aus der dortigen Trias (Ammoniten, Brachiopoden, Reptilien: *Nothosaurus*, *Placodus*) jenen des (deutschen) Muschelkalkes entsprechen. Als drittes Beispiel sei der Hancock-Park in Los Angeles erwähnt, der die letzten „tar pools" von Rancho La Brea „in situ" zeigt und deshalb auch im Jahr 1963 zum „National Natural Landmark" erklärt wurde. Wie bereits im Kap. 2.2. erwähnt, sind diese „Asphaltsümpfe" durch ihre Massenvorkommen von jungeiszeitlichen Fossilresten (die im benachbarten Museum ausgestellt sind) in aller Welt bekannt (HARRIS & JEFFERSON 1985).

Weder Rekonstruktionen noch Körperfossilien, sondern Original-Lebensspuren (Fährten) von Dinosauriern bieten verschiedene Naturparks bzw. Naturdenkmäler an, wie etwa das Freilichtmuseum in einem ehemaligen Steinbruch bei Barkhausen im Wiehengebirge an der Hunte (Landkreis Osnabrück, Niedersachsen) mit den Fährten des Sauropoden *Elephantopoides barkhausensis* und des Carnosauriers *Megalosaurus teutonicus* aus dem Ober-Jura (KAEVER & LAPPARENT 1974) oder bei dem bereits erwähnten, nur 70 km entfernten Münchehagen SW des Steinhuder Meeres (Niedersachsen), wo ganze Fährtenfolgen großer, pflanzenfressender Dinosaurier und einzelner Raubdinosaurier aus der Unter-Kreide in einem einstigen Steinbruchareal freigelegt wurden und durch die Errichtung einer Halle als Naturdenkmal innerhalb des Dinosaurier-Freilichtmuseums Münchehagen auch (nicht nur vor der Witterung) geschützt werden konnten. Die rundlichen Fährtenabdrücke wurden von HENDRICKS (1981) zwar unter dem Namen *Rotundichnus muenchehagensis* beschrieben, doch ist eine spezifische Kennzeichnung nicht möglich. Insgesamt sind über 250 Fährten, einschließlich solcher von (dreizehigen) Theropoden, von dem Areal bekannt (FISCHER & THIES 1993, MEYER 1987, PROBST & WINDOLF 1993).

Aus Nord- und Südamerika, Asien, Afrika und Australien, aber auch aus England, Spanien, Portugal, Italien und der Schweiz sind Dinosaurierfährten von verschiedenen Lokalitäten bekannt. Berühmt sind die Fährtenfolgen von Sauropoden und Carnosauriern aus der (älteren) Glen Rose-Formation vom Paluxy-River in Texas, die zeigen, daß dort im Ober-Jura Raubdinosaurier den Sauropoden als Beute folgten. Von diesem Fundort stammt auch das in aller Welt bekannte Foto eines mit Wasser gefüllten „*Brontosaurus*"-Fährtenabdrucks, der als Badewanne für ein Kleinkind dient. Diese Fährtenfolgen sind zugleich richtige Ichnozoenosen, wie die gleichfalls aus dem Ober-Jura stammenden Sauropodenfährten vom Purgatoire Valley im südöstlichen Colorado. Diese Fährten sind Teil der erst in den letzten Jahren entdeckten bzw. untersuchten Massenvorkommen („Megatracksites"), die sich über hunderte von Quadratkilometern erstrecken und sich längs des „Dinosaur Freeways" von Boulder (Colorado) im Norden bis ins nordöstliche New Mexico verfolgen lassen (LOCKLEY 1993). Am „Dinosaur Ridge" bei Denver (Colorado) sind derartige Saurierfährten aus dem Jura öffentlich zugänglich. Auf „Dinosaur trails" im „Dinosaur land" (= „Dinosaur triangle" zwischen Dinosaur Valley, Dinosaur National Monument und Prehistory Museum in Price) sind Dinosaurierfährten von der Ober-Trias bis zur Kreide aufgeschlossen (vgl. auch Namen wie Dinosaur für eine Ortschaft am Highway No. 40).

Auch die Dinosaurierfährten aus dem Dinosaur State Park in Connecticut aus dem Unter-Jura (mit *Eubrontes*, *Grallator* und *Anchisauripus*), jene aus dem Mittel-Jura der (oberen) Entrada-Formation in der Umgebung von Moab im Osten von Utah, sowie die aus der kreidezeitlichen Dakota-Gruppe in Colorado und vom Dinosaur Ridge W Denver zählen zu den bekanntesten Fährtenvorkommen. Die Fährten der dreizehigen Dinosaurier aus dem Connecticut-Valley wurden 1836 von ihrem Entdecker E. HITCHCOCK, Professor für Theologie und Geologie am Amherst College in Massachusetts, als solche von Riesenvögeln mit 3-4 m Größe gedeutet.

Ähnliche Fährtenplatten, die oft ganze, schräg gestellte Schichtflächen bedecken, sind von mehreren Lokalitäten in der Schweiz (z.B. Vieux-Emosson oberhalb des Stausees im Wallis, im Nationalpark bei Zernez in Graubünden und im Juragebirge in der Nordwest-Schweiz) bekannt geworden (FURRER in LOCKLEY 1993), von denen letztere jedoch nicht allgemein zugänglich ist. Im Faltenjura sind allein in den letzten Jahren an sechs Stellen Dinosaurierfährtenplatten aus dem Ober-Jura entdeckt worden, die alle aus einem bestimmten (Regressions-)Horizont (= Reuchenette-Formation) stammen. Im Freilichtmuseum des Steinbruches Steingrueben Lommiswil/Oberdorf bei Solothurn sind annähernd 350 Trittsiegel aus mindestens 12 Fährtenfolgen riesiger Sauropoden bekannt, die gleichfalls als Spurenmassenvorkommen („Megatracksites") zu bezeichnen sind und unter Denkmalschutz gestellt wurden (MEYER 1993; Abb. 4.25). Derartige, auch als Ichnofossilien bezeichnete Lebensspuren geben Aufschluß über Fortbewegungs- und Lebensweise sowie über das Sozialverhalten (z.B. Rudelbildung u.dgl.) der Dinosaurier.

„Geo-Trails" und „Geo-Parks"

Außer den Fundstellen für Fossilsammler und den „Dinosaur trails" (mit Fährten von Dinosauriern, die auch als Abenteuer-Urlaub bzw. Trekking auf Dinosaurierspuren angeboten werden, wie etwa im Val di Zoldo in Italien), sind noch weitere zahlreiche Freilandvorkommen zu erwähnen, die fossilführende Gesteine und Versteinerungen einerseits im Rahmen eigens geführter Exkursionen auch dem Nichtfachmann zugänglich machen, andererseits diesem über Natur- und Lehrpfade sowie „Geo-Trails" bzw. „Geo-Parks" samt entsprechenden Erläuterungen im Gelände (zugleich als Geotopschutz) angeboten werden. Zu ersteren zählt auch das in den Bergen von Montana (USA) unter Anleitung von Fachleuten mögliche Graben nach Dinosaurierknochen. Für letztere seien als Beispiele lediglich der 1961 errichtete und damit älteste geologische Lehrpfad von Aalen, der Geologische Wanderweg Steinheimer Becken, ferner der „Geo-Trail" in den Karnischen Alpen (Kärnten, Österreich; SCHÖNLAUB 1988), „Geo-Park" Wendelstein in Bayern (KREUTZER 1993), der geologische Lehrpfad Tuttlingen im oberen Donautal und jener im Steinheimer Meteorkrater genannt. Nicht nur Exkursionen und Seminare, sondern auch Urlaube mit Fundgarantie (von Fossilien) werden verschiedentlich von Reisebüros bzw. Privaten angeboten (z.B. in Südafrika kann man mit P. HARTZENBERG Fossilsafaris samt Ausgrabungen und erläuterndem TV-Film erleben).

Der Vollständigkeit wegen müßten hier auch noch die in verschiedenen Ländern oft bereits vor Jahrzehnten angelegten „rezenten Braunkohlen-Moore und -wälder" erwähnt werden, die in Form von Arboreten bzw. botanischen Gärten jene heutigen Pflanzengesellschaften zeigen, aus deren tertiärzeitlichen Verwandten die Braunkohlen entstanden sind (z.B. Braunkohlenbiotop bei Schloß Pfaffendorf bei Köln, Freilichtmuseum „Tertiär-Urwald" als Außenanlage des Museums für Natur- und Umwelt in Cottbus in der Spree-Aue für das Niederlausitzer Braunkohlentertiär; STEINER 1995). Heute sind allerdings bereits die riesigen Tagbergbaue auf Braunkohlen im Rheinland zu richtigen Sightseeing-Objekten geworden (z.B. Tagebau Hambach westlich von Köln) (vgl. Abb. 5.6).

Dienen die erwähnten Ausstellungen, Freilichtmuseen und Lehrpfade zwar auch dem „Unterricht" über Aussehen, Fortbewegung und Ernährungsweise vorzeitlicher Lebewesen sowie dem Vorkommen ihrer Reste im Gelände, so seien hier – entsprechend dem Titel dieses Kapitels – auch die eigentlichen Unterrichtsstätten erwähnt. Die in jedem „besseren" Museumsshop als Souvenir zum Verkauf angebotenen Rekonstruktionen (aus Plastik oder Holz) betreffen hauptsächlich Dinosaurier, Flug- und Flossenechsen als Reptilien, Mammut und Säbelzahnkatzen als Säugetiere. Ihre wissenschaftliche Qualität ist sehr unterschiedlich. Zu den besten zählen die vom British Museum of Natural History in London vertriebenen Plastiken.

Unterricht über Fossilien

Wie nicht anders zu erwarten, sind es primär Universitätsinstitute, deren Angehörigen und Mitarbeitern der Unterricht über Fossilien obliegt. In Deutschland, wo sich die Paläontologie zunächst als Hilfswissenschaft der einstigen Geognosie, der heutigen Geologie, etablierte, wird die Paläontologie noch vielfach im Rahmen erdwissenschaftlicher Institute gelehrt. Ausnahmen, wie etwa in München, Bonn, Berlin und Erlangen, wo eigene Institute für Paläontologie (manchmal zusammen mit der historischen Geologie) bestehen, bestätigen die Regel. In Österreich zählt das heutige Institut für Paläontologie der Universität Wien weltweit zu einem der ältesten, eigenen Paläontologischen Institute. Es wurde 1873 gegründet, vorübergehend existierten sogar zwei Institute nebeneinander (STEININGER & THENIUS 1973).

Der Unterricht in Paläontologie wird im wesentlichen vom jeweiligen Studienplan bestimmt, doch werden neben den obligaten Vorlesungen, Übungen, Praktika und (Auslands-) Exkursionen sowie Lehrgrabungen auch spezielle (fakultative) Lehrveranstaltungen angeboten, die – je nach Institut – manchmal sämtliche Sparten der Paläontologie, von der Mikropaläontologie bis zur Wirbeltierpaläontologie und Paläobotanik, abdecken können. Die technischen Ausstattungen umfassen sämtliche Geräte für Ausgrabungen, Präparationen und Anfertigung von Gesteinsschliffen bis zur Herstellung von (Kunstharz-) Abgüssen sowie vom Binokular über Mikroskope bis zum Rasterelektronenmikroskop (REM), ferner Fotoausrüstung und Geräte für Gaschromatographie und Massenspektroskopie. Inhaltlich reichen die Veranstaltungen von der Geschichte des Lebens (Evolution), der Systematik (Taxonomie samt Nomenklaturregeln) und der Biostratigraphie (Leitfossilien, Altersdatierung) bis zur Palökologie und Aktuopaläontologie, Paläobiogeographie und Geschichte der Paläontologie.

Auch in zahlreichen Museen werden regelmäßig Vorträge, Kurse oder sonstige Veranstaltungen über Fossilien (z.B. Präparation, Fossilbestimmung) für Hobbypaläontologen und sonstige Interessenten abgehalten.

Darüber hinaus gibt es in vielen Ländern paläontologische oder erdwissenschaftliche Gesellschaften, die durch regelmäßige Vortragsveranstaltungen, Exkursionen, Fossilbestimmungskurse, Fossilbörsen oder auch Fachpublikationen (Zeitschriften oder Einzelwerke) ihren Mitgliedern die Möglichkeit geben, ihr Wissen über Versteinerungen zu erweitern oder zu vertiefen.

In Österreich werden an den AHS (allgemeinbildende höhere Schulen: Gymnasien, Realschulen etc.) Fossilien und damit die Paläontologie im Fach Biologie und Umweltkunde im Rahmen des obligaten Unterrichtes beim Thema erdgeschichtliche Entwicklung behandelt. Diese wird in chronologischer Abfolge besprochen, um den Schüler mit der Evolution von Tier- und Pflanzenwelt im Phanerozoikum etwas vertraut zu machen und ihm zugleich die heutige Organismenwelt als das Ergebnis einer Jahrmillionen bzw. Jahrmilliarden dauernden Entwicklung aufzuzeigen. Mehrfarbige Schulwandbildtafeln wurden eigens dafür entwickelt (vgl. THENIUS 1971, LEHMANN 1977). Damit soll den Absolventen der AHS klar vor Augen geführt werden, daß die Kenntnis über die Evolution der Organismen in der Vorzeit ausschließlich auf Fossilien beruht und wie sehr die heutige Umwelt bereits vom Menschen beeinflußt worden ist.

Im Biologieunterricht selbst bietet sich außerdem Gelegenheit für die Lehrpersonen, auch das Thema „lebende Fossilien", also Reliktformen in der heutigen Tier- und Pflanzenwelt, wie etwa *Latimeria*, *Sphenodon*, *Neoceratodus*, *Nautilus*, *Limulus*, *Lingula*, *Neopilina*, *Ginkgo* und *Metasequoia*, zu behandeln. Ein Thema, das erfahrungsgemäß als ausgezeichneter Anknüpfungspunkt zur Besprechung und zum Verständnis von Versteinerungen dient (vgl. Kap. 8.).

In Ländern, in denen die Erdwissenschaften an den AHS und ihren Äquivalenten nur mehr im Rahmen der Geographie und Chemie berücksichtigt werden, ist es zweifellos so, daß Jugendliche etwas über Fossilien praktisch nur durch die Medien erfahren, was eigentlich nur als zusätzliche Information dienen sollte.

Bedeutung von Fossilien für die Wissenschaft: Nachweis vorzeitlichen Lebens

Wie steht es nun mit der Bedeutung von Fossilien für die Wissenschaft? Wie im Kap. 2.3. bereits ausgeführt, dauerte es bis in die Neuzeit, sie als Reste vorzeitlicher Organismen zu erkennen, die nicht durch die Sintflut umgekommen sind und denen nicht nur als Zeitmarken im Sinne von Leitfossilien Bedeutung zukommt.

Mit OSWALD HEER, WOLDEMAR KOWALEVSKY, LOUIS DOLLO und OTHENIO ABEL wurden in der 2. Hälfte des 19. Jahrhunderts bzw. am Anfang des 20. Jahrhunderts fossile Organismen auch als einstige Lebewesen erkannt, die Hinweise über ihr Aussehen, ihre Lebens- und Ernährungsweise sowie über ihre einstige Umwelt geben können und damit zur Rekonstruktion in Form von Lebensbildern geführt haben. Das räumliche Vorkommen von Fossilien gibt Aufschluß über die einstige geographische Verbreitung und kann in Zusammenarbeit mit der Paläogeographie manche Probleme ihrer heutigen Verbreitung lösen.

Zunächst aber kurz zur grundsätzlichen Bedeutung von Fossilien. Erst Versteinerungen ermöglichen den konkreten Nachweis vorzeitlichen Lebens, dessen Beginn dadurch mit etwa 3,5 Milliarden Jahren (zunächst nur kernlose, einzellige Mikrofossilien: Prokaryota) dokumentiert wird. Diese Prokaryota finden sich in Gesteinen der „Alten Kerne" oder Schilde der Kontinente (z.B. Kanadischer Schild in Nordamerika). Zu den ältesten fossilen Resten zählen u.a. die Stromatolithen als knollige oder lagige Kalkabscheidungen von Cyanobakterien, die im Präkambrium häufig und formenreich verbreitet waren. Sie bilden oft mächtige Ablagerungen. Gegenwärtig gilt als bekanntestes Vorkommen „rezenter" Stromatolithen die Shark Bay mit großen Salinitätsschwankungen an der W-Küste Australiens. Lebewesen mit echtem Zellkern (= Eukaryota) treten erstmalig vor etwa 1,8 Milliarden Jahren auf (KULL spricht 1994 von 2,1 Milliarden Jahren, was jedoch problematisch erscheint). Zusammen mit Sedimenten lassen sie Rückschlüsse nicht nur auf die Atmosphäre (anaerob, also sauerstofflos bzw. Sauerstoffatmosphäre), sondern auch auf den Zeitraum der Entstehung der Photosynthese zu.

Vielzeller (Metazoa) und damit auch Makrofossilien (Stromatolithen sind nur Abscheidungen von Mikroorganismen), finden sich erst im jüngsten Präkambrium vor fast 700 Millionen Jahren, denen jedoch Hartteile abgehen. Für derartige Faunen hat sich nach dem bekanntesten Fundort (in Südaustralien) der Name „Edicara-Fauna" eingebürgert. Für die damaligen Organismen (= Vendozoa bzw. Vendobionta, SEILACHER 1989, 1991b) erscheint die Zugehörigkeit zu heutigen Tier- oder Pflanzenstämmen äußerst fraglich.

Fossilien als einzige realhistorische Belege für die Evolution - „connecting links" - Funktionswechsel

Erst mit dem Beginn des Phanerozoikums (= Paläo-, Meso- und Känozoikum) beginnt eine bessere Fossildokumentation. Sie erklärt sich daraus, daß die damaligen Organismen nunmehr Hartteile (z.B. Kalk, Chitin) entwickelt hatten, die fossil erhaltungsfähig sind. Über die Ursache der Hartteilbildung wird diskutiert (vgl. M. F. GLAESSNER 1984). Im Kambrium existierten bereits Angehörige sämtlicher rezenter Tierstämme (z.B. „Protozoa", Porifera, Coelenterata, Tentaculata, Mollusca, Annelida, Arthropoda, Hemichordata und Chordata). An Hand von Fossilfunden im Phanerozoikum läßt sich die Geschichte der Tier- und Pflanzenwelt und damit die Evolution gut dokumentieren. Die Paläontologie ist somit – neben der historischen Stratigraphie – die historische Disziplin unter den Erdwissenschaften. Den Fossilien kommt für die Evolution als einzigen realhistorischen Belegen eine besondere Bedeutung zu. Auch wenn Fossilien nicht als Beweise für die Entwicklung der Organismen gelten können, so geben sie durch ihr erdgeschichtliches Alter, das dank moderner Methoden, wie etwa radiometrische Datierung und Magnetostratigraphie, sehr präzis angegeben werden kann, außerordentlich wichtige Hinweise für die Evolution der Lebewesen. Recht instruktiv ist etwa die zeitliche Aufeinanderfolge der verschiedenen Wirbeltiergruppen, die mit deren morphologischer (= gestaltlicher) Evolutionshöhe korrespondiert (z.B. Knochenfische – Amphibien – Reptilien – Säugetiere). Manche Fossilien vermitteln als „connecting links" (Bindeglieder) zwischen zwei morphologisch deutlich getrennten höheren taxonomischen Einheiten wie etwa die Gattung *Ichthyostega* aus dem Ober-Devon zwischen Quastenflossern (Rhipidistia) und späteren Lurchen (Labyrinthodonta) oder *Archaeopteryx lithographica* aus dem Ober-Jura mit „Reptil-" und Vogelmerkmalen als Modellform zwischen Reptilien (Saurischia) und „modernen" Vögeln (Aves), wobei die Frage, ob die „modernen" Vögel die Nachfahren von *Archaeopteryx* sind, offen bleiben muß. *Archaeopteryx* und andere „connecting links" sind zugleich Beispiele für die sogen. Heterobathmie der Merkmale, d.h. deren unterschiedliche Evolutionsgeschwindigkeit (z.B. Zähne in den Kiefern, langer „Reptil"schwanz einerseits, die Befiederung andererseits).

Andere Fossilformen wiederum dokumentieren, wie durch einen Funktionswechsel einzelne Organe eine völlig neue Funktion übernehmen können, ohne daß die Lebensfähigkeit der betreffenden Organismen eingeschränkt wurde. Das wohl bekannteste Beispiel dafür ist die Umwandlung von Kieferelementen wie sie bei Reptilien als Quadratum und Articulare des primären Kiefergelenkes bekannt sind, in solche des Gehörapparates (Amboß und Hammer als zusätzliche Gehörknöchelchen im Mittelohr bei Säugetieren) durch die Entwicklung von sogen. Doppelgelenkern, also Wirbeltiere mit doppeltem Kiefergelenk (z.B. *Diarthrognathus* aus der Ober-Trias), bei denen das primäre (noch) neben dem neugebildeten sekundären Kiefergelenk (= Squamoso-Dentalgelenk) vorhanden ist. Formen wie *Diarthrognathus* dokumentieren zugleich die Entstehung des „modernen" Säugetiertyps aus den Therapsida (= säugetierähnliche Reptilien).

Herkunft der Wale und des Menschen

Von den zahllosen konkreten Beispielen über die Bedeutung von Fossilfunden für die Evolution seien hier lediglich zwei erwähnt: Die stammesgeschichtliche Herkunft der Wale (Cetacea) und des Menschen (Hominidae). Wurden die Wale meist als an das Wasserleben angepaßte Abkömmlinge von (Ur-)Raubtieren (Hyaenodonta) angesehen, so sprachen anatomische Befunde und in jüngster Zeit auch molekularbiologische Ergebnisse für verwandtschaftliche Beziehungen zu altertümlichen Huftieren. Fossilfunde aus dem Eozän Südasiens bestätigten in den letzten Jahren nicht nur die Herkunft der Wale von vierbeinigen, amphibisch lebenden Säugetieren, sondern, daß diese von primitiven Huftieren (Condylarthra) abzuleiten sind. So war der ursprüngliche Widerspruch ausgeräumt, zugleich aber die Herkunft der Wale von Landraubtieren als Irrtum erkannt.

Die stammesgeschichtliche Herkunft des Menschen wird seit der Entwicklung der Evolutionstheorie diskutiert, wobei von Molekularbiologen auf die geringen Unterschiede zwischen den heutigen Menschenaffen (Schimpanse) und Mensch (*Homo sapiens*) hingewiesen wird (nur 1 Prozent Unterschied) und nach dem Prinzip der „molekukaren Uhr" meist eine Aufspaltung beider Linien erst vor wenigen Jahrmillionen (2-3) angenommen wurde. Nun haben aber zweifelsfrei als Menschen (Hominidae) zu klassifizierende Fossilfunde aus dem Pliozän Afrikas (*Australopithecus afarensis* aus Äthiopien) gezeigt, daß bereits vor etwa 3,5 Millionen Jahren aufrecht gehende Primaten, also Menschen im Sinne der Anthropologen, existierten („Lucy" aus Hadar, Fährten aus Laetoli in Tansania). D.h., die Aufspaltung mußte früher erfolgt sein. Seit 1994 sind mit *Australopithecus ramidus* Zahn- und Knochenfunde bekannt geworden, die etwa 4,5 Millionen Jahre alt sind (WHITE, SUWA & ASFAN 1994). Selbst wenn die genannten *Australopithecus*-Arten nicht unbedingt die Stammformen späterer Menschen (*Homo habilis, H. erectus, H. sapiens*) sein müssen, so berechtigen sie doch hinlänglich zur Annahme, daß die Entstehung des Menschen nicht durch die Gehirnentwicklung, sondern durch den aufrechten Gang eingeleitet wurde (vgl. dazu Kap. 6.). Außerdem dokumentieren sie – zusammen mit zahlreichen anderen fossilen Hominiden – daß die Aufspaltung der beiden Linien spätestens vor mehr als 5 Millionen Jahren erfolgt sein muß, jedoch sicher nicht bereits vor 20 oder 15 Millionen Jahren, wie von vielen Paläontologen noch vor wenigen Jahren angenommen worden war.

Gradualismus und Punktualismus

In Zusammenhang mit derartigen konkreten Beispielen erhebt sich für den Wissenschafter immer wieder die Frage, wie verläuft die Evolution tatsächlich und warum sind ganze Gruppen von Lebewesen wieder ausgestorben? (z.B. Archaeocyatha, Ammonoidea, Belemnoidea, Inoceramen und Rudisten als Weichtiere, Trilobiten, „Riesenskorpione", Conodontida, Homalozoa und andere Stachelhäuter, „Panzerfische" und „Panzerlurche", Fisch- und Flossenechsen, Flug- und Dinosaurier, Maasechsen, Multituberculaten, Urraubtiere und Urhuftiere sowie Lepidophyten, Cordaiten und Farnsamer als Pflanzen). Führen schrittweise, graduelle Veränderungen (= Gradualismus) in Form kleinster evolutionärer Schritte (über Mutationen), wie sie die Neo-Darwinisten vertreten, zur Entstehung neuer Arten oder ist es eine sprunghafte (punktuelle) Entwicklung (= „punctuated exquilibria" von ELDREDGE & GOULD 1972; Punktualismus). Viele Paläontologen sind Vertreter des Gradualismus, den sie an Hand der Fossildokumentation nachweisen zu können glauben (vgl. ERBEN 1990 mit Literaturübersicht).

In den letzten Jahren hat die sogen. Molekular-Biologie wesentliche Erkenntnisse über die verwandtschaftlichen Beziehungen rezenter tierischer und pflanzlicher Organismen gewonnen. Die Beurteilung derartiger Beziehungen war bei Fossilien bisher nur über morphologische Kriterien möglich, wobei meist die Ähnlichkeit als Gradmesser verwandtschaftlicher Affinitäten galt, was bei sogen. Konvergenzerscheinungen durch gleiche Funktion zu falschen Deutungen führen konnte (z.B. „Fischtyp" bei Haien, Fischen und Delphinen).

Paläogenetik

Die Funde von DNA (= Desoxyribonukleinsäure) als Erbsubstanz bei vorzeitlichen Organismen eröffnete den Wissenschaftern in den letzten Jahren grundsätzlich ein neues Feld, nämlich die Molekular-Paläontologie oder Paläogenetik, das nunmehr dank der PCR-Methode (s. Kap. 2.1.) auch praktisch mit Erfolg bei einzelnen fossilen Lebewesen angewendet werden kann und somit ein zusätzliches Kriterium für die Verwandtschaftsforschung bei vorzeitlichen Lebewesen bildet (s. ENGELN 1993). Auf ein Beispiel wurde bereits oben verwiesen, nämlich auf den Nachweis von DNA aus Knochensubstanz (Osteocalcin) von *Tyrannosaurus rex*, wonach Vögel, und nicht Krokodile, als nächste lebende Verwandte dieses Dinosauriers anzusehen sind.

Paläophysiologie

In den beiden letzten Jahrzehnten hat übrigens eine Renaissance der Dinosaurierforschung zu völlig neuen Erkenntnissen und Hypothesen über diese faszinierende Wirbeltiergruppe geführt: Angefangen von physiologischen Fragen als Bereich der Paläophysiologie, wie Regelung der Körpertemperatur (ecto- oder endotherm bzw. heterotherm, ferner Parahomoiothermie bzw. Gigantothermie = Prinzip bei Sauropoden; s. FRAIR et al. 1972), über Fortbewegungsweise und Ernährung (z.B. Magensteine [Gastrolithen] zum Zerreiben der Nahrung), Sozialverhalten (nach Fährten), Lautgebung (knöcherne Schädelfortsätze bei Hadrosauriern als Resonanzorgane) und Fortpflanzung (z.B. penisartiges Kopulationsorgan bei Männchen von *Tyrannosaurus rex*: PFAFF 1994) bis zur Brutpflege bei Hadrosauriern (z.B. *Maiasaurus*). Eine Wende, die v.a. 1972 durch ROBERT („Bob") BAKKER von der University of Colorado, einem etwas eigenwilligen Schüler von JOHN OSTROM von der Yale University in New Haven, eingeleitet wurde. BAKKER hatte entgegen den bisherigen Ansichten über Dinosaurier als ectotherme (= wechselwarme), schwerfällige Riesen ein völlig neues Bild über die Lebensweise der Dinosaurier entworfen und hat sich heute mit seinen Ansichten auch bei vielen Paläontologen durchgesetzt. BAKKER's Ansichten regten zu intensiven Nachforschungen an und führten damit zu den neuen, oben erwähnten Vorstellungen, über Dinosaurier.

Nicht uninteressant ist, und damit wieder zurück zur DNA, daß bei einer Termite (*Mastotermes electrodominicanus*) aus dem miozänen Bernstein der Dominikanischen Republik DNA nachgewiesen werden konnte, die etliche Sequenzen mit der primitivsten rezenten Art, nämlich *Mastotermes darwinianus* aus Australien, gemeinsam hat (DESALLE, GATESY, WHEELER & GRIMALDI 1992).

Ein anderer Themenkreis betrifft die Art der Ernährung vorzeitlicher Lebewesen und damit ein weiteres Teilgebiet der Paläophysiologie. War man einst bei der Analyse der Paläo-Diät ausschließlich auf die Ausbildung des Gebisses bzw. auf etwa vorhandenen Mageninhalt oder auf versteinerten Kot (Koprolithen) angewiesen, so ermöglichen heute zusätzlich „micro-wear features", ferner Knochenkollagen und sogen. Phytolithen oft konkretere Aussagen über die Paläo-Diät (HAYEK et al. 1992). Die „Weichteil"erhaltung bei den bereits mehrfach erwähnten fossilen Wirbeltieren aus dem Eozän der Grube Messel hat zu neuen, überraschenden Einblicken über ihre Ernährung geführt. So konnte bei dem Unpaarhufer *Hallensia matthesi* ein sehr großer Blinddarm (Caecum) mit Bakterienkolonien festgestellt und damit nachgewiesen werden, daß bereits damals, also vor 50 Millionen Jahren, Darmfermentierer ähnlich wie bei den heutigen Einhufern (Pferden) existierten (FRANZEN 1990). Unter den eozänen Messel-Fledermäusen konnten richtige Nahrungsspezialisten, wie etwa Schmetterlingsfresser, erkannt werden (STORCH & RICHTER 1980).

Die „micro-wear"-Methode (WALKER et al. 1978) untersucht bei Säugetieren mit dem (Rasterelektronen-) Mikroskop die an der Oberfläche von Backenzähnen feststellbaren winzigen Spuren, die beim mechanischen Aufschließen der Nahrung verursacht werden. Sie lassen bei Pflanzenfressern nicht nur die Unterscheidung zwischen „browser" (= Blattäser) und „grazer" (= Grasfresser) zu, sondern auch eine weitere Differenzierung der Nahrung. Mit Hilfe von Phytolithen (= winzige, je nach Pflanzengruppe verschieden geformte, Silikatkörper in Blättern, Stengeln und Schalen von Früchten), die bei Pflanzenfressern an der Zahnschmelzoberfläche „haften" bleiben, können auch bei fossilen Säugetieren Rückschlüsse auf die Nahrung gezogen werden (z.B. *Gigantopithecus* als Bambus- und Durianfruchtfresser; CIOCHON, OLSEN & JAMES 1992).

Nicht weniger interessant ist der Nachweis von Algen-Bivalven-Symbiosen ähnlich jener zwischen rezenten Zooxanthellen und Riff-Korallen bei fossilen Muscheln (z.B. Rudisten: *Radiolites*), die ein rascheres Wachstum von Kalkskeletten (Schalen) ermöglichen. Die Rudisten der Ober-Kreide (z.B. *Hippurites*, *Radiolites*) sind eine Gruppe sessiler, also festgewachsener, dickschaliger Muscheln im photischen Bereich von warmen Flachmeeren.

Paläoskatologie

Zu einem eigenen Wissenschaftszweig innerhalb der Paläontologie hat sich neuerdings die Paläoskatologie entwickelt, die sich mit (sub-)fossilen Exkrementen (Koprolithen) befaßt. Ursprünglich als Teilgebiet der Palichnologie (die sich fossilen Lebensspuren widmet) ausgewiesen, hat sie sich längst selbständig und auch für die Ur- und Frühgeschichte verdient gemacht. Koprolithen lassen direkte Rückschlüsse auf die Nahrung der Erzeuger zu. Das Problem ist jedoch meist die Zuordnung zu bestimmten, durch Hartteile dokumentierten Arten. Nur selten finden sich nämlich Koprolithen noch „in situ", d.h. im Darmtrakt.

Paläobiochemie - Paläoklimatologie

Eine andere neue Methode führt uns zur Paläobiochemie. Man untersucht den Zahnschmelz von Säugetieren nach dem C- und N-Isotopenverhältnis, das Aussagen über die Art der Ernährung ermöglicht (BOCHERENS, FIZET & MARIOTTI 1992).

Auch für die Paläoklimatologie, d.h. die Wissenschaft vom Vorzeitklima, sind Fossilien unerläßlich. Manche Versteinerungen lassen sich als Klimazeugen heranziehen und dokumentieren – zusammen mit anderen Befunden, die bis zur Paläotemperaturbestimmung durch Sauerstoff-Isotope ($^{16}O : {}^{18}O$) in Tiefeisbohrungen in Grönland und der Antarktis reichen können – nicht nur einstige Kaltzeiten (kryogene Perioden) und Warmzeiten (akryogene Perioden), sondern auch regionale Klimaänderungen mit Trocken- und Feuchtzeiten etc. im Lauf der Erdgeschichte.

Auch konkrete Aussagen über die Todesursache vorzeitlicher Organismen sind manchmal möglich. Bereits E. VOIGT hatte 1935 auf den Erstickungstod von Fröschen aus dem Eozän des Geiseltales bei Halle/Saale hingewiesen. Dies trifft auch für etliche fliegende Tiere aus der Grube Messel zu (FRANZEN & KÖSTER 1994). Vermutlich war Kohlendioxid (CO_2), das schwerer als Luft ist, die Todesursache, ähnlich wie es am Lake Nyos in Kamerun, der Fall war. Der damalige Messel-See war demnach für niedrig über der Wasseroberfläche fliegende Tiere (z.B. manche Fledermäuse, Vögel und Insekten) eine „Fossilfalle".

Paläoneurologie - Paläopathologie

Ein weiteres Arbeitsgebiet ist die sogen. Paläoneurologie: Analysen des Gehirns durch Endocranialausgüsse bzw. durch Röntgenstrahlen (Computer-Tomographie) und neuerdings durch die Stereolithographie (SEIDLER & NEDDEN 1994) haben bei fossilen Säugetieren Aussagen über die vermutlichen Sinnesleistungen (durch Größe und Ausbildung von Riechkolben etc.) ermöglicht. Bei *Hyaenodon*, einer alttertiären Ur-Raubtiergattung wird nach der Größe bestimmter Gehirnpartien auf eine nächtliche Lebensweise geschlossen.

Ein weiterer, nicht uninteressanter Themenkreis ist die Paläopathologie, die sich mit den Erkrankungen vorzeitlicher Tiere und Pflanzen befaßt. Es sind nicht nur Krankheiten des Zahn- (z.B. Aktinomykose bei Grasfressern) und Skelettapparates (z.B. Spondylarthrose und Periostitis beim Höhlenbären) von Wirbeltieren oder sogen. Konkremente (z.B. Blasen- und Nierensteine), sondern auch pathologische Erscheinungen am Stützapparat von Wirbellosen, die etwa auf Parasitismus zurückgehen (z.B. Zysten von Myzostomiden an Stielen von Seelilien, Wucherungen durch Schmarotzerasseln am Panzer von Krabben). Auch fossile Pflanzenreste bieten zahlreiche Beispiele auf diesem Sektor (z.B. Blattminierer).

Fossilien und angewandte Erdwissenschaften

Zum Abschluß noch zu einem ganz anderen Themenkreis, der die Bedeutung von Fossilien für die angewandten Erdwissenschaften aufzeigen soll, nicht nur durch das Vorkommen allein, sondern auch durch ihren Erhaltungszustand, wie dies für die als Mikrofossilien wichtigen Conodonten (Conodontida) zutrifft.

Als Mikrofossilien werden im Gegensatz zu den Makrofossilien jene Fossilien bezeichnet, für deren Untersuchung optische Geräte (z.B. Binokular, Mikroskop) notwendig sind. Viele sind als Leitfossilien sehr wichtig. Zu diesen zählen Foraminiferen und Radiolarien als Angehörige der „Protozoa", ferner Conodonten als (?) Chordaten sowie Kieselalgen (Silicoflagellaten und Diatomeen) und bestimmte Kalkalgen (Coccolithophorida) als Pflanzen. Diese Mikro- bzw. Nannofossilien liefern die wichtigsten Leitfossilien für die Erdölindustrie bei (Tief-) Bohrungen (vgl. BRIX & SCHULTZ 1993) sowie bei den seit 1968 in allen Weltmeeren durchgeführten Tiefseebohrungen durch die Forschungsschiffe „Glomar Challenger" und „Joides Resolution". Diese Bohrungen, die von eigens dafür konstruierten Bohrschiffen zunächst im Rahmen des Joides-Tiefseebohrprogrammes (= **J**oint **O**ceanographic **I**nstitution for **D**eep **E**arth **S**ampling) dann im jetzigen Ocean Drilling Program den Meeresboden erkunden, haben nicht nur das Konzept der Plattentektonik bestätigt, sondern wesentliche Erkenntnisse über Aufbau und erdgeschichtliches Alter der Ozeanbodensedimente erbracht. Für die Altersdatierung dieser Ablagerungen sind Mikrofossilien (Foraminiferen, Radiolarien, Diatomeen, Silicoflagellaten und Coccolithen) unerläßlich. Heute ergänzt die Magnetostratigraphie diese relativen Altersdatierungen durch absolute Alterswerte.

Nun aber wieder zurück zu den Conodonten. Diesen Mikrofossilien, die als Leitfossilien vom Ordovizium bis zur Ober-Trias wichtig sind, kommt aber noch eine andere Bedeutung zu: Diese winzigen, meist zahn- oder kammähnlichen Gebilde bestehen wie echte Zähne aus Karbonat-Apatit, der nicht nur sehr widerstandsfähig ist, sondern auch, je nach Verfärbung, den Metamorphosegrad des Karbonatgesteines, in dem die Conodonten vorkommen, erkennen läßt (GAWLICK & KÖNIGSHOF 1993). Die Verfärbung der Conodonten und damit die Alteration (= Veränderung) der Aminosäuren hängt von der Temperatur und der Dauer ihrer Einwirkung ab. Man unterscheidet 8 Farbstufen nach der CAI-Methode (**C**olour **A**lteration **I**ndex), die mit der Diagenese beginnen und bis zur Amphibolit-Fazies (= sogen. Meso-Zone; entspricht dem Marmor bei Kalksteinen) der Gesteinsmetamorphose reicht. Konkret läßt sich damit ohne besonderen Aufwand (Conodonten mit Essigsäure aus dem Gestein lösen) etwa auch der für die Erdölexploration relevante Temperaturbereich ermitteln.

Auf die zahlreichen Fachzeitschriften, in denen über die Forschungen der Paläontologen und ihre Ergebnisse berichtet wird, kann hier nicht näher eingegangen werden. Sie reichen – wenn man von den allgemeinen paläontologischen Zeitschriften (z.B. Palaeontology, GB; Journal of Paleontology, USA; Paläontologische Zeitschrift, BRD; Palaeontographica, BRD; Annales de Paléontologie, Paris; Palaeontographia Italica, Pisa; Lethaia, Oslo; Palaeontologia Indica, Calcutta; Palaeontologia Sinica, Peking) absieht – von der Mikropaläontologie und Mikrofazies über die Wirbeltierpaläontologie bis zur Paläobotanik und Palynologie, von der (Bio-) Stratigraphie und Fazieskunde bis zur Paläobiogeographie und Paläoklimatologie, von der Aktuopaläontologie, Paläobiologie und Evolution bis zur Paläobiochemie. Für Kurzberichte über Neuigkeiten stehen die Zeitschriften „Nature" (London) und „Science" (Washington) zur Verfügung. In jüngster Zeit erreicht der Informationsfluß mit der internationalen Vernetzung der Computersysteme durch „Internet" neue Dimensionen.

4.4. Fossilien in den Medien und in der Kunst

Definition

Die berechtigte Frage, warum beide Themen (Medien und Kunst) nicht in getrennten Kapiteln abgehandelt werden, ist rasch beantwortet. Es ergeben sich – wie bereits bei anderen ursprünglich getrennten Kapiteln – Überschneidungen, die zu Wiederholungen bzw. zum Zerreißen eines Themas führen würden. Zum besseren Verständnis vielleicht zunächst die Definition des Begriffes Medien: Laut BROCKHAUS (s. KAHNT 1994) handelt es sich dabei um Kommunikationsmittel zur Verbreitung und Information durch Zeichen und Bilder, Rede, Druck (Buch und Presse), Filme, Rundfunk (Hörfunk und Fernsehen), Schallplatten und Bildplatten (CD), Tonband und Bildband (Video).

Versucht man unter Kunst die Gesamtheit des vom Menschen Hervorgebrachten zu verstehen und stellt sie dem durch die Natur Entstandenen nach dem Prinzip künstlich als Gegensatz zu natürlich gegenüber, ergeben sich bereits dadurch Schwierigkeiten, als auch Biologen, wie etwa E. HAECKEL in einem seiner Werke von „Kunstformen der Natur" spricht und als Beispiele unter den fossilen Organismen Gehäuse von Ammoniten abbildet, ganz abgesehen davon, daß es auch Tiere gibt, die als Schöpfer bildender Kunst (z.B. Laubenvögel Australiens und Neuguineas durch Ornamente außerhalb des Körpers in ihren Lauben) zu bezeichnen sind. Auch der bekannte Paläontologe H. HÖLDER aus Münster betrachtet Fossilien nicht nur als Objekte der Erdwissenschaften, sondern hebt ihren ästhetischen und künstlerischen Wert hervor (HÖLDER & STEINHORST 1964).

In jüngster Zeit hat der Tübinger Paläontologe A. SEILACHER in Verbindung mit einer Wanderausstellung ein Buch mit dem Titel „Fossile Kunst. Albumblätter der Erdgeschichte" veröffentlicht (1995), das sich zwar nicht auf Ammoniten, sondern auf (prä-)kambrische Fossilien und Lebensspuren bezieht. Es sind Abgüsse von Gesteinsflächen mit ästhetischer Wirkung, die derzeit im Senckenbergmuseum in Frankfurt/M. gezeigt werden.

Nach einer anderen Definition sind Bilder oder Plastiken Konstrukte, deren Erstellung einer ästhetischen Analyse und Bewertung unterliegt. Abgesehen von diesen rein terminologischen Problemen lassen sich in etlichen Bereichen thematische Überschneidungen mit dem Themenkreis Medien nicht ganz vermeiden. Dennoch sei eine annähernde Trennung versucht. Unter Kunst seien hier die Sparten Literatur und Musik sowie Bildende Kunst und Darstellende Kunst verstanden.

Auch hier kann nur eine möglichst repräsentative Auswahl der bestehenden Vielfalt geboten werden, wobei jene Medien berücksichtigt werden, die breitere Kreise ansprechen, also nicht die bereits im Kap. 4.3. erwähnte Fachliteratur.

Die Medienlandschaft beginnt mit Tageszeitungen und Zeitschriften (Wochen- und Monatsschriften) bzw. dem Computer und führt über den Rundfunk und Bücher bis zum Film.

Tagespresse

Für den Nichtfachmann berichten heute die Tagespresse oder Wochenschriften immer wieder über paläontologische Themen durchaus nicht nur von lokaler Bedeutung, ob dies nun neue, spektakuläre Fossilfunde sind oder neue Forschungsergebnisse aus dem In- und Ausland und sei es auch nur die Ankündigung einer Dinosaurier-Ausstellung (z.B. Kölner Tageszeitung „Express" mit einer sechsteiligen Serie über die Dinosaurier im Kölner Zoo). Jüngste Nachrichten betreffen etwa neue, 4,5 Millionen Jahre alte Vormenschenfunde aus Afrika (*Australopithecus ramidus*) ebenso wie den Nachweis der ältesten fossilen Bienen oder die ältesten Walfunde (mit Hintergliedmaßen) bzw. den ältesten Flugsaurier aus der Ober-Trias oder den Nachweis von DNA in kreidezeitlichen Eischalen von Dinosauriern aus China bzw. in Knochen von Dinosauriern selbst. Als Sensationsmeldung aufgemachte Artikel über die Entdeckung eines Riesenpenis bei einem Halbaffen aus dem Eozän von Messel durch einen deutschen Paläontologen sorgten für das Tagesgespräch. Berichte über das erst vor 4000 Jahren erfolgte Aussterben der letzten Mammute oder über die Entdeckung von „lebenden Fossilien" (z.B. „Wollemi Pine" in Australien als neue *Araucaria*-Art) sind ebenso zu finden, nachdem bereits Jahre vorher das sogen. Impakt-Ereignis an der Kreide-Tertiärgrenze für Schlagzeilen sorgte. Dieses von Physik-Nobelpreisträger LUIS ALVAREZ und seinem Sohn, dem Geologen WALTER ALVAREZ im Jahr 1980 vorgestellte Szenario wird für das Aussterben der Dinosaurier verantwortlich gemacht. Auch die von D. M. RAUP & J. J. SEPKOSKI 1984 entwickelte Nemesis-Hypothese, wonach es alle 26 Millionen Jahre auf der Erde jeweils zu einem Massenaussterben durch einen Kometenschwarm käme, war Gegenstand der Tagespresse. Selbst über Themen wie Fossilfälschungen (bei Bernsteininklusen oder Federn von *Archaeopteryx lithographica* betreffend) wurde und wird ebenso in der Tagespresse berichtet, wie über den vermeintlichen Eiräuber (= *Oviraptor*) aus der Ober-Kreide der Mongolei, der sich als aktiv Brutpflege betreibender Dinosaurier entpuppte.

Monats-Zeitschriften

Magazine (z.B. „Discover", USA; „Newsweek", USA) und naturwissenschaftliche Monats-Zeitschriften (z.B. „National Geographic", Washington; „Geo", Hamburg; „Kosmos", Stuttgart; „Scientific American", USA, „Spektrum der Wissenschaft", Heidelberg; „New Scientist", England) widmeten – besonders seit dem „Saurier-Boom" – ganze Hefte oder Teile davon den Fossilfunden von Dinosauriern, ihrer Entdeckung, ihrer Untersuchung und ihrer Rekonstruktion, sofern sie nicht die Dinosaurier selbst betreffen (z.B. „Dinosaurier-Magazin" von R. WINDOLF, „Hunteria" von R. T. BAKKER).

Die bereits eingangs erwähnte Zeitschrift „Fossilien" ist zwar durch ihre Beiträge speziell für Hobby-Paläontologen konzipiert, bietet aber auch für den Fachmann immer wieder interessante und neue Mitteilungen.

Diese Zeitschriften weisen auch auf aktuelle Veranstaltungen (einschl. Fossilbörsen, Exkursionen, Seminare) und neue Literatur hin, wie etwa Bestimmungsbücher, Publikationen über spezielle Fossilgruppen oder -themen (z.B. Ammoniten, Trilobiten, Brachiopoden, Bernstein) sowie über bekannte Fossilfundstellen für den Amateur-Paläontologen (z.B. Mittelmeerländer, Skandinavien). Es erscheint verständlich, daß durch solche Publikationsorgane nur der bereits fachlich Interessierte angesprochen wird, nicht jedoch die Allgemeinheit. Vielleicht wird dies mit den „Dinosaur Times", die seit einiger Zeit in den USA an Kiosken angeboten wird – zumindest über dieses spezielle Thema –, erreicht.

Populärwissenschaftliche Literatur (Sachbuch)

Zweifellos erfolgt diese Information zunächst am ehesten durch populärwissenschaftliche Literatur, also durch das Sachbuch, das den „family science books" (von denen das jeweils beste jährlich durch COPUS [Committee for the Public Understanding of Science] ermittelt wird; z.B. D. NORMAN „Dinosaurs") entspricht und von denen das erstere eine lange Tradition hat. Es sei hier nur an die Reclam- und Göschen-Taschenbuchreihen (mit Autoren wie O. ABEL, C. DIENER, R. HOERNES und E. DACQUÉ) sowie an die einstigen vierteljährlichen Buchbeilagen der Monatszeitschrift „Kosmos", die spätere Kosmos-Bibliothek mit Broschüren von W. BÖLSCHE und R. H. FRANCÉ erinnert, oder an die Reihe „Verständliche Wissenschaft" des Springer-Verlags (Heidelberg, Berlin). Beide Bücherreihen haben, wie der Verf. aus eigener Erfahrung weiß, auch Jugendliche angesprochen – nicht nur des Preises wegen – und für bestimmte Themenbereiche zu interessieren vermocht. Heute hat die Spektrum der Wissenschaft-Verlagsgesellschaft in Heidelberg mit der Reihe „Verständliche Forschung" ihre Rolle übernommen, mit zeitgemäßer Ausstattung und dementsprechenden Preisen. Seither haben bzw. hatten sich Autoren wie etwa H. WENDT und W. LEY sowie UWE GEORGE im deutschsprachigen Raum, STEPHEN J. GOULD, STEVEN M. STANLEY, DAVE NORMAN und L. B. HALSTEAD in den englischsprachigen Sachbüchern ihren Namen gemacht. Bemerkenswert ist, daß es – zumindest im deutschsprachigen Bereich – vornehmlich Wissenschaftsjournalisten sind, weniger Wissenschafter selbst, da denen meist nicht nur die journalistische „Ader" und der nötige Abstand zum Fach fehlen, sondern in der Regel auch die finanziellen Möglichkeiten, die ein Wissenschaftsjournalist hat, besonders wenn er für renommierte Zeitschriften arbeitet. Außerdem kommt heute noch die Möglichkeit hinzu, derartige Bücher unter Verwendung der gleichen Farbillustrationen gleichzeitig in verschiedenen Ländern, natürlich in Übersetzungen, wesentlich preiswerter zu publizieren. Allerdings leidet die Sachlichkeit mancher Sachbücher daran, daß es Autoren gibt, die fast sämtliche Themen behandeln, wodurch es – wie D. M. RAUP sich ausdrückt – zu einer „Saganisierung" (nach dem Astronomen CARL SAGAN) kommen kann.

Für das Buch von UWE GEORGE „Expedition in die Urzeit. Paläontologie: Die Erforschung der steinernen Zeit" (1993) bildeten verschiedene Artikel des Verfassers (U.G.) in der Zeitschrift „Geo" die Grundlage. Im Falle des Buches von L.B. HALSTEAD „Spuren im Stein. Das Kosmosbuch der Paläontologie" (1983) handelt es sich beim Verfasser um einen englischen Paläontologen. Durch die Übersetzung des Buches in mehrere Sprachen (z.B. englische Originalausgabe unter dem Titel „Hunting the Past", London 1982) konnte der Preis trotz entsprechender Ausstattung mit (Farb-)Illustrationen in Grenzen gehalten werden. Um dem Dinosaurier-Boom gerecht zu werden, sei erwähnt, daß derzeit mehr als 300 „Saurier"-Titel im Buchhandel angeboten werden.

Science fiction-Literatur

Eine weitere Kategorie ist die Science fiction-Literatur, die in den letzten Jahren eine immer größere Bedeutung erlangt hat. Sie läßt sich bis ins vorige Jahrhundert zurückverfolgen und hat sich ursprünglich aus der utopischen und phantastischen Literatur durch das zunehmende Interesse an technisch-wissenschaftlichen Aspekten entwickelt. Sie ist mit dem Namen des Franzosen JULES VERNE (1828-1905) untrennbar verknüpft, der ab 1863 die heutige Science fiction-Literatur vorwegnahm. Im Roman „Voyage au centre de la terre" (1864) treffen ein Prof. LIDENBROCK mit seinem Neffen Axel bei ihrer Expedition von Island aus in die „Unterwelt" nicht nur auf Steinkohlenwälder und auf Knochenreste tertiär- und eiszeitlicher Säugetiere (z.B. „*Mastodon*", *Dinotherium*, *Megatherium*, *Glyptodon*), sondern bei ihrer Fahrt über das unterirdische Meer auch auf lebende Ichthyosaurier und Plesiosaurier sowie auf „Panzerfische" („*Pterichthys*" = *Pterichthyodes*) und anschließend an Land in einem Tertiärwald sogar auf eine Herde lebender „Mastodonten" (= Gomphotherien), die von menschlichen Riesen behütet wird. D.h. ein Kunterbunt fossiler Tiere und Pflanzen, weitgehend ohne Rücksicht auf deren erdgeschichtliches Alter.

Als Vater deutscher Science-fiction-Literatur gilt KURD LASSWITZ (1848-1919), in dessen Buch „Homchen – ein Tiermärchen aus der oberen Kreide" ein halbaffenartiges Beuteltier die Hauptfigur spielt, das sich gegen die damaligen, weltbeherrschenden großen Echsen (Dinosaurier und Flugechsen) behaupten muß.

Auch Sir ARTHUR CONAN DOYLE (1859-1930) ist in diesem Zusammenhang zu erwähnen. Er war nicht nur der Schöpfer des berühmten SHERLOCK HOLMES und seines Freundes Dr. WATSON, sondern auch der Verfasser eines Romans mit dem Titel „The Lost World" (1912). Angeregt durch die Freilegung von kreidezeitlichen Dinosaurierfährten in einem Steinbruch nahe seinem Landhaus in Sussex geht es in dem Buch (mit den dreizehigen fossilen Fährtenabdrücken auf dem Umschlag) um eine vom Prof. CHALLENGER (!) geleitete Expedition in das Hochland von Südamerika, wo diese auf eine Lebensgemeinschaft von Dinosauriern und anderen vorzeitlichen Tieren mit Höhlenmenschen trifft. CONAN DOYLE hat somit bereits damals zur Popularität der Dinosaurier und anderer Vorzeittiere beigetragen. Auch der Vogel Greif, der Menschen davontragen kann, war Thema von Science fiction-Romanen.

Auch ein bekannter Chemiker hat unter dem Pseudonym MANFRED LANGRENUS in seinem Roman „Reich im Mond" (1951) über vorzeitliche (irdische) Faunen und Floren geschrieben, die in einem Mondmuseum ausgestellt seien und damit wiederholte Besuche von Mondbewohnern auf der Erde belegen.

Das wohl bekannteste Beispiel für die heutige Science fiction-Literatur ist zweifellos „Jurassic Park" von MICHAEL CRICHTON (1990). Die Idee zu diesem vor allem durch den gleichnamigen Thriller von STEVEN SPIELBERG in aller Welt als Film erfolgreichen Roman geht auf eine Idee des Molekular-Paläontologen GEORGE O. POINAR von der University of California in Berkeley zurück, wonach das Blut eines Dinosauriers durch ein blutsaugendes Insekt aus (kreidezeitlichen) Bernstein die Möglichkeit nicht nur zur Gewinnung von Erbsubstanz (DNA), sondern auch zur „Rückzüchtung" des Dinosauriers selbst, gegeben hätte. Nun gelang zwar HENDRIK N. POINAR, dem Sohn von G. O. POINAR der Nachweis von DNA bei einem Rüsselkäfer aus kreidezeitlichem Bernstein (CANO, POINAR, PIENIAZEK, ACRA & POINAR 1993), doch bleibt die Vorstellung von der „Rückzüchtung" vorzeitlicher Tiere, und damit natürlich auch von Dinosauriern, eine Utopie. Nicht nur, daß das Genom (= Gesamtheit aller Gene) eines Wirbeltieres aus mehr als 3 Milliarden Basenpaaren besteht, von denen bestenfalls einige Sequenzen fossil überliefert sind bzw. isoliert werden können, bliebe das Problem wie und worin (in Krokodil- oder Vogeleiern?) läßt man den Dinosaurier-Embryo entstehen etc. Gleiches gilt für Vorstellungen von R.T. BAKKER, der Dinosaurier über rezente Vögel wieder entstehen lassen will, indem einstige Gene von Dinosauriern (z.B. für Zähne und einen langen, knöchernen Schwanz) bei Hornraben oder anderen rezenten Vögeln wieder „reaktiviert" werden sollen.

Bilderbücher

Daher muß auch der Stoff von Bilderbüchern, wie etwa „Dinotopia. Das Land jenseits der Zeit" von JAMES GURNEY (1993), wonach auf dem Kontinent Dinotopia Menschen und Dinosaurier friedlich nebeneinander leben, eine Utopie bleiben. Mit der von H. G. WELLS 1896 erfundenen Zeitmaschine („The time machine") lassen sich derartige Probleme natürlich leicht lösen.

Film - Video - Fernsehen

Nach diesen wenigen, exemplarischen Beispielen aus der Literatur nun zu Film, Video und Fernsehen. Auf den Film des Hollywood-"Magiers" STEVEN SPIELBERG „Jurassic Park" wurde soeben Bezug genommen. Die filmische Umsetzung und Verwendung von lebensecht wirkenden Robotermodellen von Dinosauriern in Lebensgröße aus dem Ober-Jura (*Allosaurus*, *Stegosaurus*, *Apatosaurus*) und der Ober-Kreide (*Tyrannosaurus*, *Triceratops*, *Corythosaurus*) hat dieser Film zu einem echten Kino-Hit gemacht. Bereits kurze Zeit nach der Uraufführung von „Jurassic Park" im September 1993 hat dieser Film umgerechnet über 5 Milliarden Schilling eingespielt (DUGAN 1993). Zur Handlung des Films: Aus einem vom Milliardär JOHN HAMMOND auf einer Insel vor der Küste Costa Ricas installierten Dinosaurier-Park mit lebenden, „rückgezüchteten" Dinosauriern brechen diese aus und es kommt zur Konfrontation von (Raub-)Dinosauriern mit dem Menschen. Die lebensgroßen Dinosauriermodelle wurden nur für Detailaufnahmen verwendet, die übrigen visuellen Effekte wurden per Computer durch die Trickfirma Industrial Light & Magic (ILM) von GEORG LUCAS realisiert, was als Revolution der Tricktechnik angesehen werden kann.

Seit dem Jahr 1924, als FRITZ LANG als Regisseur in seinem Nibelungenfilm ein saurierartiges Monster zum Leben erweckte, haben die USA und Japan den Markt mit Filmen derartiger Monster überschwemmt. Besonders bekannt wurden die Tarzan- und die King Kong-Filme der „30er" Jahre, in denen es auch zu Auseinandersetzungen mit Dinosauriern (*T. rex*) kommt. Letztere wurden damals von Menschen in Gummikostümen dargestellt. Dies gilt auch für die japanischen Horrorfilme mit Godzilla (= Gojira) der „50er" Jahre. Godzilla ist eine Kombination von Raubdinosaurier mit *Stegosaurus*-Merkmalen. In den letzten Jahren sind allein in Hollywood sechs Filmprojekte über Dinosaurier abgedreht worden, welche bereits die kommerzielle Bedeutung dieser mesozoischen Tiergruppe deutlich machen.

Weltweit bekannt ist auch SPIELBERG's Film in Zeichentrickmanier von den vier „Dinos" (*Tyrannosaurus*, *Triceratops*, ein Hadrosaurier und *Pteranodon* [als Flugsaurier]) in New York, wobei der Begriff Dino nicht nur Dinosaurier umfaßt. Besonders die Jugend wird durch derartige Filme angesprochen. Bemerkenswert ist, daß sich in dieser Kinderbuch-Verfilmung die Ungeheuer aus dem „Jurassic Park"-Thriller zu flauschigen Streichelreptilien gewandelt haben, nach dem Motto: vom Monster zum Kuscheltierchen. Eine komplette Übersicht der Dinosaurierfilme gibt das Dinosaurier-Filmbuch von B. KEMPEN & TH. DEIST (1993).

Realitätsbezogener sind hingegen oft Fernsehserien bzw. Fernseh-Talks über Dinosaurier, wie sie etwa vom US-Starreporter WALTER CRONKITE moderiert und von vielen TV-Anstalten übertragen wurden. Interviews vor Ort mit den wichtigsten „Saurier"-Paläontologen aus den USA, angefangen mit EDWIN COLBERT und DAVID WEISHAMPEL über JOHN OSTROM, JOHN HORNER und JIM JENSEN bis zu ROBERT BAKKER, vermittelten einem breiten Publikum manches über ihre Entdeckungen, ihre Untersuchungen und ihre Ansichten. Solche Serien und Talks erzielen eine Breitenwirkung, die durch Videos und CD noch gesteigert wird. Videos über Dinosaurier werden heute in jedem „besseren" Museum gezeigt.

Wissenschaftssendungen - Multimedia-Shows

Auch die regelmäßigen Wissenschaftssendungen, wie „Universum", „Wissen spezial", „Modern Times", „Schatzkammer Erde" oder „Abenteuer Wissenschaft" haben eine entsprechende Breitenwirkung, doch ist das Thema Paläontologie – einmal abgesehen von den Dinosauriern – praktisch nur in Verbindung mit der sogen. Aktuo-Paläontologie zu „verkaufen". D.h., wenn die zum Vergleich mit fossilen Faunen und Floren und ihren einstigen Lebensbedingungen notwendigen Untersuchungen an rezenten Organismen in ihren natürlichen Lebensräumen im Rahmen von wissenschaftlichen Expeditionen (z.B. Tauchfahrten im Mittelmeer, am Barriere-Riff, in der Karibik oder im Roten Meer) fernsehgerecht dargestellt werden. Das Zusammenwirken verschiedener Medien führte zur Installation sogen. Multimedia-Shows nicht nur in (Freilicht-)Museen, sondern auch in den Visitor-Centers in den Nationalparks der USA, in denen Versteinerungen vorkommen.

Computerwelt

Die Computerwelt hat die Paläontologie mit den Dinosauriern längst erobert. Vor allem durch die Computer-Animation wurden die Dinosaurier wieder zum Leben erweckt. Allein in Japan will der Spiel-Computerhersteller Sega bis zum Jahr 2000 mindestens 100 Spielzentren mit „virtuellen Abenteuern" schaffen. In Australien, Europa und Nordamerika sollen die nächsten Schauplätze derartiger Zentren entstehen. Der Reiz moderner Computerspiele beruht zu einem großen Teil darauf, daß sie eine Art Wirklichkeit abbilden, die der Spieler aber in gewissen Grenzen nach seinen Wünschen verändern kann, wie dies KÖTHE im „Kosmos" (1995) formulierte. Bei Spielen im allgemeinen dominieren, wie nicht anders zu erwarten, Dinosaurier-Spiele (z.B. Dinolotto, Dino-Domino, Dino-Ex, Dino-Memory; vgl. deutsches Spiel-Archiv in Marburg). Aber auch Würfelspiele (mit Dinosauriern) und Kinderpuzzles gibt es im Handel (z.B. von Ravensburger).

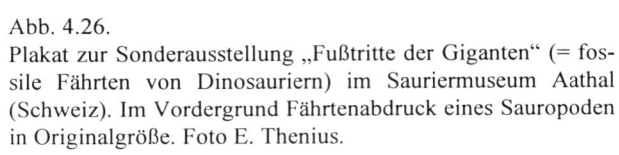

Abb. 4.26.
Plakat zur Sonderausstellung „Fußtritte der Giganten" (= fossile Fährten von Dinosauriern) im Sauriermuseum Aathal (Schweiz). Im Vordergrund Fährtenabdruck eines Sauropoden in Originalgröße. Foto E. Thenius.

Abb. 4.27.
Plakat zur Dinosaurieraustellung im Naturhistorischen Museum Wien im Jahr 1989 mit dem Kopf eines Tyrannosauriers (*Tarbosaurus*). Foto R. Gold.

Plakate

Ein eigener Abschnitt wäre noch den Plakaten zu widmen. Plakate dienen in der Regel zur Ankündigung von Veranstaltungen jeglicher Art. Hier sind es naturgemäß solche, die Ausstellungen, Vorträge, Filme u. dgl. mit vorzeitlichen Lebewesen ankündigen. Wie nicht anders zu erwarten, dominieren auch hier die Dinosaurier (Abb. 4.26 und 4.27), neben fossilen Rüsseltieren (z.B. Mammut; Abb. 4.28), Ammoniten und Säbelzahnkatzen (z.B. *Smilodon*).

Comics

Nun aber noch einmal zurück zur „Literatur". Eine besondere Art davon sind die Bildgeschichten („Comics"). Ihre Wurzeln reichen ähnlich wie bei der Science fiction-Literatur bis ins vorige Jahrhundert zurück (vgl. „Max und Moritz" von WILHELM BUSCH, wenngleich bei den heutigen Comics die einstigen Bildunterschriften meist als „Sprechblasen" ins Bild integriert werden), doch betrafen sie einst nur sehr selten vorzeitliche Lebewesen, wie etwa LIEBIG's Bilderserie seit 1887 mit „Vorzeitgrauen" bzw. 1934 „Urzeitwesen der Vorzeit" (s. KÖHLE-HEZINGER 1994). Gegenwärtig sind Vorzeittiere (nicht nur Dinosaurier) eine Selbstverständlichkeit in den Comics.

Als Geburtsstunde der Dinosaurier-Comics gilt nach KÖHLE-HEZINGER (1994) das Jahr 1914, als WINDSOR MC CAY mit „Gertie" die gezähmte, sanftmütige Dino-Figur („Gertie. A Trained Dinosaur") schuf.

Die wohl bekannteste Serie sind die „Flintstone-Comics" von HANNA-BARBERA seit 1960. In der Familie „Feuerstein" als Steinzeitmenschen sind Dinosaurier und Mammuts friedliche, als Haustiere gehaltene Wesen. Ursprünglich als Comic-Serie gestaltet, ist diese längst als Zeichentrickfilm realisiert und auch als TV-

Abb. 4.28.
Plakat mit einem Mammut (*Mammuthus primigenius*) vor dem Anthropos-Museum in Brünn (Tschechien). Foto N. Vávra.

Abb. 4.29.
Zeitgenössische Farb-Illustration zum Ichthyosaurus-Gedicht von J.V. von Scheffel (1854) mit *Ichthyosaurus*, *Plesiosaurus*, *Pterodactylus* und diversen Wirbellosen. Nach einer käuflichen Ansichtskarte. Foto R. Gold.

Produktion sowie auf Videos zu sehen. Für den Wissenschafter wäre es allerdings begrüßenswert, auch diese Serie gegenüber Kindern und Jugendlichen als eine Art Science fiction-Produktion auszuweisen, die nichts mit der Realität (Mensch als Zeitgenosse von Dinosauriern und deren Haustierhaltung) zu tun hat. Aber das wäre im Zeitalter der Dino-Manie vermutlich weder von den Produzenten noch von den Konsumenten erwünscht. Gleiches gilt für die amerikanische Comic-Serie „Calvin und Bogges", in welcher der kleine Bub CALVIN, der sich in der Schule und zu Hause wie ein Satan aufführt, auch über die Dinosaurier regiert.

Die Comics wurden – wie bereits erwähnt – auch in Zeichentrickfilme umgesetzt, wie etwa die WALT DISNEY-Produktion „Fantasia" (1940) und mit entsprechender Musik untermalt.

Cartoons und Karikaturen

Auch die Cartoons von GARY LARSON, MORDILLO, LORIOT und anderen mit ihren satirischen Darstellungen sind hier als eigene Kunstkategorie zu erwähnen. Meist wurden Dinosaurier jedoch als Fossil, d.h. im Sinne von etwas längst Überholtem dargestellt. Dies gilt in ähnlicher Weise auch für Karikaturen, von denen nur auf einige konkret hingewiesen sei. Natürlich bieten hauptsächlich Dinosaurier Anlaß für Karikaturen. Etwa ein *Stegosaurus* mit der Aufschrift eines heimischen Arbeiterkammerpräsidenten, der als Fossil für die heutige Zeit nicht mehr zeitgemäß ist. Aus der Zeit des „Saurierkrieges" zwischen E. D. COPE und O. MARSH in der 2. Hälfte des 19. Jahrhunderts stammt eine Karikatur, die letzteren als Zirkusdirektor zeigt, der „seine" (von ihm ausgegrabenen) Dinosaurier in der Arena tanzen läßt. In jüngerer Zeit ist eine Karikatur mit einem Dinosaurier in Winterkleidung auf Schlittschuhen durch die Weltpresse gegangen, die sich auf die Hypothese von A. J. DESMOND (1978) stützt, die Dinosaurier wären am Ende der Kreidezeit durch einen Kälteeinbruch erfroren. Auf das bereits oben erwähnte Impakt-Ereignis (Meteoritenfall) an der Kreide-Tertiärgrenze nimmt eine Karikatur über Dinosaurier Bezug, denen Gesteinsbrocken (vom Meteoriten) auf den Kopf fallen.

Dichtkunst

Abgesehen von den bereits erwähnten Romanen von JULES VERNE, A. CONAN DOYLE und M. CRICHTON und den Comics, ist hier auch die Dichtkunst zu nennen. Zu einem der bekanntesten und zugleich einem der ältesten Werke der Lyrik mit Bezug auf vorzeitliche Lebewesen zählt wohl das Gedicht „Der Ichthyosaurus" des deutschen Dichters JOSEPH VICTOR VON SCHEFFEL, der 1854 dieses mehrstrophige Gedicht, das übrigens auch als Studentenlied bekannt ist (ZUSCHNEID 1914), schuf (Abb. 4.29). Der Text lautet (s. VON SCHEFFEL 1887):

„Es rauscht in den Schachtelhalmen,
verdächtig leuchtet das Meer,
da schwimmt mit Tränen im Auge,
ein Ichthyosaurus daher.

Ihn jammert der Zeiten Verderbnis,
denn ein sehr bedenklicher Ton
war neulich eingerissen
in der Liasformation.

Der Plesiosaurus, der Alte,
er jubelt in Saus und Braus,
der Pterodactylus selber
flog neulich betrunken nach Haus.

Der Iguanodon, der Lümmel,
wird frecher zu jeglicher Frist:
schon hat er am hellen Tage
die Ichthyosaura geküßt.

Mir ahnt eine Weltkatastrophe,
so kann es ja länger nicht gehn;
was soll aus dem Lias noch werden,
wenn solche Dinge geschehen?

So klagte der Ichthyosaurus,
da ward es ihm kreidig zumut;
sein letzter Seufzer verhallte
im Qualmen und Zischen der Flut.

Es starb zu derselbigen Stunde
die ganze Saurierei,
sie kamen zu tief in die Kreide,
da war es natürlich vorbei.

Und der uns hat gesungen
dies petrefaktische Lied,
der fand's als fossiles Albumblatt
auf einem Koprolith".

Bereits 1845 hat der schwäbische Dichter EDUARD MÖRICKE in seinem Gedicht „Der Petrefaktensammler" das Finderglück beim Sammeln von Ammoniten, Terebrateln (Brachiopoden) und Pentacrinen (Crinoiden) aus dem Lias Schwabens geschildert.

Als weitere Gedichte seien jene von MAY KENDALL (1885) „The Lay of the Trilobite" und von JOHN STUART BLACKIE (1809-1885) „Poem on stratigraphical Palaeontology" sowie (ein unveröffentlichtes) von dem US-Paläontologen TIMOTHY A. CONRAD mit dem Titel „To a Trilobite" erwähnt, das erst 1939 von P. E. RAYMOND (wieder-)entdeckt wurde (ANNOSCIA 1981). Ausserdem wären zahlreiche Gedichte zum Thema Bernsteininklusen zu nennen.

Fossile Organismen waren und sind wiederholt Stoff von Romanen, Novellen, Feuilletons und Essays gewesen, auf die hier im Einzelnen nicht eingegangen werden soll. Als einziges Beispiel sei die bereits 1878 unter dem Namen „Rulaman" erschienene Erzählung von D. F. WEINLAND über die einstigen Höhlenmenschen und ihren Zeitgenossen, den Höhlenbären (*Ursus spelaeus*) erwähnt (Neudruck 1992). Waren es einst Eiszeittiere, wie Mammut, Höhlenbär und Riesenhirsch, speziell in der Jugendliteratur, so sind es jetzt die Dinosaurier.

Selbst im Märchen, wie etwa in „The Dinosaurus Eggs", spielen Vorzeittiere (Dinosaurier) die Hauptfiguren. Die Handlung: Ein Ehepaar findet drei Eier auf der Straße, die es durch seine Hühner ausbrüten läßt, worauf drei kleine Dinosaurier schlüpfen (KÖHLE-HEZINGER 1994). Ein ähnliches Thema behandelt das bei Gerstenberg (Hildesheim) erschienene Kinderbuch „Grotto und das Dino-Ei".

Musicals, Rock- und Pop-Szene

Auch für die Musik haben Vorzeittiere gelegentlich eine Rolle gespielt. Wie kaum anders zu erwarten, sind auch hier die Dinosaurier die Stars. Je ein Beispiel möge dies für Musicals, Pop- und Rock-Musik aufzeigen: In Kalifornien wurde eigens ein Dino-(saurier-)Musical für Kinder komponiert und aufgeführt. In der Rock-Szene wird die Musik alternder Künstler als „Jurassic Rock", die Künstler selbst (z.B. ELTON JOHN, JOE COCKER) als „Rock-Dinosaurier" bezeichnet. In der Pop-Szene gibt es etwa eine eigene Musikgruppe, die sich als Pate *Tyrannosaurus rex* auswählte und sich kurz T. Rex nennt.

Bildende Kunst

In der Bildenden Kunst sind Darstellungen vorzeitlicher Organismen einfach nicht mehr wegzudenken. Dies gilt zunächst einmal für den Künstler, der als Maler, Graphiker oder Bildhauer vorzeitliche Lebewesen unter der Anleitung eines Wissenschafters als Habitusrekonstruktionen bzw. in Form von Lebensbildern (mit der einstigen Umwelt) ausführt. Waren es einst CHARLES KNIGHT und BRUCE HORSFALL, die für Wirbeltierpaläontologen, wie HENRY FAIRFIELD OSBORN und WILLIAM BERRYMAN SCOTT in den USA arbeiteten oder FRANZ ROUBAL für OTHENIO ABEL in Österreich, ZDENEK BURIAN für JOSEF AUGUSTA und J. BENEŠ in der (ehem.) Tschechoslowakei, sowie etwa JOHN SIBBICK, DOUGLAS HENDERSON und MARK HALLET für SYLVIA J. & ST. A. CZERKAS in den USA ihre Werke illustrierten, so sind es heute oft die Autoren selbst, die auch als Künstler agieren, wie etwa R. T. BAKKER als Zeichner oder ST. A. CZERKAS als Bildhauer. F. ROUBAL war zugleich auch Bildhauer, der unter der Leitung von O. ABEL und H. ZAPFE zahlreiche Plastiken vorzeitlicher Säugetiere und Reptilien schuf (vgl. Abb. 3.13). Von JOSEPH PALLENBERG stammen gleichfalls zahlreiche Plastiken in Deutschland (s. Abb. 4.23). Die genannten Künstler waren bzw. sind selbstverständlich auch für Ausstellungen und Museen tätig.

Die wohl ältesten Skulpturen (von Dinosauriern) stammen von dem Bildhauer B. W. HAWKINS, der diese unter der Leitung des berühmten Anatomen RICHARD OWEN 1851 für den Crystal Palace in Sydenham in der Nähe von London anfertigte (z.B. *Iguanodon*). Sie wurden 1854 im Park des Crystal Palace aufgestellt.

Die Anfänge der bildenden Kunst reichen bis weit in prähistorische Zeit zurück (nach jüngsten Angaben bis

Abb. 4.30.   ⇑
Aus einem (Wohnkammer-) Steinkern eines Nautiliden (*Cimomia* sp.) in ägyptischem Stil hergestellte Skulptur. Möglicherweise aus der römischen Kaiserzeit (Hadrian 117-138 n.Chr.). Höhe 12 cm. Orig. F. Kirchheimer. Nach U. LEHMANN (1990).

Abb. 4.31.
Bernhard von Cotta-Portal des Mineralogischen Institutes der der TU Bergakademie Freiberg (Sachsen) mit diversen Fossildarstellungen. Details auf den beiden folgenden Abbildungen. Ausführung 1916 nach Plänen von E. Heuchler. Foto M. Knopfe & Medienzentrum der TU Bergakademie Freiberg. ⇓

etwa 27.000 Jahre), wie zahlreiche Höhlenbilder (Ritzzeichnungen, Malereien und Skulpturen), Plastiken und Knochenritzungen vor allem in Frankreich und Spanien, letztere auch in Tschechien und Deutschland dokumentieren, doch betreffen sie nur zeitgenössische Objekte. Nur vereinzelt stammt das Material dazu von Resten vorzeitlicher Organismen (z.B. Bernstein, Gagat), wie etwa die bereits im Kap. 4.1. erwähnten Kunstwerke des jungpaläolithischen Menschen (Cro Magnon-Mensch: *Homo sapiens sapiens*) aufzeigen.

In China finden sich fossile Wirbellose (z.B. Armfüßer, Krebse, Röhrenwürmer) und Pflanzen bereits in vorchristlicher Zeit von Künstlern dargestellt. Ein anderes, erwähnenswertes Beispiel betrifft zwar keine Fossildarstellung, sondern eine im ägyptischen Stil gearbeitete Skulptur, die aus einem Steinkern eines Nautiloideen (Cephalopoda: *Cimomia* sp.) aus dem M-Eozän herausgearbeitet wurde (Abb. 4.30). Sie ist möglicherweise in der römischen Kaiserzeit (Hadrian: 117-138 n.Chr.) angefertigt worden (s. U. LEHMANN 1990).

Nun aber wieder zur Gegenwartskunst: Es erscheint verständlich, daß es vornehmlich fossile Wirbeltiere sind, die als Rekonstruktionen im Blickpunkt des Interesses stehen. Als vielleicht bemerkenswertestes Beispiel für Dekorationszwecke seien die Wandmalereien von ROLF AAMOT (1955) im Paläontologischen Museum in Oslo genannt, der sich von Dinosauriern und Flugech-

Abb. 4.32.
Detail vom B. von Cotta-Portal (s. Abb. 4.31) mit Plastiken von Pflanzenfossilien (*Annularia*, *Sphenopteris*) und einem Ammoniten („*Arietites*"). Foto M. Knopfe & Medienzentrum der TU Bergakademie Freiberg.

sen inspirieren ließ (ANNOSCIA 1981). Seltener und daher auch viel weniger beachtet sind es fossile wirbellose Tiere (Evertebrata) oder Pflanzen, welche als Objekte für Kunstwerke dienten. Dazu zunächst zwei Beispiele.

Historisch besonders interessant ist ein Gemälde, das die Hauptstiege des Naturhistorischen Museums in Wien schmückt. Dieses Gemälde von FRANZ MESSNER und LUDWIG KOHL aus dem Jahr 1773, zeigt Kaiser FRANZ I., den Gründer der Naturaliensammlung in Wien, mit deren 1. Direktor JOHANN VON BAILLOU (vgl. Kap. 2.3.) und verschiedenen Gelehrten von damals. Auf dem Tisch liegt ein Ammonit, der die Bedeutung dieser Fossilgruppe und damit der Versteinerungen überhaupt (für die Naturaliensammlung) unterstreicht.

Ein weiteres, historisches Beispiel findet man an der heutigen TU Bergakademie Freiberg (Sachsen). Allerdings handelt es sich hier um plastische Darstellungen. Am dortigen Mineralogischen Institut ist das nach dem bekannten Geologen Prof. BERNHARD VON COTTA (1808-1879) benannte Portal (Säulen-Kapitell und Rundbogenfries; Abb. 4.31-4.33) mit bildhauerischen Fossildarstellungen geschmückt. Die Entwürfe dazu stammen laut frdl. Mitteilung von Dr. Ing. IRMER von EDUARD HEUCHLER, dem einstigen Zeichenlehrer an der Bergakademie und stellen Muscheln (*Lopha*), Korallen (*Omphyma*) und Trilobiten (Phacopiden), sowie Schachtelhalme (Calamiten), Lepidophyten (*Sigillaria* und *Lepidodendron*) und damit paläozoische Fossilien dar. An den Türflügeln sind weitere Pflanzenfossilien (*Annularia*, *Sphenopteris*), am Türanschlag ein Ammonit (*Arietites*) und Seelilien (*Cupressocrinus*), z.T. als schmiedeeiserne Beschläge ausgeführt. Jedenfalls recht originelle bildhauerische Schmuckelemente (vgl. KRUMBIEGEL & WALTHER 1984). Vor vielen Museen sind künstlerische Skulpturen montiert, um Besucher anzulocken und zu informieren (Abb. 4.34).

Abb. 4.33.
Details vom B. von Cotta-Portal (s. Abb. 4.31) mit Plastiken von „*Arietites*" (Ammonoidea), *Lopha* (Bivalvia), „*Omphyma*" (Tetracorallia), Phacopiden (Trilobita) und Pflanzenfossilien (*Calamites*, *Sigillaria* und *Lepidodendron*). Foto M. Knopfe & Medienzentrum der TU Bergakademie Freiberg.

Abb. 4.34. Skulptur vor dem Eingang des Museums am Löwentor in Stuttgart. Ein Dinosaurier mit diversen Fossilien (z.B. mesozoischen Ammoniten, eiszeitlicher Bisonschädel). Foto Rotraud Harling, Naturkundemuseum Stuttgart.

Bereits in romanischer Zeit dienten fossile (und rezente) Pilgermuscheln (*Pecten* bzw. *Chlamys*) als Vorbild für künstlerische Ausschmückungen an Gebäuden in Form von Skulpturen. In der Renaissance waren fossile Muscheln der Gattung „*Pectunculus*" (= *Glycymeris*) sowie Ammoniten (an Säulenkapitellen oder Hausmauern) beliebte und dauerhafte Dekorationsobjekte.

Gleichfalls auf fossile Objekte beziehen sich die Sandskulpturen von GERRY KIRK, einem „Sandbildhauer" aus Kalifornien, der aus durch Wasser kräftig durchfeuchteten Sand seine Plastiken, hauptsächlich Saurier, herausarbeitet. Diese Sandskulpturen sind natürlich keine dauerhaften Objekte, selbst wenn sie oberflächlich mit Klebstofflösungen besprüht werden. Immerhin haben solche Plastiken auch Eingang in den Tierpark von San Diego/Kalifornien gefunden (KIRK 1993). Wesentlich langlebiger sind die von dem bekannten US-Künstler LEO ATKINS aus Metall geschweißten Modelle fossiler Wirbelloser (z.B. Trilobiten, Kopffüßer, Seelilien; Abb. 4.35) und Wirbeltiere (z.B. Dinosaurier). Es sind in ihrer Art und Ausführung einmalige Kunstwerke, die zuletzt auf der Fossil-Megabörse von Tucson (Arizona) zu bewundern waren (SAUERBORN 1995). Als nicht weniger bemerkenswertes heimisches Gegenstück sei auf den Ammonitenbrunnen von Golling in Salzburg (Österreich) verwiesen (Abb. 4.36).

Rein bildliche Darstellungen vorzeitlicher Lebewesen haben seit der „Dinomanie" enorm zugenommen und betreffen nicht nur Dinosaurier, sondern auch Rekonstruktionen anderer mesozoischer Großreptilien.

Versteinerungen bzw. fossilführende Gesteine bilden aber auch selbst das Ausgangsmaterial für Kunstwerke verschiedener Art, wobei diese von jenen der reinen Baukunst zu trennen wären. Zwei Beispiele, die ANNOSCIA (1981) in seinem Werk erwähnt, mögen genügen. Es handelt sich einerseits um eine moderne Skulptur des italienischen Künstlers ARNOLDO POMO-

Abb. 4.35. Modelle fossiler Lebewesen (z.B. Trilobiten, Ammoniten [Goniatiten], Crinoiden und Dinosaurier) des US-Künstlers Leo Atkins aus geschweißtem Metall, die auf der Fossil-Megabörse in Tucson (Arizona) angeboten werden. Foto U. Sauerborn.

DORO, die aus fossilen Pflanzenresten besteht (vermutlich Psaronien = Stammstücke von Baumfarnen). Anordnung und Zuschnitt dieser Fossilreste wirken richtig dekorativ (Abb. 4.37). Andererseits um Kunstwerke des italienischen Bildhauers CRALI, die neben Kristallen und Gesteinen aus Fossilien bestehen und die von ihm als „Sassintesi" bezeichnet werden. An anderer Stelle (Kap. 4.2.) war bereits von Fossilien in der Gebrauchskunst die Rede. Wie bereits dort erwähnt, haben Künstler in jüngster Zeit auch den Bernstein wiederentdeckt.

Als Beispiele für fossilführende Gesteine, die ein beliebtes Material für bildhauerische Arbeiten darstellen, wären etwa der tertiärzeitliche Zogelsdorfer (Kalk-)Stein und der Leithakalk sowie die mesozoischen Adneter „Marmore" zu erwähnen. Da es sich – nicht nur bei ersterem – um eher gewerbsmäßig hergestellte Skulpturen (Heiligenfiguren, Bildstöcke, Grabsteine etc.; vgl. Abb. 4.5 und 4.6) handelt, sind derartige Gesteine im Abschnitt Kunstgewerbe (Kap. 4.1.) besprochen.

Abb. 4.36.
Ammonitenbrunnen von Golling (Salzburg). Einem Ammonitengehäuse nachempfundener Steinbrunnen.
Foto N. Vávra.

Abb. 4.37.
Skulptur des italienischen Künstlers Arnoldo Pomodoro aus fossilen Pflanzenresten (*Psaronius*) aus dem Jung-Paläozoikum (vgl. Abb. 3.76). Nach E. ANNOSCIA (1981).

Kunstwerke, bei denen Fossilien zwar nicht das Rohmaterial, jedoch eine wichtige Rolle spielen, sind die im Mittelalter und in der Renaissance beliebten „Natternzungenbäume", von denen bereits im Kap. 3.2. in anderem Zusammenhang die Rede war. Es sind klassische Beispiele der Gold- und Silberschmiedekunst, die auf keiner fürstlichen Tafel als sicherer Schutz vor Mordanschlägen fehlen durften. Wie bereits im Kap. 3.2. erwähnt sind die sogen. „Natternzungen" oder „Glossopetren" meist fossile Zähne von Haien (Abb. 4.38). Auch Natternzungenkredenzen, Kredenzgeräte und Salzgefäße wurden damals mit „Natternzungen" angefertigt und finden sich noch heute als Kunstwerke in den einstigen Schatzkammern und Kuriositätenkabinetts bzw. deren Nachfolgeinstitutionen. Die Zahl der Kuriositätenkabinette von Adeligen erreichte im 18. Jahrhundert ihren Höhepunkt. So gab es allein in Paris um 1780 an die 60 solcher Wunderkammern.

Tätowierungen

Neuerdings sind Dinosaurier – und das sei hier eigentlich nur als Kuriosum erwähnt – auch beliebte Motive einer eigenen Kunstkategorie, nämlich von Tätowierungen („tattoos").

Darstellende Kunst

Zur Darstellenden Kunst, wie sie vor allem bei Theater-, Ballett- und Opernaufführungen geboten wird, auch hier nur ein Beispiel: Bei der Aufführung von HÄNDEL's Oper „Giulio Cesare" an der Bayerischen Staatsoper in München wurde in der Inszenierung von RICHARD JONES ein lebensgroßes Rekonstruktionsmodell von *Tyrannosaurus rex* als Blickfang verwendet, eine Auf-

Abb. 4.38. Korallenbaum mit „Natternzungen" (fossilen und rezenten Haifischzähnen; sogen. Natternzungenkredenz), aus der Zeit um 1395-1405 in Deutschland entstanden. Silbervergoldete Fassungen teilweise mit Saphiren bestückt. Orig. Schatzkammer des Deutschen Ordens, Wien. Foto Institut für Mittelalterliche Realienkunde der Österr. Akademie der Wissenschaften, Krems.

führung, die von der Zeitschrift „Opernwelt" zu den „Highlights" der Saison 1994 gezählt wurde.

Von den mehr oder weniger phantasievollen Drachendarstellungen, wie sie bei Aufführungen von Opern von RICHARD WAGNER und anderer Komponisten in verschiedener Form dargeboten werden, sei hier absichtlich abgesehen. Das gleiche gilt für Einhorndarstellungen im Rahmen der darstellenden Kunst.

Wie weit vorzeitliche Lebewesen in der Tanzkunst (Ballett) eine Rolle spielen, wird wohl nur der fachlich Interessierte mit Sicherheit angeben können.

4.5. Fossilien und Fossilrekonstruktionen auf Briefmarken und Telefonwertkarten. Die Paläontologie in der (Geo-)Philatelie

Briefmarken dienten ursprünglich nur zum Freimachen von Postsendungen und zeigten neben der Wertangabe und dem Ursprungsland (selbst dieses wurde öfters weggelassen!) meist relativ einfache Darstellungen von Wappen, Ziffern oder stilisierten Herrscherporträts. Erst später nützten die Postverwaltungen die Möglichkeiten für zusätzliche Verwendungszwecke (Werbung, Einnahmequelle durch Sammler), die verstärkt zur sammlerischen Betätigung durch Philatelisten führten. Zielsetzung und Anlaß für das Anlegen von Briefmarkensammlungen sind unterschiedlich. War es ursprünglich das Sammeln im „klassischen" Sinne nach Ländern in chronologischer Reihenfolge oder nach historischen Gesichtspunkten (Altbriefe, Feldpost, Schiffspost, Polarphilatelie etc.), so hat sich in den letzten Jahrzehnten in zunehmendem Maß das Sammeln nach „Motiven" entwickelt. Zahlreiche Postverwaltungen kommen durch die Herausgabe entsprechender Ausgaben mit beliebten Motiven (Blumen, Tiere, Sport, Weltraum etc.) den Neigungen dieser Sammler entgegen.

Motivsammeln Erdwissenschaften

Unter den verschiedenen Themen nehmen die Erdwissenschaften und damit auch die Paläontologie – wenn man von den Dinosauriern absieht – einen eher bescheidenen Platz ein. Immerhin reicht die Palette der mit der Paläontologie in Verbindung stehenden Themen von fossilen Rohstoffen (z.B. Bohrinseln, Pipelines, Kohlenbergbau, Bernstein) über Fossilien und deren Beurteilung in historischer Zeit (z.B. CUVIER als berühmter Wirbeltier-Paläontologe) bis zum vorzeitlichen Menschen (z.B. Neandertaler von Gibraltar und Cro-Magnon-Mensch) mit seinen Höhlenmalereien (z.B. Lascaux, Altamira; vgl. WUSSING & REMANE 1989). In den letzten Jahren sind entsprechend der heutigen „Sauriermode" die Dinosaurier als Großreptilien der Vorzeit zu einem der beliebtesten Briefmarkenmotive geworden.

1. Marken mit Fossilien bzw. Fossilrekonstruktionen - von Einzellern über Pflanzen und Tiere zum vorzeitlichen Menschen

ANNOSCIA hat sich (1981) bemüht, die Anzahl der bis etwa 1980 erschienenen Briefmarkenausgaben zu erfassen: er kam dabei immerhin auf etwa 80 Ausgaben von ca. 50 Ländern. Auf diesen Marken sind 150 Taxa von Tieren (einschließlich vorzeitliche Menschen) sowie 20 Taxa von Pflanzen dargestellt. Die erste Marke mit einer Fossildarstellung (nämlich *Berbericeras sekikensis* als Ammonit aus dem Mittel-Jura) wurde 1952 in Algerien aus Anlaß des 19. Internationalen Geologenkongresses in Algier herausgegeben. Als erste Rekonstruktion eines vorzeitlichen Tieres auf Briefmarken war allerdings schon ein Jahr vorher (1951) in Indien anläßlich der 100-Jahrfeier des Geological Survey of India eine Habitusrekonstruktion von *Stegodon ganesa* (ein Rüsseltier aus dem Pliozän Südasiens) erschie-

Abb. 4.39.
Fossile Pflanzen (*Lebachia speciosa* als Konifere und *Sphenopteris hollandica* als Farnsamer) und Tiere (*Pterodactylus kochi* als Flugsaurier, *Archaeopteryx lithographica* als „Urvogel", *Iguanodon bernissartensis* als Ornithischier und *Propalaeotherium messelense* als Urpferdchen) auf Briefmarken. Ausgaben aus der einstigen DDR, aus Belgien und der BRD. Abgesehen von *Iguanodon* als Originalfunde dargestellt. Nach E. THENIUS (1981). Foto R. Gold.

Abb. 4.40.
Briefmarke mit dem Abdruck eines Ammoniten (*Virgatosphinctes transitorius*) aus dem O-Jura von Ernstbrunn (N-Österreich). Herausgegeben anläßlich der 100-Jahrfeier der Errichtung des Gebäudes des Naturhistorischen Museums in Wien (1976). Foto R. Gold.

Abb. 4.41.
Habitus-Rekonstruktionen fossiler Wirbeltiere auf Briefmarken aus der einstigen USSR und aus Polen: *Thyestes* (Agnatha = Kieferlose), *Dinichthys* (Placodermi = „Plattenhäuter"), *Eusthenopteron* (Crossopterygii = Quastenflosser) und *Ichthyostega* (Labyrinthodontia). Foto R. Gold.

nen. Die angeführten Beispiele sollen nur einen kleinen Einblick in die Vielfalt der dargestellten pflanzlichen und tierischen Fossilien verschiedener Länder geben: BRD – Urpferdchen (*Propalaeotherium messelense*) und Fledermaus (*Palaeochiropteryx tupaiodon*) aus dem Mitteleozän der Grube Messel bei Darmstadt, DDR – zwei Emissionen mit paläontologischen Objekten aus Museen der DDR z.B. Museum für Naturkunde (Paläontologisches Museum) der Humboldt-Universität zu Berlin – *Archaeopteryx lithographica* aus dem Ober-Jura als Urvogel, *Sphenopteris* aus dem Karbon als Farnsamer, *Lebachia* aus dem Perm als Konifere (Abb. 4.39), Belgien – *Iguanodon* aus der Unterkreide als Dinosaurier, Schweiz – *Andrias scheuchzeri* aus dem Miozän als Riesensalamander, der 1726 von dem Zürcher „Diluvianer" J. J. SCHEUCHZER als „Homo diluvii tristis testis" beschrieben worden war (s. Kap. 2.3.), *Gryphaea arcuata* aus dem Unter-Jura als Auster, Ungarn – *Placochelys* aus der Ober-Trias als Plattenzähner (Placodontia), Österreich – *Virgatosphinctes transitorius*, als Abdruck eines Ammoniten aus dem Ober-Jura von Niederösterreich (Abb. 4.40); Anlaß zu dieser Marke war die 100-Jahr-Feier des Gebäudes des Naturhistorischen Museums in Wien), Polen – im Rahmen der beien Serien „Prähistorische Tiere" eine ganze Reihe von bunten Habitusrekonstruktionen, der neben Fischen (*Dinichthys* und *Eusthenopteron*) und mesozoischen Reptilien auch zwei bemerkenswerte Amphibien (*Ichthyostega*, der älteste Lurch aus dem Oberdevon Grönlands sowie *Mastodonsaurus*, einer der jüngsten Dachschädler [Stegocephale] aus der Trias) sowie der Urvogel (*Archaeopteryx lithographica*) aus dem Jura angehören (Abb. 4.41 u. 4.42).

Äußerst bemerkenswerte Postwertzeichen zum Thema „Prehistoric Life" wurden von der kanadischen Post-verwaltung ausgegeben. Insgesamt sind vier Serien erschienen: „Das Zeitalter primitiven Lebens", „Das Zeitalter primitiver Wirbeltiere", „Das Zeitalter der Dinosaurier" und „Das Zeitalter der Säugetiere" waren jeweils die Themen der einzelnen Ausgaben (1990-1994). Besonders verwiesen sei hier auf den ersten dieser Sätze: Hier wurde u.a. ein Stromatolith (Quebec, 1.900 Mill. Jahre) dargestellt. Stromatolithen sind fossil überlieferte biogene, lagige Sedimentstrukturen, die durch

Abb. 4.42.
Habitus-Rekonstruktionen fossiler Wirbeltiere auf Briefmarken aus Polen: *Mastodonsaurus* (Labyrinthodontia), *Archaeopteryx* („Urvogel"), *Brontotherium* (Brontotherier), *Machairodus* (Säbelzahnkatze) und *Mammuthus primigenius* (Mammut). Foto R. Gold.

Abb. 4.43.
Ersttagskuverts der British Antarctic Territory (1990) mit verschiedenen Fossildarstellungen: Ammoniten, Belemniten, Muscheln, Schnecken, Trilobiten, Krebsen, Archaeocyathen und Pflanzen. Foto R. Gold.

Abb. 4.44.
Block aus Polen zum Thema „Die Bernsteinstraße" (1993). Teil einer Bernsteinkette vor der Landkarte Polens von Abraham Ortelius (1570). Foto R. Gold.

„Algenmatten" (meist Cyanobakterien, „Blaugrünalgen") entstehen. Sie sind im Präkambrium sehr häufig und es dürfte sich hier um das älteste bisher auf einer Marke dargestellte Fossil handeln. *Opabinia regalis*, ein bemerkenswerter Gliederfüßler (Arthropoda) aus dem Mittelkambrium der Burgess Shales (s. GOULD 1989) in den Rocky Mountains von Britisch Kolumbien ist auf einem weiteren Wert dieser Serie zu sehen. Dieser überaus bedeutende Fundort bietet durch ungewöhnlich günstige Fossilisationsbedingungen einen einzigartigen Einblick in die Fauna des Mittelkambriums (vgl. Kap.2.2.). Der Name *Opabinia* kommt vom indianischen opabin = felsig. Weiters sind schließlich Conodonten (Conodontophorida) als mikroskopisch kleine, zahnähnliche Gebilde dargestellt. Diese sind zwar als Leitfossilien für Paläozoikum und Trias äußerst wertvoll, ihre systematische Zugehörigkeit ist jedoch bis heute nicht restlos geklärt, vermutlich sind es Angehörige der Chorda-Tiere (Chordata). Weitere Darstellungen betreffen: *Albertosaurus* und *Styracosaurus* als Dinosaurier (Ornithischia), *Coryphodon* als altertümliches Huftier aus dem Eozän, *Arctodus*, der Kurzschnauzbär aus dem Pleistozän Nordamerikas sowie das Mammut (*Mammuthus primigenius*).

Eine in mehrfacher Hinsicht beispielhafte Briefmarkenausgabe stellt die Freimarkenserie „Fossilien" dar, die im April 1990 für die Britischen Gebiete in der Antarktis ausgegeben wurde (Abb.4.43). Die Darstellungen betreffen durchwegs Fossilfunde aus der Antarktis und zeigen auch einige Fossilgruppen, die sonst kaum auf Briefmarken anzutreffen sind, wie etwa *Monocyathus* als Vertreter der Archaeocyathiden (diese ausgestorbene, nur aus dem Kambrium bekannte Organismengruppe, vereint Merkmale von Schwämmen [Porifera] und Korallen [Anthozoa] und wird daher als eigene Klasse [Archaeocyatha] eingestuft) und *Glossopteris*, eine „Gattung" der Farnsamer („Pteridospermae"), die als Charakterpflanze der permischen „Glossopteris-Flora" von Gondwana, dem einstigen Südkontinent, bezeichnet werden kann.

Wie aus diesen wenigen Beispielen hervorgeht, umfassen paläontologische Briefmarkenmotive praktisch die ganze Palette fossiler Organismen vom mikroskopischen Einzeller (Cyanobakterien) angefangen über diverse Pflanzen und wirbellose Tiere (z.B. Ammoniten) bis zu Säugetieren bzw. Menschen. Aber auch der baltische Bernstein (= Succinit) ist als Motiv zu erwähnen (Abb.4.44).

Seltener sind Briefmarkenausgaben aus Anlaß paläontologischer Tagungen bzw. Jubiläen. Bereits weiter oben war auf entsprechende Ausgaben Algeriens, Indiens bzw. auf die Marke zum Jubiläum des Gebäudes des Naturhistorischen Museums in Wien verwiesen worden. Eine Sondermarke aus Ägypten aus dem Jahre 1979 aus Anlaß der 75-Jahrfeier des Geologischen Museums in Kairo zeigt die Skelettrekonstruktion von *Arsinoitherium zitteli*, einem ausgestorbenen Huftier aus der Gruppe der Embrithopoda, das als eine Art „Paradetier" der oligozänen Säugetierfauna Ägyptens gilt.

Einen anderen Versuch, die „Entwicklung der Erde" auf vier Briefmarkenausgaben darzustellen, hat – neben Kanada – die kleine, zum Königreich Tonga gehörende Insel Niuafo'ou unternommen. Seit 1989 wurden folgende Themen behandelt: „Meerestiere im Kambrium", „Pflanzen im Silur", „Sumpfpflanzen im Karbon", „Tiere im Karbon", „Saurier im Jura", „Tiere im Jura" und „Menschen im Pleistozän", „Frühes Leben im Meer", „Pflanzenfressende Dinosaurier", „Fleischfressende Dinosaurier" sowie Mammut und Säbelzahnkatze.

Dinosaurier als beliebtestes Motiv

Damit ist bereits das Stichwort für jenen Themenkreis geliefert, der für viele Menschen derzeit mit dem Begriff Paläontologie verbunden ist: „Saurier". Tatsächlich ist dies ein Themengebiet, das sich innerhalb des Motivsammelns bereits zu einem eigenen Sammelgebiet entwickelt hat. LEMPFERT (1994) bringt zu diesem Thema eine Auflistung von mehr als 370 Ausgaben aus 68 Ländern. Als älteste Dinosauriermarke gilt jene der Volksrepublik China aus dem Jahr 1958 mit einer Habitusrekonstruktion von *Lufengosaurus* (einem Verwandten des „Schwäbischen Lindwurms" *Plateosaurus*) aus dem Lias (= U-Jura) Chinas (Abb. 4.45). Belgien folgte mit einer Skelettrekonstruktion von *Iguanodon* aus der heimischen Unterkreide. Meist sind es jedoch Ausgaben von Ländern, die nur wenig oder überhaupt keine eigenen Saurierfunde aufzuweisen haben (z.B. Aden, Antigua und Barbuda, Britische Antarktis, Kuwait, Laos, Malediven, San Marino, St. Vincent). Welcher „Saurier" – im weitesten Sinne des Wortes – zählt zu den beliebtesten Markenmotiven? Nach LEMPFERT ist *Stegosaurus* der eindeutige Spitzenreiter (37 Marken), gefolgt von *Tyrannosaurus* (29), *Triceratops* (23), *Iguanodon* (22), „*Brontosaurus*" (21), *Brachiosaurus* (14), *Diplodocus* (6) und *Ankylosaurus* (4). Außerordentlich selten sind hingegen Fischsaurier (2) und Mosasaurier (1) auf Briefmarken zu finden, wobei von ersteren ausgerechnet *Eurhinosaurus* abgebildet wurde. Recht häufig sind hingegen Flugsaurier: *Pteranodon* ist mit 18 Briefmarken der Spitzenreiter, gefolgt von *Rhamphorhynchus* mit 9 Marken. *Quetzalcoatlus*, *Dimorphodon* und *Eudimorphodon* bringen es jeweils nur auf je eine Marke.

Selbst Fährten von Dinosauriern finden sich als Motiv auf Briefmarken (z.B. Lesotho, 1984 – u.a. *Lesothosaurus*). Bei der derzeit herrschenden „Sauriermanie" wird das Motivgebiet „Saurier" zweifellos noch stark an Umfang zunehmen, wie Ankündigungen verschiedener Länder bestätigen.

Eigentlich könnte man beim Thema „Fossilien auf Briefmarken" auch noch jene Beispiele anführen, die Darstellungen aus dem Bereich der Sage betreffen und mit Fossilfunden im Zusammenhang stehen. Hier sei

Abb. 4.45.
Rekonstruktionen von Dinosauriern (*Saurolophus*, „*Brontosaurus*", *Stegosaurus* und *Lufengosaurus*) und Flugechsen (*Sordes*) auf Briefmarken der einstigen USSR, von Polen und der Volksrepublik China. Foto R. Gold.

---

nur der Lindwurmbrunnen von Klagenfurt erwähnt, der auf einer Freimarke Österreichs im Jahre 1968 zu sehen ist; als Vorlage für den Schädel dieses Lindwurms hat der Fund eines eiszeitlichen Fellnashorns (*Coelodonta antiquitatis*) gedient (s. Kap. 3.1., Abb. 3.16).

Auch zum Thema „lebende Fossilien" (s. Kap. 8.) lassen sich einschlägige Briefmarkenausgaben anführen; die Darstellung des Perlboots (*Nautilus macromphalus*) auf einer Marke Neukaledoniens (1962), des Quastenflossers (*Latimeria chalumnae*) auf einer Marke der Komoren (1954) sowie der Brückenechse (*Sphenodon punctatus*) auf Ausgaben Neuseelands (1935, 1991) mögen hier als Beispiele genügen (vgl. Abb. 8.3).

Die Paläoanthropologie als Nachbardisziplin soll nicht unerwähnt bleiben. Die erste Darstellung eines fossilen Hominidenschädels stammt aus Tansania: (1965: „*Zinjanthropus boisei*" samt Olduvai-Schlucht). Tschad folgte 1966 mit „*Tchadanthropus*" (*Homo*) *uxoris*. Kuba versuchte durch eine Sonderausgabe unter dem Titel „Anthropologie" im Jahre 1967 eine Art Überblick über die Stammesgeschichte des Menschen zu geben: *Australopithecus*, *Homo habilis*, „*Pithecanthropus*" *erectus* (= *Homo erectus erectus*), „*Sinanthropus*" *pekinensis* (= *Homo erectus pekinensis*), Neandertaler und Cro-Magnon-Mensch sind hier in Form von Rekonstruktionen dargestellt. Drei Werte aus Anlaß des 125. Jahrestages der Auffindung des „Gibraltar-Schädels" erschienen schließlich im Jahre 1973 in Gibraltar. Der Fund selbst ist auf nur einem der Werte zu sehen, die beiden anderen zeigen Rekonstruktionen des Neandertalers.

(Sonder-) Stempel

Ein weiterer Aspekt zum Themenkreis „Philatelie und Fossilien" sind Fossilreste bzw. Rekonstruktionen vorzeitlicher Tiere auf verschiedenen Stempeln. Zunächst einige Beispiele aus Österreich: Der älteste Sonderstempel, der in Österreich im Zusammenhang mit dem Thema „Erdwissenschaften" Verwendung fand, war wohl jener aus Anlaß des Geologen-Kongresses in Wien vom 18.-30. August 1903. Insgesamt sind bisher nur vier Stempel mit Fossildarstellungen aus Österreich bekannt geworden: 1969 ein schematisierter fossiler Fisch anläßlich einer erdwissenschaftlichen Tagung in Linz; 1974 ein Stempel, verwendet bei einer Briefmarkenwerbeschau „100 Jahre Ausgrabungen Stillfried", der ein Mammut zeigt; 1976 die Darstellung eines Ammoniten aus dem gleichen Anlaß wie die oben erwähnte Sondermarke Österreichs, sowie 1991 das Skelett einer jungtertiären Seekuh (*Metaxytherium*) aus Anlaß der Tagung der Paläontologischen Gesellschaft in Eggenburg.

Als sonstige Motive (aus verschiedenen Ländern, teils Sonderstempel, Freistempel oder Ganzsachen) seien hier außer Ammoniten und dem Mammut auch Trilobiten, der eiszeitliche Höhlenbär, tertiärzeitliche „Mastodonten" und mesozoische Reptilien erwähnt. Ein Gebiet, das bei gezielter Nachforschung zweifellos noch zahlreiche Ergänzungen bringen würde.

Telefonwertkarten

Abschließend sei noch auf einen allerjüngsten Seitenzweig der Sammlerleidenschaft verwiesen, auf das Sammeln von Telefonwertkarten. Auch auf diesem Gebiet gibt es bereits Material zum Thema „Saurier". So etwa aus Deutschland, wo 1993 eine Serie von drei Karten mit einschlägigen Darstellungen (*Triceratops*, Flugsaurier und *Stegosaurus*) in einer Auflage von 3.000 Stück ausgegeben wurde, aber auch aus Neuseeland (mdl. Mitteilung Th. Jellinek).

4.6. Versteinerungen und „lebende Fossilien" auf Münzen, Banknoten und Medaillen

Im Gegensatz zu Briefmarken sind paläontologische Motive bisher auf Münzen kaum dargestellt worden, weshalb hier nur sehr wenige einschlägige Beispiele angeführt werden können.

Zunächst muß man da einmal mehr die Stadt Whitby erwähnen; hier waren 1667 „Münzen" in Auftrag gegeben worden, welche das im Zusammenhang mit dem Thema Schlangensteine bereits erwähnte Emblem der drei Ammoniten mit Schlangenkopf zeigen (s. Kap. 3.1.; Abb. 4.46).

Abb. 4.46.
„Münze" (Kaufmannswappen) aus Whitby (England) mit drei „Schlangensteinen" (stilisierte Darstellungen von *Dactylioceras commune*; s. Kap. 3.1.) aus dem Jahr 1667. Nach O. ABEL (1939), umgezeichnet.

Abb. 4.47.
Münze der Komoren-Inseln mit *Latimeria chalumnae*, dem „lebenden Fossil" unter den „Quastenflossern" (Crossopterygii). Geprägt anläßlich der Weltfischereikonferenz im Jahr 1984. Orig. N. Vávra. Foto R. Gold.

Selbst eine sorgfältige Durchsicht vieler Münzkataloge lieferte bis vor kurzem keine weiteren Beispiele zum Thema „Fossilien auf Münzen". Lediglich das berühmte „lebende Fossil", die *Latimeria chalumnae*, der Quastenflosser der Komoren-Inseln, ist auf einer Aluminium-Münze dieses Landes verewigt (vgl. Kap. 8.; Abb. 4.47). Sie wurde im Jahre 1984 aus Anlaß der Welt-Fischerei-Konferenz ausgegeben (SCHÖN 1995).

Nun hat aber das „Saurier-Fieber" auch auf die Numismatik und auf deren Randgebiete übergegriffen. So berichtet ein einschlägiges Informationsblatt („Siegermünzpost" der Fa. Sieger, Feldkirch, Vorarlberg) unter der Überschrift „Die Dinosaurier kommen" über eine der ersten Ausgaben von Silbermünzen zu diesem Thema. Eine Münze aus Liberia zeigt auf der Vorderseite den *Tyrannosaurus rex* im Kampf mit *Triceratops*. Die „technischen Daten" dieser Prägung sind erwähnenswert: 100 mm Durchmesser, ein Kilogramm Gewicht (999 Silber) bei einem Nennwert von 300 $! Im gleichen Prospekt werden als Medaillen bezeichnete Ausgaben angeboten, die von ihren Abmessungen her deutlich bescheidener ausgefallen sind: 40 mm/20 g (999 Silber). Unter dem Motto „Welt der Dinosaurier" zeigen die Vorderseiten in einem Fall den *Camarosaurus* im anderen den *Apatosaurus*. Die Rückseiten bringen jeweils, zusätzlich zum Motto „Welt der Dinosaurier" ein „Gruppenbild" großer Reptilien, auf denen man *Triceratops* und *Dimetrodon* zusammen mit einem Carnosaurier erkennen kann. Ein Herkunftsland wird nicht angegeben („Siegermünzpost" 1993).

Aus einer ganzen Reihe von Ländern liegen jedoch mittlerweile bildgleiche Ausgaben mit „Sauriern" unter dem Motto „Reserve Planet Earth" vor (Abb. 4.48). Die-se Münzen gibt es nicht nur in Silber, sondern auch in billigeren Ausführungen. Die erste Goldmünze mit einem „Saurier" (*Compsognathus*) stammt aus Liberia: Nennwert 15 $, Feingold (24 Karat).

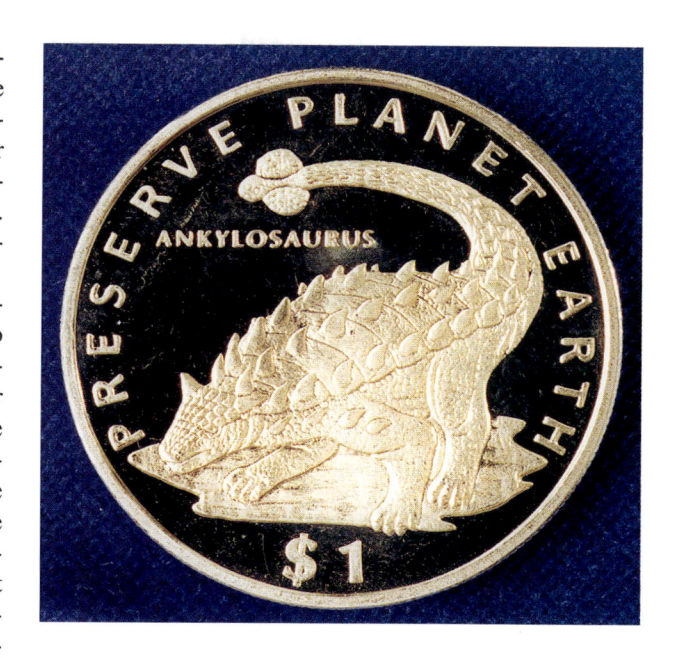

Abb. 4.48.
„Souvenir"-Münze. *Ankylosaurus*. Orig. N. Vávra.
Foto R. Gold.

Eine private Plakettenprägung sei hier noch abschließend als Kuriosum erwähnt: anläßlich einer Verkaufsbörse der Mid-America Paleontological Society hat eine gewisse Dorothy Dow aus Phoenix in Arizona Kupferplaketten angeboten, die aus Copper-Pennies gefertigt worden waren: Ammoniten (z.B. *Texanites*) und besonders Trilobiten (z.B. *Elrathia kingi*) waren die dargestellten Motive (RICHTER 1986).

Der Vollständigkeit halber sei darauf hingewiesen, daß *Latimeria chalumnae* auch als Banknotenmotiv für Madagaskar gedient hat (THOMSON 1993).

4.7. Fossilien auf Wappen - Paläontologie und Heraldik

Die Heraldik – auch Wappenkunde oder „Heroldskunst" genannt – liefert nur relativ wenige Beispiele für die Verwendung von Fossildarstellungen.

ANNOSCIA (1981) erwähnt einige Beispiele: Aus Großbritannien *Gryphaea arcuata*, eine typische Muschel des unteren Jura aus der weiteren Verwandtschaft der Austern (vgl. Kap. 3.1.); sie wurde erst 1936 dem Wappen des Boroughs Scunthorpe hinzugefügt. Ein weiteres Beispiel wäre das aus dem 18. Jahrhundert stammende Wappen von Dudley (Birmingham) mit der Darstellung eines Trilobiten (*Calymene blumenbachi*, Abb. 4.49). Whitby in Yorkshire, jener Ort, der in ganz anderem Zusammenhang bereits in Kap. 3.1. und 3.2. erwähnt wurde, hat im Wappen drei schlangenköpfige Ammoniten vor einem aus fünf gewellten Balken bestehenden Hintergrund. Der Wahlspruch „Fuimus et sumus" kann wohl als eine Anspielung auf das hohe Alter der Fossilien verstanden werden.

In Deutschland zeigt das Wappen der Stadt Cremlingen (E Braunschweig) einen Ammoniten; dieses Wappen erscheint auch auf Poststempeln dieses Ortes. Würde man jedoch alle Wappendarstellungen miteinbeziehen, deren Motive zu Fossilfunden irgendwie in Beziehung gesetzt werden können, so ließe sich die Liste der Beispiele ganz wesentlich verlängern. Es wären dann auch Darstellungen des Einhorns anzuführen (z.B. Wappen von Großbritannien bzw. Schottland, der französischen Stadt St. Lô und von Schwäbisch Hall). Ebenso wären die häufigen Darstellungen von Lindwürmern und Drachen zu berücksichtigen (vgl. Kap. 3.1.).

4.8. Fossilien auf Emblemen und Logos

Embleme im weitesten Sinne sind Kennzeichen, Sinnbilder bzw. bildliche Bezeichnungen, wie sie von Firmen, Vereinen, Gesellschaften, Museen und ähnlichen Organisationen verwendet werden. Man findet sie auf Briefköpfen, Stempeln, Werbematerial, Freistempeln u. dgl. mehr. Es ist daher nicht verwunderlich, wenn hin und wieder auch Fossilien oder Rekonstruktionen vorzeitlicher Tiere als Embleme verwendet werden. Erwartungsgemäß trifft man auf derlei Motive am ehesten im Bereich naturwissenschaftlicher Museen oder wissenschaftlicher Gesellschaften, die einen Bezug zur Paläontologie aufzuweisen haben.

Wie die im Folgenden aufgezählten Beispiele zeigen, sind bei den paläontologischen Motiven für Embleme „Saurier" im weitesten Sinne des Begriffes sowie vorzeitliche Rüsseltiere eindeutig die Spitzenreiter.

Das naheliegendste Beispiel ist der Schädel von *Triceratops*, dem wohl bekanntesten Vertreter der Ceratopsia („Hornsaurier") aus der Oberkreide, der seit Jahren vom Naturmuseum und Forschungsinstitut Senckenberg in Frankfurt/M. als Emblem bzw. Motiv am Freistempel zu sehen ist (Abb. 4.50). Dem Museum am Löwentor in Stuttgart wiederum dient eine Skelettdarstellung von *Plateosaurus* zum gleichen Zweck, was nicht verwundert, da doch viele Skelettrekonstruktionen des „Schwäbischen Lindwurms" in verschiedener Haltung die Paradegruppe dieses Museums darstellen. Das Iguanodon (*Iguanodon bernissartensis*) wird vom Institut Royal des Sciences Naturelles de Belgique als Emblem verwendet, jedoch auch das „Haus der Natur" in Salzburg hat seit vielen Jahren eine Rekonstruktion dieses Tieres fast schon als eine Art Maskottchen. Anläßlich einer Saurierausstellung wurde auch vom Wiener Naturhistorischen Museum ein Sauriermotiv als Emblem des Freistempels verwendet: der Vorderteil eines Carnosauriers (wohl *Tarbosaurus* aus der Mongolei) zeigte viele Monate hindurch dem Empfänger der Postsendungen seine eindrucksvollen Zähne. Ein Sauropode dient auch als Emblem des Sauriermuseums („Saurierparadies") in Aathal (Schweiz, Abb. 4.51). Im Zeitalter einer gewissen „Sauriermanie" ist es nicht weiter erstaunlich, wenn einem besonders „Saurier" als Embleme relativ häufig begegnen: ein Stempel mit „Saurier"-Motiv vom „Dinosaur National Monument" in Utah/Colorado ist ebensowenig überraschend wie ein stilisierter Kopf von *Tyrannosaurus rex* als Logo zum Film „Jurassic Park". Hingegen erscheinen Saurier als Embleme einer Erdölfirma (Fa. Sinclair, USA) wohl eher ungewöhnlich.

Unter den übrigen fossilen Wirbeltieren haben Rüsseltiere mit Abstand die häufigsten Embleme geliefert. In Deutschland ist das Mammut (*Mammuthus primigenius*) ein altgedientes Emblem der „Paläontologischen Gesellschaft", die „Österreichische Paläontologische Gesellschaft" gibt jedoch – ebenso wie das Naturhistorische Museum in Mainz – dem *Dinotherium* den Vor-

Abb. 4.49. Wappen der Stadt Dudley in Essex (England) mit einem Trilobiten (*Calymene blumenbachi* aus dem Silur = „Dudley locust"; s. Kap. 3.2.; Abb. 3.74). Nach E. ANNOSCIA (1981), umgezeichnet.

Abb. 4.50. Paläontologische Objekte als Embleme von Freistempeln. *Triceratops* (Ceratopsia) aus der O-Kreide der USA als Emblem vom Forschungsinstitut Senckenberg in Frankfurt/M. Es ziert übrigens auch die Dienstautos vom SMF. *Tarbosaurus* (Saurischia) als Emblem des Naturhistorischen Museums in Wien. *Plateosaurus* als Emblem vom Museum am Löwentor in Stuttgart. Foto R. Gold.

Abb. 4.51.
Ein Sauropode (beachte Rückenkamm) als Emblem des Sauriermuseums von Aathal bei Zürich. Foto E. Thenius. Auch dem „Saurierwirt" von Barkhausen dient ein Sauropode mit Rückenkamm als Emblem.

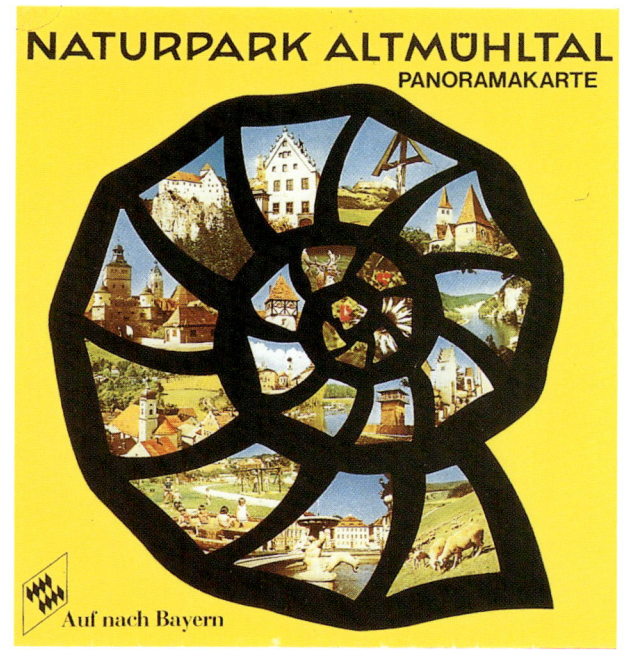

Abb. 4.52.
Stilisierter Ammonit auf einem Prospekt bzw. einer Panoramakarte des Naturparks Altmühltal in Bayern. Foto R. Gold.

zug. Das Mammut als wohl populärstes fossiles Rüsseltier taucht aber auch in einzelnen Fällen auf, die kaum einen erkennbaren Bezug zur Paläontologie aufweisen, wie etwa als Emblem einer Firma in Lenzburgh (Schweiz) sowie der Firma „Terzimotor" in Milano (ANNOSCIA, 1981).

Andere Wirbeltiere sind wesentlich seltener zur Ehre der Darstellung in der Art eines Emblems gelangt. Ein Beispiel aus Deutschland ist der Schädel eines tertiärzeitlichen Gabelhirsches (Gattung *Heteroprox*), der – zusammen mit einer symbolhaften Darstellung des Steinheimer Impaktes – das Emblem des Meteorkratermuseums von Sontheim in der Gemeinde Steinheim am Albuch (Württemberg) darstellt. Das „Institute of Systematics and Evolution of Animals" der Polnischen Akademie der Wissenschaften in Krakau verwendet ein kleines Habitusbild des eiszeitlichen Fellnashorns (*Coelodonta antiquitatis*) als Logo. Aber auch andere Fossilien dienen als Embleme: So zeigt das Emblem der „Paleontological Society" (USA) neben *Eusthenopteron* (Crossopterygii, Quastenflosser) zwei Schachtelhalme (Calamiten) und einen Trilobiten; die „Paleontological Research Institution" (gleichfalls USA) verwendet wiederum die optisch überaus ansprechende Schneckengattung *Ecphora* als Emblem. Diese Gattung ist vom Oligozän bis zum Pliozän im Südosten der USA verbreitet – sie findet sich auch in den berühmten, fossilreichen miozänen Ablagerungen der Chesapeake Bay in Maryland. Für einen Freistempel des Naturhistorischen Museums in Wien diente längere Zeit ein Ammonit (*Virgatosphinctes*) als Emblem, der bereits 1967 das Motiv für eine Sondermarke geliefert hatte (s. Kap. 4.5., vgl. Abb. 4.40).

Ammoniten waren und sind die häufigsten Embleme für Fossil- und Mineralienbörsen, nicht nur in Deutschland, wie etwa jene in Darmstadt, Dortmund, Fürth, Hamburg, Leinfelden-Echterdingen (Petrefakta), Nürnberg, Stuttgart, Schweinfurt und Tailfingen. Z.B. ist *Nipponites* das Emblem der „Palaeontological Society of Japan". Ammoniten als Embleme zeigen auch die Vorarlberger Naturschau in Dornbirn (Österreich), das Urweltmuseum Aalen sowie der Verband des Deutschen Mineral- und Fossilfachhandels. Etliche deutsche Reiseveranstalter (z.B. „Richter-Reisen" in Augsburg, „Schefenacker Natur-Exkursionen" in Esslingen) verwenden Ammoniten in ihren Ankündigungen. Auch die Zeitschrift „Fossilien" (Goldschneck-Verlag) ziert ein stilisierter Ammonit als Emblem. Gleiches gilt für Prospekte für das Altmühltal (Abb. 4.52). Selbst auf Prospekten und Antiquariatslisten für paläontologische Fachliteratur finden sich diese wohl bekanntesten fossilen Kopffüßer (z.B. G. Fischer-Verlag, Jena/Stuttgart, Antiquariat W. Berger, Bad Vilbel); sogar auf Grabsteinen fehlen sie nicht (Abb. 4.53).

Entsprechend der Thematik („Progressive Palaeontology") warben hingegen fossile Gliederfüßler (*Pterygotus*, *Euproops* und ein Trilobit) 1994 für das „10th Anniversary Meeting" der „Palaeontological Association" am Department of Geology der University of Manchester. Diese wenigen Beispiele mögen stellvertretend für sonstige Embleme genügen.

Zum Abschluß jetzt noch zwei Fälle mit fossilen Hominidenresten als Embleme. In Steinheim a.d. Murr (Württemberg) ist es der Schädel des „Steinheim-Menschen" (*Homo sapiens steinheimensis*), in Piltdown, einem kleinen, verschlafen wirkenden Ort nördlich von Uckfield in Sussex (England), hingegen erinnert nur mehr ein Schild an einem Pub mit einem leicht karikierten Bild des „Piltdown Man" („*Eoanthropus dawsoni*") an jene Fossilfunde, die zwar längst als Fälschung erkannt wurden (s. Kap. 6.), aber seinerzeit diesem Ort nicht nur in der Fachwelt einen hohen Bekanntheitsgrad verschafft hatten.

Abb. 4.53. Ammonitenskulptur eines Grabsteins des evangelischen Friedhofs von Mönchsdeggingen bei Nördlingen. Foto N. Vávra.

5. Fossilien in Technik, Industrie und Wirtschaft

5.1. Fossilien und fossilführende Gesteine als Bau- und Rohstoffe

Definition

Der Begriff Baustoffe stellt eine Sammelbezeichnung für im Bauwesen verwendete, meist anorganische Stoffe dar. Man unterscheidet natürliche Baustoffe (z.B. Natursteine, Holz, Kies, Sand) sowie künstliche Baustoffe (Ziegel, Glas, Schlacken, Kunststoffe etc.). Zu den künstlichen Produkten zählen ferner die Bindemittel (Mörtel, Gips, Zement, Beton u. dgl.), Isoliermaterialien (Glaswolle, Schaumstoffe etc.) und Bauhilfsmittel (z.B. Bitumen).

Naturgemäß können Fossilien – im weitesten Sinn – nur in einigen wenigen der oben angeführten Kategorien Verwendung finden. Einerseits werden Versteinerungen meist in Form fossilführender Gesteine, als „Natursteine" verwendet, andererseits ist aber auch die Anwendung von Asphalt zu erwähnen. Zur Verwendung von „Natursteinen" als Bausteine ist zu sagen, daß diese in (vor-)geschichtlicher Zeit nicht nur von örtlichen Ge-gebenheiten abhängig war, sondern auch von den jeweiligen Transportmöglichkeiten. So sind etwa das Münster zu Straßburg aus dem Voltzien-Sandstein des Buntsandsteins (Unter-Trias), die St. Magnus-Kathedrale in Kirkwall auf den Orkney-Inseln aus devonischem „Old Red Sandstone", die Pyramiden von Giza aus eozänen Nummulitenkalken, der Stephansdom und die Votivkirche in Wien teilweise bzw. vorwiegend aus Leithakalk erbaut worden (s.u.). Alles „Natursteine", die in der näheren oder weiteren Umgebung gewonnen bzw. von dort herantransportiert werden konnten.

Fossilien als Material für Haus- und Straßenbau

In Arizona haben Hopi-Indianer in vorkolumbianischer Zeit verkieselte Hölzer (*Araucarioxylon*) aus der Trias zum Hausbau herangezogen. Aus jüngster Zeit ist ein „Petrified Wood Building" aus Lamar in Colorado be-

Abb. 5.1.
Fossilien als Baustoff: „Petrified Wood Building" aus Lamar E Pueblo (Colorado). Aus verkieselten Hölzern der Morrison-Formation (O-Jura) errichtetes Gebäude. Foto Ivo Poglayen-Neuwall.

Abb. 5.2.
Fossilien als Baustoff: „Bone cabin" am Highway 30 in Wyoming. Aus jurassischen Dinosaurierknochen erbaute Hütte. Foto Chuck Coon.

kannt (Abb. 5.1). In Wyoming (USA) waren Knochen von Dinosauriern mangels echter Bausteine als Baumaterial für eine Hütte verwendet worden (Abb. 5.2), die schließlich dem betreffenden Aufschluß den Namen „bone cabin quarry" gab. In Middlesboro (Kentucky, USA), dem Sitz der dortigen Handelskammer, gibt es ein villenartiges kleines Gebäude („coal house"), das aus 40 Tonnen Kohle errichtet wurde (MULLER 1987).

Die vom jungpaläolithischen Menschen in Mähren (Dolní Vestonice) und auf dem Gebiet der ehemaligen UdSSR (Molodova in der Ukraine, Kostienski, Poljakovo bei Voronez, Telmanskaya, Aleksandrovka, Avdejevo und Puskai bei Novgorod) aus Knochen und Stoßzähnen des jungeiszeitlichen Mammuts (*Mammuthus primigenius*) errichteten Zelte, Hütten und Unterstände können hier nicht berücksichtigt werden, da es sich um „rezente", d.h. zeitgenössische, Mammutreste handelt.

Im Alten Ägypten (5. und 6. Dynastie) wurden verkieselte Baumstämme im Straßenbau zum Transport von Basaltblöcken verwendet (BOWN 1994).

Diatomit

Ein Produkt, das praktisch fast zur Gänze aus den winzigen Schalen fossiler Kieselalgen (Diatomeen, vor allem Melosiraceen, Synedraceen und Coscinodiscaceen) besteht, ist Kieselgur bzw. Diatomit. Die größten Diatomeenvorkommen befinden sich in den USA (Miozän, Lompoc, St. Barbara County, Kalifornien), aber auch Deutschland (Pleistozän, Lüneburger Heide) sowie Österreich (Limberg, Niederösterreich – Miozän [Ottnangien]) verfügen über entsprechende Lagerstätten. Das hohe Aufsaugvermögen, die gute Filterleistung, sowie auch die geringe Wärme- und Schalleitfähigkeit erklären sich aus den unzähligen winzigen Hohlräumen, die durch den Aufbau aus Diatomeenschalen bedingt sind. So dient Kieselgur nicht nur als saugfähiges Material für die Verpackung von Säureballons u. dgl., sondern auch als Adsorbens und Stabilisator für Nitroglyzerin bei der Dynamitproduktion. Diatomit ist auch in Metallputzmitteln, als Poliermaterial und als Zusatz bei Seifen zu finden, sowie als Füllstoff in der Papier- und Gummiindustrie. Diese Anwendungen haben nur mehr sehr indirekt mit dem Bauwesen zu tun. Direkt wird die Kieselgur jedoch auch als Zusatz zu Beton, Kunststein und Straßenbelägen verwendet sowie als Ausgangsmaterial für die Produktion von Spezialziegeln, die sich durch ihre hervorragenden, wärmedämmenden Eigenschaften auszeichnen (NEUMÜLLER 1983). Prinzipiell verwandte Materialen sind Gesteine wie z.B. Kieselschiefer, Tripel, Radiolarite u. dgl. (JUBELT & SCHREITER 1980). Ein eindrucksvolles Beispiel für die direkte Verwendung von „Tripoli" bildet die im 6. Jahrhundert erbaute Kuppel der Hagia Sophia in Istanbul. „Tripoli" wurde dabei wegen seines geringen spezifischen Gewichtes herangezogen (ANNOSCIA 1981).

Ein sehr umfangreiches Thema ist die Verwendung fossilführender Gesteine für Bauzwecke. Es ist wohl selbstverständlich, daß zu diesem Thema nur eine relativ kleine Auswahl geboten werden kann.

Adneter „Marmor"

Zunächst seien hier die bekannten bunten Liaskalke (die z.T. allerdings dem Oberrhät, also der obersten Trias angehören) von Adnet bei Hallein (Salzburg) genannt. In einer unübersehbaren Anzahl oft sehr kleiner Brüche war in diesem Gebiet eine Vielzahl optisch sehr ansprechender bunter Kalke gebrochen und verarbeitet worden. Sie sind im Handel und bei Steinmetzen vielfach als „Adneter Marmor", Schnöll-, Kirchenbruch- und Lienbacher Marmor, Rotscheck, Tropfmarmor, Urbano u.dgl. mehr bezeichnet worden. Als ein konkretes Beispiel ist der im Kirchenbruch bei Adnet auch heute noch aufgeschlossene Oberrhätkalk herausgegriffen (s. Abb. 4.8). Dieser führt, je nach seiner Färbung, die Bezeichnungen „Weißtropf", „Rottropf" usw. und findet als Dekorstein vielfach Verwendung. Die „Tropfen" sind dabei nichts anderes als Schnitte durch die kalzitischen Äste von Korallen der Gattung *Thecosmilia*, zum Teil auch Reste von Schwämmen (PLÖCHINGER 1983). An Fossilien aus dem liassischen Anteil seien neben Foraminiferen vor allem Ammoniten erwähnt: *Schlotheimia*, *Arietites*, *Amaltheus*, *Hildoceras* und *Dumortieria*. Entscheidend für die Verwendung dieses Materials ist ausser der Schönheit des polierten Produktes vor allem auch die Gewinnbarkeit großer Blöcke. Zu diesen Eigenschaften kommt noch die günstige Verkehrslage: so war für die Versorgung Wiens mit diesem begehrten Material ein durchgehender Wasserweg verfügbar. Die ersten kleinen Säulen aus Adneter Kalken wurden in Wien bereits um 1200 angefertigt; ab 1300 war der „Adneter Marmor" dann das bevorzugte Gestein für anspruchsvolle Grabsteine und viele andere Denkmäler. Bis ins späte Barock wurde Wien mit diesem begehrten Naturstein versorgt. Beispiele für Verwendungen in jüngerer Zeit sind die 24 Säulen im Peristyl des Wiener Parlamentes sowie die Wandverkleidungen im Westbahnhof (KIESLINGER 1949; PLÖCHINGER 1983).

Hallstätterkalke

Erwähnenswert ist auch der meist fleischrote, seltener weiße bis gelbliche Hallstätterkalk (Karn-Nor, Obertrias), der für seinen Fossilreichtum (vor allem Ammoniten) bekannt ist: *Tropites*, *Pinacoceras*, *Rhacophyllites*, *Arcestes* etc. Als Baustein wäre hier der sogen. Engelsberger „Marmor" zu erwähnen (mit der Muschel *Monotis salinaria* als Leitfossil).

„Schwarzenseer Marmor"

Der sogen. „Schwarzenseer Marmor" wäre ein Beispiel für die Verwendung eines mittelliassischen Crinoidenkalkes als Baustein. Der Kalk stammt aus einem Bruch in der Nähe des Wolfgangsees (Oberösterreich) und ist hellrot bis gelbrot. Dünnschliffe zeigen, daß neben den Crinoiden (Seelilien) auch feinkörnige Kalkpartien am Aufbau dieses Gesteines beteiligt sind. Zahlreiche kalzitgefüllte Klüfte sind gleichfalls typisch für diesen beliebten Dekorstein. Ein Beispiel für seine Verwendung wären die Säulen im Linzer Landestheater. An Wohnhausbauten der Gründerzeit kann man in Wien Crinoidenkalke belgischer Herkunft beobachten (KOLLMANN & SUMMESBERGER 1973).

Abb. 5.3.
Der „Römersteinbruch" von St. Margarethen bei Rust im Burgenland (Österreich). Der seit der Römerzeit genutzte St. Margarethener Kalksandstein ist ein miozäner Leithakalk, der nicht nur als wichtiger Natur-, sondern auch als Skulpturstein sehr begehrt ist. Der Steinbruch ist ein Freilichtmuseum und dient sowohl als Bildhaueratelier und für jährliche Künstlersymposien, als auch als imposante Kulisse für Passionsspiele. Foto E. Thenius.

„Gutensteiner Kalk"

Der „Gutensteiner Kalk" – benannt nach Gutenstein im Piestingtal (Niederösterreich) – ist ein weiteres Beispiel für einen fossilführenden Kalk, der für Bau- und Dekorzwecke Verwendung fand. Es handelt sich um dunkelgraue bis schwarze Kalke der Mitteltrias, die von weissen Kalkspatadern durchzogen sind. An Fossilien enthalten sie neben Crinoiden (*Dadocrinus*) und Brachiopoden auch Ammoniten (*Balatonites*) und Kalkalgen (Dasycladaceen). Ein Beispiel dafür ist die Stiftskirche in Lilienfeld (Niederösterreich), wo Gutensteiner Kalk unter der Bezeichnung „Türnitzer Marmor" verarbeitet wurde (KOLLMANN & SUMMESBERGER 1973).

So mancher bekannte Naturstein (z.B. Untersberger Marmor, Solnhofer Plattenkalk, Voltziensandstein, Old Red Sandstone, Travertine, verschiedene Konglomerate) wird hier jedoch ganz bewußt weggelassen, da bei diesen Gesteinen Fossilien eine meist nur sehr untergeordnete Rolle spielen.

Leithakalk und Zogelsdorfer Stein

Als weiteres Beispiel für ein wichtiges Baumaterial im Wiener Bereich sei hier der „Leithakalk" (benannt nach dem Leithagebirge an der Grenze Niederösterreich/Burgenland) angeführt, der bei zahlreichen Bauten ausgedehnte Anwendung fand. Diese mittelmiozänen, oft detritären, Algenkalke haben im Laufe der Zeit die verschiedensten Namen erhalten, wie Nulliporenkalke, Nulliporensandsteine, Lithothamnien- und Corallinaceenkalke. Bereits daraus geht hervor, daß an der Bildung des Leithakalkes Kalkrotalgen (Corallinaceen) großen Anteil besitzen. Es sind Kalke mit z.T. reicher Fossilführung; neben Corallinaceen sind Korallen (*Orbicella*, *Porites*), Schnecken (*Turritella*, *Fusus*, *Ancilla*, *Conus* etc.), Muscheln (*Arca*, *Glycymeris*, *Pedalion*, *Chlamys*, *Ostrea*, *Cardita*, *Pitar*, *Venus*, *Lithophaga* etc.) und Seeigel (z.B. *Clypeaster*) sowie Bryozoen („Moostierchen") zu erwähnen. Fast alles in Wien verwendete Material stammt aus dem östlichen Niederösterreich oder dem nördlichen Burgenland. Kaisersteinbruch, Loretto, Sommerein, St. Margarethen bei Rust („Römersteinbruch", Abb. 5.3), Mannersdorf, Bad Fischau und Wöllersdorf – das sind einige der wichtigen Orte, an denen dieses Baumaterial gebrochen wurde. Im „Römersteinbruch" ist die sogen. „Stephanswand" eigens für den Abbau des St. Margarethener Kalksandsteins für Reparaturarbeiten am Wiener Stephansdom vorgesehen. Der Leithakalk tritt im Wiener Stadtbild relativ stark in Erscheinung, Teile des Stephansdomes und der Votivkirche, Staatsoper und Universitätshauptgebäude sind bekanntere Beispiele für seine Verwendung. Detailliertere Angaben zur Herkunft und Verwendung des Leithakalkes finden sich vor allem bei KIESLINGER (1949). Nicht jeder miozäne Corallinaceenkalk, der im Wiener Bereich verwendet wurde, ist jedoch Leithakalk: zu erwähnen wäre hier auch noch der untermiozäne „Zogelsdorfer Stein" aus der Gegend von Eggenburg, der als Baustein unter anderem im Wiener Raum genutzt wurde.

„Karstmarmore"

Ein Gestein, das wegen seiner guten Polierfähigkeit in den letzten Jahrzehnten in Österreich immer wieder Verwendung gefunden hat, sind die sogen. „Karstmarmore". Es handelt sich dabei um gelbe, weiße, graue, manchmal auch braune „Kalkmarmore", die aus der Oberkreide und dem Alttertiär der Gegend nördlich von Triest, aus Istrien oder von der dalmatinischen Küste bzw. einigen vorgelagerten Inseln stammen. An Fossilien kann man auf den polierten Flächen Belemnitenrostren, Rudisten (Bivalvia) oder deren Fragmente erkennen. Der helle „Veselje Fiorito" enthält z.B. große Bruchstücke von Rudisten, der eher grau getönte „Fior di Mare" führt nur zahlreiche, kleinere Fragmente dieser Fossilien. Ein brauner Typ von der Insel Brac (Handelsbezeichnung „Rasotice") zeigt hingegen gelegentlich ganze Rudistenkolonien in situ. Abgesehen von diesen „Karstmarmoren" der Oberkreide gibt es auch solche aus dem Alttertiär, die dann neben Resten von Algenkolonien auch Nummuliten (Foraminiferen) führen („Istrianer Breccien"). Auch dieses Material ist gut polierbar. Verwendet wurden die Karstmarmore in Österreich vor allem für die Anfertigung von Portalen (KOLLMANN & SUMMESBERGER 1973).

Nummulitenkalke und andere Foraminiferenkalke

Die wohl eindrucksvollsten Beispiele für die Verwendung fossilreicher Gesteine für Bauzwecke sind die großen Pyramiden der Pharaonen im alten Ägypten (vgl. Abb. 3.43). Zu ihrem Bau wurden hauptsächlich eozäne Nummulitenkalke herangezogen. Von Luxor bis Kairo hat sich der Nil auf eine Länge von über 600 km in eine mächtige, flachliegende Schichtfolge (Mokattamgebirge, quarzitische Sandsteine, nubischer Sandstein [Kreide]) eingeschnitten. Einzelne Lagen dieser Gesteinsfolgen fallen durch ihre Widerstandsfähigkeit gegen die natürliche Verwitterung besonders auf. In genau diesen Lagen haben bereits die Baumeister der Pharaonen ihre Steinbrüche angelegt. Da die verwendeten Gesteine durchwegs dem Eozän angehören, ist eine Bestimmung der Herkunft von verwendeten Baumaterialien nach der Fossilführung (Foraminiferen: Nummuliten wie z.B. *Nummulites gizehensis*) allein nicht verläßlich bzw. vielfach unmöglich. Mikrofazielle Untersuchungen, petrologische und geochemische Studien helfen hier wesentlich weiter (KLEMM & KLEMM 1981). So konnte z.B. einwandfrei geklärt werden, daß das äußere Verkleidungsmaterial für die drei großen Pyramiden von Giza aus Tura, einem unmittelbar gegenüber dem Pyramidenfeld am östlichen Nilufer gelegenen Steinbruchareal stammt (Mokattam-Typ, relativ wenig Fossilreste). Der Nummulitenkalk für die Chefrenpyramide ist hingegen mit großer Wahrscheinlichkeit im Steinbruchgebiet von Maasara gebrochen worden. Auch für die Stufenpyramide des Djoser in Sakkara konnte ebenso wie für die Mykerinos-Pyramide eine Gewinnung der Bausteine in unmittelbarer Nachbarschaft nachgewiesen werden. Die Steine der Pyramide des Mykerinos bestehen praktisch zur Gänze aus Nummulitenkalk. Nach mikrofaziellen Untersuchungen sind es meist zerbrochene Nummulitengehäuse. Demgegenüber wurde das Baumaterial der Cheops-Pyramide aus nahezu allen Kalksteingebieten Ägyptens zusammengetragen, ein Ergebnis, das sich mit den Angaben bei Herodot genau deckt (KLEMM & KLEMM 1981).

Auch aus Frankreich sind Beispiele für die Verwendung von Foraminiferenkalken bekannt: „Banc Royal", ein Gestein des Mitteleozäns, das Milioliden und *Orbitolites* enthält, wäre hier ebenso zu nennen wie der „Pierre à Liards", ein mitteleozäner Nummulitenkalk – beides Materialien aus dem Alttertiär des Pariser Beckens (POMEROL et al. 1980).

„Lumachella"

Zahllos sind die Beispiele, die sich zum Thema der Verwendung fossilhältiger Gesteine noch anführen ließen; es sei hier jedoch nur die „Lumachella" erwähnt, ein praktisch nur aus Fossilschalen bestehender „Marmor" Umbriens, der z.B. beim Bau des Naturhistorischen Museums in Verona Verwendung fand (ANNOSCIA 1981). Bezüglich der Verwendung entsprechender Gesteine in Deutschland sei auf GRIMM (1990) verwiesen.

Bitumen

Nun zur Verwendung von Bitumen in Form von Asphalt im Bauwesen. „Asphalt" ist ein Gemisch aus Bitumen und Mineralstoffen. Naturasphalte entstehen nach Verlust der leichtflüchtigen Bestandteile durch Polymerisation schwerflüchtiger Rückstände des Erdöls. Naturasphalte von großer Härte mit nur geringem Mineralanteil werden als „Asphaltite" bezeichnet. Von den zahlreichen Asphaltlagerstätten („tar pools") dürften die auf der Insel Trinidad („Asphaltsee"), in Kalifornien (Rancho La Brea im Hancock Park in Los Angeles), in Bolivien (Tarija), Peru und in Syrien sowie im Bereich des Toten Meeres (Israel/Jordanien) am bekanntesten sein. Die gebräuchlichste Anwendung der Asphalte erfolgt im Straßenbau (als Gemenge mit Sand, Kies, Schotter oder auch unter Schwefelzusatz) sowie zur Herstellung von Dachpappen. Der Jungfernstieg in Hamburg war nach der Überlieferung die erste Straße Deutschlands, die asphaltiert wurde (NEUMÜLLER 1979).

Das Wort Asphalt stammt möglicherweise aus dem Babylonischen und bedeutet im Griechischen soviel wie Erdpech. Asphalt wurde bereits vor 5.000 Jahren von Babyloniern und Sumerern zum Abdichten von Bauwerken genutzt. Die Anwendung von Bitumina in der Antike war von einer beträchtlichen Vielfalt gekennzeichnet (FORBES 1993). Die wichtigste Verwendung im alten Mesopotamien war die im Bauwesen und im Straßenbau. Bitumina wurden vor allem zur Herstellung bestimmter Mörtelarten verwendet. Erst gegen Ende der Herrschaft Nebukadnezars wurde dieses Material durch Kalkmörtel ersetzt, dem man jedoch nach wie vor unterschiedliche Mengen an Bitumen hinzufügte. Unter den Persern und Seleukiden wurden solche Zusätze nicht mehr verwendet – eine Tatsache, die als Rückschritt in der Bautechnik angesehen werden muß. Diese speziellen Mörtel verhalfen so manchem Bauwerk zu einer Festigkeit, die bereits in der Antike gerühmt wurde. So berichtet Cassius Dio (geb. um 160 n.Chr.) über die Bauweise in Babylon: „...Trajan sah den Asphalt, mit welchem die Mauern Babylons gebaut worden waren – denn, zusammen mit Ziegeln oder Kies ergab er eine solche Festigkeit, daß die Mauern, aus ihm erbaut stärker waren als Felsen und jede Art von Eisen". Dieser Bericht wurde de facto auch von den ersten Archäologen bestätigt, die in Mesopotamien tätig waren: „...die mit Asphalt verbundenen Ziegel waren Jahrtausende hindurch praktisch unbeweglich an Ort und Stelle verblieben" (LAYARD). Die Herkunft dieser antiken Erdpeche konnte auf geochemischer Basis ermittelt werden (BARTENSTEIN 1988). Zahlreiche weitere Angaben zur Verwendung von Bitumen im Bauwesen Mesopotamiens finden sich bei FORBES (1993). Auch aus Pompeji am Fuße des Vesuvs wird von Pflasterungen mit Hilfe eines Gemisches von Bitumen, Sand und Kies berichtet.

Eine andere Anwendung natürlicher Bitumina war – naheliegenderweise – die Abdichtung von Wasserbehältern, wie etwa ein in der Sumerer-Metropole Ur vor rund 4.000 Jahren aus Ziegeln hergestelltes Becken beweist. Auch in der bronzezeitlichen Kultur des Industales, im Bereich der Tempelanlage von Mohenjo-Daro, findet sich ein durch eine Zwischenschicht aus Asphalt abgedichtetes Badebecken. Asphalt wurde in Mesopotamien aber auch im Zusammenhang mit Uferbauten, Kaiwänden u.dgl. sehr geschätzt. Im Neubabylonischen Reich wurde Asphalt außerdem bei der Abdichtung von Wasserklosettanlagen und beim Bau von Badezimmern verwendet. Bezüglich einiger weiterer Beispiele siehe auch den folgenden Abschnitt (Kap. 5.2.)

5.2. Fossilien als Rohstoffe der Chemie

Mit dem Begriff „Fossilien" sind nicht nur die wichtigsten Rohstoffe der Organischen Chemie wie Erdöl, -gas und Kohle gemeint, sondern auch Produkte der Diagenese organischen Materials wie Bernstein und andere „Organische Mineralien", die in Hinblick auf industrielle Verwendung nur von untergeordneter Bedeutung sind. Besonders im Zusammenhang mit Rohöl und Kohle hat sich der Gebrauch des Wortes fossil eingebürgert. Man spricht von „fossilen Energieträgern" und „fossilen Rohstoffen". Tatsächlich haben wir es bei Erdgas, -öl und Kohle mit den (neben dem Holz) mengenmäßig bedeutendsten Rohstoffen der modernen Organischen Chemie zu tun (Abb. 5.4). Verstehen wir jedoch unter dem Begriff „Fossilien im Alltag" nicht nur die Verwendung solcher Rohstoffe in der Chemie, so ergibt sich – unter Einbeziehung historischer Aspekte – eine weitere Zahl von Anwendungsgebieten dieser Produkte.

Rohöl und „molekulare Fossilien"
(„biological markers" = Chemofossilien)

Obwohl es wohl nicht Zielsetzung dieser Darstellung sein kann, ausführlich über den Ursprung, die Entstehung, Reifung, Migration u.dgl. von Rohölen zu schreiben, sollen doch einige wenige, grundsätzliche Zusammenhänge nicht unerwähnt bleiben.

Natürlich vorkommende, mobile, meist sehr komplexe Gemische, die gewöhnlich überwiegend aus Kohlenwasserstoffen bestehen, und als Erdgas, Rohöl oder

Naturasphalt auftreten, sind in Hinblick auf ihre Zusammensetzung sehr variabel. Analysen mit Hilfe moderner Methoden der physikalischen Chemie (Gaschromatographie, Massenspektrometrie etc.) haben es jedoch ermöglicht, eine fast unüberschaubare Vielzahl organischer Verbindungen zu identifizieren. Unter diesen finden sich zahlreiche sogen. „biological markers", die man am besten als Chemofossilien oder „molekulare Fossilien" bezeichnen kann. Dabei handelt es sich um Moleküle, deren Struktur Aussagen über den biologischen Ursprung dieser Verbindungen gestattet. Von besonderem Interesse – auch aus historischen Gründen – ist in diesem Zusammenhang das Vorkommen von Porphyrinen im Erdöl. Dabei handelt es sich um Abbauprodukte des Chlorophylls („Blattgrün"). Mit dem Nachweis dieser Substanzen hat TREIBS (1934, 1936) nicht nur ein ganz entscheidendes Argument für die biogene Herkunft des Erdöls geliefert, sondern damit praktisch auch die moderne Organische Geochemie begründet.

Als Ursprung für Rohöl und Erdgas kann man heute ganz allgemein pflanzliche und tierische (Mikro-)Organismen annehmen, wobei aber das Material pflanzlicher Herkunft eindeutig überwiegt. Für eine große Anzahl von Erdölbestandteilen ist ein genauerer biologischer Ursprung beweisbar, oft sind auch einzelne Reaktionsschritte bekannt, die aus den Bausteinen des lebenden Organismus die entsprechenden Chemofossilien entstehen ließen. Diese „biological markers" bewahren nicht nur molekulare Grundstrukturen ihrer biologischen Vorläufermoleküle, sondern ermöglichen auch weitgehende Aussagen etwa über die Korrelation von Muttergestein („source rock") und den durch verschiedene Vorgänge längst in ganz andere Schichten migrierten (= gewanderten) Kohlenwasserstoffgemischen. Auch Feststellungen über den Grad der „Reifung" des Rohöls sind möglich. Bei solchen geochemischen Untersuchungen spielt auch das „Kerogen" eine große Rolle; mit diesem Begriff bezeichnet man die Gesamtheit der in herkömmlichen Lösungsmitteln unlöslichen, hochpolymeren Substanzen im Gestein. Abbaureaktionen eben dieser – chemisch nur schwer faßbaren – Großmoleküle sind es meist, die zur Entstehung von Erdöl und Erdgas führen.

Erdöl und Erdgas in der antiken Welt

Erstaunlich zahlreich sind die bekannt gewordenen Verwendungen von Erdöl und Erdgas in der Antike; freilich wurden hier fast ausnahmslos halbschwere und schwere Fraktionen herangezogen – Destillationen und damit die Gewinnung leichter Öle war nur in sehr eingeschränktem Umfang möglich. Ein erstaunlich hohes Alter haben nicht nur die verschiedenen Anwendungsmöglichkeiten, sondern auch manche der uns heute recht geläufigen Begriffe aus Chemie und Industrie. Was später als „Petroleum" bezeichnet wurde, hieß im Akkadischen nepht oder napht, wovon sich das Griechische naphtha

Abb. 5.4. Die Bohrinsel Lehti in der Nordsee. Typisches Beispiel für eine auf offener See („off-shore") niedergebrachte Bohrung und Rohölförderung. Pressebilddienst Votava, Wien.

herleitet, im Lateinischen war die Bezeichnung bitumen liquidum üblich. Asphalt wurde im Akkadischen mit iddu, ittu oder amaru bezeichnet, im Hebräischen mit zephet oder hamar, im Griechischen mit maltha und asphaltos. Das Lateinische verwendete die Bezeichnungen bitumen oder lapis bituminis sowie maltha. Wissen und Verwendung von Erdölprodukten blieben aber vor allem auf den orientalischen Raum beschränkt. Die griechisch-römische Antike verwendete dagegen meist Teer und Pech aus Holz. Zahlreich waren die bereits in der Antike bekannten Vorkommen: Totes Meer, Iran, Mesopotamien (Irak), Assyrien, die Küsten des Schwarzen und des Kaspischen Meeres, Äthiopien und das Indus-Gebiet – um nur einige der bedeutenderen Fundgebiete der Antike zu erwähnen. Mag es vielleicht eher in den Bereich der Sage gehören, daß beim Einzug Alexander des Großen in Ekbatana die Straßen mit brennendem Erdöl beleuchtet worden waren, mag es auch nach wie vor eine Frage des jeweiligen Standpunktes sein, ob das sogen. „Griechische Feuer" irgendetwas mit Erdölprodukten zu tun hatte, so sind doch eine große Anzahl gesicherter Verwendungen bekannt: Kohlenwasserstoffe als Heizmaterial, als Beleuchtungsmittel, zum Einbalsamieren, als Straßenbelag, als Mörtel, als Wagenschmiere u.dgl. mehr (s. Kap. 4.2).

Als Heizmaterial und für die Heißwassergewinnung wurden Erdölprodukte sporadisch verwendet; so wurden die Thermen des Severus in Byzanz (in der Zeit von 200-450 n.Chr.) mit Erdöl beheizt. Für Beleuchtungszwecke wurde Erdöl (anstelle des wohl gebräuchlicheren Olivenöls) in Babylon benützt.

Asphalt/Bitumen verwendete man (mit Schwefelzusatz) zum Räuchern bei der Schädlingsbekämpfung und mit Wachszusatz in der Imkerei. Anwendungsgebiete boten auch die Heilkunde sowie die Verwendung bei der Einbalsamierung. Selbst weite Transporte von Erdöl über See werden aus der Antike berichtet, auch von eigenen Vorschriften für den Transport von Erdöl ist die

Rede. Kämpfe um den Besitz von Erdöllagerstätten sind keineswegs eine Erfindung unserer Tage – diese kannte auch bereits die Welt der Antike (FISCHER 1977).

Bezüglich der „Verwendung" von Erdgas im Altertum sei noch auf brennende Erdgasvorkommen im Gebiet des Kaukasus verwiesen. Schon vor über 2.500 Jahren erbauten hier Parsen Tempel für die heiligen Feuer: erst 1880 hat die russische Regierung die Wallfahrten in dieses Gebiet untersagt.

Trotz dieser und anderer Beispiele für die Anwendungen von Kohlenwasserstoffgemischen in der Antike, setzte eine reguläre industrielle Verwertung von Erdölprodukten erst etwa um das Jahr 1854 ein: SILLIMAN (ein amerikanischer Chemiker und Mineraloge, nach dem das Mineral Sillimanit benannt ist!) reinigte Erdöldestillate mit Schwefelsäure und verwendete die so erhaltenen Fraktionen zu Beleuchtungszwecken. Mögen auch Chinesen schon im 2. Jahrhundert v.Chr. Erdöl gefördert haben (ANNOSCIA 1981), mit der am 27. August 1859 am Oil Creek (einem kleinen Wasserlauf in Pennsylvania, der bei Oil City in den Allegheny River, einen Nebenfluß des Ohio, mündet) in etwa 22 m Tiefe erbohrten ersten Ölquelle eröffnete ein dadurch in die Chemiegeschichte eingegangener Colonel DRAKE schließlich ein neues Zeitalter (vgl. Kap. 3.2.).

Verwendung von Erdgas, Erdöl und Erdölprodukten

Da Erdgas – zumindest überwiegend – gleichfalls organischen Ursprungs ist, scheint es wohl gerechtfertigt, es hier zu berücksichtigen. Die Anwendung reicht von seiner Verwendung als Brenngas und Flüssiggas (Motortreibstoff!), über den Einsatz im Hochofenprozeß (um den Koksbedarf zu senken!) und über die vielfältigen Nutzungen als Rohstoff der chemischen Industrie bis hin zur Gewinnung hochwertiger Proteine auf bakteriellem Wege.

Bei der Verwertung in der (petro-)chemischen Industrie ist die Vielfalt der daraus erzeugten Produkte fast ebenso groß wie beim Einsatz von Erdölfraktionen: Benzin, Ruß, Alkohol, Lösemittel, Frostschutzmittel, Kunstharze, Kunstfasern, Schädlingsbekämpfungsmittel und Synthesekautschuk – um nur einige der gängigeren Produkte und Produktgruppen anzuführen.

Bis in unser Jahrhundert waren jedoch Erdöl und Erdölprodukte weder als chemische Rohstoffe noch als Energielieferanten in größerem Umfang geschätzt worden. Hingegen diente Petroleum oder das sogen. „rock oil" als Heilmittel bei einer beträchtlichen Anzahl von Krankheiten (siehe Kap. 3.2.). Die Bezeichnung „Erdöl" ist erst recht jungen Datums. Nach NEUMÜLLER (1981) hat ein gewisser H. V. HÖFER diesen Begriff 1913 vorgeschlagen, der sich in der Folgezeit im deutschen Sprachraum dann gegenüber dem älteren Begriff „Petroleum" durchgesetzt hat. Unter Petroleum versteht man heute eine bestimmte Erdölfraktion (Siedebereich 150-280°), wie sie lange Zeit fast ausschließlich als Leuchtöl Verwendung fand. Für ungereinigtes Material wurde die Bezeichnung „Rohöl" üblich.

Ein Hauptverwendungszweck von Erdölprodukten ist heute – wie allgemein bekannt – die Verwendung als Energiequelle nicht nur in verschiedenen Motoren, sondern auch ganz allgemein, vor allem aber in der Industrie. Mineralölprodukte stellen in den meisten erdölverarbeitenden Ländern mit etwa 85% einen hohen Prozentsatz des Angebotes an Erdölprodukten dar. Dazu zählen Benzin, Diesel und Flugkraftstoff (Kerosin), Heizöle, Schmierstoffe, Bitumen und Petrochemikalien. Zu diesen Produkten der „Petrochemie" gehört vieles, mit dem man oft noch ganz andere Vorstellungen über Gewinnungsmethoden verbindet. So wären hier nicht nur Stadtgas, Synthesegas und Wasserstoff zu erwähnen, sondern auch Schwefel und Acetylen. Gerade mit Acetylen, einem überaus bedeutenden Zwischenprodukt der chemischen Industrie, verbindet sich vielfach noch die Vorstellung seiner Gewinnung aus „Kalk und Kohle"; wir würden damit zwar weiterhin bei unserem Thema bleiben – sind doch Kalke (fast) ausschließlich biogener Herkunft und Kohlen natürlich erst recht, aber wir würden die derzeitige Situation bezüglich der Gewinnung von Acetylen in ein falsches Licht rücken. Acetylen wird heute überwiegend bzw. fast ausschließlich als ein Produkt der Petrochemie gewonnen. An weiteren einfachen Rohstoffen wären aufzuführen: beim Kracken anfallende Gase wie Ethylen, Propylen und Buten, ferner Alkohole sowie die sogen. „BTX-Produkte". Damit bezeichnet man in der chemischen Technologie die wichtigen aromatischen Kohlenwasserstoffe **B**enzol, **T**oluol und **X**ylol. All diese hier aufgezählten Substanzen sind selbst wieder Ausgangsstoffe für eine Vielzahl weiterer Produkte. An solchen Zwischenprodukten der Petrochemie seien als bekanntere Beispiele genannt: Acrylnitril, Acetaldehyd, Styrol, Phenol und Adipinsäure. Zahlreich sind schließlich die Kunststoffe, die als Endprodukte aus den erwähnten (und auch aus unerwähnt gebliebenen) Zwischenprodukten hergestellt werden können, wie etwa Polyester, Polystyrol, Polyamide, Polypropylen, Polyacrylate und synthetischer Kautschuk – um nur einige der gängigeren anzuführen.

Letzlich sei aber noch auf die Möglichkeiten der modernen Biotechnologie verwiesen, die aus Paraffinen, Methan oder (dem gleichfalls petrochemisch zugänglichen) Methanol Futtermitteleiweiß („Petroprotein") gewinnen kann. Grundlage für diese Verfahren ist die Tatsache, daß einige Hefen (Gattung: *Candida*) und Bakterien (z.B. *Pseudomonas*) Erdöl als Substrat akzeptieren und es auch entsprechend verwerten können. Diese Vorgänge haben nicht nur große Bedeutung für die Gewinnung von Futtermitteleiweiß sondern sind auch wesentlich für die Beseitigung von Erdölrückständen vor allem im Ozean („Ölpest"!).

Der stetig steigende Bedarf an Petrochemikalien war eine wesentliche Ursache für Versuche, andere Energiequellen zu erschließen. Erdöl und Erdgas nur zu verheizen und zu verbrennen, ist künftigen Generationen gegenüber einfach unverantwortlich. Diese wertvollen fossilen Rohstoffe sollten in zunehmendem Ausmaß für Zwecke der chemischen Industrie zur Verfügung stehen. Auch die erwartete Wiederbelebung der Kohlechemie (Hydrierung!) sowie Versuche, erdölähnliche Gemische aus Abfällen zu „synthetisieren" sind unter diesem Gesichtspunkt zu sehen.

Verwendung von Ölschiefern

Unter Ölschiefern versteht man aus Faulschlamm unter Beteiligung methanogener Bakterien entstandenes meist gut geschichtetes toniges oder mergeliges Sediment, das durch einen hohen Gehalt an organischer Substanz (Kerogen, Festbitumen) ausgezeichnet ist (MURAWSKI 1992, NEUMÜLLER 1985). Durch Destillation läßt sich aus solchen Ölschiefern neben Gas ein Gemisch von flüssigen Kohlenwasserstoffen, das „Schieferöl" oder „Steinöl" gewinnen (vgl. Kap. 3.2.). Dieses Schieferöl kann auf Rohöl und Mineralölprodukte hin aufgetrennt werden. Eine Ausbeute von 5-30% Schieferöl kann erzielt werden. Derzeit ist jedoch die Gewinnung von Kohlenwasserstoffgemischen aus Ölschiefern genauso unrentabel wie ihre Gewinnung aus Ölsanden („Teersande", s. RÜHL 1989). Angesichts schwindender Erdölreserven und angesichts des weltweiten und reichlichen Vorkommens derartiger Lagerstätten von Ölschiefern, sind diese Gesteine als die Ölreservoire der Zukunft zu betrachten. Die in solchen Ölschiefern weltweit bekannten Vorräte an Rohölen schätzt man auf ca. 340 Mrd. t, von denen mit bekannten Technologien etwa 46 Mrd. t gewonnen werden könnten (NEUMÜLLER 1985).

Fossile Pflanzen: Inkohlungsvorgänge - Kohlelagerstätten

Der häufigste und geradezu typische Erhaltungszustand fossiler Pflanzen ist jener der Kohle. Unter „Inkohlung" werden gewöhnlich alle jene Vorgänge zusammengefaßt, die aus örtlichen Anhäufungen pflanzlicher Reste zur Bildung von Kohle und Kohlelagerstätten führen. In äußerst vereinfachter Form stellen sich diese Prozesse als eine Anreicherung von Kohlenstoff auf Kosten der anderen Elemente (vor allem Sauerstoff und Wasserstoff) dar; Endstadium wäre schließlich der reine Graphit (100% Kohlenstoff). Tatsächlich handelt es sich jedoch hier um sehr komplexe Vorgänge, die einerseits mikrobiologische Umsetzungen (durch die Tätigkeit aerober und anaerober Bakterien und Pilze) und die Bildung von Huminstoffen, andererseits aber chemische Prozesse betreffen, die jenen entsprechen, wie sie ganz allgemein bei der Diagenese von organischem Material ablaufen. Für die biochemischen Vorgänge ist ein niedriger pH-Wert und Sauerstoffabschluß wesentlich; bei den diagenetischen Prozessen handelt es sich u.a. um den Verlust von Sauerstoff durch Abspaltung „kleiner Moleküle" (H_2O, CO_2), durch Dehydratisierung und Decarboxylierung sowie schließlich (bsd. deutlich ab dem sogen. „Inkohlungssprung") um den Verlust von Wasserstoff (Dealkylierung, Aromatisierung). Druck, Temperatur und Zeit sind die drei Faktoren, welche den jeweiligen Inkohlungsgrad ganz entscheidend beeinflussen; so wird aus Torf allmählich Weichbraunkohle, Mattbraunkohle, Glanzbraunkohle und schließlich – im Steinkohlenstadium – Flammkohle, Gaskohle usw., um endlich bei Anthrazit und Graphit zu enden (Abb. 5.5). Parallel dazu steigt der Heizwert von 2.000 cal/g (ca. 8.400 J) für Torf auf 8.500-9.000 cal/g (ca. 35.600-37.700 J) für Anthrazit. Ganz wesentlich ist dabei die Feststellung, daß Inkohlungsgrad und erdgeschichtliches Alter nicht unbedingt direkt zusammenhängen. Auch wenn die Regel gilt: Steinkohlen sind hauptsächlich aus dem (Ober-)Karbon (= Steinkohlenzeitalter), Braunkohlen hingegen aus dem Tertiär (= Braunkohlenzeit) bekannt. Bei nur geringmächtiger Sedimentbedeckung und bei entsprechend niederen Drücken und Temperatur können auch bei recht alten Kohlen erstaunlich niedrige Inkohlungsgrade vorkommen (z.B. Braunkohle aus dem Perm von Moskau). Andererseits kann Radioaktivität, Einfluß von Meerwasser oder tektonische Beanspruchung (z.B. Steinkohle aus der Oberkreide von Grünbach in Niederösterreich oder die tertiäre „Pechkohle" aus der bayerischen Molassezone des Alpenvorlandes mit Steinkohlequalität) auch zu stark erhöhten Inkohlungsgraden führen. Eine ausführliche Darstellung samt Beschreibung einzelner Kohlevarietäten u.v.a.m. findet sich etwa bei KLAUS (1987).

Steinkohlen"wälder"

Unterschiedlich wie das Alter der einzelnen Kohlevorkommen sind natürlich auch die Pflanzen, deren Überreste angereichert und zu Kohle wurden. Grundsätzlich unterliegen praktisch alle pflanzlichen Substanzen unter entsprechenden Bedingungen den Vorgängen der Inkohlung. Die Steinkohlen des (Ober-)Karbon entstanden aus den Resten baumförmiger Bärlappgewächse (Lepidophyta mit *Lepidodendron*, *Sigillaria* etc.), aus (Riesen-)Schachtelhalmgewächsen (Equisetophyta mit *Calamites*), (Baum-)Farnen (Filicophyta mit *Pecopteris*, „*Psaronius*" etc.), Farnsamern („Pteridospermae" mit *Sphenopteris*, *Neuropteris*, *Glossopteris* etc.) und aus „Nacktsamern" (Coniferophytina: Cordaitales mit *Cordaites*). Das Karbon war das Zeitalter der Pteridophyten (= Farnpflanzen i.w.S., Gefäßsporenpflanzen), d.h. der Farnartigen im weitesten Sinn, und damit der erste Höhepunkt der pflanzlichen Evolution. Bärlappe und Schachtelhalme sind gegenwärtig (fast) nur durch kleine krautige Formen vertreten, die Farne nur in (sub-)tropi-

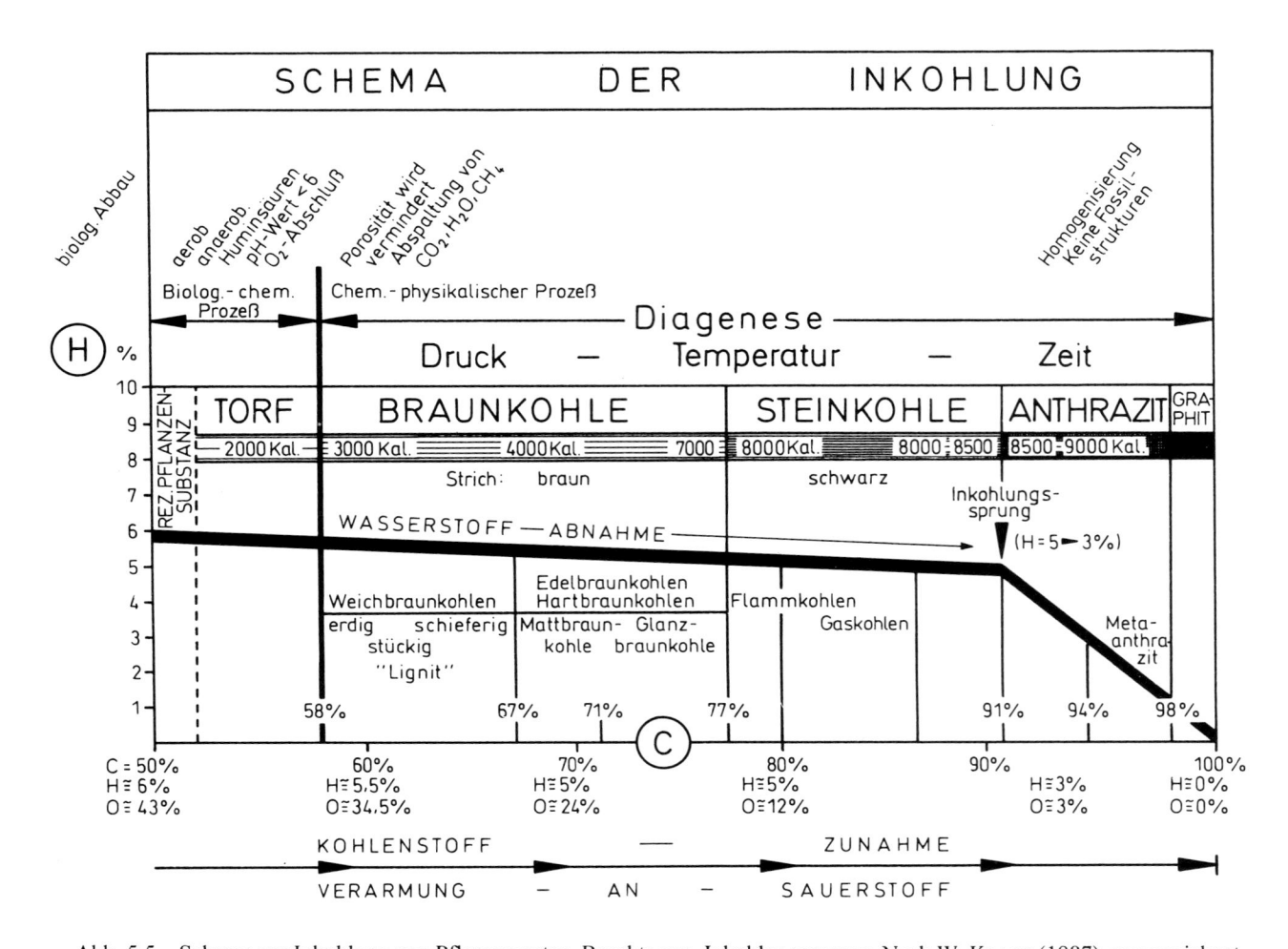

Abb. 5.5. Schema zur Inkohlung von Pflanzenresten. Beachte sog. Inkohlungssprung. Nach W. KLAUS (1987), umgezeichnet.

schen Regen- oder Nebelwäldern durch Baumfarne. Die Farnsamer, die – wie der Name sagt – bei farnartigem Aussehen Samen entwickelt haben, sind allerdings zu den Samenpflanzen (Spermatophyta) zu zählen. Die Farnsamer sind heute ebenso ausgestorben wie die Cordaiten, die als älteste Nacktsamer (= „Gymnospermae") erstmals zur jüngsten Karbonzeit auftreten. Die ältesten samenbildenden Pflanzen erscheinen allerdings mit den sogen. Progymnospermen bereits im Devon.

Die Steinkohlenvegetation entsprach einer Pflanzenwelt in einst ausgedehnten Sümpfen und ihrem Hinterland sowie in Küstenregionen. Über das damalige Klima (? tropisch) wird diskutiert (Fehlen von Jahresringen), das Wasserangebot war jedenfalls reichlich. Der zunächst paradox erscheinende xeromorphe Charakter der Lepidophyten erklärt sich aus der Tatsache, daß das Wasserleitungssystem im Gegensatz zu heutigen Baumgewächsen, in den bis zu 30 m hohen Stämmen der Lepidophyten nicht leistungsfähig genug war; es waren sogen. Rindenbäume. Einrichtungen zum Auffangen von Oberflächenwasser bestätigen diese Erklärung.

Braunkohlenwälder

Demgegenüber setzten sich die Braunkohlenwälder im Tertiär hauptsächlich aus Angehörigen der Samenpflanzen (Spermatophyta) und zwar vorwiegend in Form von Nadel- und Laubbäumen zusammen, wobei im einzelnen nicht nur beträchtliche lokale Unterschiede, sondern auch altersbedingte Differenzen in der artlichen Zusammensetzung zu berücksichtigen sind.

Die Braunkohlenvegetation setzt sich aus verschiedenen Pflanzengesellschaften zusammen, die von nassen Standorten, wie Sümpfen bzw. Sumpfwäldern über Riedmoore und Buschwälder bis zu trockenen Biotopen reichen. Im Alttertiär (z.B. Braunkohlenreviere des Geiseltales bei Halle [Saale]) überwiegen unter paratropischen Bedingungen bei einem Wechsel von Regen- und Trockenzeiten, die Bedecktsamer (Angiospermen = Magnoliophytina) mit paläotropischen, immergrünen Elementen. Die Palette reicht von Fächer- und Fiederpalmen (z.B. *Phoenicites*, *Sabalites*, *Chamaerops*) und Schraubenbäumen (*Pandanus*) bis zu verschiedenen, heute vorwiegend in wärmeren Gebieten heimischen Holzgewächsen, von denen die wichtigsten genannt seien: Lorbeergewächse (Lauraceen: *Daphnogene* = „Cin-

namomum"), Kakaobaumgewächse (Sterculiaceen: *Sterculia*), Maulbergewächse (Moraceen: Gummibaum = *Ficus*), Eisenholzgewächse (Sapotaceen: *Bumelia*), Hundsgiftgewächse (Apocynaceen: *Coumoxylon*), Caesalpiniaceen (*Cassia*), Wollbaumgewächse (Bombacaceen: *Ochroma*), Magnolien (Magnoliaceen), Hartriegelgewächse (Cornaceen: Mastixioideen), Myrtengewächse (Myrtaceen: *Eugenia*), Walnußbaumgewächsen (Juglandaceae: *Engelhardia*) und Symplocaceen („*Symplocos*"). Die Koniferen treten mit Taxaceen und Pinaceen zurück. Dazu kommen Farne der Gattung *Osmunda* und (heute meist tropische) Kletterfarne (*Lygodium*) sowie ganz selten auch Palmfarne (Cycadales).

Im Jungtertiär sind die Koniferen mit den Sumpfzypressengewächsen (Taxodiaceen: *Taxodium, Sequoia, Glyptostrobus, Sciadopitys* etc.) und den Kiefernartigen (Pinaceen: *Pinus, Pseudotsuga, Tsuga, Cedrus, Cathaya* etc.) häufig vertreten und liefern in bestimmten Lagen der Braunkohlen bzw. ihren Begleitschichten die sogen. „Stubbenhorizonte" (aus aufrecht stehenden Stammresten samt Wurzeln), wie sie mit einiger Aufmerksamkeit auch an der von Baggern abgeschürften Oberfläche in den riesigen Tagebauen der niederrheinischen Braunkohlenreviere beobachtet werden können. Nun noch ein Beispiel für einen „versteinerten Wald" mit aufrecht stehenden, miozänen inkohlten Stämmen von *Glyptostrobus europaeus*, der Sumpfkiefer, aus dem Tagebau Brückelholz-Mitte von Wackersdorf (Ober-Pfalz). Ein derartiger Stamm befindet sich heute in der Bayerischen Staatssammlung für Paläontologie und historische Geologie in München. Ginkgogewächse (Ginkgophyta) mit der heute nur mehr in China wild lebenden Gattung *Ginkgo* (vgl. Kap. 8.) sind sehr selten.

Die Laubbaumvegetation setzt sich neben heimischen Gattungen (z.B. *Acer, Betula, Castanea, Fagus, Platanus, Quercus, Salix, Ulmus*), die meist als arktotertiäre Elemente bezeichnet werden und als blattwerfende Bäume für ein etwas kühleres, nämlich ein (warm-)gemäßigtes Klima sprechen, aus Elementen zusammen, deren nächste Verwandte heute im südöstlichen Asien oder Nordamerika vorkommen (z.B. *Hamamelis, Liquidambar, Liriodendron, Nyssa, Sassafras*).

Über die Entstehung der Braunkohlen ist wiederholt diskutiert worden. Ging man ursprünglich von periodisch überfluteten Sumpfwäldern (= Cypress swamps) mit Sumpfzypressen (*Taxodium distichum*) und dem Tupelobaum (*Nyssa*) aus, wie sie heute für den Südosten der USA charakteristisch sind (= „Swamp-Theorie" von H. POTONIÉ 1895), so zeigten holzanatomische Untersuchungen der Braunkohlenhölzer, v.a. der Stubben, daß diese vorwiegend der Gattung *Sequoia* zuzuordnen sind, was zur „Trockenwald-Theorie" von W. GOTHAN führte. Wie öfters in der Wissenschaft zeigte sich, daß beide Auffassungen einander nicht ausschliessen, da es sich – wie bereits erwähnt – um eine Abfolge verschiedener Pflanzengesellschaften handelt, von denen der *Sequoia*-(Trocken-)Wald (vgl. heutiger „Redwood" Kaliforniens, *Sequoia sempervirens*) das dauerhafte Endstadium darstellt. Dies erklärt auch, warum die Stubben meist von *Sequoia* stammen. Daß Hölzer von Nadelbäumen gegenüber jenen von Laubbäumen überwiegen, ist auch durch deren größere Widerstandsfähigkeit (z.B. Harzgehalt) bedingt. Freilich sind die einstigen Braunkohlenwälder nicht mit heutigen Pflanzengesellschaften vergleichbar, da in den damaligen Sumpfwäldern die heute ostasiatische Koniferengattung *Glyptostrobus* neben *Taxodium* und *Nyssa* dominierte. Von den einstigen offenen Wasserflächen und damit von nassen Stadien zeugen krautige Wasserpflanzen, wie etwa der Wasserfarn *Salvinia*, *Nymphaea* und *Brasenia* als Seerosen, *Trapa* als Wassernuß sowie *Stratiotes* (Krebsschere) und *Potamogeton* (Laichkraut) (vgl. auch MÄGDEFRAU 1965, KNOBLOCH 1993, GREGOR 1995).

Verwendung von Kohle; Steinkohlenteer

Im Gegensatz zu Erdöl und Erdölprodukten hat Kohle erst recht spät eine technische Verwendung gefunden. In China war sie allerdings bereits um 2.000 v.Chr. nicht nur zu Heizzwecken, sondern auch für die Herstellung von Schwarzpulver verwendet worden. In Europa begann ihre Verwendung erst etwa 3.000 Jahre später; jedoch gab es bereits 1307 in England ein Gesetz, das ihre Verwendung drastisch einschränkte – wegen des üblen Geruches der Abgase (ANNOSCIA 1981). Was eine etwaige Verwendung von Steinkohle in der Antike betrifft, so sind die Berichte sehr spärlich: „Kohle" war hier fast immer Holzkohle. Stein- und Braunkohle werden als brennbarer „thrakischer Stein" zwar im 4. Jahrhundert v.Chr. erwähnt: allerdings unter Verweis auf ihre seltene Nutzung durch Schmiede in Griechenland; ob sie jedoch in Gallien, Britannien und Germanien zu Heizzwecken verwendet wurde, ist nach wie vor strittig (WILSDORF 1977). In Europa nahm die Gewinnung von Kohle in England, aber auch in Frankreich und in der Gegend von Liège (Lüttich) ihren Anfang: man verwendete sie im Haushalt aber auch bei der Verhüttung von Metallerzen. Letztere Verwendung wurde dann nach Erfindung der Koksherstellung im 18. Jahrhundert bald der Hauptanwendungszweck. Damit begann dann eine gewaltige Zunahme der Kohleproduktion, wobei England mit einem Anteil von etwa 90% der Weltproduktion führend war. Deutlich zeigen einige Produktionsziffern diese Entwicklung: Newcastle förderte 1563 3.000 t Kohle, 1659 bereits 500.000 t und Ende des 18. Jhdt. 2 Millionen Tonnen! Bis etwa 1920 blieb Kohle die Hauptquelle für Energie für alle Industriestaaten.

Mit dem Aufkommen von Erdölprodukten bzw. schließlich der Petrochemie hat die Kohle viel von ihrer früheren Bedeutung eingebüßt. Als Folge der Ölkrisen (seit 1973) kann man jedoch ein Wiedererwachen des Interesses an Kohletechnologien, bsd. auch an Fragen der Kohlechemie feststellen.

Zum Thema einer Verwendung der Kohle in der chemischen Industrie zählt natürlich in erster Linie der Steinkohlenteer. Dieses Produkt fällt in den Kokereien und Gasfabriken („Kokereiteer" bzw."Gasteer") an, wurde jedoch bis zur Mitte des vorigen Jahrhunderts nur als eine Art lästigen Nebenproduktes betrachtet. Dementsprechend beschränkt waren seine Verwendungsmöglichkeiten: als Heizöl, als Rohstoff für die Rußfabrikation sowie als Holzanstrich. Erst mit den Untersuchungen RUNGE's begann jene Arbeitsrichtung, die dann unter der Bezeichnung „Teerfarbstoffe" ein Kapitel Chemiegeschichte darstellte: die Synthese des Mauveins durch PERKIN im Jahre 1856 sowie die Synthese von Fuchsin durch HOFMANN & VERGUIN im Jahre 1859 seien hier als historische Beispiele genannt.

Fraktionierte Destillation - Ausgangsprodukte zur Synthese von Arzneimitteln - „Pech"

Aber keineswegs nur für die Herstellung synthetischer Farbstoffe hat der Steinkohlenteer eine Bedeutung: je nach Verkokungstemperatur erhält man entweder den Hochtemperaturteer mit einem beträchtlichen Anteil an Aromaten bzw. bei „Schwelung" < 600° C den sogen. Primär- oder Urteer („Tieftemperaturteer"), der bei der Destillation vor allem Phenole, Alkane, Alkene aber auch Cycloaliphate liefert. Durch fraktionierte Destillation wird der Steinkohlenteer in Hauptfraktionen aufgetrennt, die dann durch weitere Trenn- und Reinigungsvorgänge die Endprodukte liefern: Benzol, Toluol, Xylol, Phenol, Kresol, Xylenole, Pyridin, Anthracen, Naphthalin, Chinolin, Phenanthren, und vieles andere ist auf diese Weise verfügbar. Etliche der genannten Produkte sind wichtige Ausgangsstoffe für die Synthese von Arzneimitteln bzw. für die bereits erwähnten Farbstoffe. Der Rückstand („Pech"), das Steinkohlenteerpech, findet Verwendung zur Herstellung von Elektrodenkoks, als Straßenbelag, für die Produktion von Teerpappe etc. Einige der erwähnten Produkte (z.B. aromatische Kohlenwasserstoffe) werden derzeit jedoch überwiegend oder fast ausschließlich mit den Methoden der Petrochemie hergestellt.

Wesentlich geringere Anwendungsmöglichkeiten hat dagegen der Braunkohlenteer, wie er durch Schwelung aus Braunkohlen gewonnen werden kann: „Braunkohlenbenzin", Paraffin, Kreosotöl und Asphalt seien hier als Beispiele genannt.

„Kohleverflüssigung" und „Kohlevergasung"

Ungleich größere Bedeutung haben jedoch die Verfahren zur Verflüssigung und Vergasung von Kohle. Unter „Kohleverflüssigung" versteht man unterschiedliche Verfahren, die Kohle in ein Gemisch flüssiger Kohlenwasserstoffe überführen. Gedacht ist dabei an die Herstellung von als Treibstoffe verwendbaren Gemischen bzw. an die mehr oder minder gezielte Darstellung von Substanzen, die als Zwischenprodukte in der chemischen Industrie gebraucht werden. Einerseits gibt es hier indirekte Methoden (Fischer-Tropsch-Synthese), bei denen als erster Schritt eine Kohlevergasung erfolgt, andererseits bezeichnet man mit „direkter Kohleverflüssigung" Verfahren der Kohlehydrierung bzw. den thermischen Abbau von Kohle. Dies führt uns dann wieder zum Thema „Braunkohlenteer" (Schwelung) zurück.

Neben der Kohleverflüssigung sagt man der Kohlevergasung größte Bedeutung für die Zukunft voraus, was die Produktion organischer Grundchemikalien betrifft. „Kohlevergasung" ist allerdings gleichfalls ein Sammelbegriff für unterschiedliche Technologien, auf die hier im Einzelnen nicht näher eingegangen werden kann. Es handelt sich – grob gesagt – um Verfahren, die durch Umsetzung von Braun- oder Steinkohle mit Luft, Sauerstoff, Wasserstoff, Wasserdampf oder irgendwelchen Gemischen aus diesen Vergasungsmitteln eine Umsetzung der Kohle in brennbare Gasgemische bewirken sollen. Wesentlich sind dabei natürlich auch die Einhaltung bestimmter Drücke und Temperaturen. Das so entstehende Rohgas besteht hauptsächlich aus Wasserstoff, Kohlenmonoxid, Methan, Kohlendioxid und Stickstoff. Die Bildung anderer Komponenten (höhere Kohlenwasserstoffe, Schwefelverbindungen) hängt von der jeweils verwendeten Kohlenart ab

So stellen sich also Kohlen nicht nur als ein ganz bedeutender Speicher „fossiler Energien" dar, die durch etliche Jahrhunderte ganze Industriezweige versorgt haben, sondern vor allem auch als ein fast unerschöpfliches Reservoir an Rohstoffen für die chemische Industrie der Zukunft.

Verwendung von Bernstein - Kopale (Firnisproduktion)

Von den zahlreichen „Organischen Mineralien", die im Laufe der Zeit beschrieben worden sind, haben wohl nur ganz wenige eine Verwendung in der chemischen Industrie gefunden. Als ein Beispiel aus dem Gebiet der fossilen Harze sei hier noch kurz auf den Succinit, den Baltischen Bernstein verwiesen. Dieser hat (neben der bereits geschilderten Verwendung in Kunst und Kunsthandwerk; Kap. 4.1.) im Laufe der Jahrhunderte (und Jahrtausende!) auch eine ganze Reihe weiterer Anwendungsmöglichkeiten gefunden.

Die chemische Industrie hatte in jenen Bernsteinsorten, die für eine Verwendung in der Schmuckherstellung und im Kunsthandwerk nicht geeignet waren, einen wichtigen Rohstoff gefunden. Als besonders markantes Produkt sei hier die Bernsteinsäure erwähnt, die nach ihrem Vorkommen in Bernstein benannt ist und von AGRICOLA bereits 1546 durch trockenes Erhitzen von Succinit dargestellt wurde. Sie dürfte damit – neben der Essigsäure – die am längsten bekannte organische Säure sein. Mittlerweile ist jedoch Bernstein als Rohmaterial für die Gewinnung dieser organischen Säure ohne jede Bedeutung: durch Hydrierung von Maleinsäure, durch Oxidation von 1,4-Butandiol, aus Acetylen oder durch eine spezielle Art von Glucosegärung wird sie heute technisch dargestellt.

An sonstigen Verwendungen des Bernsteins in der chemischen Industrie sei vor allem auf seine Verwendung für die Darstellung hochwertiger Firnisse sowie des Bernsteinlackes verwiesen. Während in den meisten Ländern Bernstein als Rohprodukt der chemischen Industrie praktisch bedeutungslos geworden ist, wird er in Rußland – was angesichts der reichen Vorräte im Samland wohl nicht weiter verwunderlich ist – weiterhin in großem Umfang als Rohstoff der organischen Chemie verwendet. In anderen Ländern boten sich als wesentlich preiswerteres Ersatzprodukt – vor der Entwicklung der Kunststoffchemie – hinsichtlich der Lack- und Firnisproduktion die verschiedenen „Kopale" an: Harze des Quartärs von meist recht exotischen Baumarten, die – wie bereits oben erwähnt – oft nur ein Alter von wenigen Jahrhunderten bis vielleicht Jahrtausenden aufweisen. Gerade dieses geringe Alter bietet aber den Vorteil einer meist vollständigen Löslichkeit, da das wesentlich geringere Ausmaß der Diagenese des organischen Materials hier noch nicht zur Bildung jenes hochmolekularen „polymer backbone" geführt hat, wie es eben für die eigentlichen fossilen Harze typisch ist und dann auch die Unlöslichkeit der Hauptmenge des Materials verursacht.

Es scheint aber durchaus möglich, daß in einzelnen Fällen eine lokale Verwertung fossiler Harze für Zwecke der chemischen Industrie – vor allem in Entwicklungsländern – wieder aktuell werden könnte.

5.3. Fossilien und Landwirtschaft

„Hühnerbergwerke"

Welche Rolle spielen Versteinerungen für die Landwirtschaft? Eine zweifellos berechtigte Frage, besonders wenn nicht an die bereits im Kap. 5.2. behandelten Rohstoffe, wie Kohle, Erdöl oder Erdgas, die nicht nur für die Beheizung von Gewächshäusern sondern auch für die Gewinnung von „Petroproteinen", also Futtermitteleiweiß, herangezogen werden, gedacht sei. Es erscheint verständlich, daß Fossilien kaum in einen direkten Zusammenhang mit der Landwirtschaft zu bringen sind. Diese ist etwa in jenen Fällen gegeben, wo Versteinerungen massenhaft auftreten und von der Agrikultur direkt genützt werden, wie es etwa für das „Hühnerbergwerk" bei Simbach am Inn (Nieder-Bayern) zutrifft (WOLBURG 1938). Dort wurde einst in fossilreichen Molasse-Sedimenten Kalk von Molluskenschalen als Hühnerzusatzfutter gewonnen. Auch aus Mexiko sind derart genützte Vorkommen aus tertiärzeitlichen Ablagerungen bekannt geworden.

Ähnliches gilt für Sandgruben am „Muschelberg" bei Nexing südöstlich Schrick in Niederösterreich, die – nicht nur in Sammlerkreisen – durch das Massenvorkommen von Muschel- und Schneckengehäusen bekannt sind. Die in den Aufschlüssen anstehenden Sedimente sind Seichtwasserablagerungen des Wiener Beckens, die der Sarmatischen Stufe (Sarmatien) angehören, die dem jüngeren M-Miozän entspricht. Die Sandgrube der Kalkfuttergewinnungsanlage in Nexing ist übrigens der (Holo-)Stratotyp für das Sarmatien (PAPP, MARINESCU & SENES 1974). Das Sarmat-Meer der zentralen Paratethys, die vom Wiener Becken im Westen bis nach Transsylvanien im Osten reichte, ist durch einen gegenüber der „normalen" Salinität etwas verringerten Salzgehalt gekennzeichnet. Im Gegensatz zum euhalinen, also vollmarinen Milieu, spricht man von brachyhalinen Bedingungen. Durch die niedrigere Salinität (ungefähr 17‰) fehlen die typischen hochmarinen Organismen, angefangen von den Stachelhäutern (z.B. Seeigel, Seesterne, Seelilien) über die Korallen, Kopffüßer (z.B. Tintenfische), Grabfüßer (Dentalien), Haie und Rochen, bis zu Großforaminiferen und Radiolarien als Einzeller. Die Fauna ist durch die Artenarmut, die durch einen Individuenreichtum kompensiert wird, gekennzeichnet. Nach den häufigsten Weichtier-Gattungen werden im Sarmat die Cerithien-, Ervilien- und die Mactraschichten unterschieden. In den Nexinger Ervilienschichten treten neben Grobsanden, aufgearbeiteten Mergeln und Geröllen lagenweise richtige Lumachellen auf, die praktisch nur aus Muschelschill bestehen. Derartige Muschelbreccien sind dank der mürben Kalkschalen der Muscheln (*Cerastoderma vindobonensis, Irus gregarius, Ervilia dissita, Mactra vitaliana, Donax dentiger*) und Schnecken (*Calliostoma podolicum, Pirenella picta, Cerithium rubiginosum, Dorsanum duplicatum*) als Kalkfutter für Hühner außerordentlich begehrt. Diese Kalkschalen liefern in natürlicher Form den Legehennen den für die Eiproduktion notwendigen Kalk. Die Lumachellen werden auch gegenwärtig noch durch den Besitzer Herrn Schöfmann abgebaut.

Braunkohlentagebaue und deren Rekultivierung

Eine, besonders in der heutigen Zeit, weitaus wichtigere Bedeutung kommt jedoch den Rekultivierungsmaßnahmen zu, die nach großflächigem Abbau von (Braun-)Kohlen in z.T. riesigen Tagebauen erfolgt. Dies ist – wie bereits im Kap. 4.3. angesprochen – besonders im niederrheinischen Braunkohlenrevier der Fall, wo die

Braunkohlenbergbau im Rheinland

⇑ Abb. 5.7.
Schaufelrad eines Riesenbaggers mit einer Höhe von 21,6 m im niederrheinischen Braunkohlenrevier. Förderleistung bis zu 240.000 Kubikmeter Abraum oder 240.000 Tonnen Braunkohle täglich. Foto Rheinbraun-AG, Köln.

⇐ Abb. 5.6.
Braunkohlentagebau im Rheinland. Freilegung und Abbau der Braunkohlenflöze nach Abtragung der bis zu 200 m mächtigen Deckschichten durch Riesenbagger: Höhe 96 m, Länge 220 m, Gewicht 13.000 Tonnen. Foto Rheinbraun-AG, Köln.

Braunkohlenflöze durch riesige Bagger freigelegt und abgebaut werden (Abb. 5.6 und 5.7). Im Revier westlich von Köln befinden sich die größten zusammenhängenden Braunkohlenvorkommen Europas, deren Vorräte hauptsächlich (zu über 80%) zur Stromgewinnung abgebaut werden. Allerdings ist dieser Abbau nicht ganz unumstritten, weniger wegen der notwendigen Umsiedlungsmaßnahmen, als vielmehr wegen der befürchteten Umweltbeeinträchtigung (CO_2-Ausstoß) bei der Stromgewinnung. Die Rheinbraun-AG, die im Jahr 1991 über 100 Millionen Tonnen Rohbraunkohle in fünf Tagebauen (z.B. Fortuna, Hambach) gefördert hat, strebt jedoch durch ihre industriell entwickelte Vergasungstechnik (vgl. Kap. 5.2.) und die weitere Verarbeitung des Rohstoffes Braunkohle eine nicht nur energetisch wirkungsvollere, sondern auch umweltschonendere Gewinnung von Energie an. Weiters bemüht sie sich durch entsprechende Maßnahmen im ausgekohlten Gelände um eine Rekultivierung, an deren Planung nicht nur das Land Nordrhein-Westfalen und die zuständigen Gemeinden, sondern auch die Land- und Forstwirtschaft beteiligt sind. Wie die Rheinbraun-AG betont, geht es nicht darum, Natur nachzubauen, sondern bestmögliche Starthilfe zu geben. Daß dies gelungen ist, zeigt heute das Wald-Seengebiet zwischen Brühl und Liblar mit seiner vielbesuchten Erholungslandschaft (Abb. 5.8 und 5.9). Vor drei Jahrzehnten lag dort noch das Zentrum des rheinischen Braunkohlenbergbaues. Insgesamt stehen dort seit 1984 31 Hektar Wasser- und 44 Hektar Waldflächen unter Naturschutz. Weitere Beispiele für Rekultivierungen sind die Sophienhöhe bei Jülich, der Schlangengraben bei Aldenhoven und die Kasterer Höhe bei Bedburg. Für die Landwirtschaft wurden (bis Anfang 1992) 7120 Hektar, für die Forstwirtschaft 6742 Hektar wieder nutzbar gemacht (Angaben: Rheinbraun-AG Prospekt 1992).

Als Gegenstück zu Braunkohlentagebauen sei hier nur der von 1912 bis 1972 betriebene Bernstein-Tagebau Palmnicken (= Jantarnyi) im Samland genannt. Er ist heute mit Wasser vollgelaufen und dient mit der stattlichen Fläche von 800.000 m^2 als Angler-See und damit auch der Freizeitgestaltung.

Abb. 5.8. Rekultivierter Braunkohlentagebau im Rheinland als nunmehrige Erholungslandschaft. Foto Rheinbrau-AG, Köln.

Abb. 5.9. Zu einer Freizeit-Seenlandschaft umgestalteter einstiger Braunkohlentagebau im Rheinland. Foto Rheinbraun-AG, Köln.

6. Fossilien und Kriminalität

Wie bereits in der Einleitung angedeutet sind Wissenschafter und Sammler von Versteinerungen vor Betrug und Täuschung durch (Ver-)Fälschungen nicht sicher. Die Gründe dafür sind recht unterschiedlich. Abgesehen von der rein gewerbsmäßigen (Ver-)Fälschung aus finanziellen Gründen haben auch Fälschungen in der Wissenschaft stets eine Rolle gespielt. Ihre Bedeutung wird auch daraus ersichtlich, daß sich die Sammler-Zeitschrift „Fossilien" seit 1986 ausführlich mit diesem Thema befaßt hat.

Wie W. KRAUS dort (1990) ausführt, sind – nicht nur vom rechtlichen Standpunkt aus – verschiedene Formen von (Ver-)Fälschungen zu unterscheiden. Sie beginnen mit – auch für den Fachmann – oft nicht sofort ersichtlichen Manipulationen (z.B. Ergänzungen durch Farbe und Material) an unvollständig erhaltenen Exemplaren (z.B. Trilobiten, Tintenfische), deren Wert dadurch gesteigert werden soll und reichen von aus zwei (oder mehreren) Exemplaren zusammengesetzten Objekten bis zur vollständigen Fälschung in Form von nicht deklarierten Abgüssen aus eingefärbtem Kunstharz, aus Zement, Gips oder einem anderen Material, die zudem meist auf Originalgestein aufgeklebt oder darin eingebettet werden. Auch richtige präparationstechnische Maßnahmen werden von Fälschern angewandt.

Es ist selbstverständlich, daß entsprechend bezeichnete Abgüsse in Form von Repliken nicht als Fälschungen gelten können. Es sind Nachbildungen, die besonders für Schausammlungen und Lehrzwecke unverzichtbar sind. Manchmal muß schon aus Gewichtsgründen bei Skelettmontagen fossiler Wirbeltiere vom Original Abstand genommen werden. Das gleiche gilt für die Imitation fossiler Fische durch Lackmalerei auf Steinplatten, die bereits 1133 in China angefertigt wurden. Repliken fossiler Schnecken wurden bereits im Neolithikum auf der Insel Gozo bei Malta gefunden (OAKLEY 1965). Es sind natürlich keine Fälschungen.

Der Vollständigkeit halber sei an dieser Stelle die Nachbildung eines (?) Trilobiten (Trilobita: Arthropoda) aus der Inka-Zeit erwähnt (14.-16. Jhdt. n.Chr.), von der MEHL (1977) berichtet hat. Es ist eine mit Glasur versehene Nachbildung aus gebranntem Ton, die als Grabbeigabe in der Nähe von Cuzco (Peru) gefunden wurde. Aus Inkagräbern sind gelegentlich „echte" paläozoische Trilobiten bekannt (vgl. Kap. 3.2.).

War es früher – wie DI TROCCHIO in seinem Buch „Der große Schwindel" (1994) betont – eine Idee, derentwegen Wissenschafter einen Betrug durchführten, so betrügt man heute des Geldes wegen. Vielfach ist das System der Forschungsfinanzierung, wie es nach 1945 in den USA eingeführt und seither in fast allen Ländern der westlichen Welt praktiziert wird, der Anreiz dazu.

6.1. „Wissenschaftliche" Fossilfälschungen

BERINGER's Figurensteine

Wenn von Fossilfälschungen die Rede ist, werden meist die „Würzburger Lügensteine" des Dr. JOHANN BARTHOLOMÄUS ADAM BERINGER aus Würzburg genannt. Über diese „Lügensteine" und die Hintergründe ihrer Entstehung ist viel geschrieben und diskutiert worden (u.a. JAHN & WOOLF 1963, FRANKE 1991). Die wohl bekannteste Version besagt, daß Schüler ihrem Lehrer, dem als leidenschaftlichen Sammler von Versteinerungen aus dem Muschelkalk (Mittel-Trias) bekannten Professor der Universität und späteren Leibarzt des Fürstbischofs von Würzburg mit künstlich angefertigten und angeblich aus dem Gestein ausgegrabenen Reliefsteinen von Pflanzen, Tieren und anderen Objekten einen Streich spielen wollten. Diese im Jahr 1725 „gefundenen" Figurensteine hat BERINGER, zusammen mit echten Versteinerungen, 1726 in dem Tafelwerk „Lithographiae Wirceburgensis" abgebildet und veröffentlicht (Abb. 6.1-6.3). Formal wurde dieses Werk als Dissertation eines cand. med. GEORG LUDWIG HUEBER veröffentlicht, doch stammte der Inhalt vom „Doktorvater", nämlich Prof. BERINGER. Im gleichen Jahr beschrieb J. J. SCHEUCHZER seinen „Homo diluvii tristis testis".

Abb. 6.1. „Würzburger Lügenstein", der von J.B.A. Beringer in seiner umfangreichen Abhandlung „Lithographiae Wirceburgensis" (1726) aus Eibelstadt SE Würzburg als Scheinversteinerung beschrieben und abgebildet wurde. Besser als Figuren- oder Bildsteine (Ikonolithen) zu bezeichnen. Sammlung SMF. Foto S. Tränkner.

Abb. 6.3.
„Würzburger Lügenstein" (Herkunft wie Abb. 6.1).
Sammlung SMF. Foto S. Tränkner.

Abb. 6.2.
„Würzburger Lügenstein" (Herkunft wie Abb. 6.1).
Sammlung SMF. Foto S. Tränkner.

Allerdings hat BERINGER, wie KIRCHNER (1935) betont, die Figurensteine nicht als Fossilien, sondern als eine Art Naturspiele, die durch Auskristallisation entstanden seien, angesehen. Mit der Veröffentlichung wollte BERINGER lediglich die Aufmerksamkeit der Kollegen auf die Bildsteine (= Ikonolithen) lenken und ihre Meinung darüber erfahren. Über die Hintergründe, die zur Herstellung dieser nach obiger Version auch als Spottfälschungen bezeichneten Figurensteine geführt haben, gingen die Meinungen auseinander. Sollten sie BERINGER's Widersacher jeweils zu einem Schäferstündchen mit der Frau BERINGER's verhelfen, wie J.C.C. OELRICH 1750 meinte, war es lediglich ein Studentenulk oder sollte die Autorität des angesehenen Professors von neidischen Betrügern untergraben werden, also ein richtiger Rufmord geplant gewesen sein. Wie KIRCHNER (1935) auf Grund von Originalprotokollen des Domkapitels Würzburg zeigen konnte, traf letzteres zu. Ein mißgünstig gesinnter „Kollege" nämlich J. I. RODERIQUE, Inhaber einer Laienprofessur für Geographie, Analysis und Algebra war, unter Mithilfe des CHRISTIAN ZÄNGER aus Eibelstadt, der Hersteller der Bildsteine. Diese gelangten mit Hilfe von drei Burschen (Gebrüder HEHN und CHRISTIAN ZÄNGER) aus dem benachbarten Eibelstadt, wo sich der Steinbruch befin-

det, in dem die Figurensteine vergraben wurden, in die Hände BERINGER's. Dieser veröffentlichte sie in seinem Werk „Lithographiae Wirceburgensis". Diese, unter Mitwirkung des Freundes von J. I. RODERIQUE, dem damaligen Hof- und Universitätsbibliothekars Geheimrat JOHANN GEORG VON ECKHART, geführte Intrige brachte jedoch nicht den gewünschten Erfolg. Beide Schwindler fielen nach Aufdeckung des Betruges beim Fürstbischöflichen Hof in Ungnade. RODERIQUE verließ kurz danach Würzburg. Dieser Fall zeigt einen der Hintergründe auf, die zu Fälschungen Anlaß geben können.

„Gliptolitos"

Nicht ganz klar ist der Hintergrund, der zur Herstellung der sog. „Gliptolitos", der sprechenden Steine, geführt hat, von denen R. CHARROUX (1978) berichtet. Mit den „Gliptolitos" sind Ritzzeichnungen auf Geröllen gemeint, die angeblich aus Höhlen stammen und sich nun in der „prähistorischen Steinbibliothek" des Dr. JAVIER CABRERA, eines Chirurgen aus Ica (Peru), befinden. Außer rezenten Tieren sind Dinosaurier (z.B. *Iguanodon*, *Tyrannosaurus*, *Stegosaurus*, *Brachiosaurus*) und Sauropterygier (Flossenechsen) aus dem Mesozoikum als angebliche Zeitgenossen des Menschen dargestellt. Die „Gliptolitos" wurden bereits 1968 von dem US-Wissenschafter N. A. JOHN ROWE als Fälschungen erkannt. Die Tatsache, daß nur bekannte mesozoische Reptilien dargestellt sind, bestärkt diese Erkenntnis.

Sind also die „Würzburger Figurensteine" und die „Gliptolitos" nur bedingt als „wissenschaftliche" Fossilfälschungen anzusehen, so sollen die folgenden Beispiele Art und Weise sowie die vermutlichen Hintergründe „wissenschaftlicher" Fossilfälschungen aufzeigen.

Der „Piltdown-Mensch"

Der wohl bekannteste Fall ist der sogen. „Piltdown-Mensch", dessen Reste von dem britischen Anwalt und Amateur-Geologen CHARLES DAWSON in Kiesgruben bei Piltdown (Sussex; Abb. 6.4) zwischen 1903 und 1915 gefunden und 1912 von dem bekannten Paläontologen Sir ARTHUR SMITH WOODWARD, Kustos der Geologie am British Museum of Natural History in London, als *Eoanthropus dawsoni* (= Mensch der Morgenröte; Artname nach dem Finder) beschrieben worden waren. Zusammen mit späteren Funden waren es einige Reste des Schädeldaches, ein Unterkiefer mit zwei Backenzähnen sowie ein Eckzahn. Auch etliche „Eolithen" (angebliche Artefakte, also menschliche Werkzeuge) sowie Reste fossiler Säugetiere (Elefant, Mastodon, Flußpferd) fanden sich in den Fundschichten des „*Eoanthropus*" in der Kiesgrube. Diese Fossilien deuteten auf ein hohes erdgeschichtliches Alter, vermutlich frühes Pleistozän oder sogar Pliozän, also jüngstes Tertiär. Demnach war „the earliest Englishman", der Piltdown-Mensch, der älteste damals bekannte Mensch, ein Brite! Älter als die Neandertaler, der *Pithecanthropus* von Java und der Unterkiefer von Mauer bei Heidelberg. Letzterer war 1907 gefunden worden und von Otto SCHOETENSACK als *Homo heidelbergensis* beschrieben worden.

Die Beschreibung und Rekonstruktion der Reste von Piltdown ergab eine Kreatur mit der Schädelform eines Menschen, dessen Gehirnkapazität mit 1070 cm^3 zwischen Affe und Mensch lag, jedoch einen ausgesprochen menschenaffenartigen Unterkiefer besaß. Lediglich die Abkauung bzw. Abschleifung der Zähne war nicht äffisch, sondern ausgesprochen menschlich. Eine derartige Kombination von äffischen und menschlichen Merkmalen bei einer Art (SMITH WOODWARD zweifelte im Gegensatz etwa zu G. S. MILLER, Kurator für Säugetiere am U.S. National Museum of Natural History in Washington, nicht an der Zusammengehörigkeit der Reste) war manchen Wissenschaftern suspekt, für andere hingegen -- wie etwa den Anatomen und Gehirnspezialisten Sir GRAFTON ELLIOT SMITH – jedoch der Beweis, daß die Entwicklung des Menschen nicht mit dem aufrechten Gang begann – wie sie etwa sein Zeitgenosse, der Anatom Sir ARTHUR KEITH, vertrat –, sondern mit der Entwicklung des Gehirns einsetzte.

Die Diskussion um den Piltdown-Mensch, der so gar nicht den Erwartungen entsprach, wurde, trotz Hinweise auf Fälschung durch M. A. C. HINTON vom British Museum of Natural History, jahrelang fortgesetzt, wobei die verschiedenen Rekonstruktionsversuche des Hirnschädels zu unterschiedlichen Ergebnissen hinsichtlich des Gehirnvolumens führten.

Die starken Zweifel, daß Unterkiefer und Schädelreste zwei verschiedenen Arten (Affe und Mensch) angehörten, konnten jedoch mangels entsprechender Methoden nicht bestätigt werden. Nach neueren geologischen Befunden stammten die Reste jedoch nicht aus dem früheren Pleistozän oder gar dem Pliozän, sondern aus Terrassenablagerungen eines Flusses im Jung-Pleistozän. Ob überhaupt alle Fossilreste (Piltdown-Mensch und „Begleitfauna") gleichaltrig waren, konnte damals jedoch nicht geklärt werden. Erst mit der sogen. Fluormethode war es KENNETH OAKLEY, wie A. S. WOODWARD Kustos der Geologie am British Museum in London, möglich, diese Frage nach dem 2. Weltkrieg zu beant-

Abb. 6.4.
„Piltdown-Pub" in Piltdown (Sussex, England) zur Erinnerung an den Piltdown-Menschen („*Eoanthropus dawsoni*"). Foto N. Vávra.

worten. K. OAKLEY, der sich seit Jahren mit dieser Methode, die eine annähernde Altersdatierung fossiler Zähne und Knochen – vornehmlich vom gleichen Fundort – ermöglicht, befaßte, erhielt 1948 die Genehmigung die Reste des Piltdown-Menschen zu testen. Eine Genehmigung, die keineswegs einfach zu erlangen war. Die zunächst 1950 veröffentlichten Ergebnisse sprachen für ein wesentlich jüngeres Alter als jenes der Säugetierfossilien (der Begleitfauna), nach der „Eoanthropus dawsoni" ins frühe Pleistozän datiert worden war. Aber erst nachdem der südafrikanische Anatom JOSEPH S. WEINER, der in Oxford tätig war, und W. E. LE GROS CLARK, Professor für Anthropologie aus Oxford, die künstlichen Abschleifungen an den Zähnen erkannten, zeigten weitere Fluortests, daß der Unterkiefer von einem rezenten Lebewesen stammen mußte. Dieser Knochen war chemisch behandelt worden, um möglichst echt, d.h. fossil, zu wirken. Damit war 1953 endgültig nachgewiesen, daß der Piltdown-Mensch eine genial geplante Fälschung war, auf die anscheinend nicht nur CH. DAWSON und A. SMITH WOODWARD, sondern auch A. KEITH und G.E. SMITH hereingefallen waren. Die Schädeldachreste erwiesen sich als fossil, aber – wie bereits erwähnt – als jünger als die Säugetierfossilien aus der gleichen Kiesgrube. Wer war nun der geniale Urheber dieser ursprünglich wohl als Ulk gedachten Fälschung. War es der englische Paläontologe M.A.C. HINTON oder war es Pater TEILHARD DE CHARDIN, die spätere Autorität auf dem Gebiet der menschlichen Fossilreste, der sich damals als Student, Amateurgeologe und Fossilsammler zu Exkursionen in Sussex aufhielt und sich (?) unter Mithilfe des Amateurgeologen DAWSON einen Scherz mit der Autorität SMITH WOODWARD's erlauben wollte, aber dann nicht mehr zurück konnte, wie der Paläontologe ST. J. GOULD (1986) aus Harvard ausführlich zu untermauern suchte. GOULD's Argumentation blieb nicht unwidersprochen und so hat die Ansicht von FRANKE (1991), daß der Fälscher HINTON gewesen ist, viel für sich (s. auch GEE 1996). HINTON hatte übrigens Zugang zu (rezenten) Museumsmaterial. Zumal HINTON außerdem noch einen Cricketschläger (!) aus einem fossilen Elefantenknochen angefertigt haben soll, den DAWSON & WOODWARD (1915) als Gerät des damaligen Menschen beschrieben haben, womit der Spaßvogel endgültig schachmatt gesetzt wurde. Selbst Sir ARTHUR KEITH wurde ebenso verdächtigt, der Betrüger zu sein (SPENCER 1990), wie auch F. O. BARLOW, der die Modelle des Piltdown-Schädels anfertigte, und – zusammen mit CH. DAWSON – der eigentliche Urheber sein sollte (GRIGSON 1990, SPENCER 1990). Zweifellos mußte der Fossilfälscher des Piltdown-Menschen ein Fachmann gewesen sein, sonst wäre die „Präparierung" eines rezenten Menschenaffenkiefers, dem die Kinn- und Gelenkpartie künstlich abgebrochen und dessen Zähne nachträgliche abgeschliffen wurden, nicht jahrzehntelang unentdeckt geblieben. Erst 1959 bestätigte eine C^{14}-Datierung die Ergebnisse der Fluormethode.

Der „Calaveras-Schädel"

Ein ähnlicher Fall ist der sogen. „Calaveras-Schädel" aus Kalifornien, mit dem bewiesen werden sollte, daß der Mensch bereits vor der Zeit der eiszeitlichen Mammute, nämlich im Pliozän, in Nordamerika lebte. Der Schädel wurde 1866 vom Bergmann JAMES WATSON in einem Bergwerkschacht bei Angels im Calaveras-County in Kalifornien gefunden. Erst 1907 konnte der Anthropologe A. HRDLICKA, Kurator des National Museum of Natural History in Washington nachweisen, daß dieser Schädel durch Freunde des Entdeckers in pliozäne Schichten manipuliert worden war (CERAM 1972).

Hingegen dürften die Schädelreste des „Hombre de Mina" aus Mina in Nordost-Mexiko (Provinz Nuevo León), die ursprünglich als jungeiszeitlich und damit als gleichaltrig mit der Begleitfauna angesehen worden sind, unbeabsichtigt in ältere Fundschichten gelangt sein, wie ein Fluortest ergab (FRANZEN 1994).

Eurhinosaurus

Als „wissenschaftliche" Verfälschung bei der Präparation ist nach KRAUS (1990) auch das künstlich geknickte Ende der Schwanzwirbelsäule bei dem Fischsaurier (Ichthyosauria) *Eurhinosaurus longirostris* aus den Posidonienschiefern von Holzmaden (Württemberg) zu bewerten.

„Brontosaurus"

Zwar nicht als bewußte Verfälschung – aber auch in der Öffentlichkeit bekannt geworden – ist der bei der Skelettrekonstruktion von „*Brontosaurus*" (= *Apatosaurus*), einem Dinosaurier (Sauropoda) aus dem Ober-Jura der USA, erfolgte Irrtum, indem dem Skelett ein Schädel eines anderen Sauropoden, nämlich jener der Gattung *Camarosaurus*, zugeordnet wurde. Dieser Irrtum wurde erst vor wenigen Jahren entdeckt (BERMAN & MCINTOSH 1975).

Belemnitenfälschungen

Weitere echte (Ver-)Fälschungen betreffen fossile Tintenfische (Belemnitida), deren Reste meist in Form der bereits im Kap. 3.1. ausführlich beschriebenen Rostren (= Belemniten) erhalten geblieben sind. Weichteilfunde von diesen völlig ausgestorbenen Tintenfischen, die Aufschluß über Zahl und Ausbildung der Tentakel (Fangarme) bzw. den Besitz eines Tintenbeutels geben könnten, sind außerordentlich selten. Daher war es eine Sensation als 1976 „Weichteil-Belemniten" aus den Posidonienschiefern von Holzmaden durch E. WIESENAUER beschrieben wurden und auch in verschiedene Muse-

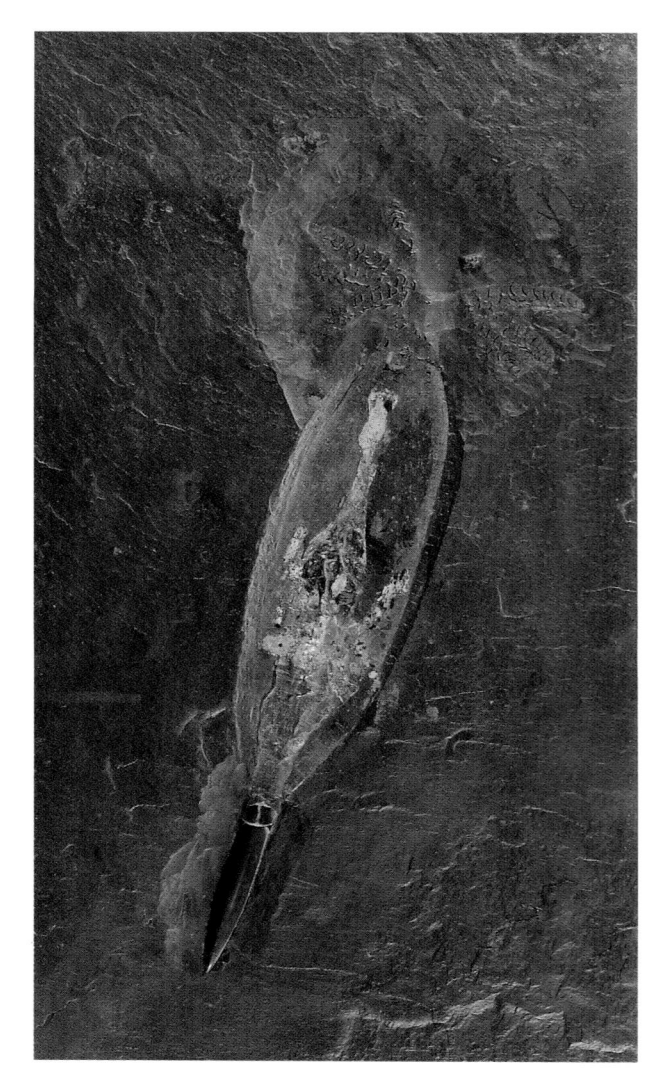

Abb. 6.5.
Sogen. „Weichteil"-Belemnit (*Passaloteuthis paxillosus*) aus den Posidonienschiefern von Holzmaden (Württemberg) mit Tentakeln (Fangarmen), die sich als Fälschung herausstellten. Orig. SMF. Foto S. Tränkner.

en (Senckenberg-Museum Frankfurt/M., Museum der Universität Tübingen, Naturkunde Museum Karlsruhe) gelangten (Abb. 6.5). Erst nähere und eingehende Untersuchungen zeigten, daß es sich um (Ver-)Fälschungen durch geschicktes Zusammenkleben von Resten verschiedener Kopffüßer (Cephalopoda) handelte (RIEGRAF & REITNER 1979). Die angeblichen Belemnitentakel und die Tintenbeutel stammten von kalmaratigen Kopffüßern (Teuthoidea), denen jeweils ein Belemnitenrostrum aus gleichaltrigen Schichten angeklebt worden war. Echte „Weichteil-Belemniten" wurden erst etliche Jahre später bekannt. So konnten von dem Belemniten *Passaloteuthis paxillosus* aus Holzmaden durch RIEGRAF & HAUFF (1983) neben Tintenbeutel und Kiefer auch acht kürzere fanghakenbewehrte Fangarme und zwei längere Tentakel mit großen Fanghaken nachgewiesen werden. Letztere wurden bereits 1855 durch den bekannten Paläontologen O. FRAAS als *Onychites amalthei* beschrieben und auch mit Cephalopoden (Kopffüßer) in Verbindung gebracht. Zahl und Ausbildung der Fangarme weisen die „Belemniten" als Decabrachia, also 10-armige Kopffüßer aus, die im Aussehen eine gewisse Ähnlichkeit mit heutigen Kalmaren aufweisen, jedoch durch das Innenskelett deutlich von diesen verschieden sind.

Prof. GUPTA und die marokkanischen Trilobiten aus dem Himalaya

Wie sehr selbst Spezialisten unter den Fach-Paläontologen den Praktiken gewisser „Kollegen" ausgeliefert sein können, zeigt der Fall um den Professor VISHWA JIT GUPTA von der Punjab Universität von Chandigarh in Indien in den letzten Jahren. Prof. GUPTA hat in zahlreichen Publikationen (z.T. mit Mitautoren) Fossilien vom Kambrium bis zum Tertiär vom indischen Subkontinent beschrieben. Wie JOHN TALENT, Professor an der Macquarie University von New South Wales in Australien erstmalig vermutete und durch subtile Nachforschungen, zusammen mit anderen Paläontologen (WEBSTER, REXROAD & TALENT 1993) belegen konnte, sind zahlreiche Fundortangaben in den Publikationen von V. J. GUPTA einfach falsch. Dies mußte auch Prof. Dr. H. K. ERBEN als renommierter Paläontologe von der Universität Bonn erleben. Es zeigte sich, daß die in einer gemeinsamen Arbeit mit V. J. GUPTA veröffentlichten devonischen Ammoniten nicht aus Himachal Pradesh (Indien), sondern aus Marokko stammten, obwohl GUPTA ERBEN versichert hatte, die Fossilien selbst aufgesammelt zu haben. Es erscheint verständlich, daß derartige falsche Fundortangaben zu irrigen Schlußfolgerungen in biogeographischer und paläogeographischer Hinsicht führen und als echter wissenschaftlicher Betrug zu bezeichnen sind. Weitere nach GUPTA angeblich im Himalaya gefundene Fossilien, wie Muschelkrebschen (Ostracoda) oder sogen. Conodonten (vgl. Kap. 4.3.), stammen aus Oklahoma und New York.

Der „neugeborene" *Leptopterygius*

Auch der nächste Fall betrifft die Täuschung eines bekannten Wissenschafters. So beschrieb der Paläontologe Freiherr VON HUENE von der Universität Tübingen 1966 einen Fischsaurier aus den Posidonienschiefern von Holzmaden, den er als neugeborenes und mißgebildetes Exemplar der Gattung *Leptopterygius* bestimmte. Besagtes Exemplar wurde auch von A. H. MÜLLER in seinem bekannten Standardwerk „Lehrbuch der Paläozoologie" (1968) abgebildet. Erst der Paläontologe vom

Staatlichen Museum für Naturkunde in Stuttgart RUPERT WILD konnte an Hand einer Nachpräparation durch den Präparator OTTO FISCHER aus Holzmaden, der das „Fossil" von der Unterseite her freilegte, nachweisen, daß es sich nicht um einen mißgebildeten *Leptopterygius* handelte, sondern um eine komplette Fälschung. Wie R. WILD (1976) dazu schreibt, war allerdings kein wissenschaftlicher Beweggrund, sondern einfach Geldnot eines Schieferbrechers aus Holzmaden Anlaß zu diesem Betrug.

Federn vom Urvogel als angebliche Fälschungen

Daß auch der umgekehrte Fall eingetreten ist, nämlich daß „echte" Versteinerungen als Fälschungen bezeichnet wurden, ist belegt. So hat der Astronom F. HOYLE, bekannt als Vertreter des Kreationismus, die Abdrücke der Federn bei den als Londoner und Berliner Exemplar bekannten Funden vom Urvogel (*Archaeopteryx lithographica*) als Fälschungen bezeichnet (HOYLE & WICKRAMA-SINGHE 1986). Einfach deshalb, weil F. HOYLE als Kreationist die Existenz sogen. Zwischenformen („connecting links") nicht akzeptieren kann.

DEPRAT's Fossilien aus Südostasien

Gleichfalle nicht akzeptieren wollten Paläontologen wie PIERRE TERMIER und HENRY DOUVILLÉ, daß die von dem französischen Geologen JACQUES DEPRAT in den Jahren 1911 bis 1916 in Südchina (Yünnan) und im einstigen Indochina (Vietnam) aufgesammelten Fossilien (v.a. Brachiopoden und Trilobiten) tatsächlich von dort stammen sollten. Sie seien von J. DEPRAT an europäischen Fundstellen aufgesammelt worden. Damals ging man nämlich von der Voraussetzung aus, daß Versteinerungen aus dem südostasiatischen Raum von jenen aus Europa völlig verschieden sein müßten, eine Annahme, die sich als falsch herausstellen sollte. Erst im Jahr 1991 erfolgte die völlige Rehabilitierung von JACQUES DEPRAT durch die Geologische Gesellschaft von Frankreich (DI TROCCHI 1994).

Pithecanthropus-"Industrie" von Sangiran

Beim „Piltdown-Menschen" waren es nur einige wenige, z.T. sogar fossile Knochen und Zähne, die gefälscht wurden. In den letzten Jahren sind im Handel immer wieder Schädelreste von *Homo* (= „*Pithecanthropus*") *erectus* aus Sangiran auf Java, einem klassischen, durch Prof. Dr. G. H. R. VON KOENIGSWALD bekannt gewordenen Fundort fossiler Menschenreste angeboten worden. Es sind durchwegs Fälschungen, die meist aus rezenten Säugetierknochen angefertigt werden (BRANDL 1993). In Sangiran selbst besteht eine richtige (Heim-) Industrie zur Produktion „fossiler" Menschenreste, um die bis heute anhaltende Nachfrage nach fossilen Menschenresten zu befriedigen. Damit sind wir thematisch bereits beim folgenden Kapitel, das „gewerbsmäßige" Fossilfälschungen betrifft.

6.2. „Gewerbsmäßige" Fossilfälschungen

Von den industriell in Java hergestellten Schädelresten von „Urmenschen" („*Pithecanthropus*" *erectus*) war soeben die Rede.

Die gewerbsmäßige Herstellung von Fossilfälschungen hat sich in den vergangenen Jahren einerseits wegen der gestiegenen Nachfrage durch Hobby-Paläontologen, andererseits aber auch durch die verbesserten Herstellungsmethoden und die neuen Materialien (Kunstharz u. dgl.) derart intensiviert, so daß hier nur beispielhaft auf einige der wichtigsten Fälle hingewiesen werden kann. Neue Untersuchungsmethoden erleichtern zwar das Erkennen von Fälschungen, doch stehen diese meist nur den Wissenschaftern zur Verfügung.

Angebliche Bernstein-Inklusen

Früher, als die Methoden zur Erkennung von Fossilfälschungen noch nicht so entwickelt waren wie heute, waren es vor allem gefälschte „Bernstein-Inklusen" und Fossilien aus Öhningen am Bodensee, die einen guten Absatz und damit entsprechenden Gewinn garantierten. Aber auch Fossilien (z.B. Trilobiten, Brachiopoden) aus dem Devon der USA wurden durch falsche Fundortangaben (z.B. Rheinisches Schiefergebirge, Gerolstein/Eifel) in ihrem Wert entsprechend gesteigert. Sie befinden sich noch heute unter diesen Fundorten in vielen Museen der Welt (RICHTER & RICHTER 1950).

Einschlüsse in fossilen Harzen, wie etwa im tertiärzeitlichen „Bernstein" oder in den quartärzeitlichen Kopalharzen, stammen hauptsächlich von Insekten. Reste von Wirbeltieren, wenn man von den gleichfalls seltenen Funden von Vogelfedern und Säugetierhaaren absieht, zählen als „Bernstein"-Inklusen zu den ausgesprochenen Raritäten, zumindest was den Baltischen Bernstein betrifft. Dies und die Tatsache, daß sich „Bernstein" leicht bearbeiten läßt, hat bereits frühzeitig zur Fälschung von Bernstein-Inklusen geführt. Nach W. BRANCO, der erstmalig im Jahr 1906 Röntgenstrahlen zum Nachweis gefälschter Bernstein-"Inklusen" (z.B. Frosch) verwendete, sollen bereits 1558 solche Fälschungen bekannt geworden sein, nach anderen Quellen erst 1742 (WEITSCHAT & VOIGT 1992). Seither wurden immer wieder rezente Wirbeltierreste (hpts. Fische, Frösche und Eidechsen) durch Eingießen samt der Füllmasse in ausgehöhltem Baltischen Bernstein als echte Inklusen hergestellt und im Handel angeboten (KLEBS 1910, GRABERT & GRABERT 1959). Seit einigen Jahren existiert übrigens ein eigenes Forschungslabor, das sich die Aufdeckung von Bernsteinfälschungen zum Ziel gesetzt hat. Durch Analysen mit Hilfe von Gaschromatographie und Infrarotspektroskopie lassen sich fossile Naturharze einwandfrei von Kunstharzen, die bei der Fälschung angewendet wurden, unterscheiden.

Aber auch rezente Insekten sind als fossile „Inklusen" bekannt geworden, wie folgender Fall zeigt. Aus der Sammlung des deutschen Entomologen H. F. LOEW, die im Jahr 1922 vom British Museum of Natural History in London erworben wurde, ist eine Bernsteinfälschung erkannt worden. Es handelt sich um eine Fliege (Diptera), die durch den bekannten Entomologen WILLI HENNIG im Jahr 1966 als fossile *Fannia scalaris* beschrieben wurde, die sich seit etwa 38 Millionen Jahren nicht verändert haben sollte. Sie sei von der rezenten Art nicht zu unterscheiden. Daß die Unveränderlichkeit dieser Art jedoch nicht zutrifft, wurde im Jahr 1993 durch den Studenten ANDREW ROSS, der die Fälschung erkannte, nachgewiesen (VOGT 1994).

Seit der Entdeckung und Vermarktung des Dominikanischen Bernsteins sind allerdings wiederholt Wirbeltiere als echte Inklusen bekannt geworden, so daß der Anreiz zur Fälschung solcher Einschlüsse eher geringer geworden ist. Von den verschiedenen Varianten vom Natur-Bernstein und „echten" Bernstein (= Preßbernstein) bis zum gemeinen Bernstein in der Schmuckindustrie war bereits im Kap. 4.1. die Rede.

Öhninger Fossilien

In vielen Museen der Welt finden sich Fossilien aus dem Miozän von Öhningen am Bodensee (= Untersee, Süd-Baden) östlich von Stein am Rhein, einem weltberühmten Fundort, von dem der bereits oben (s. Kap. 2.3.) erwähnte „*Homo diluvii tristis testis*" von J. J. SCHEUCHZER (1726) stammt. Außer Pflanzenresten sind es meist Reste von Süßwasser- und Landtieren (Krebse, Fische, Lurche, Reptilien, Vögel, Säugetiere und Insekten). Auch hier ist Vorsicht geboten, da nicht alle Versteinerungen als echt zu bezeichnen sind. Wie MAX PFANNENSTIEL (1958) in seinem Beitrag berichtet, wurden „Öhninger Versteinerungen" zeitweise industriell „hergestellt". Die Fossilien stammen meist aus den Öhninger Schichten des oberen Steinbruchs oberhalb Wangen am Südhang des Schiener Berges, der seit dem Jahr 1500 in Betrieb war. Die Ortschaft Öhningen liegt etwas westlich von Wangen. Die Fossilien, die bereits im 16. Jahrhundert durch Mönche des nahen Augustinerklosters als Kuriositäten aufgesammelt wurden, finden sich in Süßwassermergeln und Kalken und sind – wie auch in den Solnhofener Kalken – keineswegs häufig. Die Pflanzenreste lieferte meist der sogen. untere Steinbruch, der etwa 50 m tiefer lag. Der Steinbruchbetrieb wurde um die Mitte des 19. Jahrhunderts aufgegeben.

Da einst für gute Stücke durch den Fürstbischof MAXIMILIAN VON KONSTANZ ein guter Finderlohn bezahlt wurde, war ein entsprechender Anreiz gegeben, wertvolle und einmalige Stücke als Falsifikate für das Naturalienkabinet in Meersburg zu produzieren, zumal die Steinbrüche nicht mehr genug Versteinerungen liefern konnten. Wie PFANNENSTIEL ausführt, war damals, anfangs des 19. Jahrhunderts, die Zeit dafür relativ günstig, da sich die Naturwissenschaft in ihren Anfängen befand, und die Kenntnis von Fossilien daher gering war. Jedenfalls waren Fälschungen für den Laien nicht ersichtlich. Jahrzehnte später (ab 1830) erkannten LOUIS AGASSIZ, als Schweizer Spezialist für fossile Fische, ferner HERMANN VON MEYER, LEONHARD und BRONN sowie auch T.C. WINKLER (vom Museum Teyler in Haarlem, Niederlande) die (Ver-)Fälschungen. Die meisten stammen vom Juwelier LEONHARD BARTH aus Stein am Rhein, der mit verschiedenen Sammlern Verträge auf Lieferung von Fossilien abgeschlossen hatte.

BARTH und seine Helfer ergänzten meist unvollständige Funde mit Resten anderer Exemplare oder stellten ganze Platten mit zahlreichen (Fisch- bzw. Blatt-)Funden her, die dann an (Sammler-)Wert gewannen. Besonders bekannt ist eine aus Resten von sechs Individuen zusammengesetzte Süßwasserschildkröte (*Chelydra murchisoni* BELL.), die sich heute im Teyler Museum befindet. Erst exakte anatomische Kenntnisse ließen die Fälschung erkennen. Weiters sei hier der sogen. „Wachtelkönig" („*Ornitholithes ralli*") erwähnt, der aus Wirbeln und Schädelknochen von Fischen zusammengesetzt wurde. Selbst der berühmte *Andrias scheuchzeri* (Abb. 6.6) wurde mit Fischwirbeln verfälscht (SCHMIDT 1959). Auch rezente Knochen und Zähne wurden mit Hilfe von Kunstkitt oder Gips in die etwas ausgehöhlten Plattenkalke eingelassen und mit Nußöl eingefärbt sowie „Blätter" und „Insekten" einfach aus den Molassemergeln geschabt, also echte Fälschungen angefertigt.

KOCH's biblische „Monster"

Nicht weniger gewerbsmäßig wie L. BARTH ging Dr. ALBERT KOCH, ein deutscher Einwanderer in den USA im vorigen Jahrhundert vor. Wie W. KRAUS (1990) schreibt, bestand seine Spezialität darin, Monstren aus fossilen Knochen zu konstruieren, die er z.T. in Anlehnung an die Bibel, als Missourium, Behemoth und Leviathan zur Schau stellte und auch an Museen verkaufte. Beruht das Missourium auf Knochen eines einzelnen Mastodon, so setzte KOCH das Behemoth und den Leviathan (dem er den Namen *Hydrarchus sillimani* gab), aus Knochen etlicher alttertiärer Urwale (z.B. „*Zeuglodon*" = *Basilosaurus*) zusammen. Letztere sollte die mythologische Seeschlange verkörpern (vgl. Kap. 3.1.).

Abb. 6.6. Skelett(reste) vom Riesensalamander *Andrias scheuchzeri* aus dem M-Miozän von Öhningen am Bodensee aus dem Jahre 1825, das mit fossilen Fischwirbeln „ergänzt" wurde als Beispiel einer Verfälschung. Orig. SMF. Länge 45 cm. Foto S. Tränkner.

(Ver-)Fälschungen von Santana-Fossilien, von Trilobiten und Ammoniten

Ähnliches wie für manche Öhninger Versteinerungen gilt gegenwärtig für etliche Fossilien aus der Unterkreide des Beckens von Araripe in Brasilien (= Santana-Formation). Diese Ablagerungen sind hauptsächlich durch die meist ausgezeichnet erhaltenen Fischfossilien (Ganoidfische = „Schmelzschupper") bekannt, die heute in jedem Museum oder auch in vielen Privatsammlungen vertreten sind. Wie FRICKHINGER (1986) schreibt, werden neben echten Funden immer wieder Verfälschungen (ergänzte Exemplare) oder sogar echte Fälschungen (z.B. aus fossilen Fischen herausgeschnitzte Frösche) angeboten, was auch Laien stutzig machen sollte, da Lurche nicht im marinen Milieu leben (auch wenn Landtiere, wie Insekten und Flugsaurier aus der Santana-Formation nachgewiesen sind).

Als „Massenware" kann man bei den fast industriell hergestellten Verfälschungen von Trilobiten (Dreilapper als Arthropoda) aus dem Devon von Marokko und Deutschland und von Ammoniten (Cephalopoda) aus dem Mesozoikum Süddeutschlands sprechen (Abb. 6.7). Sie zählen zu den gefragtesten und auch einträglichsten Fälschungen. Bei den genannten Dreilappern werden meist Reste von zwei oder mehreren Individuen zusammengeklebt, um dadurch als vollständig erhaltene Exemplare einen höheren Marktwert zu erzielen (KOLLMANN 1987, KOWALSKI 1986). Aber selbst komplette Nachbildungen nicht nur aus Originalgesteinen werden im Handel angeboten. Sofern letztere als solche deklariert sind, wie bei Schmuckstücken, ist dagegen nichts einzuwenden. Wenn es sich jedoch um in Beton oder Kunstharz nachgegossene und eingefärbte Stücke han-

Abb. 6.7.
Durch zusätzliche Rumpfsegmente verfälschter Trilobit (*Phacops latifrons*) aus dem M-Devon von Gerolstein (Eifel). Nach H. SCHMIDT (1959). Orig. SMF. Foto S. Tränkner.

delt, die vor allem an Fossilbörsen als echt deklariert und verkauft werden, dann sind es kriminelle Fälschungen (LEHMANN 1992). Im seriösen Fachhandel wurden bewußte Fälschungen praktisch nicht angeboten. Auch auf orientalischen Märkten (z.B. Souks in Marokko) ist – wie H. RÖBER (1979) betont – die Gefahr von Betrügereien mit Fossilien weitaus geringer als bei Straßenhändlern oder auf Flohmärkten. Manchmal werden – etwa von fossilen Wirbeltieren – nur Einzelzähne angeboten (z.B. von *Mosasaurus* aus der Ober-Kreide von Marokko), die aus vollständig erhaltenen Kiefern ausgebrochen wurden, um höhere Preise zu erzielen (RICHTER 1995).

„Duchaneks"

Als völlige Fossilfälschungen sind die von Böhmischen Glasbläsern angefertigten „Seelensteine" („duchaneks"; s. Kap. 3.2.) zu bezeichnen. Es sind nachgemachte Kreideseeigel (*Micraster*). Echte *Micraster* sind immer wieder als Grabbeigaben gefunden worden.

Receptaculites-Fälschung

Von einem total gefälschten Fossil berichtet auch RIETSCHEL (1967). Es handelt sich um ein Exemplar von *Receptaculites* aus dem Paläozoikum, dessen Stellung im System der Organismen (Schwamm oder Kalkalge) lange diskutiert wurde und dessen Besonderheit in der Spiralstruktur liegt. Wie RIETSCHEL (1969) zeigen konnte, handelt es sich um eine Form aus der Verwandschaft der Grünalgen. Aus welchen Gründen der Fälscher hier vorsätzlich ein Fossil vortäuschen wollte, ist unklar.

Fossilschmuggel und verbotener Fossilhandel

Angebot und Nachfrage führen vermehrt zum Schwarzhandel mit Fossilien. Es sei hier lediglich auf den mit Saurierknochen und -eiern aus der Wüste Gobi bzw. aus China hingewiesen. Außer echten Fossilfunden werden in Ulan Bator, der Hauptstadt der Mongolei, auch Fälschungen angeboten, was angesichts der hohen Gebühren für Grabungsgenehmigungen für ausländische Expeditionen verständlich erscheint. Seit der Entdeckung von Massenvorkommen von Dinosaurier-Eiern aus der Oberkreide von Henau (China) zählen auch (Ver-)Fälschungen von derartigen Eiern nicht zu Seltenheiten. Aber auch Schmuggel mit wertvollen und einmaligen Versteinerungen wird immer häufiger, besonders seit Länder wie etwa Brasilien und Australien deren Export verboten haben (PFAFF 1995). In jüngster Zeit – seit dem Zerfall der USSR – sind aus öffentlichen Museen Rußlands gestohlene, manchmal richtige Unikate, in den westlichen Fossilhandel gelangt (z.B. Schädel von *Thoosuchus jacovlevi*, ein Labyrinthodonte der Trias aus dem Museum für Paläontologie in Moskau, der jedoch dank des bereits oben erwähnten R. WILD aus Stuttgart wieder retourniert werden konnte), wie etwa in die USA, Großbritannien, Deutschland und Japan.

7. Fossilien als Kriegsbeute

Der *Mosasaurus*-Schädel von Maastricht

Ein eigenes Thema bilden Versteinerungen, die im Zuge von kriegerischen Handlungen verschleppt wurden. Zwei Beispiele sollen dies belegen. Ersteres betrifft den Schädel einer Meeresechse (*Mosasaurus*; Abb. 7.1) aus der Ober-Kreide von Maastricht (Niederlande), der als Kriegsbeute Napoleons nach Paris gelangte und von dem bereits oben die Rede war. Im Jahr 1795 kam nämlich die republikanische Armee Frankreichs nach der erfolgreichen Belagerung von Maastricht mit dieser ungewöhnlichen Trophäe zurück, die in den „Jardin de Plantes" gelangte, dem heutigen „Muséum National d'Histoire naturelle" in Paris, wo er sich noch heute befindet. Es war der Schädel samt Unterkiefer einer, wie der berühmte und erfahrene Zoologe und Anatom GEORGES CUVIER (1769-1832) erkannte, ausgestorbenen, meeresbewohnenden Riesenechse aus der Verwandtschaft der Warane. Der riesige Schädel (120 cm lang) wurde später (1822) vom dem englischen Geologen W. D. CONYBEARE (1787-1857) als *Mosasaurus* (= Maasechse; Mosasauria) bezeichnet (RUSSELL 1967). Der Schädel war

Abb. 7.1.
Skelett einer Maasechse (*Mosasaurus*) aus der O-Kreide von Kansas (USA) aus der Verwandtschaft der Echsen (Squamata). Schädellänge ca. 1,2 m. Foto Ch. Rätsch.

1770 in Ober-Kreidekalken eines Steinbruchs bei Maastricht gefunden und geborgen worden. Er ist deshalb interessant, weil es sich um ein Tier handelte, das nicht in der Bibel angeführt wird, womit die (damalige) weltanschauliche Bedeutung dieses „Drachens" offensichtlich wird. Erst CUVIER erkannte, daß es sich bei diesem „Drachen" um eine ausgestorbene Kreatur handelte.

Das Bernsteinzimmer

Das zweite Beispiel bezieht sich auf das berühmte Bernsteinzimmer, von dem VÁVRA (1987) schreibt: „Auch das bedeutendste Kunstwerk, das je aus Bernstein geschaffen worden war, das „Bernsteinzimmer", wurde zur Kriegsbeute. Es gelangte als Geschenk Friedrich Wilhelm I. (1688-1740) an Peter I. (1672-1725) nach Rußland und wurde schließlich auf Befehl der Zarin Elisabeth in Zarskoje Selo (heute Puschkin bei Leningrad [St. Petersburg]) aufgestellt. Während des 2. Weltkrieges wurde es von den deutschen Truppen abmontiert und im Schloß Königsberg aufgestellt. 1944 war es bereits wiederum verpackt, am 15.1.1945 lagen mehr als 20 Kisten zum Abtransport bereit. Von diesem Moment an verliert sich die Spur dieses einzigartigen Kunstwerks, das im 18. Jahrhundert als das 8. Weltwunder bezeichnet worden war. In den Jahren 1945/46 durchsuchte man in Burgen, Schlössern und ehemaligen Gutshöfen 50 Depots mit aus sowjetischen Museen geraubten Kunstschätzen – das Bernsteinzimmer war nicht darunter. Selbst als man in einem unterirdischen Lager bei Halle nicht weniger als 262 Tonnen (!) Bernstein sicherstellte, war kein Hinweis auf das Bernsteinzimmer zu entdecken. Polnische Taucher durchsuchten bereits 1945 das Wrack der „Wilhelm Gustloff" – sie fanden auch dort keinen Hinweis. Mag es zerstört sein, mag es immer noch in einem Versteck deponiert sein – es bleibt verschwunden. Eine nach alten Plänen versuchte Teilrekonstruktion wird derzeit im American Museum of Natural History in New York im Rahmen einer Bernsteinausstellung gezeigt. Ein ganzer Kranz von Berichten, Hypothesen und Vermutungen rankt sich mittlerweile an diese Angelegenheit. Konkretere Einzelheiten kann man bei G. LUDWIG (1984) oder auch bei DOBSON, MILLER, PAYNE (1979) nachlesen; Bildmaterial zu diesem einzigartigem Kunstwerk befindet sich bei REINEKING V. BOCK (1981)". Das „Bernsteinzimmer" und sein Schicksal lieferte vor kurzem (1995) auch das Thema für eine Kino-/TV-Produktion („Die Spur des Bernsteinzimmers").

„*Pithecanthropus*" *erectus* als Aphrodisiakum?

Abschließend noch eine Bemerkung zu den Originalfunden des Pekingmenschen (*Homo erectus pekinensis*) aus dem Alt-Quartär von „Chou-kóu-tien" (= Zhoukoudian) bei Peking (= Beijing). Diese sind während des 2. Weltkrieges, als die japanische Invasion sich Peking näherte, verschwunden. Gerüchte behaupten, daß die Schädelreste während des Bergungstransportes gestohlen und zermahlen als Drachenknochenpulver zu Höchstpreisen nach Shanghai oder Singapur verkauft worden waren (SELDEN 1979).

8. „Lebende Fossilien" - Reliktformen in der heutigen Tier- und Pflanzenwelt und ihre Bedeutung

Wenn hier in einem eigenen Kapitel – nur ganz kurz – auf das Thema „lebende Fossilien", also auf rezente Arten eingegangen wird, bedarf dies wohl einer Begründung. „Lebende Fossilien" geben dem Wissenschafter wertvolle Hinweise und Einblicke auf sonst längst ausgestorbene Lebensformen, auf ihr einstiges Aussehen, auf die Lebensweise und ihren Lebensraum. Es soll hier nicht das Problem des Überlebens solcher Reliktformen bis zur Gegenwart diskutiert werden, sondern lediglich an Hand von vier ausgewählten Beispielen Aussagen gemacht werden, die zum besseren Verständnis ihrer fossilen Verwandten dienen sollen. Eine ausführliche Darstellung findet sich bei THENIUS (1965).

Definition

Was versteht man unter „lebenden Fossilien" und gibt es sie überhaupt? Wie aus dem Kap. 2. hervorgeht, sind Fossilien Reste vorzeitlicher Lebewesen. Da es sich bei den „lebenden Fossilien" um rezente Arten handelt, ist der Begriff als Widerspruch in sich, unter Anführungszeichen gesetzt.

Wie erkennt man nun „lebende Fossilien"? Dieser Begriff wird CHARLES DARWIN, dem Begründer der Selektionstheorie, zugeschrieben, der altertümliche rezente Arten (wie etwa den chinesischen Tempelbaum *Ginkgo biloba*) als „living fossils" bezeichnete. Eine Definition, die zweifellos durch zusätzliche Kriterien zu ergänzen ist, denn über die Eigenschaft, was als altertümlich zu gelten hat, läßt sich wohl diskutieren. Immerhin sind damit weder die von H. J. DOMBROWSKI (1962) angeblich aus etwa 250 Millionen Jahren alten Steinsalzen stammenden und wieder zum Leben erweckten Bakterien zu verstehen, noch einzelne körperliche Strukturen, die gegenüber den übrigen Merkmalen altertümlich wirken (z.B. das stammesgeschichtlich alte Stammhirn gegenüber dem „modernen" Vorderhirn beim Menschen).

Abb. 8.1. Der rezente „Quastenflosser" *Latimeria chalumnae* von den Komoren-Inseln als „lebendes Fossil". Beachte die typischen „gestielten", paarigen Flossen, wie sie für die Crossopterygier charakteristisch sind. *Latimeria* ist ein Angehöriger der Hohlstachler (Coelacanthini oder Actinistia) unter den „Quastenflossern". Orig. NHMW. Länge ca. 155cm. Foto A. Schumacher.

Hingegen wären darunter bis zur Gegenwart überlebende Dinosaurier oder Plesiosaurier zu verstehen, eine Frage, die bereits im Kap. 3.1. in Zusammenhang mit „Nessie", dem Loch Ness-"Monster", kurz angesprochen, aber negativ beurteilt werden mußte.

Das „klassische" Beispiel für ein „lebendes Fossil" ist die *Latimeria chalumnae*, ein Angehöriger der Quastenflosser (Crossopterygii) unter den Knochenfischen (Osteichthyes). Dieser Fisch wurde im Jahr 1938 vor der Küste Südafrikas entdeckt. Bis dahin galten die Quastenflosser als seit fast 70 Millionen Jahren ausgestorben. Seit 1952 konnten an die 200 Exemplare von *Latimeria* ausschließlich im Bereich der Komoren, einer Inselgruppe vulkanischen Ursprungs zwischen dem nördlichen Madagaskar und der Küste Ostafrikas gefangen werden. Dieser lebende Quastenflosser bietet als Angehöriger einer altertümlichen Fischgruppe zugleich einige weitere Anhaltspunkte zu einer exakteren Definition des Begriffes „lebendes Fossil". Demnach erscheinen folgende zusätzliche Kriterien notwendig:

1. Isolierte Stellung im System der rezenten Arten,
2. Gegenwärtig auf Schrumpf- oder Reliktareale beschränkt und damit
3. einst weite Verbreitung.

Entsprechend dieser Kriterien wäre – wie im Falle von *Latimeria chalumnae* – ein Fossilnachweis notwendig. Und hier beginnt die Kritik, derzufolge es überhaupt keine „lebenden Fossilien" geben soll. Es erscheint daher sinnvoller von Reliktformen unter den rezenten Tier- und Pflanzenarten zu sprechen. Denn gerade bei jenen „lebenden Fossilien", die durch Fossilfunde in der Vorzeit dokumentiert sind, gelingt fast nie der Nachweis, daß fossile Arten mit dem (rezenten) „lebenden Fossil" artlich gleich sind. Speziell aus diesem Grund wird von verschiedenen Wissenschaftern (unberechtigterweise) die Existenz „lebender Fossilien" überhaupt geleugnet.

Latimeria chalumnae, der Quastenflosser

Unbestritten ist zweifellos die Tatsache, daß die als „lebende Fossilien" bezeichneten Arten gegenüber anderen verwandten Formen sich im gleichen Zeitraum morphologisch weniger rasch verändert haben als diese. Es sei hier nur auf die Entwicklung der Knochenfische (Osteichthyes), zu denen die *Latimeria chalumnae* gehört, verwiesen. Nach der Fossildokumentation treten die ältesten Knochenfische vor etwa 400 Millionen Jahren auf. Zur Devonzeit sind Angehörige der drei Hauptgruppen (Dipnoi als Lungenfische, Crossopterygii als Quastenflosser und Actinopterygii als Strahlenflosser) nachgewiesen, von denen damals Lungenfische und Quastenflosser dominierten und weltweit verbreitet waren. Seit dem Jungpaläozoikum geht ihre Arten- und Formenfülle jedoch zurück, während die Strahlenflosser im Jungpaläozoikum und danach zur dominierenden Knochenfischgruppe mit einer riesigen Artenfülle werden, der praktisch alle heutigen Speisefische angehören.

Die Lungenfische (Dipnoi) überleben heute mit nur wenigen Arten auf den Südkontinenten, von denen *Neoceratodus* („*Epiceratodus*") *forsteri*, der australische Lungenfisch, als „lebendes Fossil" bezeichnet werden kann. Er unterscheidet sich im Aussehen kaum von *Ceratodus* aus der Trias, dessen charakteristische Zähne sich in den Ablagerungen von Muschelkalk und Keuper Deutschlands immer wieder finden. Die Gattung *Neoceratodus* ist seit der Ober-Kreidezeit aus Australien nachgewiesen. Mit diesen Kriterien, zu denen morphologisch altertümliche Merkmale (z.B. Fischlungen, Beschuppung, Ausbildung der Flossen) kommen, erfüllt *Neoceratodus forsteri* sämtliche Voraussetzungen für ein „lebendes Fossil".

Die Quastenflosser (Crossopterygii) sind – wie erwähnt – gegenwärtig nur durch *Latimeria chalumnae* vertreten (Abb. 8.1). Mit der Gattung *Coelacanthus* aus der Permzeit ist eine im Habitus nur unwesentlich von *Latimeria* verschiedene Form bereits vor etwa 250 Millionen Jahren bekannt. Damals waren die Strahlenflosser (Actinopterygii) bereits artenreich durch die Ganoidfische, die sogen. „Schmelzschupper", vertreten (zu denen auch *Lepidotes* gehört; s. Kap. 3.), von den „modernen" Knochenfischen (Teleostei) fehlte damals noch jede Spur. Diese erscheinen nicht vor der älteren Jurazeit und haben seither ihre gesamte Arten- und Formenfülle mit gegenwärtig fast 25.000 Arten entwickelt. In einer Zeitspanne in der sich die Quastenflosser nur mehr minimal verändern sollten, jedoch vom reinen Flachwasser in etwas tiefere Meeresregionen abgewandert sein dürften. Wann die Umbildung der Fischlunge zu einem – für Tiefwasserfische typischen – Fettsack erfolgte, muß offen bleiben. Die erdgeschichtlich jüngste fossile Gattung ist *Macropoma* aus Flachwasserablagerungen der Oberkreidezeit Europas und Asiens. Aus der Jurazeit sind etwa 15, aus der Kreidezeit nicht einmal mehr 10 Arten von Quastenflossern aus der Gruppe der Hohlstachler (Coelacanthini = Actinistia) bekannt (THOMSON 1993). Diese ist die stammesgeschichtlich „uninteressante" Gruppe unter den Quastenflossern und wird neuerdings überhaupt als eigene – nicht als „echte" Quastenflosser zu bezeichnende – Ordnung klassifiziert. Aus der anderen Einheit (Rhipidistia) haben sich nämlich zur Devonzeit die Landwirbeltiere mit den Amphibien entwickelt. Obwohl die *Latimeria* von der Wissenschaft erst im Jahr 1938 entdeckt wurde, war dieser Quastenflosser mit einer durchschnittlichen Größe von 1,8 m den Fischern der Komoren unter dem Namen Kombessa längst bekannt. Sie wurden stets nachts in einer Tiefe zwischen 80 und 600 m gefangen. Nach FRICKE (1988), der die *Latimeria chalumnae* mit einem Tiefseetauchboot erstmalig lebend beobachten konnte, leben diese Quastenflosser an den submarinen Hängen der Komoreninseln Anjouan und Grande Comore in einer Tiefe von 120 bis 200 m. Die einheimischen Fischer, die in den oben genannten Tiefen fischten, waren nicht auf die *Latimeria* aus, der als Speisefisch nicht verwertbar ist, sondern auf den Ölfisch (*Ruvettus pretiosus*). Die Fänge von *Latimeria* erfolgten lediglich aus Zufall. Immerhin haben die Eingeborenen der Komoreninseln eine Verwendung für *Latimeria*. Die durch Knochensubstanz verstärkten (Kosmoid-)Schuppen sind an der Außenseite kräftig bedornt und werden deshalb von den Komorenbewohnern zum Aufrauhen von Fahrradschläuchen bei deren Reparatur verwendet. Ob die rezenten Quastenflosser tatsächlich nur auf die Komoren und damit auf den Indik beschränkt sind ist fraglich. Votivfiguren von Quastenflossern aus Spanien bzw. echte, jüngst bekannt gewordene Schuppen aus dem Golf von Mexiko, lassen nämlich eine weitere Verbreitung in der Jetztzeit nicht gänzlich ausgeschlossen erscheinen (GREENWELL 1994).

Nautilus pompilius, das Perlboot

Mit *Latimeria chalumnae* wurde das vermutlich wichtigste „lebende Fossil" unter den Wirbeltieren genannt. Als wohl bekanntestes Gegenstück unter den sogen. Wirbellosen (Evertebrata) gilt das Perlboot (Gattung *Nautilus*) aus dem Pazifik. Die durch mehrere Arten (*N. pompilius, N. macromphalus, N. umbilicatus*; Abb. 8.2 und 8.3) im südwestlichen Pazifik, von den Philippinen über Neukaledonien bis nach Australien und die Fidschi-Inseln verbreitete Gattung ist ein Angehöriger der Kopffüßer (Cephalopoda) unter den Weichtieren (Mollusca). Das Perlboot ist der einzige Kopffüßer der Gegenwart mit einem Außenskelett (die Schale des Papierbootes *Argonauta* ist kein Gehäuse, sondern eine nur bei weiblichen Tieren ausgebildete Brutkammer) und dadurch den ausgestorbenen Ammoniten ähnlich. Die übrigen rezenten Kopffüßer (Tintenfische) besitzen lediglich ein Innenskelett (Schulp bzw. Gladius bei den Sepien bzw. Kalmaren), sofern dieses nicht völlig rückgebildet ist, wie bei den Kraken (*Octopus*). Das gekammerte, planspiral eingerollte Gehäuse von *Nautilus* besitzt einen sogen. Sipho (= häutiger Strang), der das in der Wohnkammer lebende Tier mit den übrigen Kammern, die durch Scheidewände (Septen) voneinander getrennt sind, verbindet (vgl. Abb. 3.58). Dieser Organisationstyp entspricht jenem der Ammoniten (Ammonoidea), von denen bereits mehrfach die Rede war. Das Gehäuse dieser Kopffüßer dient mit seinen Gaskam-

Abb. 8.2.
Nautilus macromphalus aus dem SW-Pazifik als „lebendes Fossil" unter den Nautiloidea. Aquarium von Nouméa in Neukaledonien. Foto F. Starmühlner.

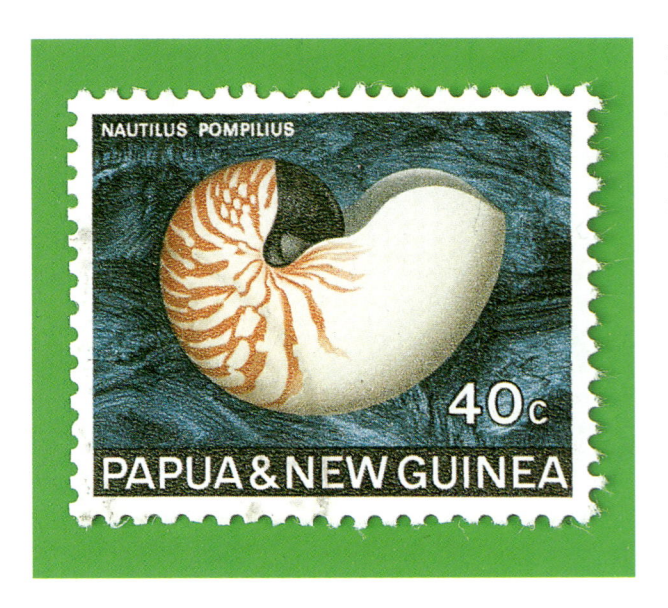

Abb. 8.3. Das Perlboot (*Nautilus pompilius*) als Briefmarkenmotiv von Papua-Neuguinea. Foto R. Gold.

Abb. 8.4. Der Schwertschwanz *Limulus polyphemus* als „lebendes Fossil" unter den Xiphosuren von der Atlantikküste der USA. Charakteristische Dreigliederung des Außenskeletts in Prosoma (Kopfschild), Opisthosoma (Rumpf) und Telson (Schwanzstachel). Orig. SMF. Foto S. Tränkner.

mern dem Auftrieb und ist zugleich Schutz vor dem Wasserdruck in größerer Tiefe. Der Nautilus kann bis in eine Meerestiefe von fast 900 m leben. Die Fortbewegung erfolgt nach dem Rückstoßprinzip mittels eines Wasserstromes, der aus einem zweilappigen Trichterrohr ausgestoßen wird. Während die Ammoniten mit dem Ende der Kreidezeit aussterben, überlebten die Perlboot-Verwandten (Nautiloidea), wenn auch mit abnehmender Artenzahl und schrumpfendem Verbreitungsareal, bis in die Gegenwart. Noch im Jungtertiär waren Nautiliden auch noch in Europa heimisch. Die Stellung von *Nautilus* als einziger (rezenter) Gattung im System der Kopffüßer ist somit völlig isoliert. *Nautilus* ist eine typische Reliktform unter den rezenten Cephalopoden, die möglicherweise dank ihrer Fortpflanzungsstrategie (wenige, aber große, benthonische Eier und Brutpflege) bis heute überlebt hat (WARD 1993: 90). Die Eier der Ammoniten waren winzig (1-2 mm) und die Larven lebten planktonisch. Abgesehen von dem als ursprünglich zu bezeichnenden Außenskelett und der Art der Fortpflanzung besitzt das Perlboot als einziger rezenter Kopffüßer ein (primitives) Lochkamera-Auge ohne Linse. Die Nautiloidea zählen zu den erdgeschichtlich ältesten Kopffüßern. Erstmalig im Ober-Kambrium – also vor den Ammonoidea – nachgewiesen, erreichen sie im Alt-Paläozoikum eine große Arten- und Formenfülle, um dann zahlenmäßig von den Ammonoidea abgelöst zu werden, deren Schwerpunkt im Mesozoikum erreicht wird. Seit der Permzeit treten die Nautiloidea mehr und mehr zurück, im Alttertiär waren es noch etwa 10 Gattungen, im Jungtertiär existierten nur mehr zwei Gattungen, die allerdings im einstigen Tethysbereich noch weit verbreitet waren.

Die Perlboote, die gegenwärtig in einer größeren Meerestiefe leben und nur zur Fortpflanzung in obere Meerespartien kommen, dienen den Einheimischen nur gelegentlich als Nahrung (mdl. Mitt. F. STARMÜHLNER). Hingegen sind die mit einer dekorativen Farbzeichnung versehenen Gehäuse ein beliebtes Souvenir und ein richtiger, vielseitig verwendbarer Kunstgegenstand (z.B. „Nautiluspokale" der Renaissance im 17. Jahrhundert; als in Gold oder Silber gefaßte Trinkgefäße oder Öllampen). Neuerdings werden unter dem Namen Nautilus Lautsprecher moderner Musikanlagen angeboten, die lediglich eine planspirale Aufrollung mit *Nautilus* gemeinsam haben. Gehäuse von abgestorbenen Perlbooten können durch Meeresströmungen sehr weit verdriftet werden und finden sich daher auch weit entfernt vom eigentlichen Lebensraum, wie etwa an Afrikas Ostküste.

Limulus polyphemus, der Schwertschwanz

Ein weiteres klassisches „lebendes" Fossil ist der Schwertschwanz (*Limulus polyphemus*, Abb. 8.4) als Angehöriger der Spinnenartigen i.w.S. (Chelicerata). Die gegenwärtig nur durch einige wenige Arten bekannten Schwertschwänze (Xiphosura) sind disjunkt verbreitet und somit auf ein Schrumpfareal beschränkt (*Limulus* an der Atlantikküste Nordamerikas, *Carcinoscorpius* und *Tachypleus* im Bereich der Molukken; daher verschiedentlich auch als Molukkenkrebse bezeichnet). Die einst weltweite Verbreitung der Xiphosuren, die den Spinnen näher stehen als den Krebsen (Crustacea) ist durch Fossilfunde dokumentiert.

Die Xiphosuren sind eine sehr alte (meist meeresbewohnende) Gruppe unter den Gliederfüßern (Arthropoda). Sie sind seit dem Kambrium bekannt. Der ursprünglich aus zahlreichen, beweglichen Segmenten bestehende Panzer verschmilzt im Laufe der Evolution zu zwei Abschnitten (Pro- und Opisthosoma), zu denen das letzte Segment als Stachel (Telson) kommt. Dieser „*Limulus*"-Typ war bereits zur Permzeit mit der Gattung *Palaeolimulus* vor mehr als 200 Millionen Jahren ausgebildet. Bei *Euproops* aus dem Karbon (s. Kap. 4.8.) ist der Rumpf (Opisthosoma) noch gegliedert. Seit der Permzeit hat sich das Aussehen der Schwertschwänze kaum verändert. *Mesolimulus walchi* aus dem Ober-Jura von Solnhofen ist nur von Spezialisten vom heutigen *Limulus polyphemus* zu unterscheiden (Abb. 8.5). *Mesolimulus* war somit Zeitgenosse der Dinosaurier. Daher war auch bei der Dinosaurierausstellung im Kölner Zoo ein rezenter *Limulus polyphemus* als einzige lebende Art dort (in einem Aquarium) zu sehen. Das Überleben der Schwertschwänze ist möglicherweise auf ihre Anpassung an Salzgehaltsschwankungen zurückzuführen.

Ginkgo biloba, der chinesische Tempelbaum

Nun aber zum letzten Beispiel eines „lebenden Fossils", nämlich zum chinesischen Tempelbaum (*Ginkgo biloba*; Abb. 8.6). Er ist das klassische Beispiel für eine Reliktform im Pflanzenreich. Als Wildform ist der heute als Park- und Zierbaum in allen Erdteilen verbreitete *Ginkgo biloba* nur in einigen wenigen Provinzen Chinas (v.a. Guangdong und Guangxi) heimisch. Es sind typische Reliktareale. Einst waren die Ginkgogewächse (Ginkgophyten), deren einziger heutiger Vertreter *Ginkgo biloba* ist, weltweit und formenreich verbreitet. Man kennt Fossilreste nicht nur von der nördlichen Hemisphäre, einschließlich Spitzbergen und Grönland, sondern auch aus Südamerika, Afrika und Australien. Noch zur ausgehenden Tertiärzeit (Pliozän) waren *Ginkgo*-Arten in Mitteleuropa heimisch. Die ältesten Ginkgophyten sind mit *Sphenobaiera* aus der Permzeit nachgewiesen. Ginkgophyten existierten also Millionen Jahre bevor die ersten Bedecktsamer mit den Blütenpflanzen auftraten. Mit anderen Worten: Die gesamte Arten- und Formenfülle der Blütenpflanzen (Angiospermen) hat sich erst seither entwickelt. Demnach liegt ein ähnliches Verhältnis wie zwischen Quastenflossern und „modernen" Knochenfischen vor (s.o.). Das kennzeichnende Merkmal von *Ginkgo biloba* sind die zweiteiligen,

Abb. 8.5. *Mesolimulus walchi* (Xiphosura) aus dem O-Jura der Solnhofener Plattenkalke als Zeitgenosse der Dinosaurier. Dreigliederung wie beim rezenten Schwertschwanz *Limulus polyphemus*. Orig. IUPW. Länge ca. 10 cm. Foto R. Gold.

spatelförmigen Blätter (Artname!; Abb. 8.7). Die Sonderstellung ist jedoch durch die Ausbildung der Samenanlagen und die Art der Befruchtung gegeben (die Befruchtung der Eizelle in den nackten Samenanlagen erfolgt durch bewegliche Spermatozoiden mit einem spiraligen Geißelband), die an Farnpflanzen (Pteridophyten) erinnern und sich dadurch von allen Nacktsamern („Gymnospermae") der Gegenwart unterscheidet. Die Ginkgophyten, die ursprünglich als Nacktsamer klassifiziert wurden, bilden eine eigene Gruppe, die meist als den Coniferophytina gleichwertig angesehen wird.

Ginkgo biloba ist dank seiner Inhaltsstoffe (v.a. Flavonoide) eine wichtige Arzneipflanze, die nicht nur für die Homöopathie von Bedeutung ist. Bereits seit Jahrhunderten spielen Ginkgo-"Nüsse" aber auch -blätter in der chinesischen Medizin eine Rolle als Heilmittel für Husten und Asthma, Wurmbefall, Bluthochdruck und Angina pectoris. Den weltweiten Durchbruch erzielte *Ginkgo* als Arzneipflanze jedoch erst nach dem 2. Weltkrieg, als eine deutsche Forschergruppe feststellte, daß ein Extrakt aus Ginkgoblättern durchblutungsfördernde Eigenschaften besitzt. Ginkgo-Extrakte werden heute bei cerebralen (Gehirn) und peripheren (bes. der Beine) Durchblutungsstörungen eingesetzt (CAESAR 1994). *Ginkgo biloba* ist somit ein typisches Beispiel für die moderne Phytotherapie.

Über die besondere Resistenz von *Ginkgo biloba* ist viel geschrieben worden. Besonders über den „Atombomben-Ginkgo" von Hosenbo in Hiroshima, der vom Zentrum des Atombombenabwurfes im Jahre 1945 nur 800 m entfernt ist und der noch heute lebt.

Ginkgo biloba gilt in China als „Baum der Erkenntnis" und wurde als symbolischer Träger des philosophischen „Yin und Yang"-Prinzipes seit Jahrhunderten verehrt, was ihm als Tempelbaum vermutlich vor dem Aussterben rettete (DIETRICH 1994).

Der chinesische Tempelbaum spielt dank seiner dekorativen, fächerförmigen Blätter als Motiv eine Rolle für das Kunsthandwerk, nicht nur in Ostasien, sondern auch in Europa (Abb. 8.8 und 8.9) (H. SCHMOLL-EISENWERTH 1994). Nicht zu vergessen wäre aber auch seine Bedeutung für die Dichtkunst, in der GOETHE's Gedicht vom „Baum des Ostens" zweifellos zur steigenden Beachtung des „Urwelt-Baumes" beigetragen hat (J. A. SCHMOLL-EISENWERTH 1994).

Abb. 8.6.
Der chinesische Tempelbaum *Ginkgo biloba* als „lebendes Fossil" unter den rezenten Ginkgogewächsen (Ginkgophyta). Heute als Parkbaum weltweit verbreitet. Rathauspark in Wien. Foto E. Thenius.

Abb. 8.7.
Ginkgo biloba als Orakelbaum in Kamakura (Japan). Beachte die charakteristische spatelförmige Ausbildung der Blätter, die oft zweigeteilt (bilobat) sind.
Foto Ch. Rätsch.

Abb. 8.8.
Ginkgo-Henkelkrug. Vergoldete Keramik mit den typischen Blättern und den Hängefrüchten (datiert Paris 1900). Nach H. SCHMOLL-EISENWERTH (1994).

Abb. 8.9.
Ginkgo-Brosche aus Gold mit Perle und Brillanten verziert. Paris, um 1900. Charakteristische Blattform von Ginkgo. Nach H. SCHMOLL-EISENWERTH (1994).

9. Danksagung

Für die Hilfe bei der Vorbereitung und Abfassung dieses Buches, angefangen von den zeitraubenden und manchmal mühsamen Schreibarbeiten (K. Lippert) über die Beschaffung bzw. Überlassung von Abbildungsvorlagen und von Literatur sowie die Anfertigung von Zeichnungen und Fotos bis hin zu wertvollen Hinweisen jeglicher Art danken die Autoren folgenden Personen und Institutionen, ohne deren Mitwirkung das Buch nicht zustande gekommen wäre:

Zunächst sei dem Institut für Paläontologie der Universität Wien mit seinen Vorständen Prof. Dr. F.F. Steininger und Prof. Dr. G. Rabeder, dem Naturhistorischen Museum Wien mit den Abteilungsleitern Dir. HR. Dr. H.A. Kollmann und Frau Dr. F. Spitzenberger sowie dem Forschungsinstitut und Naturmuseum Senckenberg in Frankfurt/M. mit Dir. Prof. Dr. W. Ziegler und seinen Angehörigen herzlichst gedankt, von denen folgende Damen und Herren namentlich genannt seien: N. Frotzler, R. Gold, Staatsbibl. Dr. H. Kröll, D. Kulowitz, K. Lippert, V. Perlinger, Mag. Dr. K. Rauscher, AR F. Sattler, W. Simeth und Dr. R. Zetter vom Institut für Paläontologie, Dr. G. Höck, Dr. G. Niedermayr, R. Schönmann, Dr. O. Schultz, A. Schumacher, Dr. R. Seemann und Dr. H. Summesberger vom Naturhistorischen Museum sowie Dr. Th. Jellinek, Dr. G. Plodowski, V. Thier und S. Tränkner vom Naturmuseum Senckenberg.

Unser Dank gilt ferner: Prof. Dr. K. D. Adam, Stuttgart; Prof. Dr. E. Annoscia, Mailand; Archiv für Kunst und Geschichte GmbH, Berlin; Prof. Dr. G. Braga, Padua; Chuck Coon, Cheyenne, Wyoming; Severino Dahint, Basel; Deutsches Archäologisches Institut, Rom; HR Dr. J. Eiselt, Wien; Dr. B. Engesser, Basel; Enke-Verlag, Stuttgart; Prof. Dr. P. Faupl, Wien; HR Prof. Dr. W. Fiedler, Wien; G. Fischer-Verlag, Jena; Dr. W. Gaitzsch, Titz; HR Dr. P. Gottschling, Wien; Andreas Guhr, Hamburg; Hans Haehe, Stuttgart; Rotraud Harling, Stuttgart; Dr. W.-D. Heinrich, Berlin; Mag. Th. Hofmann, Wien; Husum Druck- und Verlagsgesellschaft mbH & Co. KG. Husum; Institut für Geologie der Universität Wien; Institut für Humanbiologie der Universität Wien, Institut für Mittelalterliche Realienkunde der Österr. Akademie der Wissenschaften, Krems; Institut für Paläontologie der Humboldt-Universität Berlin; Dr. Ing. Irmer, Freiberg; H. H. Kähler, Husum; Dr. Dipl. Geol. W. Klammer, Wien; Prof. Dr. W. Klepal, Wien; M. Knopfe, Freiberg; Krahuletz-Museum in Eggenburg; Dir. Prof. Dr. O. Kresten, Rom; Kulturpark Kamptal-Manhartsberg, Eggenburg; Dr. B. Kunz, Wien; Landesmuseum für Kärnten, Klagenfurt; H. Lanz, Zürich; Prof. Dr. U. Lehmann, Hamburg; Dr. Yusheng Liu, Nanjing; Dr. P. Liverani, Rom; Medienzentrum der TU Bergakademie Freiberg; Museum am Löwentor, Stuttgart; Museum für Naturkunde der Humboldt-Universität Berlin; Naturhistorisches Museum, Basel; Prof. Dr. H. Nestler, Greifswald; Paläontologisches Institut und Museum der Universität Zürich; René Panchaud, Basel; Maria Pingen, Hürtgenwald; Dr. Ivo Poglayen-Neuwall, Tucson; Dr. Chr. Rätsch, Hamburg; Prof. Dr. H. Reinhart, Eggenburg; Rheinbraun-AG, Köln; Rheinisches Landesmuseum Bonn; Prof. Dr. H. Rieber, Zürich; † K. Rudat, Husum; HR Dr. A. Sammer, Wien; Dr. U. Sauerborn, Aalen; Saurier-Museum Aathal bei Zürich; Prof. Dr. Dr. h.c. F. Schaller, Wien; Schatzkammer des Deutschen Ordens, Wien; Prof. Dr. H. Schenkel-Brunner, Wien; Dr. D. Schlee, Stuttgart; SC-Möbel C.A. Scheffler & Co., Safenwil; Dr. J. Schlüter, Jena; Dr. H. Schmoll-Eisenwerth, München; Karl Schütz, Wien; Prof. Dr. H. P. Schultze, Berlin; Prof. Dr. H. Seidler, Wien; Staatliches Museum für Naturkunde, Stuttgart; Prof. Dr. F. Starmühlner, Wien; Prof. Dr. F. F. Steininger, Wien-Frankfurt/M.; Ingrid Steininger, Wien-Eggenburg; Dr. G. Taborelli, Mailand; Theiss-Verlag, Stuttgart; Margarethe Thenius, Wien; Prof. Dr. A. Tollmann, Wien; Dr. F. H. Ucik, Klagenfurt; Dr. E. Vávra, Krems; Mag. J. Vávra, Wien; M. Vávra, Krems; VMA-Vertriebsgesellschaft Wiesbaden; Prof. Dr. H. Walther, Dresden; Wiss. Druck- und Verlagsgesellschaft, Graz; wiss. Verlagsgesellschaft mbH., Stuttgart; † Prof. Dr. Dr. h.c. H. Zapfe, Wien und Prof. Dr. B. Ziegler, Stuttgart.

Soweit nicht anders vermerkt, stammen die Entwürfe von Zeichnungen vom Verf. (E. T.).

Für die Durchsicht von Manuskript und das Layout sei Herrn Dr. Thomas Jellinek besonders gedankt.

10. Glossar (Erklärung von Fachausdrücken)

Aberglaube = Glaube an naturwissenschaftlich unerklärte Kräfte (meist) außerhalb herrschender Religionen z.T. verbunden mit Geisterglauben; oft kommerziell genützt.
Abdruck s. Erhaltung(szustand)
Acheulien = Abschnitt des Paläolithikum; s. Zeit-Tab.
„**Actaeonellen**" = Schnecken der Ober-Kreide (z.B. *Trochacteon*).
Actinopterygii = Strahlenflosser (z.B. Karpfen); artenreichste Gruppe der Knochenfische (Osteichthyes; s.d.).
aerob = unter Sauerstoffzutritt (Gegensatz: anaerob).
akryogen(e) Periode = Zeitspanne, in der - bedingt durch die Kontinentaldrift - keine Poleiskappen existierten, da beide Pole im offenen Ozean lagen (Gegensatz kryogen).
Aktuopaläontologie (= „rezente Paläontologie") betr. Vergleichs-Beobachtungen an rezenten Organismen.
Allochthonie = Vorkommen (von Fossilien); heterochrone A. = Fossilien in erdgeschichtlich jüngeren Fundschichten vorkommend; synchrone A. = Fundschichten gleichaltrig mit Fossilien.
„**Ambroid**" = Preßbernstein.
Alteration = Veränderung.
Ambulacralgefäßsystem (= Wassergefäßsystem) s. Echinodermata.
Ambulacralplatten der Echinoidea (= Seeigel); s.d.
„**Ammolite**" = Schmuck-Perlmutt-Ammoniten der Kreidezeit.
Ammoniten s. Cephalopoda.
Ammonoidea s. Cephalopoda.
Amplifikation = Vervielfältigung.
Amulett = geschenkter Gegenstand, der den Träger vor Bösem schützen bzw. Glück bringen soll.
anaerob = ohne Luftsauerstoff (Gegensatz aerob).
Angiospermen = Bedecktsamer.
Anthozoa (Korallen) = Klasse der Cnidaria (s. syst. Tab.); Gliederung in Tabulata, Pterocorallia (= Tetracorallia = „Rugosa") und Cyclocorallia (= Scleractinia).
Anthrazit = höchster Inkohlungsgrad der Steinkohle (< 10% flüchtige Bestandteile).
Anthropologie = Wissenschaft vom Menschen (= Humanbiologie).
Aphrodisiakum = Mittel zur Steigerung der männlichen Potenz.
Apicalseite = Oberseite bei Echinoidea s.d.
Aragonit = rhombische Modifikation des Kalziumkarbonats.
Archaeocyatha = ausgestorbene Klasse der Vielzeller, die Merkmale von Schwämmen (Porifera) und Korallen (Anthozoa) vereint
arktotertiär = laubabwerfende Florenelemente der gemäßigten Zone zur Tertiärzeit.
Art = als Biospecies natürliche Fortpflanzungsgemeinschaft; sonst nur Definition nach körperlichen Merkmalen (= Morphospecies).
Artefakt = künstlich hergestelltes Werkzeug.
Arthropoda (= Gliederfüßer), Stamm der Vielzeller mit Außenskelett aus chitiniger Grundsubstanz (z.B. Trilobiten, Krebse, Spinnen, Insekten).
Articulata s. Brachiopoda.
„**Augsteindreher**" = Handwerker, die Gagat verarbeiten.
Aurignacien = Abschnitt des jüngeren Paläolithikum; s. Zeit-Tab.
Autochthonie s. Vorkommen (von Fossilien).
Badener Meer = Meer im Bereich der Zentralen Paratethys zur Zeit des Mittelmiozäns (Badenien; s. Zeit-Tab.).
Balaniden = „Seepocken", Angehörige der Crustacea (= Krebstiere).
Basilisk = sagenhaftes Wesen; meist als Mischung von Schlange und Hahn dargestellt.
Belemniten = Rostren der Belemnoidea, deren Innenskelett aus Rostrum, Phragmocon und Proostracum besteht. Angehörige der Cephalopoda; s.d.
Belemnoidea s. Cephalopoda.
Bernstein = präquartäres Harz (z.B. Succinit, Glessit).
bilateral = zweiseitig symmetrisch.
binominal s. Nomenklatur.
Biogeographie = Wissenschaft von der geographischen Verbreitung von Tieren und Pflanzen und ihren Ursachen
„**biological markers**" s. Chemofossilien.

Biomineralisation = diagenetischer Vorgang vor und während der Fossilisation.
Biospecies s. Art.
Biostratigraphie = Zweig der angewandten Erdwissenschaften. Relative Altersdatierung der Fundschichten mit Hilfe von (Leit-) Fossilien; s.d.
Biostratinomie = s. Taphonomie.
Bitumen (Mz.: Bitumina) = unterschiedlich verwendeter Begriff z.T. = Asphalt, aber auch für aus Sedimenten und Kohlen extrahierbarer Anteil organ. Materials.
Bivalvia = Muscheln (Lamellibranchiata); Klasse der Weichtiere (Mollusca) mit zweiklappigem Gehäuse. Einzelne Klappen (linke und rechte) fast nie bilateral symmetrisch; s. syst. Tab.
Böhmische Masse = Geologische Einheit aus kristallinen Gesteinen (Bayern, Tschechien, Nieder- u. Oberösterreich).
Brachiopoda (= Armfüßer) Klasse der Tentaculata. Marine Wirbellose mit zweiklappigem, bilateral symmetrischem Gehäuse (Stiel- oder „Ventral"-Klappe und Arm- oder „Dorsal"-Klappe). Meist mit fleischigem Stiel am Untergrund festgewachsen. Gliederung in Inarticulata (= Schloßlose) und Articulata (= Schloßtragende). Taxonomisch wichtiges kalkiges Gerüst für fleischige Arme (Lophophoren) im Inneren (s. syst. Tab.).
Brauchtum = in der wiss. Literatur nur noch mit großer Einschränkung gebräuchlich; im allg. Sprachgebrauch bewußte Tradition und Brauchtumspflege.
„**browser**" = Äser (Blattfresser).
Bryozoen (= Moostierchen) = Klasse der Tentaculata (s. syst. Tab.)
Burmit = Bernstein aus Burma.
Cabochon = rund geschliffener Schmuck- oder Edelstein.
CAI-Methode = Feststellung der Farbveränderung (Colour Alteration Index) bei Conodonten (s.d.) durch den Metamorphosegrad.
Cannelkohle s. Kannelkohle.
Carapax = Außenskelett der Trilobiten; s.d.
Carnosauria = Gruppe der Saurischia („Dinosaurier").
Cephalon = Kopfschild bei Trilobiten.
Cephalopoda (= Kopffüßer), Klasse der Mollusca (Weichtiere; s. syst. Tab.). Gliederung in Endocochlia mit Innenskelett (z.B. Tintenfische, Belemnoidea) und Ectocochlia mit Außenskelett (z.B. Nautiloidea, Ammonoidea).
Ceratopsia (= „Hornsaurier"). Angehörige der Ornithischia (s.d.) (z.B. *Triceratops*).
Chemofossilien = fossile organische Substanzen (z.B. Aminosäuren, Abbauprodukte des Chlorophylls).
Chordata (= Chordatiere); Stamm der Vielzeller (Metazoa), dem auch die Wirbeltiere (Vertebrata) angehören; s. syst. Tab.
Coccolithen = winzige Kalkplättchen, aus denen das Gehäuse von Kalkalgen (Coccolithophorida) besteht; = Nannofossilien; s.d.
Columnalia = Glieder des Stieles von Seelilien (Crinoidea)
Connecting link = Bindeglied zwischen zwei getrennten systematischen Einheiten (z.B. *Archaeopteryx lithographica* zwischen Reptilien und modernen Vögeln.
Conodonten = winzige, zahnähnliche, meist isoliert gefundene Mikrofossilien (Conodontophorida) von großer biostratigraphischer Bedeutung. Vermutlich Klasse der Chordata; s. syst. Tab.
Corallinaceen = Kalk-Rotalgen
Cordaitales = ausgestorbene Nacktsamer aus der Gruppe der Coniferophytina.
Corona = Gehäuse der Seeigel (s. Echinoidea)
Crenulae (Crenellen) = feine Leistchen an Gelenkflächen von Stielgliedern bzw. Kelch- und Armplatten bei Seelilien (Crinoidea).
Crinoidea, Crinoiden = Seelilien, Klasse der Stachelhäuter (Echinodermata).
Cro-Magnon-Mensch = Mensch des jüngeren Paläolithikum; s. Zeit-Tab.
Crossopterygii (Quastenflosser) = Gruppe der Knochenfische (Osteichthyes). 2 Einheiten unterschieden: Rhipidistia (z.B. *Eusthenopteron*) und Actinistia oder Coelacanthini (z.B. *Latimeria*).

Crustacea (= Krebstiere). Gruppe der Gliederfüßer (Arthropoda).
Cyclocorallia s. Anthozoa.
Cystoidea s. Echinodermata.
Dachschädler s. Stegocephalen.
Decabrachia = zehnarmige Tintenfische (z.B. Kalmare; s. Cephalopoda).
Dendriten = Ausfällungen mineralischer Lösungen (= Pseudofossilien).
Dentalien = Grabfüßer (Scaphopoda) als Klasse der Weichtiere (Mollusca). Einheitliches röhrenförmiges Gehäuse (z.B. *Dentalium* = „Elefantenzahn").
Derivate = abgeleitete chemische Verbindungen bzw. Produkte (z.B. Rohöl, Erdgas, Steinöl).
Destillation, fraktionierte = Trennung eines Flüssigkeitsgemisches in Fraktionen durch Verdampfen und Kondensieren.
detritär = aus Detritus (Gesteinsschutt und Zerreibsel von Organismenresten) bestehend.
Devon = Periode des Paläozoikums; s. Zeit-Tab.
Devotionalien = Andachtsgegenstände (z.B. Heiligenbilder, Rosenkränze).
Diagenese = Vorgang, der zur Fossilisation von Organismen und organ. Substanzen bzw. zur Umbildung von lockerem Sediment zum Gestein führt.
Diatomit = Gestein aus Diatomeen (Kieselalgen).
„Diluvianer" = Vertreter der biblischen Sintfluttheorie (z.B. J. J. SCHEUCHZER).
Diluvium = veralt. Bezeichnung für Eiszeit (Pleistozän; s. Zeit-Tab.).
Dinosaurier = Sammelbegriff für zwei Reptilordnungen (Ornithischia und Saurischia) aus dem Mesozoikum; s. syst. Tab.
Dinotherium = großes Rüsseltier mit Unterkieferstoßzähnen (Tertiär und älteres Pleistozän).
Dipnoi (= Doppelatmer) = Lungenfische (z.B. *Neoceratodus*); Gruppe der Knochenfische (Osteichthyes; s.d.).
Diuretikum = harntreibendes Mittel.
DNA = engl. desoxiribonuclein-acid (= DNS Desoxiribonucleinsäure) als Erbsubstanz.
Drachen = Fabelwesen mit teilweise realem Hintergrund.
Drachenknochen (der chinesischen Apotheken) = Knochen und Zähne fossiler Wirbeltiere.
Druiden = Priester der Kelten, Wahrsager, Heiler, Richter (später als Schwarzmagier und Hexer bezeichnet).
Dru(i)denfuß (= „signum druidum") magisches Fünfeck (Pentagramm) zur Abwehr der Dru(i)den.
„Duchaneks" = Nachbildungen fossiler Seeigel.
Echinoidea (= Seeigel), Klasse der Stachelhäuter (Echinodermata). Gehäuse (= Corona) primär pentamer symmetrisch, sekundär bilateral symmetrisch. 2 Gruppen: „Regularia" und „Irregularia" zu unterscheiden. Erstere am Substrat, letztere im Substrat lebend (als grabende Seeigel). Corona aus 20 Plattenreihen (Ambulacralia und Interambulacralia) bestehend. Oralseite mit Mundfeld (Peristom), Apicalseite mit Analfeld (Periproct) und Madreporenplatte (für das Ambulacralgefäßsystem).
Echinodermata (= Stachelhäuter). Stamm der Vielzeller mit Seelilien, Seeigeln, Seesternen, Cystoideen, Seegurken etc. Meist pentamer symmetrisches Skelett, stets Ambulacralsystem mit Madreporenplatte für Ambulacralfüßchen; s. syst. Tab.
„echter" Bernstein im Handel = Preßbernstein („Ambroid").
ectotherm = „wechselwarm"; Körpertemperatur von Außenfaktoren abhängig.
Eggenburgium = Miozän-Stufe im Bereich der zentralen Paratethys.
„Elefantenzahn" (= *Dentalium*) s.u. Scaphopoda.
Embleme = Kennzeichen, Sinnbilder bzw. bildliche Bezeichnung (Logos).
Embrithopoda = Huftiergruppe des Alttertiär (z.B. *Arsinoitherium*).
Enastros = Abschnitt aus mehreren (fünfstrahligen) Stielgliedern bei Seelilien.
Endocranialausguß = Ausfüllung der Schädelhöhle (z.B. „fossiles Gehirn").
endotherm = konstante Körpertemperatur (= homoiotherm).
Entrochus = Abschnitt aus mehreren (rundlichen) Stielgliedern bei Seelilien.

Eolithen = angebliche Artefakte; s.d.
Eozän = Epoche des Tertiärs; s. Zeit-Tab.
Equisetophyta = (Riesen-)Schachtelhalmgewächse, (z.B. *Calamites*) s. syst. Tab.
Erhaltungszustand von Fossilien: „echte" Versteinerung, Steinkern, Pseudomorphose, Abdruck, Weichteilerhaltung.
Erosion = Abtragung von Gesteinen durch die Tätigkeit von fließendem Wasser (Regen, Flüsse) an der Erdoberfläche.
euhalin = Wasser mit Salzgehalt von 30-35‰ = vollmarines Milieu.
Eukaryota oder **Eukaryonta** = Lebewesen mit echtem Zellkern (Gegensatz Prokaryota).
Evertebraten = Wirbellose, d.h. die Gesamtheit der Tiere, die nicht zu den Wirbeltieren zählen.
evolut = lockere Aufrollung des spiraligen Gehäuses (z.B. *Arietites*).
Fälschung - setzt vorsätzliche und bewußte Irreführung voraus.
Farnsamer s. „Pteridospermae".
Faulschlamm (= Sapropel) unter anaeroben Bedingungen in Gewässern entstandener Schlamm mit biochemisch veränderten organischen Resten.
Fauna = Gesamtheit der tierischen Organismen eines bestimmten Gebietes.
Fazies = Kennzeichen eines (Sediment-)Gesteins nach lithologischen und paläontologischen Kriterien (Lithofazies, Biofazies); s.a. Mikrofazies.
Fetisch = Gegenstand, dem übernatürliche Macht innewohnt. Erfüllt gute und böse Wünsche.
Figurensteine von J. B. A. BERINGER (= „Würzburger Lügensteine"). Künstlich hergestellte Objekte; keine Fossilien.
Filicophyta = Farngewächse (Gefäßsporenpflanzen; s. syst. Tab.).
Fischsaurier s. Ichthyosaurier.
fixo-sessil = festgewachsen (z.B. Austern, Korallen; Gegensatz libro-sessil).
Flakon = (Riech-)Fläschchen.
Flint = Feuerstein (SiO_2).
Flora = Gesamtheit der pflanzlichen Organismen eines bestimmten Gebietes.
Flugsaurier s. Pterosauria.
Fluortest = Methode zur „Altersdatierung" von Fossilien.
„Folklore" i.w.S. = gesamte volkstümliche mündlich-traditionelle Überlieferung (z.B. Lieder, Tänze, Trachten).
Foraminiferen = Klasse der Rhizopoda („Wurzelfüßer") als Einzeller mit ein- oder mehrkammerigem Gehäuse aus organischem oder anorganischem Material (z.B. Nummuliten). Bei diesen Generationswechsel zwischen mikro- (kleine Anfangskammer [= Protoconch] des Gehäuses) und makrosphärischer (großer Protoconch) Generation; s. syst. Tab.
Fossilien = Reste vorzeitlicher Organismen (älter als 10.000 Jahre; Gegensatz = rezent) Unterscheidung von Körper-, Spuren- und Chemofossilien.
„fossile Rohstoffe" = Erdöl, Erdgas, Braun- und Steinkohle.
„Fossilfallen" z.B. (Karst-)Spalten oder Asphalttümpel, die zur Anhäufung organischer Reste und damit zu einem gehäuften Vorkommen führen.
Fossilisation = diagenetischer Vorgang, der zur Erhaltung vorzeitlicher Lebewesen führt.
Fraisketten = Ketten mit verschiedenen rezenten oder fossilen Objekten zur Abwehr böser Geister.
Gagat = polierfähige tiefschwarze Kohle mit muscheligem Bruch.
Ganoidfische = Gruppe der Knochenfische (Osteichthyes) mit massiven, von einer schmelzähnlichen Substanz (Ganoin) überzogenen Schuppen - Unterscheidung von Knorpel- und Knochen-Ganoiden (nach Innenskelett).
Gaschromatographie = phys.-chem. Verfahren zur Trennung und zur Analyse von Stoffgemischen in der Gasphase.
Gaskammern = mit einem Gas-Wassergemisch erfüllte Kammern des Phragmocon (s.d.) bei Kopffüßern (Cephalopoda).
Gastropoda (= Schnecken oder Bauchfüßer); Klasse der Weichtiere (Mollusca). Kalkiges Gehäuse einteilig, meist spiralig (trochospiral) gedreht, selten „echter" Deckel (z.B. *Turbo*). Großgliederung in Proso- (= Vorder-), Opisthobranchia (= Hinterkiemer) und Pulmonata (= Lungenschnecken).

Gattung (= genus) taxonomische Einheit über der Art (z.B. *Ursus* für *U. arctos* und *U. spelaeus*).
„**Geo-Park**" = Areal mit interessanten Aufschlüssen (= Geotop).
Geophilatelie = Zweig der Philatelie, dessen Marken Motiven der Erdwissenschaften gewidmet ist.
„**Geo-Trail**" = Lehrpfad mit Erläuterungen erdgeschichtlicher Objekte und Ereignisse.
„**Gliptolitos**" (= „sprechende Steine") = angeblich prähistorische Ritzzeichnungen auf Geröllen.
Glossopteris-Flora = Flora des einstigen Südkontinents (Gondwana) mit dem Farnsamer *Glossopteris* als Charakterelement.
Gondwana = einstiger Südkontinent, der Südamerika, Afrika, Vorderindien und Australien umfaßte.
Goniatiten = Ammonoidea (Cephalopoda; s.d.).
Gosauschichten = fossilreiche Ablagerungen der Oberkreide (und des Alttertiärs) im alpinen Bereich.
Gradualismus = Annahme einer Evolution der Organismen durch kleine schrittweise Veränderungen (Gegensatz Punktualismus).
Graphit = reiner Kohlenstoff.
Graptolithen (= „Schriftsteine", Graptolithina). Ausgestorbene Klasse der Hemichordata (= Stomochordata) mit den Flügelkiemern (= Pterobranchia) als rezentem Gegenstück.
„**grazer**" = Grasfresser.
„**Gymospermen**" = Nacktsamer (z.B. Koniferen).
Hadrosaurier = Untergruppe der Ornithischia unter den Dinosauriern (z.B. *Saurolophus*).
Hallstätterkalke = fossilführende Kalke (Trias) z.B. aus dem Salzkammergut (Oberösterreich).
Hallstatt-Zeit = ältere Eisenzeit (ca. 750-450 v.Chr.; nach Hallstatt im Salzkammergut); s. Zeit-Tab.
Harappa-Kultur in Südasien; s. Zeit-Tab.
Heraldik = Wappenkunde.
Heterobathmie = Bezeichnung dafür, daß die einzelnen Merkmale einer Art nicht dem gleichen Evolutionsniveau entsprechen.
heterochron = verschiedenzeitig; s.u. Allochtthonie.
heteromorph(e) Ammoniten = Ammoniten, deren Gehäuse nicht planspiral eingerollt ist (z.B. *Baculites, Ancyloceras*).
heterotherm = Körpertemperatur unterschiedlich (z.B. bei Nagern und Fledermäusen mit Winterstarre).
Hippuriten (= Rudisten), fixosessile Muscheln mit einer festgewachsenen röhrenförmigen und einer deckelartigen Klappe („riff"-bildend in der Oberkreide).
Holozän = geologische Gegenwart, Beginn vor ca. 10.000 Jahren.
Homalozoa = ausgestorbener Unterstamm der Stachelhäuter (Echinodermata). Früher als „Carpoidea" bezeichnet (z.B. *Trochocystites*); s. syst. Tab.
Hominiden (= Menschen), im taxonomischen Sinn aufrecht gehende Primaten.
homoiotherm = konstant warmblütig (endotherm).
Homologisierung = Gleichsetzung von Organen gleicher Abstammung (z.B. Vogelflügel, Vorderflosse eines Fischsauriers).
Huminstoffe = Substanzen, die durch Humifizierung aus verrottendem organ. Material entstehen; (z.B. in Torf und Braunkohle).
hypersalinar (= hyperhalin) = „übersalzen", d.h. Salinität über 40‰ (z.B. Totes Meer).
Ichnofossilien = Spurenfossilien (z.B. Fährten von Dinosauriern).
Ichnozoenosen = Vergesellschaftungen von Ichnofossilien (= Spurenfossilien) (z.B. Fährten von Dinosauriern und ihrer Beute).
Ichthyosaurier = Fischechsen (Ichthyosauria als Ordnung der Reptilien, die an das dauernde Leben im Meer angepaßt sind) (z.B. *Stenopterygius).*
Impakt = Meteoriteneinschlag.
Inarticulata s. Brachiopoda.
Infrarotspektroskopie = Methode zur chemischen Analyse von Bernstein u. dgl. (wichtig zum Erkennen von Fälschungen).
Inklusen = natürliche Einschlüsse im Bernstein (z.B. Insekten, Pflanzenreste).
Inkohlung = biochem. und diagenetische Vorgänge, die in pflanzlichen Substanzen zur Anreicherung von Kohlenstoff führen.
Inkohlungssprung = Absinken des Wasserstoffgehaltes während der Inkohlung (Ende des Steinkohlenstadiums).

Inoceramen = Muscheln des Mesozoikums.
Interferenz = Überlagerungserscheinungen von Wellen; an dünnen, transparenten Blättchen etc. entstehen so bestimmte (Interferenz-)Farben.
involut = Gehäuse-Aufrollung; letzter Umgang bedeckt bei planspiraler Aufrollung die früheren Windungen ± vollständig (z.B. *Bellerophon*).
Interambulacralplatten der Echinoidea (= Seeigel); s.d.
„**Irregularia**" s. Echinoidea.
Isotope = Elemente mit verschiedener Neutronenzahl (z.B. C^{14}, $C^{13,}$ O^{16}, O^{18}).
Jung-Paläolithikum = jüngere Altsteinzeit; s. Zeit-Tab.
Jura = Periode des Mesozoikums; s. Zeit-Tab.
Kabinettschrank = Schreibschrank des 16. und 17. Jahrhunderts.
Kännelkohle (= Cannelkohle) = alter Name für sporen- und pollenreiche Steinkohle.
Känozoikum = Erdneuzeit.
Kambrium = Periode des Paläozoikums; s. Zeit-Tab.
Karbon = Periode des Paläozoikums; s. Zeit-Tab.
Kerogen = in Lösemitteln unlösliche, hochmolekulare Substanzen im Gestein.
Kieselgur = Diatomeenerde. Im Süßwasser gebildeter Schlamm aus Kieselalgen (Diatomeen).
Kieselhölzer = verkieselte Reste baumförmiger Pflanzen (z.B. *Araucarioxylon* = *Dadoxylon*).
Kieselschiefer = Sediment, das größtenteils aus Radiolarien (s.d.) besteht.
Klassifikation = Einteilung der Organismen in ein „natürliches" oder künstliches System.
Körperfossilien s. Fossilien.
Kohlenwasserstoff = Chemische Verbindung die nur aus Kohlenstoff und Wasserstoff besteht.
Kohleverflüssigung = Verfahren, die Kohle in flüssige Kohlenwasserstoffe überführen.
Kohlevergasung = Umsetzung von Braun- oder Steinkohle mit „Vergasungsmitteln" zu brennbaren Gasgemischen.
Konkremente = in Körperorganen von Lebewesen abgelagerte, verfestigte Substanzen (z.B. Blasen- oder Nierensteine).
Konkretion = aus Mineralausscheidungen zusammengesetzter fester Körper unterschiedlicher Gestalt im Gestein.
Kontamination = Verunreinigung.
Kopale = quartärzeitliche Harze.
Koprolithen (= Kotsteine); versteinerte Exkremente.
Kracken = Spaltung hochsiedender Kohlenwasserstoffe in niedrigsiedende.
Kreationismus = Lehre von der (göttlichen) Schöpfung.
Kreide = Periode des Mesozoikums; s. Zeit-Tab.
Kryogen(e) Periode = Zeitspanne, in der wenigstens eine Polkappe von einem mächtigen Eisschild bedeckt war (vergl. akryogen).
Kult = Verehrung, Pflege (z.B. Personen, Gegenstände).
Labyrinthodontia (= Labyrinthzähner) = „Panzer"lurche des Paläozoikums und des älteren Mesozoikums (z.B. *Mastodonsaurus*).
„**Languiers**" = Natternzungenbäume.
La-Tène-Kultur = jüngere Eisenzeit (5.-1. Jahrhundert v.Chr.); nach La-Tène am Neuenburger See (Schweiz).
„**lebende Fossilien**" = rezente Arten, die sich von ihren vorzeitlichen Verwandten nur wenig unterscheiden (z.B. *Nautilus* = Perlboot).
Legende = religiöse, sagenhafte Erzählung (z.B. Heiligenlegenden).
Leitfossil = für bestimmte zeitliche Horizonte charakteristische fossile Art (z.B. *Belemnitella mucronata* für das Ober-Campan).
Lepidophyten (= Lepidophyta) = baumförmige Bärlappgewächse, sog. Rindenbäume (z.B. *Lepidodendron, Sigillaria*); s. syst. Tab.
Ligament = elastisches Band aus horniger Substanz, das beide Klappen der Muscheln miteinander verbindet.
Lindwurm = drachenartige Sagengestalt.
Lithothammien-Kalk = Gestein aus Kalkrotalgen (Corallinaceen).
Lithotherapie = Therapie mit Hilfe von Steinen (einschl. Fossilien).
Lobenlinie (= Suturlinie) an der Oberfläche von Steinkernen von Ammonoidea oder Nautiloidea. Entspricht Anwachsstelle der Septen an der Außenschale. Durch vielfältige Ausbildung taxonomisch sehr wichtig.

Logo(s) s. Embleme.

„Ludus latrunculorum" = wörtlich: Spiel der (Spiel-)Steine; ein römisches Brett- oder Kriegsspiel.

Lumachelle = hauptsächlich aus angehäuften Weichtier- oder Brachiopodenschalen bestehendes Gestein (Schillkalk).

Lophophore (= Tentakelkränze) = fleischige Arme der Brachiopoden (s.d.), die durch kalkige Armgerüste gestützt werden.

Lykien = im Altertum Küstenlandschaft im Südwesten Kleinasiens.

Magdalénien = Abschnitt des Jungpaläolithikums; s. Zeit-Tab.

Magie = Zauber, der sich übernatürlicher Kräfte bedient.

Magnetostratigraphie = relative Altersdatierung (von Gesteinen), die im Prinzip auf den wiederholten Umpolungen im Laufe der Erdgeschichte beruht.

Makrofossilien = Großfossilien (Gegensatz Mikrofossilien).

makrosphärisch s. Foraminiferen.

Mammut = Rüsseltier der „Eiszeit" (Pleistozän).

Marmor = metamorpher Kalk, oft aber für meist bunte, schleif- und polierfähige Kalke verwendet: daher „Marmor".

Massenspektrometrie = physikalisches Verfahren zur Trennung von Isotopen, aber auch zur Identifizierung organischer Substanzen (u.a. auch f. Bernstein).

Mastodonten = Rüsseltiere des Tertiärs und Pleistozäns.

Meditation = geistige Sammlung bzw. sinnende Betrachtung (mit Hilfe bestimmter Objekte).

Meerschaum = Magnesiumsilikat, das sich in Serpentingesteinen bildet (z.B. Türkei, Spanien).

Megasporen = meist relativ große, weiblich determinierte Pflanzensporen (z.B. bei Moosen, Farnen).

Mesolithikum = mittlere Steinzeit; s. Zeit-Tab.

Mesozoikum = Erdmittelalter.

Metamorphose (der Gesteine) = Umwandlung von Gesteinen durch Druck und Temperatur. Produkte (Metamorphite) werden je nach dem Grad der Metamorphose (Epi-, Meso- und Katazone) unterschieden (z.B. Ton → Phyllit → Glimmerschiefer → Paragneis).

Metazoa = Vielzeller (Gegensatz = Einzeller).

methanogene Bakterien = methanbildende Gruppe der „Archaebakterien".

Methanol = Methylalkohol, „Holzgeist".

„micro-wear-features" = bei Nahrungsaufnahme entstandene winzige „Kratzer" an der Zahnoberfläche bei Säugetieren, die Rückschlüsse auf die Nahrung zulassen.

Migration = Wanderung von Kohlenwasserstoffen vom Ort der Entstehung (Muttergestein, „source rock") in ein Speichergestein.

Mikrofazies = Gesteinsfazies im mikroskopischen Bereich hinsichtlich des petrologischen und paläontologischen Inhaltes.

Mikrofossilien = Kleinfossilien; zur Untersuchung Binokular oder Mikroskop notwendig (z.B. Nummuliten, Orbitoiden, Assilinen) (Gegensatz Makrofossilien).

Mikropaläontologie = Zweig der Paläontologie, der sich mit Mikro- und Nannofossilien befaßt (große Bedeutung in den angewandten Erdwissenschaften).

mikrophag = sich von Kleinlebewesen ernährend.

mikrosphärisch s. Foraminiferen.

Miozän = Epoche des Tertiärs; s. Zeit-Tab.

„missing link" = engl. „fehlendes Glied"; Ausdruck für (fehlende) Zwischenformen.

„molekulare Uhr" = beruht auf der Annahme, daß die molekulare Evolution gleichmäßig abläuft.

Molassezone = geologische Einheit aus Abtragungsschutt (z.B. im Vorland des Alpen-Karpatenbogens).

molekulare Fossilien s. Chemofossilien.

Morphospecies s. Art.

Mosaiktyp = Art, die Merkmale verschiedener systematischer Einheiten vereint (z.B. *Archaeopteryx*).

Mosasauria = große, meeresbewohnende Echsen der Kreidezeit aus der Verwandtschaft der Eidechsen (z.B. *Mosasaurus*).

Mousterien = Mittelpaläolithikum, Zeit des Neandertalers.

Multituberculaten = Gruppe ausgestorbener Säugetiere mit mehrhöckrigen Backenzähnen.

„Muschelmarmor" = Lumachelle aus opalisierenden Ammonitenschalen aus Bleiberg, Kärnten.

Muttergestein (= „source rock") = Gestein, in dem die Erdöl- und Erdgasbildung erfolgt.

Mykenä (= Mykene) = Burg und Stadt am Peloponnes, eines der Zentren der mykenischen Kultur (2. Hälfte d. 2. Jtsd. v.Chr.).

Mystik = schwer fixierbares Phänomen, das in unterschiedlicher kultureller Ausprägung die Grundform allen religiösen Lebens darstellt (z.B. Taoismus in China, Kabbala im Judentum).

Mythos (= Mythus) = Überlieferung (Erzählung) von Geschehen und Gestalten aus vorgeschichtlicher Zeit (z.B. Götter- und Heldensagen). Nach F. W. J. von Schelling auf wirklich Erlebtes zurückgehend.

Nannofossilien = Kleinst-Fossilien von 0,002 bis 0,01 mm Größe.

Naturspiele („lusus naturae") = zufällig, anorganisch entstandene Gebilde.

Nautiloidea s. Cephalopoda.

Neandertaler = nach dem Neandertal bei Düsseldorf benannte Menschenform des Paläolithikums.

Neolithikum = Jungsteinzeit; s. Zeit-Tab.

Nomenklatur, binominale (= „binäre") = Namengebung; technisches Hilfsmittel für die Taxonomie. Für jede Art zwei Namen (Gattung und Art, z.B. *Ursus spelaeus* = Höhlenbär).

Nulliporen-Kalk, N.-Sandstein = Veraltete Bezeichnung für Gesteine aus Kalkrotalgen (Corallinaceen).

Numismatik = Münzkunde.

Nummuliten (= „Münzsteine"). Großforaminiferen (s. Foraminifera).

Odyssee = epische „Dichtung" vom griechischen Autor Homer.

Ölsand = Teersand, Sedimente mit gewinnbaren, hochmolekularen Kohlenwasserstoffen.

Ölschiefer = gut geschichtete tonige oder mergelige Sedimente mit hohem Gehalt an Kerogenen und/oder Bitumen.

„Old Red Sandstone" = kontinentale, meist rot gefärbte Sedimente des Devon.

Oligozän = Epoche des Tertiärs; s. Zeit-Tab.

Oolith = (veraltetet) für ein Gestein aus kugelförmigen Körpern.

Opisthobranchia (= Hinterkiemer) Unterklasse der Gastropoda; s.d.

Oralseite = Unter- (Mund-)Seite bei Echinoidea; s.d.

Ordovizium = Periode des Paläozoikums; s. Zeit-Tab.

Organische Chemie = Chemie der Kohlenstoff-Verbindungen.

„Organische Mineralien" = Bezeichnung von Mineralogen für in der Erdkruste als „Mineral" vorkommende organische Substanzen (z.B. Bernstein).

Ornithischia = Gruppe der Dinosaurier mit einem Vogelbecken (z.B. *Iguanodon*; Gegensatz Saurischia).

Ostracoda (= Muschelkrebse). Gruppe der Krebse (Crustacea) mit zweiklappigem „Panzer".

Orthoceren (= „Geradhörner") Angehörige der Nautiloidea (s. Cephalopoda).

Osteichthyes = Knochenfische i.w.S. (Knochenfische i.e.S. = Teleostei). Gliederung in Crossopterygii (Quastenflosser), Dipnoi (Lungenfische) und Actinopterygii (Strahlenflosser).

Pädagogik = Wissenschaft von der Erziehung mit Didaktik, Psychologie etc.

Paläoanthropologie = Wissenschaft von den vorzeitlichen Menschen (z.B. *Australopithecus*, Neandertaler).

Paläobiogeographie = versucht die räumliche Verbreitung der Tiere und Pflanzen in der Vorzeit zu registrieren und zu deuten.

Paläobotanik (= „Phytopaläontologie") = Zweig der Paläontologie, der sich mit fossilen Pflanzen befaßt.

Paläogenetik = Zweig der Paläontologie, der sich mit der Erbsubstanz (DNA) fossiler Organismen befaßt.

Paläoklimatologie = Wissenschaft vom Klima in der Vorzeit.

Paläolithikum = Altsteinzeit; s. Zeit-Tab.

Paläoneurologie = Wissenschaft, die sich mit dem Zentralnervensystem (Gehirn) vorzeitlicher Tiere befaßt.

Paläontologie = Wissenschaft von den vorzeitlichen Lebewesen.

Paläoökologie = Wissenschaft von den Beziehungen der fossilen Lebewesen untereinander und zu ihrer einstigen Umwelt.

Paläopathologie = Wissenschaft von den Krankheiten vorzeitlicher Lebewesen.

Paläophysiologie = versucht physiologische Daten vorzeitlicher Organismen zu belegen (z.B. Körpertemperatur, Ernährungsweise).

Paläoskatologie = Wissenschaft, die sich mit den Exkrementen einstiger Lebewesen befaßt.
Paläozoikum = Erdaltertum.
Paleozän (= Paläozän) = älteste Epoche des Tertiärs; s. Zeit-Tab.
Palichnologie = Wissenschaft von den vorzeitlichen Lebensspuren (z.B. Fährten).
Paraffin = Gemisch gesättigter Kohlenwasserstoffe.
parahomoiotherm = keine echte Endothermie (z.B. bei Thunfischen, Meeresschildkröten).
Paratethys = „Neben"-Meer, das sich im Jungtertiär der Tethys von den Alpen zum Aralsee erstreckte.
paratropisch = Bezeichnung für „tropisches" Klima in mittleren Breiten zur Tertiärzeit.
Parsen = Anhänger des Zoroastismus.
„Paternostermacher" = Hersteller von Rosenkränzen aus Bernstein.
PCR-Methode = „polymerase chain reaction"; Methode zur Vervielfältigung kleinster Mengen von Erbsubstanz.
Pentagramm (= Drudenfuß) magisches Fünfeck, im Volksglauben zur Abwehr von Druden.
pentamer = fünfteilige Symmetrie (z.B. bei Seeigeln).
Periproct = Analfeld der Echinoidea; s.d.
Peristom = Mundfeld der Echinoidea; s.d.
Perlmutt(er) = innere Schicht der Schale vieler Weichtiere (= Mollusca).
Perm = Periode des Paläozoikums; s. Zeit-Tab.
Petalodien = blumenblattähnlich verbreitete Ambulacralplattenfelder auf der Apicalseite des Gehäuses mancher Irregularia (= Echinoidea; s.d.).
Petrefakten = veraltete Bezeichnung für Versteinerungen.
Petrochemie = Zweig der Chemie bzw. chem. Technologie, der sich mit Gewinnung und Synthese organ. Verbindungen aus Erdöl und Erdgas befaßt.
Petrochemikalien = Produkte der Petrochemie.
„Petroproteine" = aus fossilen Kohlenwasserstoffen (Erdöl, Erdgas) hergestellte (Futtermittel-) Eiweißstoffe.
Petschaft = Handstempel zum Siegeln.
Phanerozoikum = Paläo-, Meso- und Känozoikum; s. Zeit-Tab.
Phragmocon = gekammerter Gehäuseabschnitt bei Cephalopoden.
Phylogenese = Stammesgeschichte.
Phytolithen = winzige kieselige „Kristalle" aus Pflanzen (z.B. Gräser), die bei Pflanzenfressern an der Zahnoberfläche haften bleiben können.
Phytotherapie = Therapie mit Hilfe von Pflanzen (und ihren Wirkstoffen).
Pieta = Darstellung der Beweinung Christi.
Pinaceen = Kiefernartige (z. B. *Pinus nigra*, Schwarzkiefer).
Placodontier = Reptilgruppe der Trias mit Pflasterzähnen (z.B. *Placochelys*).
Plattenzähner s. Placodontier.
Pleistozän = Eiszeit von ca. 1,8 Mill. bis vor etwa 10.000 Jahren.
Pliozän = jüngste Epoche des Tertiärs; s. Zeit-Tab.
Polymerisation = Reaktion kleiner (ungesättigter) Moleküle unter Bildung von hochmolekularen Polymeren (Makromoleküle).
Porifera = Schwämme, Stamm der Vielzeller (Metazoa); s. syst. Tab.
Polyphem (= Kyklop) = sagenhafter einäugiger Riese aus der Homer'schen Odyssee.
Porphyrine = in der Natur weit verbreitete Pigmente (z.B. Chlorophyll), die alle einer Substanzklasse (mit Tetrapynolgerüst) angehören.
Prädynastische Zeit (in Ägypten) = 3.000 Jahre v.Chr.; s. Zeit-Tab.
Präkambrium = Zeit vor dem Phanerozoikum; s. Zeit-Tab.
Preßbernstein = aus kleinen, minderwertigen Bernsteinsorten und/oder -abfällen bei hohem Druck unter Erwärmung hergestelltes Produkt („Ambroid").
Prokaryota oder **Prokaryonta** = Lebewesen ohne echten Zellkern (z.B. Cyanobacteria mit den Stromatolithen; Gegensatz Eukaryota).
Proostracum = blattförmiger Abschnitt des Innenskeletts der Belemnoidea (s. Cephalopoda).
Protozoa = Einzeller; s. syst. Tab.
Pseudofossilien = Scheinfossilien (z.B. Konkretionen, Dendriten).

Pseudomorphose s. Erhaltungszustand.
Pteridophyten = Gefäßsporenpflanzen (z.B. Farne, Schachtelhalme; Bärlappe); s. syst. Tab.
„Pteridospermae" = Farnsamer. Farnartige Pflanzen mit Samenfortpflanzung.
Pterocorallia s. Anthozoa.
Pterosauria = Flugsaurier (z. B. *Pteranodon*); s. syst. Tab.
Punktualismus = Annahme einer Evolution der Organismen durch plötzliche, übergangslose sprunghafte Veränderungen nach langen Phasen der Existenz unveränderter Arten.
Pygidium = Schwanzschild des Trilobitenpanzers (s. Trilobiten).
Quartär = Periode des Känozoikums; s. Zeit-Tab.
Quastenflosser (= Crossopterygii). Knochenfische aus denen sich die Landwirbeltiere entwickelt haben.
Radiolarien = Einzeller mit Gehäuse aus Kieselsäure.
Radiolarit = Gestein, reich an Radiolarien; s. Kieselschiefer.
„Regularia" s. Echinoidea.
Reifung (des Rohöls) = bestimmte Vorgänge der diagenetischen (s.d.) Veränderung des organischen Materials.
Replik = Nachbildung.
rezent = Lebewesen der geol. Gegenwart (Holozän); nicht älter als 10.000 Jahre (Gegensatz = fossil).
Rhodolithen = Kalkrotalgenknollen mit globulärer Wuchsform.
Rhyten = Becher.
Rosenkranz = von Katholiken, Buddhisten und Moslems verwendete Perlenschnur zum Zählen von Gebeten.
Rostrum (bei Belemniten) = meist zylindrisches Gebilde des Skelettes von Belemniten; s.d.
Rudisten = fixo-sessile Muscheln des Mesozoikums (z.B. Hippuriten).
Rugosa s. Anthozoa.
Rumänit = Bernstein aus Rumänien.
Sage = zunächst in mündlicher Überlieferung verbreitete Erzählung, die Mythos und Historie verbindet (z.B. Helden- und Ortssagen) und stets (im Gegensatz zu Märchen) an Tatsachen anknüpft.
Salinität = Salzgehalt (Mineralisation) des Wassers.
„Saurier" = Sammelbezeichnung für verschiedene Reptilgruppen (kein taxonomischer Begriff).
Saurischia = Gruppe der Dinosaurier mit einem Echsenbecken (z.B. *Tyrannosaurus*; Gegensatz Ornithischia).
Sauropoden = Untergruppe der Saurischia unter den Dinosauriern (z.B. *Brachiosaurus*).
Sauropterygier = Flossenechsen (z.B. *Plesiosaurus*); s. syst. Tab.
Scaphopoda (= Grabfüßer) = Klasse der Mollusca (= Weichtiere) mit röhrenförmigem Gehäuse (z.B. *Dentalium*).
„Schmelzschupper" = Ganoidfische; s.d.
Selektionstheorie von CH. DARWIN = Erklärung der Evolution der Organismen durch Auslesefaktoren bei Nachkommenüberschuß.
Septuaginta = griechische Übersetzung des Alten Testaments.
Serpulidae = marine Ringelwürmer (Polychaeta), die in kalkigen Röhren leben.
Substrat = allg. Begriff für anorganische oder organische „Unterlage", für festsitzende (sessile) Organismen.
Silur = Periode des Paläozoikums; s. Zeit-Tab.
Simetit = Bernstein aus Sizilien.
Sintflut, biblische = hpts. von den „Diluvianern" (s.d.) vertretene, weltweite Sintflutkatastrophe.
Skythen = nomadisches Reitervolk der eurasiatischen Steppen im 1. Jahrtausend v.Chr.
Spermatophyten = Samenpflanzen (meist in Nackt- und Bedecktsamer gegliedert; z.B. *Sequoia, Castanea*).
Spurenfossilien (= Ichnofossilien) s. Fossilien.
Stegocephalen („Dachschädler") = Gruppe der Labyrinthodontia; s.d.
Steinkern (im Sinne der Paläontologie) s. Erhaltungszustand.
Stromatolithen (= „Algenkalk") = meist lagenweise Kalkabsonderungen, die durch die Tätigkeit von Cyanobakterien (= Blaugrünalgen) entstehen.
Stromatoporoidea = Gruppe der Schwämme (Porifera); s. syst. Tab.
submarin = untermeerisch.
Succinit = „baltischer" Bernstein.

synchron = gleichzeitig; s.u. Allochthonie.
Synonymie (nomenklatorische) = gegeben, wenn für ein Taxon mehrere Namen bestehen.
Synthesegas = Gasgemisch, hpts. Kohlenmonoxid und Wasserstoff.
Systematik, biologische s. Taxonomie.
Tabulata s. Anthozoa.
Talisman = Gegenstand, der als Glücksbringer wirken soll.
„**tar pool**" = natürlicher Asphalttümpel.
Taphonomie (= Biostratinomie) Lehre von der Einbettung von Lebewesen vor der Fossilisation.
Taxon (Mz. Taxa) = systematische Einheit (z.B. Art, Gattung).
Taxonomie = biologische Ordnungswissenschaft, die mit Hilfe der Nomenklatur Arten benennt und in ein System eingliedert.
Teerfarbstoffe = synthetische Farbstoffe aus Produkten des Steinkohlenteers.
Teleostei = Knochenfische i.e.S.
Tepui = Tafelberg (im Nordwesten Südamerikas).
terrigen = auf dem Land entstandene Sedimente.
Tertiär = Periode des Känozoikums; s. Zeit-Tab.
Tetracorallia (= „Rugosa") s. Anthozoa.
tetramer = vierteilige Symmetrie.
Therapsida = säugetierähnliche Reptilien (Perm und Trias).
Thorax = Rumpf (z.B. bei Trilobiten).
Tintenfische = Angehörige der Kopffüßer (Cephalopoda), die als Dibranchiata bezeichnet werden (z.B. Kraken, Kalmare, *Passaloteuthis*).
Travertin = Mineralausscheidung an Quellaustritten unter Mitwirkung von Pflanzen.
Trias = Periode des Mesozoikums; s. Zeit-Tab.
Trilobiten (= Trilobita = Dreilapper); ausgestorbene Klasse der Gliederfüßer (Arthropoda) mit 3-teiligem Außenskelett (Carapax) aus Cephalon (Kopfschild), Thorax (Rumpf) und Pygidium (Schwanzschild).
Tripel = Polierschiefer, fein geschichtete Diatomeenerde.
Trochit = einzelnes Stielglied einer Seelilie.
Tumulus = Grabhügel.
Turbidite = untermeerische Schlammstromablagerungen.
Unicornu = Einhorn; U. fossile od. U. verum = Mammut, U. falsum od. U. marinum = Narwal, U. officinale = in Apotheken.

Untersberger „Marmor" = Konglomerat des Gosaumeeres, das als Werkstein viel verwendet wird (kein Marmor).
Vendobionta (Seilacher) = Organismen der sogen. Ediacara-Formation des jüngsten Präkambriums.
Vendozoa (Seilacher) s. Vendobionta.
Venus(-statuetten) = Frauenfiguren des Jungpaläolithikums.
Vielzeller = Metazoa.
Volksglauben = Bezeichnung für Gesamtheit dessen, was Menschen hinsichtlich der übernatürlichen Welt (außerhalb der herrschenden Religion) für wahr halten.
Voltziensandstein = Sediment der U.-Trias (Buntsandstein), benannt nach dem Vorkommen von *Voltzia* (Konifere).
Vorkommen, von Fossilien: vereinzelt oder gehäuft; autochthon = Vorkommen auf primärer Lagerstätte (Grabesraum = einstiger Lebensraum), allochthon = Vorkommen auf sekundärer Lagerstätte (Grabesraum = nicht einstiger Lebensraum).
Vulgata = lateinische Übersetzung des Alten Testaments.
Waschbergzone = geologische Einheit in Niederösterreich und Südmähren (Ober-Jura bis Miozän), früher: „Äußere Klippenzone".
Wessex-Kultur = regionale Kultur der frühen Bronzezeit auf den Britischen Inseln.
„**Wirbellose**" = Sammelbegriff für Tiere ohne Wirbelsäule (= Evertebrata).
Wirbeltiere = Bezeichnung für Tiere mit knorpeliger oder knöcherner Wirbelsäule (z.B. Fische, Amphibien, Reptilien, Vögel und Säugetiere). Untergruppe der Chordata (Chordatiere). Gegensatz Wirbellose; s. syst. Tab.
Wirbeltierpaläontologie = Zweig der Paläontologie, der sich mit fossilen Wirbeltieren (z.B. Dinosaurier, Flugechsen, Mammut, Höhlenbär) befaßt.
xeromorph = Pflanzen mit Einrichtungen zur Hemmung der Wasserabgabe.
Xylit = Holz in (Braun-) Kohlen.
Xiphosura (= Schwertschwänze). Angehörige der Chelicerata (Spinnenartige) unter den Gliederfüßern (Arthropoda; z.B. *Limulus*); fälschlich Molukkenkrebse genannt.
Zooxanthellen = einzellige Dinoflagellaten, die in (Endo-) Symbiose mit Meerestieren (z.B. Riffkorallen) leben.

11. Literaturverzeichnis

AAMOT, R. (1955): Decoration of the Palaeontological Museum in Oslo. – (Univ.) Oslo.

ABEL, O. (1939): Vorzeitliche Tierreste im Deutschen Mythus, Brauchtum und Volksglauben. – (G. Fischer) Jena.

ABEL, O. (1941): Die Rolle der Versteinerungen als Heilmittel in der alten Deutschen Volksmedizin. – Wiener Medizin. Wochensch., 91: 705-708, 724-726; Wien.

ADAM, K. D. (1982): Der Mensch im Eiszeitalter. – Stuttgarter Beitr. Naturkde., (C) 15: 1-72; Stuttgart.

ADAM, K. D. (1984): Der Mensch der Vorzeit. Führer durch das Urmensch-Museum Steinheim a.d. Murr. – (K. Theiss-Verlag) Stuttgart.

ADAM, K.D. & BERCKHEMER, F. (1983): Der Urmensch und seine Umwelt im Eiszeitalter. – 88 S.; (Bürgerverein Untertürkheim) Stuttgart.

ALVAREZ, L., ALVAREZ, W., ASARO, F. & MICHEL, H. (1980): Extraterrestrial cause for the Cretaceous-Tertiary extinction. Experiment and theory. – Science, 208: 1095-1108; Washington D.C.

ANDREE, K. (1951): Der Bernstein. Das Bernsteinland und sein Leben. – (Kosmos) Stuttgart.

ANDREE-EYSN, M. (1910): Volkskundliches aus dem bayrisch-österreichischen Alpengebiet. – (Vieweg & Sohn) Braunschweig.

ANDREWS, CH.W. (1906): A descriptive catalogue of the Tertiary Vertebrata of the Fayum, Egypt. – (Brit. Mus. Natur. Hist.) London.

ANNOSCIA, E. (1981): Fossils unknown companions. – (Silvana editoriale) Milano.

AUGUSTA, J. (1962): Versteinerte Welt. – (Urania-Verlag) Leipzig.

BACHOFEN-ECHT, A. (1937): Bildliche Darstellung des Riesenhirsches aus vorgeschichtlicher und geschichtlicher Zeit. – Z. Säugetierkde., 12: 81-88; Berlin.

BAER, W. (1982): Ein Bernsteinstuhl für Kaiser Leopold I. Ein Geschenk des Kurfürsten Friedrich Wilhelm von Brandenburg. – Jb. Kunsthistor. Slgn., 78: 91-138; Wien.

BAKKER, R.T. (1972): Anatomical and ecological evidence of endothermy in dinosaurs. – Nature, 238: 81-85; London.

BAKKER, R.T. (1986): The Dinosaur Heresis, a revolutionary view of Dinosaurs. – (Longman Scient. & Techn.) Essex.

BARTENSTEIN, H. (1988): Die antiken Erdpeche von Mesopotamien. Französische Forscher erschließen ihre Geheimnisse. – Natur & Museum, 118 (3): 65-73; Frankfurt am Main.

BASSETT, M.G. (1987): Formed Stones, Folklore and Fossils. – Fossils Quart., 6: 8-21; London.

BECK-MANNAGETTA, P. (1964): Fossiler Kautschuk aus der Braunkohle des Lavanttales (Ostkärnten). – N. Jb. Geol. Paläont., 11: 655-659; Stuttgart.

BEER, R.R. (1972): Einhorn. Fabelwelt und Wirklichkeit. – (Callwey) München.

BELLUCCI, G. (1907): Il Feticismo in Italia. – Perugia.

BERG, B. (1933): Meine Jagd nach dem Einhorn. – (Rütten & Loening) Frankfurt/M.

BERGER, W. (1950): Fossile Haifischzähne als Material mittelaterlicher Goldschmiedearbeiten. – Unsere Heimat, n.F., 21: 119-121; Wien.

BERINGER, J.B.A. (1726): Lithographiae Wirceburgensis. – (P.W. Fuggart) Würzburg.

BERMAN, D.S. & MCINTOSH, J. (1975): Skull and relationships of the Upper Jurassic sauropod Apatosaurus (Reptilia, Saurischia). – Bull. Carnegie Mus. Natur. Hist., 8: 1-35; Pittsburgh.

BOCHERENS, H., FIZET, M. & MARIOTTI, A. (1992): Fossil bear diet, physiology and ecology as inferred by stable carbon and nitrogen isotope biogeochemistry. – J. Vertebr. Paleont., 12: 19A; Lawrence.

BÖLSCHE, W. (1929): Drachen. Sage und Naturwissenschaft. Eine volkstümliche Darstellung. – (Franckh) Stuttgart.

BOETHIUS DE BOOT, A. (1636): Gemmarum et Lapidum Historiae. – (A. Toll) Leyden.

BOWN, TH. (1994): pharaoh's first flagstone road. – New Scientist, 142 (1927): 11; London.

BRANCO, W. (1906): Die Anwendung von Röntgenstrahlen in der Paläontologie, Abschn. II. Durch Röntgenstrahlen mögl. Nachweis von Fälschungen bei in Bernstein eingeschlossenen Wirbeltieren, spez. bei einem Frosche. – Abh. kgl. preuß. Akad. Wiss., 2: 1-55; Berlin.

BRANDL, R. (1993): Piltdown und kein Ende. – Naturw. Rdschau, 46: 203; Stuttgart.

BRENTJES, B. (1989): Der Drache von Babylon - Saurier oder Waran? – Natur & Mus., 99: 97-106; Frankfurt/M.

BRIX, F. & Schultz, O. (Hrsgb.) (1993): Erdöl und Erdgas in Österreich. – (Naturhist. Mus. & F. Berger) Wien.

BRÜCKMANN, F.E. (1728): Thesaurus subterraneus Ducatus Brunsvigii, id est: Braunschweig mit seinen unterirdischen Schätzen und Seltenheiten der Natur. – (J. Ch. Meißner) Braunschweig.

CAESAR, W. (1994): Die Heilkräfte des Ginkgo. – In: SCHMID, M. & SCHMOLL, H.: Ginkgo, Ur-Baum und Arzneipflanze; (Wiss. Verlagsges.) Stuttgart.

CANO, R.J., POINAR, H.N., PIENIAZEK, N.J., ACRA, A. & POINAR, G.O.: Amplification and sequencing of DNA from a 120-135 million-year-old weevil. – Nature, 363: 536-538; London.

CERAM, C.W. (1972): Der erste Amerikaner. Das Rätsel des vorkolumbianischen Indianers. – (Rowohlt) Reinbek.

CHARROUX, P. (1978): Das Rätsel der Anden. Phantastische Thesen über unsere Entwicklungsgeschichte. – (Econ-Verlag) Düsseldorf.

CIOCHON, R., OLSEN, J. & JAMES, J. (1992): Warum mußte Giganto sterben? Auf der Suche nach dem Riesenaffen aus prähistorischer Zeit. – (Westermann) Braunschweig.

COLONNA, F. (1616): De Glossopetris Dissertatio. – (Frambotto) Roma.

COX, B., DIXON, D., GARDINER, B. & SAVAGE, R.J.G. (1989): Dinosaurier und andere Tiere der Vorzeit. – (Mosaik-Verlag) München.

CRICHTON, M. (1991): Jurassic Park. – (Droemer) München.

CZERKAS, S.J. & CZERKAS, S.A. (1991): Dinosaurier. Leben und Untergang der geheimnisvollen Urzeittiere. – (Natur-Verlag) Augsburg.

DACQUÉ, E (1924): Urwelt, Sage und Menschheit. – (Oldenbourg) München.
DAMMER, B. & TIETZE, O. (1928): Die Nutzbaren Mineralien mit Ausnahme der Erze und Kohlen. Bd. II. – (Enke) Stuttgart.
DAWSON, CH. & SMITH WOODWARD, A. (1915): On a bone implement from Piltdown. – Quart. J. geol. Soc., **71**: 144-149; London.
DESALLE, R., GATESY, J., WHEELER, W. & GRIMALDI, D. (1992): DNA sequences from a fossil termite in Oligo-Miocene amber and their phylogenetic implications. – Science, **257**: 1933-1936; Washington D.C.
DESMOND, A (1978): Das Rätsel der Dinosaurier. – (Kiepenheuer & Witsch) Köln.
DINGFELDER, J. (1961): *Oedemagena tarandi* als bemerkenswerte Darstellung einer Insektenlarve aus dem Jungpaläolithikum. – Quartär, **13**: 91-92; Bonn.
DI TROCCHIO, F. (1994): Der große Schwindel. Betrug und Fälschung in der Wissenschaft. – (Campus) Frankfurt am Main.
DOMBROWSKI, H.J. (1962): Lebende Bakterien - Jahrmillionen alt. – Kosmos, **58**: 130-131; Stuttgart.
DOYLE, C.A. (1912): The Lost World. – (Hodder & Stroughton) London.
DRÖSSLER (1980): Kunst der Eiszeit. Von Spanien bis Sibirien. – (Edition Tusch) Wien.
DUGAN, D. (1993): Jurassic Park. Die Rückkehr der Dinosaurier? – ORF-Nachlese Jg. 1993, **10**: 8-14; Wien.
DULLO, W.-CHR. (1983): Fossildiagenese im miozänen Leithakalk der Paratethys von Österreich. – Facies, **8**: 1-112; Erlangen.
EDWARDS, W.N. (1976): The early history of Palaeontology. – (Brit. Mus. Nat.) London.
EHRHART, B. (1724): Dissertatio de belemnitis suevicis. – (Verlag Merz & Mayer) Augsburg.
ELDREDGE, N. & GOULD, ST.J. (1972): Punctuated equilibria: An alternative to phyletic gradualism. – In: SCHOPF, T.J.M. (ed.): Models in paleobiology; (Freeman, Cooper & Co.) San Francisco.
ENGELN, H. (1993): Paläo-Genetik: Mumien, Monster, Moleküle. – Geo, **9**: 36-50; Hamburg.
ERBEN, H.K. (1989): Statement concerning a paper on Devonian allegedly Himalayan ammonoids. – Paläont. Z., **63**: 335; Stuttgart.
ERBEN, H.K. (1990): Evolution. Eine Übersicht sieben Jahrzehnte nach Ernst Haeckel. — Haeckel-Bücherei, Bd. **1**; (Enke) Stuttgart.
ERTL, R.F. (1984): Auf Saurierpirsch in Enciso. – Fossilien, **1**: 14; Korb.
FEUCHTMÜLLER, R. (1979): Schöngrabern. Die steinerne Bibel. – (Herold) Wien.
FISCHER, H. (1977): Erdöl. – In: IRMSCHER, J. & JOHNE, R. (Hrsgb.), Lexikon der Antike; (Fourier Verlag) Wiesbaden.
FISCHER, R. & THIES, D. (1993): Das Dinosaurier-Freilichtmuseum und das Naturdenkmal „Saurierfährten" Münchehagen. – (Dinosaurierpark GmbH.) Rehfeld-Loccum.
FORBES, R.J. (1993): Studies in Ancient Technology. – Vol. **1**; (Brill) Leiden - New York - Köln.
FORTEY, R.A. (1990): Fossils: the key to the Past. – (Harvard Univ. Press) Cambridge.

FRAAS, E. (1914): Über die neuesten Dinosaurierfunde in Württemberg. – Jh. Ver. vaterld. Naturkde., **70**: LX; Stuttgart.
FRAIR, W., ACKMANN, R.G. & MROSOWSKY, N. (1972): Body temperature of *Dermochelys coriacea*: Warmturtle from Cold Water. – Science, **177**: 791-793; Washington D.C..
FRANCÉ, R.H. (1932): Lebender Braunkohlenwald. Eine Reise durch die heutige Urwelt. – (Franckh) Stuttgart.
FRANKE, H. (1991): Die Würzburger Lügensteine. Tatsachen, Meinungen und Lügengespinste über eine der berühmtesten geologischen Spottfälschungen des 18. Jahrhunderts. – (Verlg. Ferd. Schöningh) Würzburg.
FRANZEN, J.L. (1990): *Hallensia* (Mamm., Perissodactyla) aus Messel und dem Pariser Becken sowie Nachträge a.d. Geiseltal – Bull. Inst. roy. Sci. natur., **60**: 175-201; Bruxelles.
FRANZEN, J.L. (1994): Eine Rancho-La-Brea-Fauna aus NO-Mexiko (Bd. Staat Nuevo León). – Natur & Mus., **124**: 241-258; Frankfurt am Main.
FRANZEN, J.L. & KÖSTER, A. (1994): Die eozänen Tiere von Messel - ertrunken, erstickt oder vergiftet? – Natur & Mus., **124**: 91-97; Frankfurt am Main.
FRAQUET, H. (1987): Amber. – In: Butterworths gem Books; (Butterworths) London.
FREH, W. (1956): Alte Gagatbergbaue in den nördlichen Ostalpen. – Miner. Mittbl. Joanneum, **1**: 1-14; Graz.
FREYER, G. & al. (1995): Die Urzeit in Deutschland. – (Naturverlag) Augsburg.
FRICKE, H. (1988): Coelacanths. The fish that Time forgot. – Nat. Geogr. Mag., **173**: 824-838; Washington D.C..
FRICKINGHER, K.A. (1986): Fälschung, Verfälschung, Ergänzung. – Fossilien, **3**: 63-64; Korb.
FRIEBE, J.G. (1995): Schlangeneier und Drachenzungen. Fossilien in Volksmedizin und Abwehrzauber. – (Vorarlberger Naturschau) Dornbirn.
GALL, J.-C. & KRUMBEIN, W.E. (1992): Weichkörperfossilien. – Fossilien, **9**: 35-49; Korb.
GARDINER, A. (1957): Egyptian Grammar being an Introduction to the study of hieroglyphs. – Ashmolean Mus.; (Neudruck 1982) Griffith Institute.
GASPAR, B. (1995): Der „Weiße Stein von Eggenburg". Der Zogelsdorfer Kalksandstein und seine Meister. – Das Waldviertel, **44**: 1-40; Krems.
GAWLICK, H.-J. (1993): Diagenese, niedrig- u. mittelgradige Metamorphose i.d. südl. Salzburger Kalkalpen - Paläotemperaturabschätzung a.d. Grundlage von Conodont-color-Alteration-Index (CAI)-Daten. – Jb. geol. B.-Anst., **136**: 39-48; Wien.
GAYRARD-VALY, A. (1990): Zeugen der Urzeit. – Ravensburger Taschenbuch „Abenteuer + Geschichte", **15**; Ravensburg.
GEE, H. (1996): Box of bones „clinches" identity of Piltdown plaeontology hoaxes. – Nature, **381**: 261-262; London.
GEORGE, U. (1993): Expedition in die Urwelt. Paläontologie: Die Erforschung der steinernen Zeit. – Geo-Buch.; (Gruner) Hamburg (1993a).
GEORGE, U. (1993): Das „Grab der Drachen". – Geo, **7**: 34-58; Hamburg (1993b).
GESNER, C. (1589): Schlangenbuch. – (Froschow) Zürich.
GESNER, C. (1670): Fischbuch. – (Cambiers & Erben) Basel.

GLAESSNER, M.F. (1984): The dawn of animal life. A biohistoric study. – (Univ. Press) Cambridge.

GOLDFUSS, G.A. (1826-1844). Petrefacta Germaniae. – (Lithogr. Anst. Arnz & Comp.) Düsseldorf.

GOTTWALD, H. (1976): Die Bestimmung der „Kautschukhölzer" und „Kautschukrinden" aus der Braunkohle des Geiseltales. – Paläont. Abh., 26: 283-290; Berlin.

GOULD, ST.J. (1986): Wie das Zebra zu seinen Streifen kommt. Essays zur Naturgeschichte. – (Birkhäuser) Basel.

GOULD, ST. J. (1989): Wonderful Life. The Burgess Shale and the Nature of History. – (Norton & Co.) New York - London.

GOULD, ST. J. (1994): Dinomanie. Ein Paläontologe im Jurassic Park - auf der Suche nach Ursachen und Folgen der Saurier-Sucht. – Naturwiss. Rdschau, 105: 51-66; Stuttgart.

GRABER, G. (1925): Kärntner Sagen. – (A. Kollitsch) Klagenfurt.

GRABER, G. (1944): Sagen aus Kärnten. – Deutsches Ahnenerbe, Reihe C, Volkstüml. Schriften, 10: (Leykam) Graz.

GRABERT, G. & GRABERT, H. (1959): Ein falscher Bernstein-Frosch. – Natur & Mus., 89: 23-27; Frankfurt/Main.

GRABOWSKA, J. (1982): Polnischer Bernstein. – (Verlag Interpress) Warschau.

GRAVESEN, P. (1993): Fossiliensammeln in Südskandinavien. – (Goldschneck-Verlag) Korb.

GREENWELL, J.R. (1994): Animal enigmas: Prehistoric fishing. – Wildlife, 12: 33; London.

GREGOR, H.-J. (1995): Der Tagebau Hambach - ein bemerkenswertes Fossilvorkommen. – Fossilien, 12: 175-179; Korb.

GRIGSON, C. (1990): Missing links in the Piltdown frauds. – New Scientist, 13: 55; London.

GRIMM, J. (1953): Deutsche Mythologie (3 Bände). (Photomech. Nachdruck) – Berlin. Reprint Graz (Akad. Druck- u. Verlags- Anst.)

GRIMM, W.-D. (1990): Bildatlas wichtiger Denkmalgesteine der Bundesrepublik Deutschland. – Arbeitsheft, 50; (Bayer. LA f. Denkmalpflege) München.

GRONER, R. (1943): Wien wie es war. Ein Auskunftsbuch für Freunde des alten Wien. – (Franz Hain) Wien.

GRUBER, B. (1980): Fossilien im Volksglauben (als Heilmittel). – Linzer Biol. Beitr., 12: 239-242; Linz.

GURNEY, J. (1993): Dinotopia. Das Land jenseits der Zeit. – (Heyne) München.

HAGN, H. (1977): Saligrame - Gerölle von Malm-Kalken mit Ammoniten als Kultgegenstände Indiens. – Mitt. bayer. Staatssmlg. Paläont. Histor. Geol., 17: 71-102; München.

HAGN, H. (1979): Maria-Ecker-Pfennige - Versteinerungen aus dem Chiemgau als Wallfahrtsandenken. – Volkskunst, 2: 167-175; München.

HAGN, H. (1985): Schlangensteine und Natternzungen. Schadens- und Giftabwehr in früherer Zeit. – Volkskunst, 8: 10-16; München.

HALSTEAD, L. B. (1983): Spuren im Stein. Das Kosmos-Buch der Paläontologie. – (Franckh) Stuttgart.

HALTENORTH, TH. (1963): Die Klassifikation der Säugetiere. 18. Ordnung Paarhufer - Artiodactyla OWEN, 1848. – Handb. d. Zool., 8: 1-167; (de Gruyter) Berlin.

HAMANN, G. (1976): Das Naturhistorische Museum in Wien. Die Geschichte der Wiener Naturhistorischen Sammlungen bis zum Ende der Monarchie. – Veröfftl. Nat. Hist. Mus., n. F., 13: 1-98; Wien.

HANSMANN, L. & KRISS-RETTENBECK, L. (1966): Amulett und Talisman. Erscheinungsform und Geschichte. – (Callwey) München.

HARRIS, J.M. & JEFFERSON, G.T. (eds.) (1985): Rancho La Brea - Treasures of the Tar Pits. – (Natur. Hist. Mus.) Los Angeles.

HÄRTEL, G. (1977): Griechisches Feuer. - In: IRMSCHER, J. & JOHNE, R. (Hrsgb.): Lexikon der Antike. – (Fourier Verlag) Wiesbaden.

HARTZENBERG, P. (1995): South African Documentary Film. – Palaeont. Newsletter, 25: 15; London.

HAYEK, L.A.C., BERNOR, R.L., SOLOUNIAS, N. & STEIGERWALD, P. (1992): Preliminary studies of hipparionine horse diet as measured by tooth microwear. – Ann. Zool. Fennici, 28: 187-200; Helsinki.

HECKER, R. (1934): Der steinzeitliche Mensch als Versteinerungssammler. – Natur & Volk, 34: 515-518; Frankfurt am Main.

HEGELE, A. (1991): Jurasammlung Dr. Engel. – (Goldschneck-Verlag) Korb.

HEINTZ, A. (1960): De eldste paleontologer. – Naturen, 7: 440-445; Kopenhagen.

HENDRICKS, A. (1981): Die Saurierfährte von Münchehagen bei Rehburg- Loccum (NW-Deutschland). – Abh. L.-Mus. Naturkde. Münster, 43: 1-22; Münster.

HEUVELMANS, B. (1959): On the track of unknown animals. – (Hill & Wang) New York.

HILDEGARD VON BINGEN (1979): Das Buch von den Steinen. (Neudruck) – (Otto Müller) Salzburg.

HOERNES, M. (1915): Urgeschichte der Bildenden Kunst in Europa. – (Schroll) Wien.

HÖLDER, H. (1992): Fossilien - Deutung im Wechsel der Jahrhunderte. – Natur & Mus., 122: 148-163; Frankfurt am Main.

HOOKE, R. (1665): Micrographia: or some physiological descriptions of minute bodies made by magnifying glasses. With observations and inquiries there upon. – (Martin & Allestry) London.

HORNER, J. (1994): Saurier leben als Vögel. – Kurier v. 27.9.1994, S. 6.; Wien.

HOYLE, F. & WICKRAMASINGHE, C. (1986): *Archaeopteryx*, the primordial Bird: A case of fossil forgery. - (Christopher Davies) Swansea.

HUENE, F. VON (1966): Ein sehr junger und ungewöhnlicher Ichthyosaurier aus dem oberen Lias von Holzmaden. – N. Jb. Geol. Paläont. Abh., 124: 53-55; Stuttgart.

JAHN, M.E. & WOOLF, D.J. (1963): The lying stones of Dr. Johann Bartholomew Adam Beringer being his Lithographiae wirceburgensis. – (Univ. Calif. Press) Berkeley.

JONES, A. (1993): Fossilien besonderer Art. – In: C.A. POSEY (ed.): Bibliothek erstaunlicher Fakten und Phänomene. Ausgefallene Berufe: 107-108; (Time-Life Books) Washington D.C..

JUBELT, R. & SCHREITER, P. (1980): Gesteine. Sammeln, Bestimmen, Vorkommen, Merkmale. – (Enke) Stuttgart.

JUNG, E. (1939): Germanische Götter und Helden in christlicher Zeit. – (J. F. Lehmanns Verlag) München.

JUNG, W., SCHAIRER, G. & WELLNHOFER, P. (Red.) (1991): Paläontologisches Museum München (= Bayer. Staats. Smlg. Paläont. & histor. Geol.). – (Bayer. Staats-Smlg.) München.

KAEVER, M. & LAPPARENT, A.F. DE (1974): Les traces de Dinosaures du Jurassic de Barkhausen (Basse Saxe, Allemagne). – Bull. Soc. géol. France, 7: 516-525; Paris.

KAHLER, F. (1925): Die „Heiligengeist-Schnecken" vom Pasterkbauer bei Eisenkappel. – Carinthia II, 114/115: 11-14; Klagenfurt.

KAHNT, H. (Red.) (1994): Der Brockhaus in einem Band. – (F. A. Brockhaus) Leipzig.

KEMPEN, B. & DEIST, TH. (1993): Das Dinosaurier-Filmbuch. Von „Gertie the Dinosaur" bis „Jurassic Park". – Taschenführer popul. Kultur, 5; (Tilsner) München.

KENDALL, M. (1986): The Lay of the Trilobite. (from 1885). – Fossils Quart., 5: 43-45; London.

KIESLINGER, A. (1935): Steinhandwerk in Eggenburg und Zogelsdorf. – Unsere Heimat, 8: 141-161, 177-193; Wien.

KIESLINGER, A. (1949): Die Steine von St. Stephan. – (Herold) Wien.

KIESLINGER, A. (1972): Die Steine der Wiener Ringstraße, ihre technische und künstlerische Bedeutung. – (Steiner) Wiesbaden.

KIESLINGER, A. (1973): Das Baugesteinsbild von Wien. – Veröfftl. Naturhist. Mus., n. F., 8: 24-28; Wien.

KIRCHER, A. (1664): Mundus subterraneus. – (Waesberg) Amsterdam.

KIRCHHEIMER, F. (1977): Ein fossiler *Nautilus* und die aus ihm in ägyptisierender Manier gestaltete Skulptur. – Der Aufschluß, 28: 509-524; Heidelberg.

KIRCHNER, H. (1935): Die Würzburger Lügensteine im Lichte neuer Archivarischer Funde. – Z. dtsch. geol. Ges., 87: 607-615; Berlin.

KIRK, G. (1993): Sandmann. Biblioth. erstaunl. Fakten & Phänomene. Bd. Ausgefallene Berufe. – (Time-Life Books) Washington.

KIRSCHBAUM, E. (Hrsgb.) (1994): Lexikon der christlichen Ikonographie. Bd. I. – (Herder) Rom-Wien.

KLAUS, W. (1987): Einführung in die Paläobotanik. Fossile Pflanzenwelt und Rohstoffbildung. Bd I. Grundlagen - Kohlebildung - Arbeitsmethoden/Palynologie; (Deuticke) Wien.

KLEBS, R. (1910): Über Bernsteineinschlüsse im allgemeinen und die Coleopteren meiner Bernsteinsammlung. – Schrift. phys.-ökonom. Königsberg, 51: 217-242; Königsberg.

KLEMM, R. & KLEMM, D. (1981): Die Steine der Pharaonen. – (Staatl. Smlg. Ägypt. Kunst) München.

KLEPSCH, P. (1992): Saurierzeit. – (Goldschneck-Verlag) Korb.

KLIMA, B. (1992): Die jungpaläolithischen Mammutjäger-Siedlungen Dolní Vestonice und Pavlov in Südmähren - CSFR. – Archäol. & Mus., 023: 1-30; Basel.

KNOBLOCH, E. (1993): Die Pflanzengesellschaften der Braunkohle. – Fossilien, 10: 357-368; Korb.

KOCH, A.C. (1845): Description of the *Hydrargos sillimanii* (KOCH). A gigantic fossil reptile, or Sea Serpent: lately discovered by the author in the State of Alabama, March 1845. – New York.

KÖHLE-HEZINGER, CH. (1994): Das Dino-Abenteuer. Anmerkungen zu Archaik und Aktualität eines Phänomens der Gegenwartskultur. – Schweizer. Arch. Volkskde., 90: 145-163; Basel.

KOENIGSWALD, G.H.R. (1952): *Gigantopithecus blacki*, a giant fossil hominoid from the Pleistocene of Southern China. – Anthrop. Pap. Amer. Mus. Natur. Hist., 43: 295-325; New York.

KOENIGSWALD, W. VON & MEYER, W. (Hrsgb.) (1994): Erdgeschichte im Rheinland. Fossilien und Gesteine aus 400 Mill. Jahren. – (Pfeil) München.

KÖTHE, R. (1993): Kann man aus einer Mücke einen Dinosaurier machen? – Kosmos, 9: 48-51; Stuttgart.

KÖTHE, R. (1994): Schnellkopierer fürs Erbgut. – Kosmos, 7: 24-30; Stuttgart.

KÖTHE, R. (1995): Computerspiele. – Kosmos, 3; Stuttgart.

KOLDEWEY, R. (1918): Das Ischtartor von Babylon. – 32. Wiss. Veröff. Dtsch. Orientges; (F.C. Hinrich'sche Buchhdlg.) Leipzig.

KOLLMANN, H.A. (1965): Actaeonellen (Gastropoda) aus der ostalpinen Oberkreide. – Ann. Naturhist. Mus., 68: 243-262; Wien.

KOLLMANN, H.A. (1987): Trilobiten-Fälschung. – Der Aufschluß, 38: 216; Heidelberg.

KOLLMANN, H.A. & Summesberger, H. (1973): Kalke und Konglomerate. – Veröff. Naturhist. Mus., n.F., 8: 40-51; Wien.

KONSALIK, H.G. (1986): Das Bernsteinzimmer. – (W. Heyne) München.

KOSMOWSKA-CERANOWICZ, B. & KONART, Z.T. (1989): Geheimnis des Bernsteins. – (Sport i Turystyka) Warschau. [in Polnisch]

KOWALSKI, H. (1986): Vorsicht: Manipulation! – Fossilien, 3: 87-89; Korb.

KRAUS, W. (1990): Fossilfälschungen. – Der Präparator, 36: 45-76; Bochum.

KREUTZER, L. (1993): Panorama in die Urzeit. Der Geo-Park Wendelstein. – (Wendelsteinbahn GmbH) München.

KRIS, E. (1932): Goldschmiedearbeiten des Mittelalter, der Renaissance und des Barocks I. – (Schroll) Wien.

KRÜGER, F.J. (1993): Anmerkungen zu einem magischen Thema. – Der Aufschluß, 44: 349-352; Heidelberg.

KRUMBIEGEL, G. (1993): Glessit, ein tertiäres Harz von Bedecktsamern. – Fossilien, 10: 9-15; Korb.

KRUMBIEGEL, G. & KRUMBIEGEL, B. (1994): Bernstein. Fossile Harze aus aller Welt. - Fossilien, Sd.Bd. 7: 110 S.; Korb.

KRUMBIEGEL, G. & WALTHER, H. (1984): Fossilien. Urkunden vergangenen Lebens. – (VEB Dtsch. Verlag f. Grundstoff-Industrie) Leipzig.

KUHN-SCHNYDER, E. & RIEBER, H. (1984): Paläozoologie. Morphologie und Systematik der ausgestorbenen Tiere. – (Thieme) Stuttgart.

KULL, U. (1994): Älteste Makrofossilien und Entstehung der Eukaryoten. – Naturwiss. Rdschau, 47: 110-111; Stuttgart.

KUNDMANN, CH. (1737): Rariora Naturae et artis item in Re Medica. – (Michael Hubert) Breslau.

KURTEN, B. (1968): Pleistocene Mammals of Europe. – (Weidenfeld & Nicolson) London.

LANGE, H. (1993): Werkstatt für Schreckensechsen. – Kosmos, 9: 44-47; Stuttgart.

LANGENHEIM, J.H. (1969): Amber: A botanical Inquiry. – Nature, 163: 1157-1169; London.
LANGRENUS, M. (1951): Reich im Mond. Utopisch-wiss. Roman aus naher Zukunft und jahrmillionenferner Vergangenheit. – (F. Loewe-Verlag) Leoben.
LARSSON, S.G. (1978): Baltic Amber - a Palaeobiological Study. – In: L. Lyneborg (ed.): Entomonograph, 1: 1-192; (Scandinavian Science Press) Klampenborg.
LASSWITZ, K. (o. J.): Homchen - ein Tiermärchen aus der oberen Kreide. – (E. Abel) Berlin.
LEHMANN, J. (1992): Geschnitzte Ammoniten. – Fossilien, 9: 8-9; Korb.
LEHMANN, U. (1977): Entwicklung des Lebens. Einführung in die Bildkarte. – (Jaeger) Hannover.
LEHMANN, U. (1985): Paläontologisches Wörterbuch. – (Enke) Stuttgart.
LEHMANN, U. (1990): Ammonoideen. Leben zwischen Skylla und Charybdis. – Haeckel-Bücherei, 2: 257 S. Stuttgart.
LEHMANN, U. & HILLMER, G. (1991): Wirbellose Tiere der Vorzeit. Leitfaden der system. Paläontologie der Invertebraten. – (Enke) Stuttgart.
LEIBNIZ, G.W. (1749): Protogaea. – (J.W. Schmid) Göttingen.
LEMPFERT, F. (1994): Saurier auf Briefmarken (1). – Michel Rundschau, 1/94: 28-36; München (1994a).
LEMPFERT, F. (1994): Saurier auf Briefmarken (2). – Michel Rundschau, 2/94: 132-138; München (1994b).
LEY, W. (1953): Drachen, Riesen. Seltsame Tiere von gestern und heute. – (Franckh) Stuttgart.
LOCKLEY, M. (1993): Auf den Spuren der Dinosaurier. Dinosaurierfährten - eine Expedition in die Vergangenheit. – (Birkhäuser) Basel.
LUCAS, S.G. (1994): Dinosaurs. The Textbook. – (W.C. Brown Publ.) Dubuque.
LUCE, J.V. (1975): Archäologie auf den Spuren Homer's. – (G. Lübbe Verlag) Bergisch-Gladbach.
LUDWIG, G. (1984): Sonnensteine. Eine Geschichte des Bernsteins. – (Verlag Die Wirtschaft) Berlin.
LUDWIG, G. (1994): Tierische Computerwelt. – Das Tier, 7: 32-35; Bern.
LÜSCHEN, H. (1979): Die Namen der Steine. Das Mineralreich im Spiegel der Sprache. – (Ott-Verlag) Thun.
MACKAL, R.P. (1987): A living dinosaur? In search of Mokele-Mbembe. – (Brill) Leiden.
MÄGDEFRAU, H. & SCHLÜTER, A. (1995): Tepuis. Eldorado für Biologen. – Naturw. Rdschau, 48: 15-21; Stuttgart.
MÄGDEFRAU, K. (1965): Paläobiologie der Pflanzen. – (G. Fischer) Jena.
MARGULIS, L. & SCHWARTZ, K.V. (1989): Die fünf Reiche der Organismen. Ein Leitfaden. – (Spektrum der Wiss.-Verlagsges.) Heidelberg.
MAYER, G. (1985): Charles-Eugene (1819-1887) und Jules-Emile Meyrat (1823-1891). Zwei bedeutende Schweizer Fossilsammler und Präparatoren. – Der Aufschluß, 36: 201-208; Heidelberg.
MCKERNEY, B. & PATTISALL, E. (eds.) (1995): Die Geheimnisse altindischer Kulturen. – Time-Life-Bücher: Untergegangene Kulturen; Amsterdam.
MEHL, J. (1977): Über eine inkaische Trilobiten-Nachbildung aus Peru. – Ber. naturforsch. Ges. Freiburg/Br., 67: 183-188; Freiburg.
MERCATUS, M. (= MERCATI, M.) (1717): Metallotheca Vaticana. – (Lancisius) Rom.

MERTENS, R. (1969): Der „Drachen von Babylon" war kein Waran. – Natur & Mus., 99: 389-392; Frankfurt/Main.
MEYER, D. (1987): Naturdenkmal Saurierfährten Münchehagen. – Fossilien, 4: 142-143; Korb.
MEYER, CHR. A. (1993): A sauropod dinosaur megatracksite from the late Jurassic of northern Switzerland. – Ichnos, 3: 29-38; New York.
MOVIUS, H.L. (1950): Zur Archäologie des Unteren Paläolithikums in Südasien und im fernen Osten. – Mitt. Anthrop. Ges. Wien, 80: 101-139; Wien.
MULLER, H. (1987): Jet. – In: Butterworths Gem Books; (Butterworths) London.
MÜLLER, A.H. (1968): Lehrbuch der Paläozoologie. Bd. III. Vertebraten. Tl. 2. Reptilien und Vögel. – (G. Fischer) Jena.
MÜLLER-KARPE, H. (1966): Handbuch der Vorgeschichte. Bd. 1, Altsteinzeit. – (Verlagsbuchhdlg. Beck) London.
MURAWSKI, H. (1992): Geologisches Wörterbuch. – (Enke) Stuttgart.
NEEDHAM, J. (1959): Science and Civilization in China. – Bd. 3: 611-623; London.
NEIL, R. (1984, 1985 u. 1986): Fossilien im Volksglauben. 1. - 3. Tl. – Fossilien, 1: (5: 227-231), 2: (2: 88-92), 3: (2: 92-95); Korb.
NEUMÜLLER, O.-A. (1979-1988): Römpps Chemie Lexikon. – (Franckh) Stuttgart.
NIEDERMAYR, G. (1989): Der Bleiberger „Muschelmarmor" - F.X. WULFENS „Kärnthenscher pfauenschweifiger Helmintholith". Eine historische Betrachtung. – Carinthia II, 179: 47-57; Klagenfurt.
NIEDERMAYR, G. (1993): Eine Dose aus Bleiberger Muschelmarmor für das Landesmuseum in Kärnten. – Carinthia II, 183: 249-253; Klagenfurt.
NIEDERMAYR, G. (1995): Ammoniten mit irisierender Perlmuttschicht aus Alberta (Kanada) – Ber. Freunde Naturhist. Mus. Wien, 214; Wien.
NOGGE, G. (1993): Die Rückkehr der Dinosaurier. – Z. Kölner Zoo, 36: 43-47. Köln.
NORMAN, D. (1993): Dinosaurs. – News Bull. Soc. Vertebr. Paleont., 157: 146; Lawrence.
OAKLEY, K.P. (1965): Folklore of Fossils I & II. – Antiquity 39: 9-16, 117-125. Cambridge.
OUDEMANS, A.C. (1892): Die Große Seeschlange.
PAPP, A., MARINESCU, F. & SENES, J. (Hrsgb.) (1974): Chronostratigraphie und Neostratotypen. Miozän der zentralen Paratethys. M_5 Sarmatien. – (Verlg. Slowak. Akad. Wiss.) Bratislava.
PELKA, O. (1929): Bernstein. – In: Bibliothek für Kunst- & Antiquitätensammler, 18: 148 S.; (R.C. Schmidt & Co.) Berlin.
PFAFF, M. (1994): Tyrannosaurus. Der kleine Unterschied. – Kosmos, 11: 8; Stuttgart.
PFAFF, M. (1995): Fossilien: Flugsaurier als Schmuggelware. – Kosmos, 3: 11; Stuttgart.
PFANNENSTIEL, M. (1958): Fälscher und Fälschungen von Oehninger Fossilien. – Geologie, 7: 846-860; Berlin.
PFEIL, F.H. (1984): Haifischzähne. – Fossilien, 1: 159-166; Korb.
PFIZENMAYER, E.W. (1926): Mammutleichen und Urwaldmenschen in Nordost-Sibirien. – (Brockhaus) Leipzig.
PHILIPPSEN, H. (1923): Die versteinerten Seeigel Norddeutschlands und ihre mythologische Bedeutung. – Kosmos, 20: 324-325; Stuttgart.

PIA, J. (1926): Pflanzen als Gesteinsbildner. – (Borntraeger) Berlin.

PIETSCHMANN, V. (1925): Bandfische und „große Seeschlange". – Veröff. Naturhist. Mus., **5**: 1-22; Wien.

PIPPAL, M. (1991): Die Pfarrkirche von Schöngrabern. Eine ikonologische Untersuchung ihrer Apsisreliefs. – Veröfftl. Komm. Kunstgesch., **1**: 1-87; (Österr. Akad. Wiss.) Wien.

PLÖCHINGER, B. (1983): Salzburger Kalkalpen. – Sammlg. Geol. Führer, **73**: 144 S.; (Borntraeger) Berlin.

PLOT, R. (1677): Natural History of Oxfordshire. – Oxford.

POINAR; G.O., Jr. (1992): Life in Amber. – (Stanford University Press) Stanford.

POMEROL, CH., DEBELMAS, J., MIROUSE, R., RAT, P., ROUSSET, C. & SCARTH, A. (1980): Geology of France with twelve itineraries and a geological map et 1: 2.500.000. – Guides Géol. Rég; (Masson) Paris.

POMET, P. (1694): Histoire generale des Drogues. – (J.B. Balliere) Paris.

POTONIE, H. (1895): Über Autochthonie von Carbon-Flötzen und des Senftenberger Braunkohlenflötzes. – Jb. Preuß. geol. L.-A., **16**: 1-31; Berlin.

PRELL, H. (1941): Der Schelch im Nibelungenliede. Ein jagdtierkundliches Problem und seine Lösung. – Z. Säugetierkde., **14**: 225-249; Berlin.

PRELL, H. (1950): Der Riesenhirsch als angeblich historische Wildart. – Neue Ergebn. Probl. Zool. (= Klatt-Festschrift): 778-793; Leipzig.

PROBST, E. & WINDOLF, R. (1993): Dinosaurier in Deutschland. – (Bertelsmann) München.

QUENSTEDT, F.A. (1846-1849): Petrefactenkunde Deutschlands. – (L.F. Fues) Tübingen.

RÄTSCH, CH. (1992): Die kosmische Spirale – Meditation mit Ammoniten. – Dao (Mag. fernöstl. Lebenskunst), **2**: 20-22; Norderstedt (1992a).

RÄTSCH, CH. (1992): Ammoniten. Des Gottes Horn. – Esotera, **3**: 28-33; Freiburg/Br. (1992b).

RÄTSCH, CH. (1994): Drachenknochen und Dinosaurierphantasien. – Dao (Mag. fernöstl. Lebenskunst), **1**: 24-26; Norderstedt.

RÄTSCH, CH. (1995): Die Klauen des Tengu. – Dao (Mag. fernöstl. Lebenskunst), **1**: 18-20; Norderstedt.

RÄTSCH, CH. & GUHR, A. (1992): Lexikon der Zaubersteine aus ethnologischer Sicht. – (VMA-Vertriebsges.) Wiesbaden.

RAUP, D.M. & SEPKOSKI, J.J. (1984): Periodicity of extinction in the geological Past. – Proc. Nation. Acad. Sci., **81**: 801-805; Washington D.C.

RAYMOND, P.E. (1939): Prehistoric Life. – (Harvard Univ.-Press) Cambridge.

REICHARDT, H. (1982): Fossilien-Zeugen der Urwelt. – (Tessloff-Verlag) Hamburg.

REINEKING VON BOCK, G. (1981): Bernstein. Das Gold der Ostsee. – (Callwey) München.

REINICKE, R. (1991): Rügen, Strand und Steine. – (Demmler Verlag) Schwerin.

REISKIUS, J.J. (1688): Dissertatio de Cornu Hammonis. – Miscell. Natur. curios., dec II, Anno 7.

REISNER, ST. (1986): Die Fabelwesen sind unter uns. Eine Expedition in das Reich der Einhörner und Nixen, der Drachen und Supermänner. – Geo, **10**: 76-98; Hamburg.

Rheinbraun AG (1992): Rheinbraun informiert. Braunkohlenbergbau im Rheinland. Falt-Prospekt. – (Rheinbraun-AG) Köln.

RICE, P.C. (1980): Amber. The Golden Gem of the Ages. – (von Nostrand Reinhold Comp.) New York.

RICHTER, A.E. (1986): Eine neue Idee. – Fossilien, **3**: 197; Korb.

RICHTER, A.E. (1995). Erschwingliche Reptilzähne. – Fossilien, **12**: 68; Korb.

RICHTER, R. & RICHTER, E. (1950): Warnende Erfahrungen an Eifel-Sammlungen und der Stand des Wetteldorfer Richtschnittes. – Senckenbergiana, **31**: 95-108; Frankfurt am Main.

RIEBER, E. (1991): Vel Wahrhafte Darstellung schroecklicher Meeresungeheuer vulgo als Seeschlangen weytberümbt. – Mineralientage München 1991 Messekatalog: 84-87; München.

RIEGRAF, W. & HAUFF, R. (1983): Belemnitenfunde mit Weichkörper, Fangarmen u. Gladius aus dem U-Toarcium (Posidonienschiefer) und U-Aalenium (Opalinus-Ton) SW-Deutschlands. – N. Jb. Geol. Paläont., Abh. **165**: 466-483; Stuttgart.

RIEGRAF, W. & REITNER, J. (1979): Die Weichteilbelemniten des Posidonienschiefers (U-Toarcien) von Holzmaden (Baden-Württbg.) sind Fälschungen. – N. Jb. Geol. Paläont., Mh. **1979**: 291-304; Stuttgart.

RIETSCHEL, S. (1967): Gefälschte Fossilien. – Natur & Mus., **97**: 96-100; Frankfurt am Main.

RIETSCHEL, S. (1969): Die Receptaculiten. – Senckenbergiana lethaea, **50**: 465-517; Frankfurt am Main.

RÖBER, H. (1979): Fälschungen im Mineralien- und Fossilienhandel beobachtet und notiert. – Der Aufschluß, **30**: 351-354; Heidelberg.

RUDAT, K. (1985): Bernstein. Ein Schatz an unseren Küsten. Entstehung - Gewinnung - Verarbeitung. – (Husum Druck- u. VerlagsgmbH) Husum.

RÜHL, W. (1989): Energiefaktor Erdöl. In 250 Millionen Jahren entstanden - nach 250 Jahren verbraucht? – (Fromm) Osnabrück.

RUSSELL, D.A. (1967): Systematics and phylogeny of American mosasaurs (Reptilia, Sauria). – Bull. Peabody Mus. Natur. Hist,. **23**: 241 S.; New Haven.

SAUERBORN, U. (1995): Tucson- Mineral-, Gem & Fossil Show - ein Erlebnis auch für alle Fossilienfreunde. – Fossilien, **12**: 31-40; Korb.

SAVKEVICH, S.S. (1970): Jantar. – (Nedra) Leningrad.

SCHAAL, ST. & ZIEGLER, W. (Hrsgb.) (1988): Messel. - Ein Schaufenster in die Geschichte der Erde und des Lebens. – Senckenberg-Buch, **64**; (Kramer) Frankfurt am Main.

SCHAPER, M. (1993): Die Popstars der Paläontologie. – Geo, **9**: 12-32; Hamburg.

SCHEFFEL, J.V. VON (1854): Der Ichthyosaurus. – In (1887): Gaudeamus: 112 S.; (Bonz & Comp.) Stuttgart.

SCHEUCHZER, J.J. (1726): Homo diluvii testis. – (Tiguri) Zürich.

SCHLEE, D. (1990): Das Bernstein-Kabinett. Begleitheft zur Bernsteinausstellung im Museum am Löwentor, Stuttgart. – Stuttgarter Beitr. Naturkde., (C) **28**: 100 S.; Stuttgart.

SCHLEE, D. & GLÖCKNER, W. (1978): Bernstein. Bernsteine und Bernsteinfossilien. – Stuttgarter Beitr. Naturkde., (C) **8**: 1-72; Stuttgart.

SCHMID, M. & SCHMOLL, H. gen. EISENWERTH, (1994): Ginkgo. Ur-Baum und Arzneipflanze. - Mythos, Dichtung und Kunst. – (Wiss. Verlagsges.) Stuttgart.

SCHMIDT, H. (1959): Gefälschte Versteinerungen. – Natur & Volk, **89**: 27-29; Frankfurt am Main.

SCHMIDT, W. (1984): Die vergessene Bildsprache christlicher Kunst. – (Beck) München.

SCHMOLL, H. gen. EISENWERTH, (1994). *Ginkgo biloba* im Kunsthandwerk Ostasiens und Europas. – In: M. SCHMID & H. SCHMOLL: Ginkgo, Ur-Baum und Arzneipflanze: 97-122; (Wiss. Verlagsges.) Stuttgart.

SCHMOLL, J.A., gen. EISENWERTH (1994): *Ginkgo biloba* in Dichtung und bildender Kunst der Moderne. – In: M. SCHMIDT & H. SCHMOLL: Ginkgo, Ur-Baum und Arzneipflanze: 123-13; (Wiss. Verlagsges.) Stuttgart.

SCHÖN, G. (1995): Weltmünzkatalog 20. Jahrhundert. – 27. Aufl.; (Battenberg) München.

SCHÖNLAUB, H.P. (1988): Vom Urknall zum Gailtal. 500 Millionen Jahre Erdgeschichte in der Karnischen Region. – (Verw. Gemeinschft. Gmd. Bez.) Hermagor.

SCHÖPF, H. (1992): Fabeltiere. – (VMA-Verlag) Wiesbaden.

SCHRÖTER, J.J. (1784): Vollständige Einleitung in die Kenntniß und Geschichte der Steine und Versteinerungen. (4 Bde.) – Altenburg.

SCHUBERT, K. (1961): Neue Untersuchungen über Bau und Leben der Bernsteinkiefern (*Pinus succinifera* [CONWENTZ] emend.). – Geol. Jb., **45**: 3-149; Hannover.

SCHÜRMANN, A. (1993): Dino-Fieber. – Kosmos, **9**: 60-61; Stuttgart.

SCHWAB, H. & BECK, C.W. (1983/1984): Gagat und Bernstein auf dem Rentierjägerhalt Moosbühl bei Moosseedorf (Kanton Bern). – Jb. Berner Hist. Mus., **63/64**: 259-266; Bern.

SCHWAB, G. (1889): Die schönsten Sagen des klassischen Altertums. – (Bertelsmann) Gütersloh.

SCHWALM, J. (1993): Fossilien in Volksmedizin und Magie. – Der Aufschluß, **44**: 106-110; Heidelberg.

SCILLA, A. (1670): La Vana Speculazione disingannata del Senso. – (A. Colicchia) Napoli.

SCOTT, P. & RINES, R. (1975): *Nessiteras rhombopteryx* from Loch Ness. – Nature, **258**: 466-468; London.

SEEL, O. (1987): Der Physiologus. - Tiere und ihre Symbolik. – (Artemis-Verlags-AG) Zürich - München.

SEIDLER, H. & NEDDEN, D. ZUR (1994): Anthropologie und Radiologie. Stereolithographie. – Symp. Anthropol. Radiol. Wien.

SEILACHER, A. (1989): Vendozoa: organismic construction in the Proterozoic biosphere. – Lethaia, **22**: 229-239; Oslo.

SEILACHER, A. (1991a): Zur Taphonomie und Diagenese von Kreidefeuersteinen. – Fossilien, **8**: 210-214; Korb.

SEILACHER, A. (1991b): Vendobionta als verunglückte Alternative zur Vielzelligkeit? – 34. Phylogen. Symp. 14.12.91. Hamburg.

SEILACHER, A. (1995): Fossile Kunst. Albumblätter der Erdgeschichte. – (Goldschneck-Verlag) Korb.

SELDEN, G. (1979): Aphrodisia. – (Dutton) New York.

SELIGMANN, S. (1927): Die magischen Heil- und Schutzmittel aus der unbelebten Natur mit besonderer Berücksichtigung der Mittel gegen den bösen Blick. Eine Geschichte des Amulettwesens. – (Strecker & Schröder) Stuttgart.

Siegermünzpost (1993): **034/1993**; (Sieger-Verlag) Feldkirch.

SMITH, W.G. (1894): Man, the primeval savage. – (Stanford) London.

SOEREN, J.C. VAN (1979-1980): Fossilien und Saurier in der Philatelie. – (Eigenverlag) Erlangen-Sieglitzhof.

SPENCER, F. (1990): Piltdown - A Scientific forgery. – (Univ. Press) Oxford.

SPILLMANN, F. (1948): Beiträge zur Kenntnis eines neuen gravigraden Riesenfaultieres (*Eremotherium carolinense* gen. et sp. nov.), seines Lebensraumes und seiner Lebensweise. – Palaeobiologica, **8**: 231-279; Wien.

STEINER, G. (1995): Ein Urwald zum Anfassen nahe. – Fossilien, **12**: 286-289; Korb.

STEININGER, F.F. (1995a): Fossile und rezente Molluskenreste aus den Paläolithstationen Ostösterreichs. Geol. Herkunft, Bearbeitung, Verwendung und Import. – Katal. Krahuletz-Mus., **14**: 25-32; Eggenburg.

STEININGER, F.F. (1995b): Die untermiozäne Zogelsdorf-Kalkstein Formation im Raum von Eggenburg-Pulkau, am Ostrand der Böhmischen Masse, Molassezone, NÖ. – Manuskript.

STEININGER, F.F. & THENIUS, E. (1973): 100 Jahre Paläontologisches Institut der Universität. 1873-1973. – (Paläont. Inst. Univ. Wien) Wien.

STENO, N. (= STENSEN) (1669): De solido intra solidum naturaliter contents dissertationis prodromus. – Florenz.

STORCH, G. (1981): *Eurotamandua joresi*, ein Myrmecophagide aus dem Eozän der „Grube Messel" bei Darmstadt (Mammalia, Xenarthra). – Senckenbergiana lethaea, **61**: 247-289; Frankfurt am Main.

STORCH, G. & RICHTER, G. (1980): Beiträge zur Ernährungsbiologie eozäner Fledermäuse aus der „Grube Messel". – Natur & Mus., **110**: 353-367; Frankfurt/Main.

SUCHOPAR, J. (1994): Altdorfer Laibsteine. – Fossilien, **11**: 78-81; Korb.

SUESS, E. (1862): Der Boden der Stadt Wien nach seiner Bildungsweise. – (Braumüller) Wien.

TALENT, J.A. (1989): The case of the peripatetic fossils. – Nature, **338**: 613-614; London.

TANDLER, C. (1946): Österreichische Sagen. – (W. Andermann-Verlag) Wien.

THENIUS, E. (1965): Lebende Fossilien. Zeugen vergangener Welten. – Kosmos-Bibl., **246**; (Franckh) Stuttgart.

THENIUS, E. (1970): Paläontologie. Die Geschichte unserer Tier- und Pflanzenwelt. – Kosmos-Studienbücher; (Franckh) Stuttgart.

THENIUS, E. (1971): Die Geschichte des Lebens auf der Erde (1. Aufl. 1955). – (Cura-Verlag) Wien.

THENIUS, E. (1976): Allgemeine Paläontologie. Skriptum. – (Prugg) Eisenstadt.

THENIUS, E. & VÁVRA, N. (1988): Einführung in die Paläozoologie. Skriptum. – (Inst. Paläont. Univ. Wien) Wien.

THOMSON, K.S. (1993): Der Quastenflosser. Ein lebendes Fossil. – (Birkhäuser) Basel.

TOLLMANN, A. & TOLLMANN, E. (1993): Und die Sintflut gab es doch. Vom Mythos zur historischen Wahrheit. – (Droemer-Knaur) München.

TREIBS, A. (1934): Chlorophyll- und Häminderivate in Bituminösen Gesteinen, Erdölen, Erdwachsen und Asphalten. – Ann. Chem., **150**: 42-62; Heidelberg-Weinheim.

TREIBS, A. (1936): Chlorophyll- und Häminderivate in organischen Mineralstoffen. – Angew. Chem., **49**: 682-686; Berlin-Leipzig.

TROLL-OBERGFELL, O. VON (1909): Die als Schmuck verwendeten Gastropoden. – Jb. Altertumskde., 3: 146-148; Wien.
UCIK, F.H. (1990): Wollhaarnashorn und Lindwurm - Einige Betrachtungen über das Symbol unserer neuen Vereins-Buchreihe. – Carinthia II, 180: 293-306; Klagenfurt.
ULBRICH, J. (1793): Beschreibung der großen Kronstädter Pest vom Jahr 1718 und 1719. – Siebenbürg. Quartalschrift, 3: 138-159; Hermannstadt.
VALENTINI, M. (1704): Museum Museorum (Natur- u. Materialien-kammer) oder vollständige Schau-Bühne aller Materialien und Specereijen. Bd. I. – (J. D. Zumers) Franckfurt am Main.
VALENTINI, M. (1714): Schaubühne fremder Naturalien. Bd. II. – (J. D. Zumer's Erben) Franckfurt am Main.
VARTANYAN, S.L., GARUTT, V.E. & SHER, A.V. (1993): Dwarf Mammoths from the Wrangel Island. – Nature, 362: 337; London.
VÁVRA, N. (1987): Fossilien im Volksglauben und Alltag. – Schr. Ver. Verbr. naturw. Kenntn., 126: 193-252; Wien.
VERNE, J. (1923): Voyage au centre de la terre. – (Libr. Hachette) Paris.
VILLIERS, E. (1927): Amulette und Talismane und anderer geheime Dinge. – (Drei Masken-Verlag) München.
VOGT, H.-H. (1984): Fossilien und Lügensteine. Wie zu Würzburg ein Gelehrter mit Versteinerungen bloßgestellt wurde - Liebe war im Spiel. – Salzburger Nachrichten v. 21.4.1984.
VOGT, H.-H. (1993): Fossilienschmuggel in Australien. – Naturwiss. Rdschau, 46: 119; Stuttgart.
VOGT, H.-H. (1994): „Fliegen-Piltdown" aufgedeckt. – Fossilien, 11: 133, 137-138; Korb.
VOGT, H.-H. (1995): Fossilienschmuggel aus Rußland. – Fossilien, 12: 72; Korb.
VOIGT, E. (1935): Die Erhaltung von Epithelzellen mit Zellkernen von Chromatophoren und Corium in fossiler Froschhaut aus der mitteleozänen Braunkohle des Geiseltales. – Nova Acta Leopoldina, n.F., 3 (14): 339-365; Halle/Saale.
WAGENPLAST, P. (1984): Aus Basil Foshills Briefmappe: *Calceola sandalina* (LINNÉ). – Fossilien, 1: 52-53; Korb.
WALDMANN, F. (1883): Der Bernstein im Altertum. Eine historisch-philologische Skizze. – (F. Feldt) Fellin.
WALKER, A., HOECK, N.N. & PEREZ, L. (1978): Microwear of mammalian teeth as an indicator of diet. – Science, 201: 908-910; Washington D.C.
WALOSSEK, D. (1993): The upper Cambrian Rehbachiella and the phylogeny of Branchiopoda and Crustacea. – Fossils & Strata, 32: 1-202; Oslo.
WARD, P.D. (1993): Der lange Atem des Nautilus. Warum lebende Fossilien noch leben. – (Spektrum Akad. Verlag) Heidelberg.
WARTH, M. (1992): Alte Vorstellungen von der Entstehung der Versteinerungen. – Fossilien, 9: 182-185; Korb.
WEBSTER, G.D., REXROAD, C.B. & TALENT, J.A. (1993): An evaluation of the V.J. GUPTA conodont papers. – J. Paleont., 67: 486-493; Lawrence.
WEINLAND, D.F. (1878): Rulaman. Naturgeschichtliche Erzählungen aus der Zeit des Höhlenmenschen und des Höhlenbären. – Stuttgart (Nachdruck H. Küster, Tübingen 1992).
WEITSCHAT, W. & VOIGT, P.CHR. (1992): Vorsicht Fälschungen! „Inklusen" im Baltischen Bernstein. – Fossilien, 9: 217-218; Korb.
WELLER, M. & WERT, CH. (1993): The fossil hydrocarbon jet. – Die Geowiss., 11: 319-325; Berlin.
WELLNHOFER, P. (1986): Der Saurier flog wieder. – Fossilien, 3: 258-264; Korb.
WENDT, H. (1967): Auf Noahs Spuren. Die Entdeckung der Tiere. – (Rowohlt) Hamm.
WERMUSCH, G. (1991): Die Bernstein-Zimmer-Saga. Spuren-Irrwege-Rätsel. – (Goldmann Verlag) München.
WHEELER, H. E. (1935): Timothy Abbott Conrad (A geologist and palaeontologist, a poet of Palaeontology). – Bull. Amer. Paleont., 23 (77): 1-3; New York.
WHITE, T.D., SUWA, G. & ASFAW, B. (1994): *Australopithecus ramidus*, a new species of early hominid from Aramis, Ethiopia. – Nature, 371: 306-312; London.
WIESENAUER, E. (1976): Vollständige Belemnitentiere aus dem Holzmadener Posidonienschiefer. – N. Jb. Geol. Paläont., Mh. 1976: 603-608; Stuttgart.
WILD, R. (1976): Eine Ichthyosaurier-Fälschung. – N. Jb. Geol. Paläont., Mh. 1976: 382-384; Stuttgart.
WILSDORF, H. (1977): Kohle. - In: J. IRMSCHER & R. JOHNE, (Hrsgb.), Lexikon der Antike. – (Fourier Verlag) Wiesbaden.
WINCKLER, K.M. (1984): „Hülsenfrüchte" aus dem Oligozän. Die Grube Steinhardt bei Sobernheim. – Fossilien, 1: 253-257; Korb.
WINTER, G. (1994): Museumspädagogik. Jahresbericht für 1993. – Natur & Mus., 124: 402; Frankfurt am Main.
WITTMANN, O. (1979): Balthasar Ehrhart (1700-1756) aus Memmingen (Schwaben) und seine Dissertatio de belemnitis suevicis (1727). – Erlanger geol. Abh., 107: 1-48; Erlangen.
WOODWARD, J. (1695): An essay towards a natnatural history of the earth and terrestrial bodies. – London.
WULFEN, F.X. VON (1793): Abhandlung vom Kärnthenschen pfauenschweifigen Helmintholith oder dem sogenannten opalisierenden Muschelmarmor. – (Palm) Erlangen.
WUSSING, H. & REMANE, H. (1989): Wissenschaftsgeschichte en miniature. – (VEB Dtsch. Verlg. d. Wiss.) Berlin.
WUTTKE, M. (1983): „Weichteil-Erhaltung" durch lithifizierte Mikroorganismen bei mitteleozänen Vertebraten aus den Ölschiefern der „Grube Messel" bei Darmstadt. – Senckenbergiana lethaea, 64: 509-527; Frankfurt/M.
WUTTKE, M. (1988): Untersuchungen zur Morphologie, Paläobiologie und Biostratonomie der mitteleozänen Anuren von Messel. – Unveröff. Diss. Univ. Mainz.
ZAPFE, H. (1957): Dachsteinkalk und „Dachsteinmuscheln". – Natur & Volk, 87: 87-94; Frankfurt am Main.
ZIAK, K. & al. (1964): Unvergängliches Wien. Ein Gang durch die Geschichte von der Urzeit bis zur Gegenwart. – (Europa- und Forum-Verlag) Wien.
ZIEGLER, B. (1986): Der schwäbische Lindwurm. Funde aus der Urzeit. – (K. Theiss-Verlag) Stuttgart.
ZUSCHNEID, H. (Hrsgb.) (1914): Freiburger Taschen-Liederbuch. – (Herdersche Verlagsbuchhdlg.) Freiburg.

12. Quellenverzeichnis der Abbildungen

Die Abbildungen stammen, sofern es nicht Originalaufnahmen oder Originalskizzen sind, aus folgenden Werken (Die [Um-]Zeichnungen wurden von Herrn N. Frotzler ausgeführt).

Abb. 2.1: GESNER, C. (1955): De rerum fossilium.... – (J. Gesner) Zürich.
Abb. 2.2 bis 2.4: THENIUS, E. (1970): Paläontologie. – (Franckh) Stuttgart.
Abb. 2.5: SCHLEE, D. & GLÖCKNER, W. (1978): Stuttgarter Beitr. Naturkde., (C) **8**; Stuttgart.
Abb. 2.7: THENIUS, E. (1976): Allgemeine Paläontologie. – (Prugg) Eisenstadt.
Abb. 2.8: OAKLEY, K.P. (1965): Antiquity, **39**; Cambridge.
Abb. 3.3, 3.9, 3.41, 3.82, 3.83, 3.86, 3.87, 3.106 und 4.46: ABEL, O. (1939): Vorzeitliche Tierreste. – (G. Fischer) Jena.
Abb. 3.5: KIRCHER, A. (1678): Mundus subterraneus. – (J. Waesberg) Amsterdam.
Abb. 3.10: BRÜCKMANN, F.E. (1729): Thesaurus subterraneus. – (J. Ch. Meißner) Braunschweig.
Abb. 3.13, 3.14 und 3.17: UCIK, F.H. (1990): Carinthia II, **180**; Klagenfurt.
Abb. 3.17, 3.18, 3.21 und 3.35: LEY,W. (1953): Drachen, Riesen... – (Franckh) Stuttgart.
Abb. 3.22: SUESS, E. (1862): Der Boden der Stadt Wien... – (Braumüller) Wien.
Abb. 3.23: ZIEGLER, B. (1986): Der Schwäbische Lindwurm. – (Theiss-Verlag) Stuttgart.
Abb. 3.24: ANDREWS, C.W. (1906): Catalogue of the Tertiary Vertebrates. – (Brit. Mus. Natur. Hist.) London.
Abb. 3.26: BEER, R. (1972): Einhorn. – (Callwey) München.
Abb. 3.30: LEIBNIZ, G.W. (1749): Protogaea. – Göttingen.
Abb. 3.31: ADAM, K.D. (1984): Der Mensch der Vorzeit. – (Theiss-Verlag) Stuttgart.
Abb. 3.39: ZAPFE, H. (1957): Natur & Volk, **87**; Frankfurt am Main.
Abb. 3.47: QUENSTEDT, F.A. (1846-49): Petrefactenkunde Deutschlands. – (Fues) Tübingen.
Abb. 3.55: MERCATUS, M. (1717): Metallotheca Vaticana. – (Lancisius) Rom.
Abb. 3.57 und 3.92: RÄTSCH, CH. & GUHR, A. (1992): Lexikon der Zaubersteine. – (VMA-Vertriebsges.) Wiesbaden.
Abb. 3.63: JUNG, W. (1939): Germanische Götter ... – (Lehmanns Verlag) München.
Abb. 3.73, 3.80 und 3.87: Copyright Severino Dahint, Basel.
Abb. 3.78: ADAM, K.D. (1982): Stuttgarter Beitr. Naturkde., (C) **15**; Stuttgart.
Abb. 3.79: VALENTINI, M. (1704): Museum Museorum. – (Zumers) Frankfurt am Main.
Abb. 3.99: KAHLER, F. (1925): Carinthia II, **114/115**; Klagenfurt.
Abb. 4.4: NIEDERMAYR, G. (1995): Mitt. Freunde Naturhist. Mus. Wien No. 214.
Abb. 4.11: Copyright Archiv für Kunst und Geschichte GmbH, Berlin.
Abb. 4.13: RUDAT, K. (1985): Bernstein. – (Husum Druck- & Verlagsges.) Husum.
Abb. 4.17, 4.37 und 4.49: ANNOSCIA, E. (1981): Fossils unknown companions. – (Soliart) Milano (mit Genehmigung von Dr. Giorgio Taborelli, Milano).
Abb. 4.30: LEHMANN, U. (1990): Ammonoideen. – (Enke) Stuttgart.
Abb. 4.31 bis 4.33: Copyright Medienzentrum der TU Bergakademie Freiberg.
Abb. 4.39: THENIUS, E. (1981): Versteinerte Urkunden. – (Springer) Berlin.
Abb. 5.2: Mit Erlaubnis von Chuck Coon, Public Information Manager, Cheyenne (Wyoming).
Abb. 5.5: KLAUS, W. (1987): Einführung in die Paläobotanik 1. – (Deuticke) Wien.
Abb. 5.6 bis 5.9: Mit Genehmigung der Rheinbraun-AG, Köln.
Abb. 8.8 und 8.9: SCHMOLL-EISENWERTH, H. (1994): *Ginkgo biloba*. – (wiss. Verlagsges.) Stuttgart.

13. Übersicht über das System der Organismen

(Großgliederung in Anlehnung an MARGULIS & SCHWARTZ 1989,
vereinfachte Darstellung unter Berücksichtigung der im Text erwähnten Taxa;
† = ausgestorben, inc. sed. = unsichere Stellung)

I. PROKARYOTA
(= Prokaryonta, Monera; Organismen ohne echten Zellkern)

"Stamm": Archaebacteria
"Stamm": Eubacteria
    Cyanobacteria (Blaugrünalgen): Stromatolithen
    Pseudomonaden: *Pseudomonas*

II. EUKARYOTA
(= Eukaryonta; Organismen mit echtem Zellkern)

REICH: PROTISTA (= Protoctista; "Protozoa" und "Protophyta"; meist Mikroorganismen)
  Stamm: Haptophyta (= Coccolithophorida, Kalkflagellaten): *Coccolithus*
  Stamm: Dinoflagellata (= Dinophyta; Dinoflagellaten): *Gonyaulax*
  Stamm: Bacillariophyta (Diatomeen, Kieselalgen): *Navicula*
  Stamm: Phaeophyta (Braunalgen, Tange): *Laminaria*
  Stamm: Rhodophyta (Rotalgen) Corallinaceen (Kalkrotalgen): *Lithothamnium*
  Stamm: Chlorophyta (Grünalgen)
    Dasycladaceen: † *Diplopora*
    † *Receptaculites*
  Stamm: Rhizopoda (Wurzelfüßer)
    Foraminifera: † *Nummulites*
  Stamm: Actinopoda (Strahlenfüßer)
    Radiolaria: Acantharia

REICH: FUNGI (Pilze, "Schwämme", einschl. Flechten): *Boletus, Candida*

REICH: PLANTAE (= Kormophyten, Pflanzen)

  U-REICH: PTERIDOPHYTA (Gefäßsporenpflanzen)
    Stamm: Bryophyta (Moose)
  † **Stamm: Psilophyta** (Nacktpflanzen): *Rhynia*
    Stamm: Lycopodiophyta (Bärlappgewächse): † *Lepidodendron*, † *Sigillaria*
    Stamm: Equisetophyta (= Sphenophyta, Schachtelhalmgewächse): † *Calamites*
    Stamm: Filicophyta (= Filicinophyta = Pterophyta, Farngewächse): † *"Psaronius"*

  U-REICH: SPERMATOPHYTA (Samenpflanzen)
    Stamm: Cycadophytina (= Cycadophyta) [1]
      † **Klasse: "Pteridospermae"** (Farnsamer): *Glossopteris*
      Klasse: Cycadopsida (Palmfarnverwandte): *Cycas*

    Stamm: Coniferophytina (= Coniferophyta)
      † **Klasse: Cordaitopsida** (Cordaiten): *Cordaites*
      Klasse: Coniferae (Koniferen, Zapfenträger):
        † *Araucarioxylon*, † *Ullmannia*
      Klasse: Ginkgopsida (= Ginkgophyta, Ginkgogewächse): *Ginkgo*
      Klasse: Gnetophyta: *Gnetum*

    Stamm: Angiospermae (= Magnoliophytina, Bedecktsamer)
    U-Stamm: Dicotyledonae (Zweikeimblättrige):
      † *Coumoxylon, Hymenaea*
    U-Stamm: "Monocotyledonae" (Einkeimblättrige): *Chamaerops*

REICH: ANIMALIA (= Metazoa, Tiere)
  Stamm: Porifera (Schwämme) [2]: † *Porosphaera*; Stromatoporoidea
  † **Stamm: Archaeocyatha**: *Monocyathus*
  Stamm: Cnidaria (Nesseltiere) [3]
    Klasse: Hydrozoa (Hydromedusen)
    Klasse: Scyphozoa (Quallen)
    Klasse: Anthozoa (Korallen)
      † Pterocorallia (= "Rugosa"): *Calceola*
      Cyclocorallia (= Scleractinia): *Astraea*
      † Tabulata: *Favosites*
  Stamm: Ctenophora (Rippenquallen)
  Stamm: Annelida (Ringelwürmer)
    Polychaeta (Vielborster): *Serpula*
  Stamm: Arthropoda (Gliederfüßer)
    † U-Stamm: Trilobitomorpha
      Klasse: Trilobita: *Calymene, Phacops*
      inc. sed.: *Opabinia*
    U-Stamm: Chelicerata (Fühlerlose)
      Xiphosura (Schwertschwänze): *Limulus*
      † Eurypterida: *Eurypterus, Pterygotus*
    U-Stamm: Mandibulata
      Klasse: Crustacea (Krebstiere)
        U-Klasse: Ostracoda (Muschelkrebse)
        U-Klasse: Cirripedia (Rankenfüßer): *Balanus*
        U-Klasse: Decapoda (Zehnfußkrebse): *Carcinus*
      Klasse: Hexapoda (Insekten): *Nasutus, Fannia*
      Klasse: Myriapoda (Hundertfüßer)

---

[1] Cycadophytina und Coniferophytina wurden meist als "Gymnospermae" (= "Nacktsamer") zusammengefaßt.

[2] Meist als Parazoa den übrigen Animalia (= Eumetazoa) gegenübergestellt.

[3] Meist mit den Ctenophora als Coelenterata (= Hohltiere) zusammengefaßt.

Stamm: Mollusca (Weichtiere)
   Klasse: Polyplacophora (Käferschnecken): *Chiton*
   Klasse: Monoplacophora: *Neopilina*
   Klasse: Gastropoda (Bauchfüßer, Schnecken)
      Prosobranchia (Vorderkiemer): † *Chemnitzia*
      Opisthobranchia (Hinterkiemer): † *"Actaeonella"*
        = *Trochacteon*
      Pulmonata (Lungenschnecken): *Helix*
   Klasse: Bivalvia (Pelecypoda, Muscheln): † *Hippurites*, *Pecten*
   Klasse: Cephalopoda (Kopffüßer)
      U-Klasse: Nautiloidea (Nautilusverwandte)
        † Orthocerida: *Orthoceras*
        Nautilida: *Nautilus*
      † U-Klasse: Ammonoidea (Ammoniten): *Arietites*
      U-Klasse: Endocochlia (= Dibranchiata = Coleoidea, Tintenfische)
        † Belemnitida (Belemniten): *Belemnitella*
        Decabrachia: *Sepia*
        Octobrachia: *Octopus*
   Klasse: Scaphopoda (Grabfüßer): *Dentalium*
Stamm: Tentaculata (Tentakelträger)
   Klasse: Brachiopoda (Armfüßer)
      Inarticulata: *Crania*
      Articulata: † *Hysterolites*, † *Rhynchonella*
   Klasse: Bryozoa ("Moostierchen")
Stamm: Echinodermata (Stachelhäuter)
   U-Stamm: Crinozoa
   Klasse: Crinoidea (Seelilien): † *Encrinus*, † *Saccocoma*
   † U-Stamm: Blastozoa:
   Klasse: Cystoidea (Beutelstrahler): *Echinosphaerites*
   Klasse: Blastoidea (Knospenstrahler): *Pentremites*
   U-Stamm: Asterozoa
   Klasse: Asteroidea (Seesterne): † *Helianthaster*
   Klasse: Ophiuroidea (Schlangensterne): † *Geocoma*
   U-Stamm: Echinozoa
   Klasse: Echinoidea (Seeigel)
      "Regularia": *Cidaris*, † *Hemicidaris*
      "Irregularia": *Clypeaster*, † *Echinocorys*
   † U-Stamm: Homalozoa ("Carpoidea")
Stamm: Hemichordata (= Stomochordata)
   Klasse: Pterobranchia (Flügelkiemer)
   † **Klasse: Graptolithina (Graptolithen):** *Monograptus*
inc. sed.: (? Chordata): † Conodonta (= Conodontida): *Palmatolepis*
Stamm: Chordata (Chordatiere)
   U-Stamm: Vertebrata (Wirbeltiere)
   "Klasse": Agnatha (Kieferlose): † *Thyestes*
   † **Klasse: "Placodermi" (Plattenhäuter):** *Dinichthys*
   Klasse: Chondrichthyes (Knorpelfische)
      U-Klasse: Elasmobranchia (Haie und Rochen):
        † *"Carcharodon"* (= *Carcharocles*), *Isurus*
   † **Klasse: Acanthodii ("Stachelhaie"):** *Acanthodes*
   Klasse: Osteichthyes (= Teleostomi, Knochenfische i.w.S.)
      U-Klasse: Actinopterygii (Strahlenflosser)
        "Chondrostei" (Knorpelganoiden): † *Chondrosteus*
        "Holostei" (Knochenganoiden): † *Lepidotes*
        Teleostei (Knochenfische i.e.S.): † *"Leptolepis"*
      U-Klasse: Sarcopterygii (Fleischflosser)
        Ordnung: Dipnoi (Lungenfische): † *Ceratodus*, *Neoceratodus*
        Ordnung: Crossopterygii (Quastenflosser)
           Actinistia: † *Coelacanthus*, *Latimeria*
           † Rhipidistia: *Eusthenopteron*
   Klasse: Amphibia (Lurche)
      † U-Klasse: Labyrinthodontia (= "Stegocephalia", "Panzerlurche"): *Ichthyostega*, *Mastodonsaurus*
      U-Klasse: Lissamphibia (Anura u. Urodela): *Andrias*
   "Klasse": Reptilia ("Kriechtiere")
      U-Klasse: "Anapsida" (Schildkröten etc.): *Testudo*
      † U-Klasse: Ichthyopterygia
        Ordnung: Ichthyosauria (Fischechsen): *Stenopterygius*
      † U-Klasse: "Synaptosauria"
        Ordnung: Placodontia: *Placochelys*
        Ordnung: Sauropterygia (Flossenechsen): *Plesiosaurus*
      U-Klasse: Lepidosauria
        Ordnung: Rhynchocephalia: *Sphenodon*
        Ordnung: Squamata
           Lacertilia (Eidechsen): † *Mosasaurus*
           Ophidia (Schlangen): † *Pterosphenus*
      U-Klasse: Archosauria
      † Ordnung: Thecodontia: *Chirotherium*
        Ordnung: Crocodylia (Krokodile): *Alligator*
      † Ordnung: Saurischia ("Saurierbeckensaurier")
        Prosauropoda: *Plateosaurus*, *Lufengosaurus*
        Theropoda: *Tyrannosaurus*, *Allosaurus*, *Oviraptor*
        Sauropoda (= Brontosauria): *Brachiosaurus*, *Diplodocus*
      † Ordnung: Ornithischia ("Vogelbeckensaurier")
        Ornithopoda: *Iguanodon*
        Stegosauria: *Stegosaurus*
        Ankylosauria: *Ankylosaurus*
        Ceratopsia: *Triceratops*, *Styracosaurus*
      † Ordnung: Pterosauria (Flugechsen): *Pteranodon*
      † U-Klasse: Synapsida (Theromorpha):
        Ordnung: Therapsida: *Cynognathus*, *Probainognathus*
   Klasse: Aves (Vögel)
      † U-Klasse: Archaeornithes (Altvögel): *Archaeopteryx*
      U-Klasse: Neornithes (Neuvögel): † *Aepyornis*
   Klasse: Mammalia (Säugetiere)
      † Ordnung: Multituberculata
      Ordnung: Marsupialia (Beuteltiere): † *Diprotodon*
      Ordnung: "Insectivora" (Insektenfresser): † *Pholidocercus*
      Ordnung: Chiroptera (Flattertiere): † *Palaeochiropteryx*
      Ordnung: Primates ("Herrentiere"): † *Gigantopithecus*, *Homo*
      † Ordnung: "Creodonta" (Urraubtiere): *Hyaenodon*
      Ordnung: Carnivora (Raubtiere): † *Smilodon*, *Ursus*
      Ordnung: Artiodactyla (Paarhufer): † *Megaloceros*
      Ordnung: Cetacea (Wale): † *Basilosaurus* = *"Zeuglodon"*
      Ordnung: Perissodactyla: † *Coelodonta*, † *Propalaeotherium*
      † Ordnung: Embrithopoda: *Arsinoitherium*
      Ordnung: Proboscidea (Rüsseltiere): † *Dinotherium*, † *Gomphotherium* (= *"Mastodon"*), † *Mammuthus*
      Ordnung: Sirenia (Sirenen): *Dugong*, † *Metaxytherium*

14. Register

Abdruck	9 f., 13
Abwehrzauber	61, 63, 66, 68, 71
„Actaeonella" (= Trochacteon)	71 ff., 171
„Actaeonellen"-Kalke	72, 78 f., 91
„Actaeonellen"-Tisch	90
Actinopterygii (= Strahlenflosser)	171
„Adelholzer Pfennige"	73
Adneter „Marmor"	81 f., 125 f.
Aepyornis	171
„Affenhaar"	55
Agnatha (= Kieferlose)	117, 171
Aktuopaläontologie	12, 107
„Albschoße"	39, 41, 67
Alligator	171
Allochthonie, heterochrone und synchrone	12 f.
Allosaurus	197, 171
„Altdorfer Laibsteine"	51
Amateursammler	16
„Ammolite"	79 f.
Ammon, Gott	44
Ammoniten	51 f., 113, 123, 145, 171
Ammonitenbrunnen	113 f.
Ammonoidea (= Ammoniten)	40, 44 ff., 64, 149, 171
Ammonshörner	15, 44
Amulette, Fossilien als	56, 62, 66, 69 ff.
Ancyloceras	47
Andrias (scheuchzeri)	117, 144 f., 171
Angiospermae (= Bedecktsamer)	132, 170
Ankylosaurus	121
Annelida (= Ringelwürmer)	170
Annularia	112
Anthozoa (= Korallen)	170
Apatosaurus	107, 121, 141
Aphrodisiakum	18, 63, 76, 147
„Arachneolithen"	70
Araucarioxylon (Dadoxylon)	21 f., 89, 124, 170
Archaeocyathen (= Archaeocyatha)	101, 118, 170
Archaeopteryx	10, 16, 94, 100, 105, 116 f., 143, 171
Arietites	44 f., 112, 126, 171
arktotertiäre Elemente	133
Armfüßer	67 f., 111
Arsinoitherium	118, 171
Artefakte	9
Arthropoda (= Gliederfüßer)	170
Asphalt (-lagerstätten)	128 f.
Asphaltschiefer	27
Asphaltsümpfe	14, 98
Assilina	73
Asteroidea (= Seesterne)	171
Astraea	170
„Astroiten"	43 f., 59
„Augsteindreher"	88
ausgestorbene Organismengruppen	101
Australopithecus	101, 105, 119
Autochthonie (= primäre Lagerstätte)	12 f.
Baculites	45 f.
Balanus (= Seepocke)	80, 170
Basilisk	27
Basilosaurus (= „Zeuglodon")	144, 171
„Bauern-Pfennige"	38
Bedecktsamer	132, 170
Behemoth	144
Belemnitella	40, 171
Belemnitenfälschungen	141 f.
Belemniten (-rostren)	39 ff., 52, 66
Belemnitida (= Belemniten)	40, 171
Bernstein	48, 56, 91, 96, 128, 134 f., 144
Bernstein-Inkluse	10 f.
„Bernstein-Inklusen"	143
Bernstein-Tagebau	136
Bernsteinthron	84
Bernsteinzimmer	85, 147
Bernstein als Schmuck	82 ff.
Bernstein, baltischer	118
„Bernstein, schwarzer" (= Gagat)	56 f.
„Bierdeckel"	52
Biomineralisation	11 f.
Biostratigraphie	12
Biostratinomie	12
„Bischofsstab"	52
Bitterfelder Bernstein	56
Bitumen	128 f.
Bivalvia (= Muschel)	51, 61, 68, 171
Blastoidea (= Knospenstrahler)	171
Bleiberger „Muschelmarmor"	79
„Blitzsteine"	39, 63
„Bone cabin" (aus Dinosaurierknochen)	125
Bonifatius, Apostel	42 f.
„Bonifatiuspfennige"	42, 70
Brachiopoda (= Armfüßer)	67 ff., 171
Brachiosaurus	94 f., 119, 139, 171
„Brattenburger Pfennige"	38, 50, 69
Braunkohle	132 f.
Braunkohlenmoore, „rezente"	99
Braunkohlentagebaue	135 ff.
Braunkohlenwälder	99, 132 f.
„Brontiae"	62 f.
„Bronto-Burger"	92
„Brontosaurus"	98, 119, 141, 171

172

Brontotherium	117
BTX-Produkte	130
„Büffelsteine"	44 ff., 66
„Bufoniten"	75
„Buntzensteine"	68
Burmit	82, 86 f.
„butterflies-wings"	50
Cabochons	87
Calamiten (= *Calamites*)	112, 123, 131, 170
Calceola	48 f., 170
Calymene	52 f., 72 f., 121 f., 170
„*Camerophoria*"	69
„*Carcharodon*" (= *Carcharocles*)	46, 48, 74, 78, 171
Carnites	79
Cephalopoda (= Kopffüßer)	45, 171
Ceratites	52 f., 65
Ceratodus	148, 171
„chalk-eggs"	54
„Chamäleon-Tassen"	91
Chemnitzia	14, 78, 171
Chemofossilien	9 f., 57, 128 f.
„Chiriten"	18 f.
Chondrichthyes (= Knorpelfische)	171
Chordata (= Chordatiere)	103, 171
„Chrysanthemensteine"	52, 65
Cirripedia (= Rankenfüßer)	170
Clypeaster	60, 62, 171
Clintosaurus rex	7
Coccolithen	90 f., 104
Coccolithophorida	90 f., 103, 170
Coccolithus	170
Coelacanthus	149, 171
Coelenterata (= Hohltiere)	170
Coelodonta	11, 119, 123, 171
Coleoidea (= Tintenfische)	41, 171
Congeria (= Congerien)	36 f., 68
„connecting links"	16, 100 f.
Conodonten (= Conodontida)	101, 103 f., 142, 171
„Coolkeeper"	90
Cordaiten (= *Cordaites*)	131, 170
Coumoxylon	170
Crania	50 f., 69, 171
Crinoidea (= Seelilien)	42 ff., 54, 113, 126, 171
Crinoidenkalke	91
Cro-Magnon-Mensch	14, 111, 119
Crossopterygii (= Quastenflosser)	148 ff., 171
Crustacea (= Krebstiere)	170
CUVIER, G.	30, 116, 146
Cyanobacteria	118, 170
Cycadales (= Palmfarne)	133, 170
Cyclocorallia	70 f., 170
Cyrtospirifer	69

Cystoidea (= Beutelstrahler)	54, 171
„Dachsteinmuscheln"	35 f.
Dactylioceras	12, 44 ff., 91, 120
Dalmanites	72, 78
Daphnogene („*Cinnamomum*")	132 f.
DARWIN, CH.	16, 147
Dasycladaceen	170
Dentalium (Mz. Dentalien)	77, 89 f., 171
„Devil's toe-nail"	51
Diagenese	10, 89, 131
Diatomeen (= Kieselalgen)	92, 125, 170
Diatomit	125
Diceras	50 f.
„Diluvianer"	15
Dinichthys	117, 171
Dino-Produkte	92
Dinosaurier	113
Dinosaurier auf Briefmarken	119
Dinosaurier-Ausstellungen	93 ff., 105
Dinosaurier, Aussterben	105
Dinosaurier-DNA	25
Dinosaurier-Eier	94, 110, 146
Dinosaurier-Fährten	94, 108
Dinosaurier-Museen	94
Dinosaurierspiele	107
„Dinosaur National Monument"	94, 122
„Dinosaur Provincial Park"	96
„dinosaur trails"	98
Dinotherium	122, 171
Diplodocus	93, 96, 119, 171
Dipnoi (= Lungenfische)	148, 171
Diuretikum	63
DNA (= DNS) fossiler Lebewesen	11, 25, 102, 105 f.
„Donnerkeile"	39 f., 66
"Donnerpferde"	17, 22 f.
„Donnersteine"	39, 41, 61 ff.
Drachen	22 ff.
Drachen, chinesischer	24 f.
Drachenblut	27, 56
„Drachenfährten"	55
Drachenhöhlen	27
„Drachenknochen"	76
„Drachenköpfe"	35
Drachenmythos	25
Drachensagen	26 ff.
Drachenstein vom Pilatus	27
„Drachensteine"	64 f.
Drachentöter	24
„Drachenzähne"	18, 76
Drudenfuß	60 f.
„Drudensteine"	58, 61
Druide(n)	60 f.

„Duchaneks"	61 f., 146
„Dudley insects"	52
„Dudley locusts"	52 f., 122
„Echiniten"	62 f.
Echinocorys	41, 61 f., 92, 171
Echinodermata (= Stachelhäuter)	171
Echinoidea (= Seeigel)	58 ff., 171
Echinolampas	63
Echinosphaerites	54, 171
„Ediacara-Fauna"	100
„Eichstätter Spinnensteine"	53 f.
Einhorn	29 ff., 91, 96, 121
Einhorn-Apotheken	31
Einhorn (-rezepte)	76
Elasmotherium	32
„Elefantentritte" (= Dinosaurierfährten)	55, 98
„Elefantenzahn" (= *Dentalium*)	89
Elfenbein, blaues (= fossiles)	82
Encrinus	42 f., 53, 70, 171
Equisetophyta (= Schachtelhalmgewächse)	131, 170
Erdgas (-produkte)	128 ff.
Erdöl (-produkte)	57, 93, 128 ff.
Eukaryo(n)ta	170
„Eulenköpfe"	50
Eurypterus	170
Eusthenopteron	117, 123, 171
„Evas Strumpfband"	55
Evolution	16, 100
Fälschungen von Fossilien	138 ff.
Farnsamer	131 f., 170
Faustkeil	9, 14, 89
Favosites	170
Fellnashorn	21 ff., 32, 119, 123
Fetisch	72
Feuerstein(e)	14, 89 f.
„Fieberbrote"	70
Figurensteine	138 f.
„Fingersteine"	41
Fischdrachen	25
Fischsaurier (= Ichthyosauria)	141 f., 171
Fischschiefer	58
Fischzähne, fossile	73 ff.
„fliegende" Schlangen	28
Fluchmotiv	37 f., 46
Foraminiferen	37 ff., 73, 127, 170
Fossil	8
Fossilbegriff	8 ff.
Fossilbörsen	7, 17, 100, 105, 113, 123
fossile Energieträger	128
„fossile Gehirne"	9 f.
„fossile Hülsenfrüchte"	51
„Fossile Kunst"	104
fossile Lebensspuren	9
fossile Rohstoffe	128
Fossilfälschungen	105, 138 ff.
„Fossilfallen"	13 f., 103
Fossilien, Erhaltungszustände	9
Fossilien als Embleme	122 f.
Fossilien als Gebrauchsgegenstände	90
Fossilien als Sammelobjekte	14 ff.
Fossilien als Schmuck	77 ff.
Fossilien als Werkzeuge	89
Fossilien auf Briefmarken	116 ff.
Fossilien auf Wappen	121
Fossilien in den Medien	104
Fossilien in der Kunst	104
Fossilien in Technik und Wirtschaft	124 ff.
Fossilien und die Chemie	128
Fossilien und Kriminalität	138 ff.
Fossilsammler	14
Fossilschmuggel	146
Fraisketten	71, 73
„Frankenberger Kornähren"	55
Freilichtmuseen	96 ff., 126
Gagat	56 f., 87, 91
Gagat als Schmuck	87 f.
„Galactiten"	64
Gastropoda (= Schnecken)	71 f., 171
Gedichte über Fossilien	109 f.
Geocoma	171
„Geo-Parks"	99
„Geo-Trails"	99
GESNER, C.	8, 30, 34, 45 f., 68, 76
„Gesteinszungen"	74
„Gewittersteine"	63
Gigantopithecus	17 f., 102, 171
Ginkgo	100, 133, 147, 151 ff., 170
Ginkgophyta (= Ginkgogewächse)	133, 151, 170
Glessit	56, 82
„Gliptolitos"	139 f.
„Glossopetrae melitensis"	46
„Glossopetren"	15, 46 ff., 73 f., 119
Glossopteris	118, 131, 170
Glossopteris (-Flora)	118
Glycymeris	68, 89 f., 113
„Gnadenpfennige"	73
„Götterräder"	52, 65
„Goldschnecken"	52, 65, 97
Gomphotherium (= „*Mastodon*")	31, 106, 171
Grabfüßer (= Scaphopoda)	77, 89
Graphit	92, 131
Graptolithina (= Graptolithen)	54, 171
„Graskohle"	55

„Greif"	33
Gryphaea	51, 117, 121
GUERICKE, O. VON	32
Gutensteiner Kalk	126
„Gymnospermae"	151, 170
Haizähne, fossile	46 ff., 73 f.
Hallstätterkalke	79, 126
Halsketten aus Fossilien	77
„Handsteine"	18
Harappa-Kultur	29
„Hautzensteine"	68
„Heiligengeist-Schnecken" (= „Heiligengeist-Stoandl'n")	69
„Heinzelmännchen von Köln"	48
Hemicidaris	58, 61, 171
„Herzsteine"	63
„Hexenpfeil"	41
Heymo, der Riese	27
„Higos"	57
Hippuriten (= *Hippurites*)	97, 103, 171
Hobbypaläontologen	16
Höhlenbär	27, 110, 120
Höhlenmalereien, prähistorische	111
Hölzer, verkieselte	89, 91
„Hörndl'n" (= *Diceras*)	50 f.
Holozän	8
HOMER	19
Homo	171
„Homo diluvii tristis testis"	15, 144
Homo erectus	14, 119, 143
„Hühnerbergwerke"	135
"Hünentränen"	53
„Hyazinthperlen"	43
Hysterolithen (= *Hysterolites*)	56, 59, 67 f., 171
Ichnofossilien (= Spurenfossilien)	9, 99
Ichnofossilien als Schmuck	78
„Ichthyol"	57 f.
Ichthyosaurier (= Fischechsen)	109, 141, 171
Ichthyostega	101, 117, 171
Iguanodon	16, 110, 116, 119, 122, 139, 171
Ikonolithen	138 f.
„Ilmenauer Kornähren"	55
Impakt-Ereignis (Meteoritenfall)	109
„Iniskims"	66
Inkohlung	131 f.
„Inkohlungssprung"	131 f.
Insekten	10, 170
Isurus	171
Judensteine	61, 63 f.
„Jurassic Amber Beer"	7
„Jurassic Park"	91, 93, 106 f.

„Karstmarmore"	127
„Katzenpfötchen"	46, 52
Kentaur	26
Kieselgur	92
„Klappersteine"	50
„Knopfate Stoan"	53
Körperfossilien	9
Kohle, Verwendung von	133 f.
Kohlechemie	133
„Kohleverflüssigung"	134
„Kohlevergasung"	134
Koniferen	133, 170
Kopal (-harze)	82, 134 f.
Koprolithen	102 f.
Korallen	59, 70 f., 82, 112
Korallen-"Marmor"	91
„Kristalläpfel"	54
„Krötensteine"	74 f.
„Krokodilechsen"	26
„Krokodilsaurier"	34
„Kümmelsteine"	49
„Kümmichsteine"	49
„Kugelsaurier"	92
Kyklopen	19
Labyrinthodontia (= „Panzerlurche")	101, 106, 117, 171
„Ladislauspfennige"	38
Lagerungsgesetz	15
„Lampenmuscheln"	50
Languiers	73
„Lapides arachneolithi"	53
„Lapides bufonini"	74
„Lapides judaici"	63
„Lapis hysterolithus"	67
Latimeria	91, 100, 119 ff., 148 f., 171
„lebende Fossilien"	25, 91, 100, 120 f., 147 ff.
Legenden und Fossilien	17 ff.
Lehrpfade, geologische	99
Leitfossilien	12, 16, 103, 126
Leithakalk	81 f., 113, 126, 127
Leviathan	144
Lepidodendron	112, 170
Lepidophyten	112, 131 f., 170
Lepidotes (= „*Lepidotus*")	74 f., 149, 171
„*Leptolepis*" (= *Leptolepides*)	53, 171
Leptopterygius	142
Limulus	100, 150 f., 170
Lindwurm	23, 91, 121
Lindwurmbrunnen von Klagenfurt	22 ff., 119
„Linné's Äpfel"	54
„Linsensteine"	38
Lithothamnien	126 f., 170
Lithotherapie	56

Lituites 52	„Natternzungen" .... 46 f., 73 ff.
Loch Ness-Monster (= „Nessie") 34	„Natternzungenbäume" .... 73, 114 f.
„Lochstein" 61	Nattheimer Korallenkalke 70, 94
„Luchssteine" .... 39 f., 59	Naturasphalt 89
„ludus latrunculorum" 84	Nautiloidea 40, 45, 90, 111, 150, 171
Lufengosaurus 93, 119, 171	*Nautilus* .... 100, 119, 149 f., 171
Lumachella 127	Neandertaler 14, 78, 116, 119
Lynkurium (= „Luchsstein") 39, 67	*Neoceratodus* .... 100, 148 f., 171
	Neopilina 100, 171
Magie, Fossilien und .... 55 ff.	Nerineenkalke 91
Mahrenzitzchen 41	*Nipponites* 123
Mammut .... 7, 10 f., 18 f., 31, 76, 82, 117 ff., 122, 125	Nomenklatur, binominale 5, 99
Mammut-Elfenbein 82	„Nonnenfürzchen" 70
Mammuthus 76, 82, 91, 109, 117, 122, 125, 171	Nummuliten (= *Nummulites*) .... 6, 37 ff., 59, 127, 170
Mammutkadaver 10, 19	Nummulitenkalke 37, 127
„Maria-Ecker-Pfennige" 39, 73	
„Marienpfennige" 73	„occhi di serpe" 75
Markhor (= Schraubenziege) 31	*Octopus* (= Krake) 171
Mastodonsaurus 117, 171	Öhninger Fossilien .... 94, 144 f.
Meditationsobjekte, Fossilien als .... 65 f.	Ölschiefer 57, 131
Megaloceros 33, 171	„Ombriae" 62
Megalodonten .... 35 f.	*Opabinia* 118, 170
„Megatracksites" (= Spurenmassenvorkommen) .... 98 f.	„opalisierend" 12
Mesolimulus 151	„Ophioglossae" 47
Metasequoia 100	„Ophiten" 44, 64
Metaxytherium 120, 171	Ophiuroidea (= Schlangensterne) 53, 171
Mikrofossilien .... 103 f.	Orakelsteine 56
„Milchsteine" 61, 64	Orthoceren (= *Orthoceras*) 52, 171
„Milchtracken" (= „Milchdrachen") 24	Orthocerenkalke 79, 91
Minotaurus 26	Orthoceren-Tische 90
„missing links" 16	Osteichthyes (= Knochenfische) 171
„mitteldeutsches Gold" 56	Ostracoda (= Muschelkrebse) 142, 170
Modeschmuck aus Fossilien 82	„Ottertött" 52
„molekulare Fossilien" .... 128 f.	„Ourboros" 44
Molekular-Paläontologie (= Paläogenetik) 102	*Oviraptor* 105, 171
Mondwolf (= „Mânagarmr") .... 47 f.	„Ovum anguinum" (= „Schlangenei") .... 58, 60 f.
Monocyathus 118, 170	
Monograptus 171	„Pagodensteine" 52
Monoplacophora 171	Paläoanthropologie 119
Mosaiktypus 16	Paläobiochemie 103
Mosasaurus 146, 171	Paläogenetik 102
„Mühlsteine der Wichtelmännchen" 53	Paläoklimatologie 16, 103
„Münzsteine" .... 37 f., 49	Paläoneurologie 103
„Muttersteine" .... 56, 67 f.	Paläontologie .... 6, 99 ff.
Mystik 29	Paläopathologie 103
Mythologie, christliche 30	Paläophysiologie 102
mythologische Geschöpfe 26	Paläoplastologie 92
Mythos .... 17 f., 29	Paläoskatologie 103
	paläotropische Elemente 132
Nacktsamer (= Gymnospermae) .... 131 f., 151, 170	Palmfarne 133, 170
„Nadelkohle" 55	Panzernashorn 29, 31, 76
Narwal .... 30 f., 76	*Passaloteuthis* 142
Nasutus 10, 170	„Paternostermacher" 84

Paulus, Apostel	75
PCR-Methode	11, 102
Pentacrinus	44
Pentagramm	60 f.
Perlboot (*Nautilus*)	149 f.
„Perlmutt-Ammoniten"	80
Petrefakten, Petrefaktenkunde	15
„Petrified Wood Building"	124 f.
Petrochemie	130, 133
„Petroprotein"	130, 135
Pflanzenfossilien	15, 111, 116, 131 ff.
Phacops	145, 170
Phytotherapie	152
„pierres d'orages"	63
„pietre stellarie"	71
„pietre stregonie"	71
„Piltdown-Mensch"	7, 124, 140
„Pithecanthropus" erectus	119, 143, 147
Placenticeras	79 f.
Placochelys	117, 171
„Placodermi" (= Plattenhäuter)	117, 171
Plateosaurus	28, 119, 122, 171
Plesiosaurus	110, 171
Polyphem der Odyssee	17, 20 ff.
Porifera	77, 170
Porosphaera	77, 170
Posidonienschiefer	91
Preßbernstein (= „Ambroid")	86
Probainognathus	171
Prokaryo(n)ta	170
Propalaeotherium	116 f., 171
Protozoa	103, 170
Psaronien (= *Psaronius*)	54, 113 f., 131, 170
Pseudofossilien	9 f.
Pseudomorphose	10, 13
Pteranodon	107, 119, 171
Pteridophyten (= Farnpflanzen i.w.S.)	131, 151, 170
„Pteridospermae"	131, 170
Pterocorallia	48 f., 170
Pterodactylus	110, 116
Pterosphenus	28 f., 171
Pyramiden, von Giza	38
Quastenflosser (= Crossopterygii)	58, 117, 120, 148 f., 171
Quetzalcoatlus	94, 119
„Rabensteine"	41
Radiolaria	170
Radiolarite	125
„Rappensteine"	41
Receptaculites	146, 170
Rekonstruktionen vorzeitlicher Lebewesen	96, 99, 110 f., 113, 116
„Rhein-Datteln"	55
„Rhodolithen"	97
Rhynchonella	67 ff., 171
Riesen	18 ff.
Riesenhirsch	33 f.
„Riesenknöpfe"	41, 54
Riesenmenschen	17, ff.
Riesensalamander	15, 117, 145
Riesenschlangen	28 f.
Riesenstrauße	33
Riesentor vom Stephansdom	21 f.
Riesenvögel	33
Robotermodelle von Dinosauriern	107
„Römersteinbruch"	81, 126
Rohöl	57, 89, 128
Rudisten (-"Riff")	97, 103, 127
„Rückzüchtung" vorzeitlicher Tiere	106 f.
Rumänit	87
Saccocoma	53 f., 171
Sachbücher	105
„Sächsischer Bernstein" (= Bitterfelder Bernstein)	86 f.
Sagen und Fossilien	17 ff.
Saligrame	66
Samenpflanzen	132, 170
St. Quirinus-Öl	57
Sarcopterygii (= Fleischflosser)	171
„Saurierparks"	96
Sauropodenfährten	98
Scaphopoda (= Grabfüßer)	77, 89, 171
„Schamsteine"	67 f.
Schau-"Bergwerke"	92, 97
Schausteinbrüche	97
„Scherhörner"	52 f.
SCHEUCHZER, J.J.	15, 49, 117, 144
„Schieferöl"	57, 131
„Schizophoria"	67 f.
„Schlangenaugen"	75
„Schlangeneier"	58, 60 f., 96
Schlangenkraft, magische	66
„Schlangensteine"	44 ff., 56, 59, 64 f., 120
„Schlangenzungen"	47
Schnecken (Gastropoda)	71 ff., 171
Schneckengartl	71, 90
Schraubenziege (= Markhor)	31, 76
„Schrecksteine"	67
Schreibkreide	90
„Schriftsteine" (= Graptolithen)	54, 171
Schutzzauber	74
„Schwäbischer Lindwurm"	28, 119, 122
„Schwäbisches Medusenhaupt"	53
„Schwalbensteine"	69
Schwarzenseer „Marmor"	126

Schwertschwanz (= *Limulus*)	150 f., 171
Sciadopitys	55
Science fiction-Literatur	106
„Scrotum humanum"	22
Seefelder Schichten	27
„Seelendrachen"	24
„Seelensteine"	61 f.
„Seeschlangen, große"	34 f., 144
Seirocrinus	53
Sepia (= Tintenfisch)	171
Siegfried	24
„Siegsteine"	59, 61 f.
Sigillaria	112, 170
Simetit	56, 82, 87
Sintfluttheorie	15
Sirrusch	26
Skulptursteinkern	13
Smilodon	108, 171
„Snake-stones"	45
„Sonnenradsteine"	42 f.
Sozialverhalten fossiler Tiere	99, 102
Spermatophyta (= Samenpflanzen)	132, 170
Sphenodon (= Brückenechse)	100, 119, 171
Sphenopteris	112, 116
„Spinnensteine"	70
Spurenfossilien	9, 98
„Starstein"	54, 90
„Stechehörndli"	52
Stegocephalen (= „Panzerlurche")	117, 171
Stegodon	117
Stegosaurus	91, 93 f., 107, 119, 139, 171
„Steinhardter Erbsen"	51
Steine, magische	57, 72
Steinheim-Mensch	124
Steinkern	9 f., 13, 67, 111
Steinkohle	88, 132 f.
Steinkohlenteer	133 f.
Steinkohlen"wälder"	131 f.
Steinöl	27, 57, 131
"Steinschwalben"	50, 69
„Steinzungen"	47, 73 f.
Stenopterygius	171
„Sternküchlein"	70
„Sternsteine"	43 f., 59, 70 f.
Stringocephalus	50
Stromatolithen	100, 117, 170
Stromatoporoidea	89, 170
„Stubbenhorizonte"	133
Succinit (= baltischer Bernstein)	11, 56, 82 f., 86, 118
Suiseki	65
„Swamp-Theorie"	133
Tabulata (Bodenkorallen)	170
„Täubli"	68 f.
Talisman, Fossilien als	56, 69 f., 73, 76
Taphonomie	12
Tarbosaurus	108, 122
„tar pools"	14, 57, 98, 128
„Taubensteine"	68 f.
„Tecolithen"	63
Telefonwertkarten	120
Teleostei (= Knochenfische i.e.S.)	149, 171
Tempelbaum, chinesischer (= *Ginkgo*)	100, 151 f.
„Tengu-Klauen"	47, 74
Tepui	26, 34
Terebratula	50, 67, 78
„Tertiär-Urwald"	99
Tethys	36
„Teufelsfinger"	52
„Teufelsgeld"	38
„Teufelspfennige"	38
„Teufelskopf"	51
„Teufels Zehennagel"	51
Thecosmilia	81
Therapsida	101, 171
Thyestes	117, 171
„Totenköpfchen"	50, 69
Trachtenknöpfe	92
„Trackensteine"	24, 64
„Trauerschmuck" aus Gagat	88
Triceratops	93, 107, 119, 121 f., 171
Trilobita (= Trilobiten)	52 f., 72, 112 f., 120 f., 170
„Tristelsteine"	69
Trochacteon	71 f.
Trochit(en)	42 ff., 70
Trochitenkalk	42
„Trockenwald-Theorie"	133
Trolle, skandinavische	19
„Turban-Igel"	63
Tyrannosaurus	7, 91, 93, 96, 102, 107, 110, 114, 119, 121 f., 139, 171
„Uhleköppe"	50
Ullmannia	55, 170
Unicornu falsum	31
Unicornu fossile	76
Unicornu marinum	76
Unicornu officinale	76
Unicornu verum	31, 76
Ursus	27, 31, 110, 171
„Urvogel"	10, 16, 116 f., 143
„Urweltbaum" (*Ginkgo*)	152
VALENTINI, M.B.	32, 58 f., 67 f., 70, 75 f.
„Venusbergpfennige"	73
„Venusstein"	68
Verfälschungen von Fossilien	138 ff.

verkieselte Hölzer	89, 91, 124 f.
„Verschreiherzen"	71
„versteinerte Hülsenfrüchte"	37
„versteinerte Kuhtritte"	35 f.
„versteinerte Linsen"	38 f.
„versteinerter Wald"	22
„versteinerte Ziegenklauen"	36 f.
Versteinerung, echte	9 f., 13
Virgatosphinctes	117, 123
Vogel „Rock"	33
„Vogelzungen"	73
Volksmedizin, Fossilien und	55 ff., 75
Vorkommen, von Fossilien	12
Wallfahrtsandenken, Fossilien als	65, 73
Wappentier (Einhorn)	30
Wappentiere, Fossilien als	121 f.
„Wasserstein" (= Suiseki)	65
Weichteilerhaltung	10 f.
„wilde Frauen"	35
„Wirfelsteine"	56, 71 f., 90
„Wirfelstoan"	51, 71
„Wirtelsteine"	62
„Würfelstein" (= „*Actaeonella*")	51
„Würzburger Lügensteine"	138 f.
Xiphosura (= Schwertschwänze)	151, 170
Yeti	18
Zahnauster	61
Zaubersteine	59 ff., 65 f., 68, 72, 74
Zogelsdorfer (Kalk-)Stein	80 f., 97, 113, 126 f.
„Zungensteine"	73
Zwergelefanten	20 f., 33